厦门大学百年校庆系列出版物 · 编委会

主　任：张　彦　张　荣

副主任：邓朝晖　李建发　叶世满　邱伟杰

委　员：（按姓氏笔画排序）

　　　　王瑞芳　邓朝晖　石慧霞　叶世满　白锡能　朱水涌
　　　　江云宝　孙　理　李建发　李智勇　杨　斌　吴立武
　　　　邱伟杰　张　荣　张　彦　张建霖　陈　光　陈支平
　　　　林　辉　郑文礼　钞晓鸿　洪峻峰　徐进功　蒋东明
　　　　韩家淮　赖虹凯　谭绍滨　黎永强　戴　岩

学术总协调人：陈支平

百年校史编纂组　组长：陈支平

百年院系史编纂组　组长：朱水涌

百年组织机构史编纂组　组长：白锡能

百年精神文化系列编纂组　组长：蒋东明

百年学术论著选刊编纂组　组长：洪峻峰

校史资料汇编（第十辑）与学生名录编纂组　组长：石慧霞

王亚南传

林 坚 著

图书在版编目(CIP)数据

王亚南传/林坚著.—厦门:厦门大学出版社,2021.3
(百年精神文化系列)
ISBN 978-7-5615-8051-6

Ⅰ.①王⋯ Ⅱ.①林⋯ Ⅲ.①王亚南(1901—1969)—传记 Ⅳ.①K825.31

中国版本图书馆 CIP 数据核字(2021)第 028050 号

出 版 人	郑文礼
责任编辑	宋文艳
封面设计	李嘉彬
技术编辑	许克华

出版发行	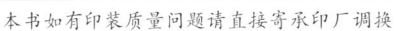
社　　址	厦门市软件园二期望海路 39 号
邮政编码	361008
总　　机	0592-2181111　0592-2181406(传真)
营销中心	0592-2184458　0592-2181365
网　　址	http://www.xmupress.com
邮　　箱	xmup@xmupress.com
印　　刷	厦门集大印刷厂

开本 720 mm×1 000 mm　1/16
印张 28.25
插页 2
字数 490 千字
版次 2021 年 3 月第 1 版
印次 2021 年 3 月第 1 次印刷
定价 88.00 元

本书如有印装质量问题请直接寄承印厂调换

厦门大学出版社
微信二维码

厦门大学出版社
微博二维码

 # 总　序

厦门大学	党委书记　张　彦
	校　　长　张　荣

2021年4月6日，厦门大学百年华诞。百载风雨，十秩辉煌，这是厦门大学发展的里程碑，继往开来的新起点。全校师生员工和海内外校友满怀深情地期盼这一荣耀时刻的到来。

为迎接百年校庆，学校在三年前就启动了"百年校庆系列出版工程"的筹备工作，专门成立"厦门大学百年校庆系列出版物编委会"，加强领导，统一部署。各院系、部门通力合作，众多专家学者和相关单位的工作人员全身心地参与到这项工作之中。同志们满怀高度的责任感和紧迫感，以"提升质量，确保进度，打造精品"为目标，争分夺秒，全力以赴，使这项出版工程得以快速顺利地进行。在这个重要的历史时刻，总结厦大百年奋斗历史，阐扬百年厦大"四种精神"，抒写厦大为伟大祖国所做出的突出贡献，激发厦大人的自豪感和使命感，无疑是献给百岁厦大最好的生日礼物。

"百年校庆系列出版工程"包括组织编撰百年校史、百年组织机构史、百年院系史、百年精神文化、百年学术论著选刊、校史资料与学生名录……有多个系列近150种图书将与广大读者见面。从图书规模、涉及领域、参编人员等角度看，此项出版工程极为浩大。这些出版物的问世，将为学校留下大量珍贵的历史资料，为学校深入开展校史教育提供丰富生动的素材，也将为弘扬厦门大学"自强不息，止于至善"校训精神注入时代的新鲜血液，帮助人们透过"中国最美大学校园"

的山海空间和历史回响，更加清晰地理解厦门大学在中国发展进程中发挥的独特作用、扮演的重要角色，领略"南方之强"的文化与精神魅力。

百年校庆系列出版物将多方呈现百年厦大的精彩历史画卷。这些凝聚全校师生员工心血的出版物，让我们感受到厦大人弦歌不辍的精神风貌。图文并茂的《厦门大学百年校史》，穿越历史长廊，带领我们聆听厦大不平凡百年岁月的历史足音。《为吾国放一异彩——厦门大学与伟大祖国》浓墨重彩地记述厦门大学与全国34个省级行政区以及福建省九市一区一县血浓于水的校地情缘，从中可以读出厦门大学在中华民族伟大复兴征程中留下的深深烙印。参与面最广的"厦门大学百年院系史系列"、《厦门大学百年组织机构史》，共有30多个学院和直属单位参与编写，通过对厦门大学各学院和组织机构发展脉络、演变轨迹的细致梳理，深入介绍厦门大学的党建工作、学科建设、人才培养、组织管理、社会服务等方面的发展历程，展示办学成就，彰显办学特色。《厦门大学校史资料选编（1992—2017）》和《南强之星——厦门大学学生名录（2010—2019）》，连同已经出版的同类史料，将较完整、翔实地展现学校发展轨迹，记录下每位厦大学子的荣耀。"厦门大学百年精神文化系列"涵盖人物传记和校园风采两大主题，其中《陈嘉庚传》在搜集大量史料的基础上，以时代精神和崭新视角，生动展现了校主陈嘉庚先生的丰功伟绩。此次推出《林文庆传》《萨本栋传》《汪德耀传》《王亚南传》四部厦门大学老校长传记，是对他们为厦大发展所做出的突出贡献的深切缅怀。厦大校友、红军会计制度创始人、中国共产党金融事业奠基人之一高捷成的传记《我的祖父高捷成》，则是首次全面地介绍这位为中国人民解放事业做出杰出贡献的烈士事迹。新版《陈景润传》，把这位"最美奋斗者"、"感动中国人物"、令厦大人骄傲的杰出校友、世界著名数学家不平凡的人生再次展现在我们眼前。抒写校园风采的《厦门大学百年建筑》《厦门大学餐饮百年》《建南大舞台》《芙蓉园里尽芳菲》《我的厦大老师》（百年华诞纪念专辑）《创新创业厦大人2》、

《志愿之光》《让建南钟声传响大山深处》《我的厦大范儿》以及潘维廉的《我在厦大三十年》等,都从不同的角度,引领我们去品读厦门大学的真正内涵,感受厦门大学浓郁的人文精神和科学精神。

此次出版的"厦门大学百年学术论著选刊",由专家学者精选,重刊一批厦大已故著名学者在校工作期间完成的、具有重要价值的学术论著(包括讲义、未刊印的论著稿本等),目的在于反映和宣传厦门大学百年来的学术成就和贡献,挖掘百年来厦门大学丰厚的历史积淀和传统资源,展示厦门大学的学术底蕴,重建"厦大学派",为学校"双一流"建设提供学术传统的支撑。学校将把这项工作列入长期规划,在百年校庆时出版第一辑共40种,今后还将陆续出版。

"自强!自强!学海何洋洋!"100年前,陈嘉庚先生于民族危难之际,抱着"教育为立国之本,兴学乃国民天职"的信念,创办了厦门大学这所中国历史上第一所由华侨独资建设的大学。100年来,厦大人秉承"研究高深学术,养成专门人才,阐扬世界文化"的办学宗旨,在实现中华民族伟大复兴的征程上书写自己的精彩篇章。我们相信,当百年校庆的欢庆浪潮归于平静时,这些出版物将会是一串串熠熠生辉的耀眼珍珠,成为记录厦门大学百年奋斗之旅的永恒坐标,成为流淌在人们心中的美好记忆,并将不断激励我们不忘初心继承传统,牢记使命乘风破浪,向着中国特色世界一流大学目标奋勇前行!

张彦 张荣

2020年12月

实践，唯有实践，是最可靠的检验。

——王选

引言

> 我在扬子江的岸边歌唱，
> 歌声响遍了岸的两旁；
> 我抬起头来看一看东方，
> 初升的太阳是何等的雄壮！

这是余光中《扬子江船夫曲》的激昂诗句，人们从中不难感受到诗人豪迈的气魄、浓郁的乡土气息和清新的民谣风格。巧合的是，这首诗和我国现代杰出经济学家、教育家王亚南的一生竟是如此相似，仿佛就是他不平凡的人生旅程的缩影。

王亚南的前半生，从1901年到1940年，他几乎都在长江的岸边"歌唱"：他出生在长江中游举水河边的湖北黄冈县团风镇，小学、中学、大学分别在长江边的黄冈高等小学堂、武昌湖北省立一中和私立中华大学就读。大革命失败后他顺江而下，来到长江入海口的上海；后来他虽然走杭州、去日本，赴德国，但海外归来依然在上海。他在那里成家立业，在那里著书立说，在那里抗日救亡，在那里翻译、出版了马克思的经济学巨著《资本论》。上海沦陷后他颠沛流离，辗转来到长江上游的陪都重庆，在那里度过了两年短暂的抗战时光。

王亚南的后半生，除了抗战烽火中在粤北、闽西北山区度过几年艰难的岁月，大部分时间（1946年至1968年）是在祖国的东方、在东海边的厦门度过的。他在那里看"初升的太阳",在那里"冲破黎明前的黑暗",迎接新中国的曙光;在那里成为新中国成立后厦门大学首任校长,抓教学、抓科研,宵旰勤劳,无怨无悔;在那里和广大师生一起坚守在海防线上,使厦门大学书声琅琅,弦歌不辍,成为驰名中外的"英雄大学"。最后,他在东海之滨的上海离开了人世,离开了热爱他的厦门大学的广大师生。

王亚南是中国现代杰出的马克思主义经济学家、教育家,也是厦门大学百年历史上任职时间最长的校长。他一生勤奋笔耕,著作等身,为我们留下了40余部著作、译作和300多篇文章,真知灼见跃然纸上,至今仍具有强大的理论生命力;他一生爱才惜才,大胆使用人才,他在中山大学任教时对陶大镛的"知遇",在厦门大学任校长时对卢嘉锡的"提携"和对陈景润的"栽培",至今仍被人们传为佳话;他一生崇尚科学,追求真理,不畏劳苦,勇攀高峰,被视为厦门大学"科学精神"的杰出代表。

王亚南在学术上、事业上获得的巨大成就,无疑与他生活的时代、成长的环境有着十分密切的关系,同时,与他个人的主观努力也是分不开的。

从他所处的时代看:王亚南的青年时代,正是新文化运动、五四爱国民主运动和大革命运动风起云涌的年代。阅读《新青年》杂志,拥护"德先生""赛先生"是包括王亚南在内的一代青年学生的"时尚"。新文化运动散发出的自由、平等气息深深感染了他,使他的思想意识和道德观念受到了潜移默化的影响。走上社会后,大革命的失败、日本发动的"九一八"事变、如火如荼的抗日救亡运动和全面抗战的爆发、战后官僚资本的猖獗和官僚政治的腐败,使他从一个爱国民主青年、一个"教育救国论"者逐渐转变成一个信仰马克思主义、反对独裁、追求民主的进步教授。新中国成立后,如日初升的新中国,百废待兴的旧大学,海防前线的紧张斗争,"向科学进军"的时代召唤,为他治校办学、长袖善舞,为他在高等教育园地里辛勤耕耘、为国家培养万千桃李提供了广阔的舞台。

从他成长的环境看:王亚南出生于农村,从小生长在农村,使他对农村的社会现实有着较为深入的了解。父亲的早逝，家庭的破落，贫穷的乡村，使他萌生了改变农村、改变社会的初衷。进入大学后，他选择教育学作为自己主修的专业，希望通过"教育救国"，改变近代以来中国贫困、落后、不发达的状况。然而，国共合作的破裂，各路军阀的混战，日本帝国主义的入侵，打碎了他的"教育救国梦"，使他走上了向西方寻求真理的道路。出国游学的经历，对现实资本主义的考察，《资本论》三大卷的翻译，使他更加坚定了"改变社会现实必须从经济制度入手"的信念，从此成为马克思主义的忠实信仰者和杰出研究者。新中国成立后，国家对高等教育的重视，厦门大学的独特校情，"百家争鸣"的学术环境，学部委员的使命担当，对王亚南主政厦大，使学校教学科研齐头并进，使经济学科人才济济、硕果累累，乃至推动全国经济学界的理论创新，无疑都产生了重大的影响。

时代的呼唤，环境的造就，百年未有之大变局，亘古未有之新中国，为王亚南的成长、成才、成就提供了良好的机遇与条件。而他自身坚持不懈、艰苦卓绝的努力，包括胸怀远大的理想抱负、孜孜不倦的刻苦学习、融汇中西文化的广阔视野、积极投身社会的丰富阅历、良师益友的切磋指导以及实事求是的思想方法，则使他在同时代人中脱颖而出，成为一代学术巨匠、名家大师。

第一，是胸怀远大的理想抱负。王亚南从小就喜欢读书，无论是《论语》《史记》，还是《左传》《国语》，他都能读得如痴如醉，许多精彩句子都背得滚瓜烂熟。他尤其喜欢孟子那句名言："故天将降大任于斯人也，必先苦其心志，劳其筋骨，饿其体肤，空乏其身，行拂乱其所为，所以动心忍性，曾益其所不能。"并把它作为立身处世的格言，经常用它来鞭策自己，希望自己也能成为像孟子所列举的管仲、孙叔敖、百里奚那样的圣贤人物。

他尤其喜欢屈原的《离骚》，经常把它带在身边，一有空闲就拿出来诵读。他不仅被诗中绚烂的文采、宏伟的结构、大量的神话传说和丰富的想象力所震撼，而且被诗人的身世、遭遇和心志所触动，被全诗表现出的积极浪漫主义精神所感染，他把屈原大夫当作自己精神的偶像、人生的榜样，希望自己也能像三闾大夫一样，有理想、有抱负，有责任、有担当，为国家、为社会做出重大的贡献，乃至对后世产生深远的影响。

可以说，王亚南读书的目的十分明确，即不是为了个人的私利或享受，而是为了国家和社会，为了解救这个苦难的民族，同时也使自己活得更有意义、更有价值。

第二，是孜孜不倦的刻苦学习。王亚南不仅从小喜欢读书，而且养成了刻苦学习的良好习惯。少年时他经常读书到深夜，灯油燃尽了，就到晒谷场上，甚至爬到屋顶上借着月光读书。念中学时，为了争取更多的时间读书，他把自己睡的木板床变成了"三脚床"，熟睡之后稍一翻身，床板就会倾斜从而把他从睡梦中惊醒，点起油灯继续读书。上大学后，为了保证学习时不受外界干扰，他在宿舍门口贴上"来客接谈十分钟，超过时间恕不奉陪"的纸条。"闽变"失败后，他不得不流亡海外，他乘坐的邮轮经西印度洋去欧洲途中，遇上巨风大浪，甲板颠簸摇晃，他却让服务员把自己绑在餐厅柱子上，继续聚精会神地读书。

为了读书，王亚南不怕苦，不怕累。念中学时，由于家乡水灾，大哥、大姐无法继续资助他，他便采取半工半读的方式，每周到十里外的一位商人家里当家教。中学还没读完，为了帮助家里渡过难关，他休学在家，当了一年多乡村小学的教师。上大学后，他继续当家教，后来又到一所私立中学兼任两个班的英文，不仅挣钱养活自己，还部分接济家庭。

为了读书，他千方百计地克服种种困难。没钱上学，他就教书。出国留学，交不起学费，他就自学。为了学习科学知识，他不仅孜孜不倦，持之以恒；而且活到老，学到老。他常说："坚持以恒定有成效。"出任厦大校长时，他已年近半百，尽管校务繁忙，他仍不放松学习。通常夏天清晨四点多、冬天五点多钟就起床，利用清早这段时间抓紧读书、写作。即使到外地出差，他也常带上一两本外语书或小说，或增强语感、博闻强记；或娱乐消遣、劳逸结合。他平常没有什么嗜好，除了偶尔看看电影、戏剧，他几乎把所有的时间都用在读书、学习、研究和工作上。甚至在他晚年生病卧床时，仍坚持每天读书半小时，以免精神松懈。

第三，是融汇中西文化的广阔视野。王亚南自幼读私塾，是在中国传统文化中浸润长大的。一部《东周列国志》，他看了后爱不释手，因没钱买书，他就抄书；私塾先生看到后十分感动，便把书送给了他。靠着这种笨功夫，他打下了牢固的国学基础。上中学后，他如饥似渴地涉猎群书，古今中外，文史哲教，几乎无所不读。在大学里，他主修的是教育，却辅修了中文和外文。这不仅使他掌握了读书的工具，而且开阔了读书的视野。

后来在海外读书时，他一边读书，一边翻译；一边学习语言，一边接触社会。通过海外游学，他先后考察了"脱亚入欧"的东方近邻日本、后起的资本主义国家德国和资本主义的发源地英国，走访了马克思的故乡特里尔。通过读书、教书、译书，通过留学、自学、游学，他"读万卷书，行万里路"，不但使自己摆脱了政治上的困境和生活上的窘境，而且学习了日语、英语、德语，掌握了经济科学理论。

从王亚南撰写的一系列论著中，都能看到他对中西文化的透彻理解和融会贯通。如编写于1936年的《中国社会经济史纲》，不仅第一次把"社会经济史"这门学科引入中国经济学界，而且蒐集大量史料，系统阐述了我国自原始社会以来各社会形态的经济发展状况和特点，并联系中国社会史论争的诸多问题，如井田制、亚细亚生产方式、商业资本形态与专制主义等加以评述，开创了中国社会经济史研究的"先河"；又如出版于1954年的《中国地主经济封建制度论纲》，对作为封建制基础的领主经济和地主经济作了科学的区别和分析，明确指出西欧的封建制以领主经济为特点，中国的封建制以地主经济为特点，且停留的时间特别长，从而揭示了地主经济与中国封建社会长期停滞的关系。

第四，是积极投身社会的丰富阅历。王亚南虽然大半辈子从事经济理论的翻译、研究、著述，但他绝不仅仅只是一个书斋中的学者，更不是一个没有血性的学者。时代的发展、社会前进的脚步,时时在他的眼前交汇。投身社会后,他先后三次参加了反对独裁专制、追求科学民主的革命斗争,度过了三段"准政治生涯"。

第一次是大革命时期,"打倒军阀,打倒列强"的革命风暴席卷中国大地,他投笔从戎,奔赴长沙参加了北伐军,在教导团中担任政治教员,宣传孙中山的三民主义,反对军阀的独裁专制,经受了大革命的洗礼。大革命失败后,他宁愿流落江南,也不为新军阀卖命。

第二次是"闽变"时期,在全国抗日救亡运动形势高涨的推动下,以十九路军将领为核心的海内外民主人士在福州成立了抗日反蒋的中华共和国人民革命政府,王亚南出任文化委员会教育委员和政府机关报人民日报社社长。"闽变"失败后,他被迫流亡欧洲,但依然坚持反对独裁专制、追求科学民主的信念。

第三次是抗战时期,国共合作,共同抗日。上海沦陷后,王亚南随大批进步文化人士撤退到武汉,在周恩来领导的国民政府军事委员会政治部政治设计委员会担任设计委员,为抗日持久战和战时经济出谋划策。武汉失守后,他挈妇将雏、颠沛流离,来到陪都重庆。国民党掀起第一次反共高潮后,他不满国民党的独裁专制,奔赴粤北担任了中山大学经济系系主任。

抗战胜利后,王亚南出任厦门大学法学院院长,他团结进步教授,支持学生的爱国民主运动。在反动当局出动军警包围学校、逮捕进步学生时,他挺身而出,伸张正义;在国民党发动内战,弄得物价飞涨、民不聊生时,他支持学生"反内战、反饥饿、反迫害"的民主运动,反对国民党的独裁专制,为厦大成为东南学运"民主堡垒"做出了积极贡献。

这些丰富的社会阅历,不仅使王亚南的人生跌宕起伏,而且大大增加了他对社会的认识,对他的思想形成和人生道路选择产生了很大的影响。

第五,是良师益友的切磋指导。常言说,"近朱者赤,近墨者黑"。王亚南一生的成就,与众多良师益友的指导帮助和切磋交流是分不开的。在大革命时期的武汉，亦师亦兄的同乡、中共党员王仲友不仅把《共产党宣言》借给他，而且引荐他认识了时任湖北省党部负责人的董必武同志，使他得以亲聆董必武的教诲和授课；在抗战时期的武汉，他在周恩来同志领导的军委政治部设计委员会工作，得到了周恩来同志的关怀和指导。

在杭州大佛寺，他与郭大力邂逅相遇，共同的理想和经历使他们一见如故，两人盟誓共同翻译西方经济学名著。经过十年努力，他和郭大力合作翻译的《经济学及赋税之原理》《国富论》，尤其是马克思的《资本论》等译作先后问世，他们也成了终生不渝的朋友。

在日本，王亚南和梅龚彬、王礼锡、胡秋原等结为好友，彼此惺惺相惜，经常交流切磋，共同为神州国光社出版《读书杂志》和一系列经济学译著、论著、讲座论文出谋划策，尽心尽力。他最著名的经济学代表作《中国经济原论》，扉页上就题写着"敬以此书纪念在中国文化运动中留下了光辉业绩，但不幸都在抗战过程中先后与世长辞的几位朋友：王礼锡先生、钱亦石先生、熊得山先生、张栗原先生"；在这部著作的序言中，他更是历数曾给予他帮助的朋友，包括中山大学法学院院长胡体乾、经济系主任梅龚彬以及郭大力、章振乾、余志宏、张来仪等人。在厦门大学，他和杨东莼、林砺儒、郭大力等进步教授并肩战斗，并在黎明前撤退到香港，最后在地下党组织的安排下转赴解放区，迎来了新中国的诞生，后来他们分别都成为中国教育界和经济学界的"翘楚"、精英。

第六，是实事求是的思想方法。"实事求是"是马克思主义的基本原则，也是马克思主义活的灵魂，王亚南对此深有体会并身体力行。无论是学校管理工作，还是在教学和科研活动中，他始终如一地坚持实事求是、一切从实际出发、理论与实际相结合的思想方法，努力探索中国社会经济发展的客观规律。

新中国成立前，他立足中国实际撰写的《中国官僚政治研究》一书，对官僚政治这一中国政治制度的顽疾及其特征进行了深刻的剖析，对古今官僚政治兴亡的规律进行了系统的总结，在学界引起了强烈的反响，被称为研究中国官僚政治的"开山之作"。

新中国成立后,作为大学校长,王亚南亲身参与了我国高等学校的教育改革和实践。他始终坚持要从学校的实际出发,从教育自身的特点出发,探索高等教育发展的规律。

从教育的本质和功能出发,王亚南主张大学教育的结构(包括学科和专业设置),一定要主动适应生产力发展和经济基础的变化,切莫重理轻文,破坏高等教育合乎规律的成比例的发展;从综合大学的性质和职能出发,他主张综合性大学既是教学机构,又是研究机构,但首先是教学机构,不搞好教学,就谈不上科学研究。应当在满足教学需要、提高教育质量中,努力为科研工作创造条件、打下基础,把厦大创办成为一所富有特色的研究型综合大学。

"实践,唯有实践,是最可靠的检验。"这是王亚南留给我们的至理名言,也是他对实事求是的思想方法的高度总结。他的一生,和翻译《资本论》,和马克思主义在中国的传播,和厦门大学的发展壮大紧密地联系在一起。

辛勤译著传马列,业绩长垂海内;
不倦教诲育桃李,深情常在鹭滨。

这是1978年12月,在中共福建省委为王亚南同志举行的骨灰安放仪式上,厦门大学师生员工为这位老校长敬献的一副挽联。这副挽联概括了王亚南一生的主要业绩,也说出了广大师生员工的心里话。

马克思主义改变了中国的命运,也改变了王亚南的一生。让我们翻开《王亚南传》,去看看这位杰出的经济学家、教育家走过的不平凡的人生道路,去追寻这位名扬中外的学术巨匠的思想轨迹,去感受这位被作家徐迟称为"一个懂得人的价值的人"的内心世界,去领悟他留给我们的宝贵精神财富和科学内涵。

目录

第一章　黄冈之子 1
　　一、艰难时世 3
　　二、发愤读书 9
　　三、苦苦求索 17

第二章　西子湖畔 27
　　一、漂泊江南 28
　　二、邂逅相遇 34
　　三、佛寺盟约 37

第三章　漫漫征途 45
　　一、东渡日本 47
　　二、两大译作 55
　　三、"淞沪抗战" 60
　　四、"闽变"之殇 69
　　五、出走欧洲 73

第四章　烽火岁月 83
　　一、轰动上海 84
　　二、心动武昌 96
　　三、惊动陪都 101

第五章　执教中大 ⋯⋯⋯⋯⋯⋯⋯⋯⋯⋯⋯⋯ 111
　一、弦歌不辍 ⋯⋯⋯⋯⋯⋯⋯⋯⋯⋯ 112
　二、教学相长 ⋯⋯⋯⋯⋯⋯⋯⋯⋯⋯ 119
　三、坪石夜谈 ⋯⋯⋯⋯⋯⋯⋯⋯⋯⋯ 130
　四、爱生如子 ⋯⋯⋯⋯⋯⋯⋯⋯⋯⋯ 136

第六章　二次入闽 ⋯⋯⋯⋯⋯⋯⋯⋯⋯⋯⋯⋯ 143
　一、战时省会 ⋯⋯⋯⋯⋯⋯⋯⋯⋯⋯ 144
　二、潜心研究 ⋯⋯⋯⋯⋯⋯⋯⋯⋯⋯ 148
　三、润物无声 ⋯⋯⋯⋯⋯⋯⋯⋯⋯⋯ 152
　四、"羊枣事件" ⋯⋯⋯⋯⋯⋯⋯⋯⋯ 157

第七章　执教厦大 ⋯⋯⋯⋯⋯⋯⋯⋯⋯⋯⋯⋯ 163
　一、任教汀州 ⋯⋯⋯⋯⋯⋯⋯⋯⋯⋯ 164
　二、复员厦门 ⋯⋯⋯⋯⋯⋯⋯⋯⋯⋯ 176
　三、独树一帜 ⋯⋯⋯⋯⋯⋯⋯⋯⋯⋯ 182
　四、"洛阳纸贵" ⋯⋯⋯⋯⋯⋯⋯⋯⋯ 189
　五、刚直不阿 ⋯⋯⋯⋯⋯⋯⋯⋯⋯⋯ 197
　六、香江情深 ⋯⋯⋯⋯⋯⋯⋯⋯⋯⋯ 203

第八章　主政厦大 ⋯⋯⋯⋯⋯⋯⋯⋯⋯⋯⋯⋯ 209
　一、南下福建 ⋯⋯⋯⋯⋯⋯⋯⋯⋯⋯ 210
　二、广纳贤才 ⋯⋯⋯⋯⋯⋯⋯⋯⋯⋯ 217

三、"徐图改造" …………… 223
　　四、调整改革 …………… 231
　　五、远见卓识 …………… 235

第九章　前线办学 …………… 243
　　一、海防前线 …………… 244
　　二、广厦簧宇 …………… 253
　　三、驰驱京闽 …………… 262
　　四、春风化雨 …………… 270
　　五、两度出访 …………… 276

第十章　乐育英才 …………… 289
　　一、大学之道 …………… 290
　　二、甘为"老农" …………… 295
　　三、循循善诱 …………… 299
　　四、良师益友 …………… 304
　　五、爱才惜才 …………… 310
　　六、以身作则 …………… 316

第十一章　春华秋实 …………… 321
　　一、实事求是 …………… 322
　　二、"博专精深" …………… 329
　　三、勇于探索 …………… 334

四、百家争鸣 …………………… 340
　　五、累累硕果 …………………… 348

第十二章　山雨频来 ……………… 355
　　一、一叶知秋 …………………… 356
　　二、"跃进"浪潮 ………………… 360
　　三、"违心之言" ………………… 365
　　四、默默耕耘 …………………… 369
　　五、精益求精 …………………… 378

第十三章　动荡年代 ……………… 383
　　一、乍暖还寒 …………………… 384
　　二、风狂雨骤 …………………… 389
　　三、星垂云低 …………………… 394

第十四章　春回大地 ……………… 399
　　一、春江水暖 …………………… 400
　　二、含笑九泉 …………………… 405
　　三、实至名归 …………………… 410
　　四、精神长存 …………………… 416

王亚南生平大事记 ………………… 421
后　记 ……………………………… 429

第一章

黄冈之子

> 大江东去，浪淘尽，千古风流人物。
> 故垒西边，人道是，三国周郎赤壁。
> 乱石穿空，惊涛拍岸，卷起千堆雪。
> 江山如画，一时多少豪杰。
> ……
>
> ——苏轼《念奴娇·赤壁怀古》

北宋元丰五年（1082年）春，因"乌台诗案"贬谪湖北黄州的苏轼（号东坡），在黄州写下了《念奴娇·赤壁怀古》这首流传千古的名篇。全诗意境开阔博大，雄浑苍凉，将写景、咏史、抒情融为一体，给人以震魂荡魄的艺术力量。它不仅是苏东坡一生最得意的词作之一，也是豪放词的杰出代表作。不经意间，成为凭吊赤壁、歌咏黄冈的千古绝唱。

黄冈古称黄州，地处鄂东，位于大别山南麓、长江中游北岸，有2000多年的建置历史。清代黄州府辖黄冈、黄安、麻城、罗田、蕲水、广济、黄梅7县和蕲州，有"吴头楚尾"之称。黄州不仅自然风光秀丽，而且物产丰富，人杰地灵，是鄂东文化的发祥地之一。

"惟楚有才，鄂东为最"。隋唐举办科举后，鄂东重教兴学之风日渐兴起，明清时期更是书院林立，讲学成风。据史书记载，从隋唐到明清，黄州共诞生了944名进士、3985名举人，以至有"黄州进士冠荆楚"之说。宋代"活字印刷术发明人"毕昇，明代"医圣"李时珍，禅宗四祖道信、五祖弘忍也均出自黄冈。

20世纪上半叶，中国内忧外患，战乱频仍，民不聊生，地处鄂东的黄冈却是"穷则思变"、名人辈出。从著名民主革命家、辛亥革命元勋居正到共和国的两任主席董必武、李先念，从中共一大代表陈潭秋、包惠僧到著名工运领袖林育英（张浩）、林育南；从著名军事家、共和国"十大元帅"之一的林彪，到王树声大将和许世友、陈再道、韩先楚、陈锡联上将；从著名地质学家李四光，著名文学家闻一多、胡风，到著名国学家熊十力、黄侃、徐复观，黄冈诞生了一大批政治精英、军

事将才和科学文化巨匠,几乎遍及政治、经济、军事、科技、文化等各个领域。其涉及面之广、层次之高、贡献之巨、影响之大,在全国都极其罕见。从黄冈走出的中国现代著名经济学家、教育家王亚南,自然也是其中的佼佼者之一,是当之无愧的"黄冈之子"。

一、艰难时世

时势造英雄。19世纪末20世纪初,古老的中国遭遇百年巨变。从甲午战败到戊戌维新,从庚子事变到《辛丑条约》,中华民族蒙受了巨大的屈辱和灾难,并由此彻底沦为半封建半殖民地社会。它激起了走在时代前列的一代知识分子的深刻反思,并掀起了救亡图存的浪潮。正如梁启超所说,世纪之交的中国,是"两异性之大动力相搏相射、短兵相接而新陈嬗代之时也"①。

清光绪二十七年,农历九月初三(1901年10月14日),位于长江支流举水河边的黄冈县团风镇(今黄冈市团风县),一个名叫王家坊的村庄里,一个男婴在村民王明榔家呱呱落地,给这个家庭带来了许多欢欣和喜悦。

这是王家的第二个男孩。按照家谱辈分的排序,父亲为他取名际炬,字维宽。入学堂后注册为亚銎,字植槐;大学毕业后用名亚南,字直淮,号渔邨,并以"王亚南"之名为世人所熟知。

王亚南出生时,家里已有了哥哥姐姐,后来他又有了弟弟妹妹。大哥名叫际焰,弟弟名叫际燧,家中三个男孩的名字偏旁都带有"火"字,似乎反映了父亲明榔的某种偏好,是对孩子寄予"火一般"的热切期望,还是与孩子"命中八字"缺"火"有关,人们不得而知。但可以肯定的是,在以农耕为主的乡村,一家有三个男丁,父母还是很高兴的。

王家坊村顾名思义,是王氏族人聚居的村落。据称其远祖来自新安琅琊王氏,而琅琊王氏属于中国古代著名门阀士族,系晋代四大豪门"王谢袁萧"之首,素有"华夏首望"之誉。

琅琊王氏肇端于西汉时期的琅琊郡(今山东青岛一带),发展于曹魏西晋,鼎盛于东晋,延续至唐末五代,前后存续了近七百年时间,在政治军事、伦理道德、朝章国典、文学艺术等方面对朝政和地方产生了重要影响。据《二十四史》记载,

---

① 梁启超:《本馆第一百册祝辞并论报馆之责任及本馆之经历》,陈旭麓:《近代中国社会的新陈代谢》,上海人民出版社1992年版,第213页。

从东汉至明清1700多年间，琅琊王氏共培养出以王吉、王导、王羲之、王元姬等为代表的众多宰相和600多位名士，堪称中原最具代表性的名门望族之一。

西晋末年"永嘉之乱"时，琅琊王氏家族中的一支衣冠南渡，举族迁居金陵。南渡之后，因对故乡的思念，一直都以故土的地名称呼。东晋元帝时，侨置南琅琊郡（今南京市栖霞区）。新安琅琊王氏的始祖王璧，就是从南琅琊郡迁居而来的。

据王氏族谱记载，"璧公字大献，好骑射任侠。时值唐季，天下大乱，民无宁日。璧公率众戢民安境，民所赖之。时杨行密为宣歙观察使，闻璧公名，历补军职。璧公随之东征西伐，屡建战功。杨行密建国为吴，拜璧公为银青光禄大夫、检校兵部尚书，加金紫光禄大夫。行密卒，子渥嗣立，淫虐无道，出璧公为祁门令。璧公遂请老致仕，定居于祁门城西百余里之苦竹港"①。王璧68岁时寿终正寝，葬于祁门闪里镇铜锣湾。

王璧生有九子，皆仕于南唐和吴越，或为谏议大夫，或为行军司马。九子共二十三孙，分徙各郡，散处江之东西，如安徽之祁门、歙县、绩溪、黟县、休宁、宣城，江西之婺源、九江、彭泽、湖口、鄱阳，浙江之建德，以及江苏之南京、泰州、高邮等地，号称一百三十六房，为江南王氏之一大宗族。后人有诗曰：

> 我本姬昌一后梁，子乔因谏改姓王。
> 琅琊太原多郡望，两晋三槐美名扬。
> 大献中兴在晚唐，保境安民尚书郎。
> 功成归隐新安乡，儿孙繁衍天下广。

明洪武四年（1371年），王璧第15世孙王再仁因出任黄州同知，举家由江右迁至黄州。再仁系璧公第九子思谦后裔，成为新安琅琊王氏迁徙黄州的始祖。再仁公生有五子——梗、楠、杞、梓、桂，团风王家坊王氏系再仁公五房王桂一支。

光绪丙子年（1876年），团风王氏家族创修宗谱，各房统一立下字辈——"昌明际显、运会发祥、祖功肇启、祚德维长、绪延晋泽、绩著周邦、基传忠厚、亿代联芳"。王亚南的祖父王昌祉系"昌"字辈，乃新安琅琊王氏第35世孙；而到他父亲王明榔的"明"字辈，则是新安琅琊王氏的第36世孙了。

王亚南的父亲王明榔年轻时曾读过书，《王氏家谱》记载其"太学生册名葆銮，

---

① 参见王茂功编纂：《新安琅琊王氏统宗世谱（1—25世）》，"新安琅琊王氏"词条。

号凤亭。多心计，遇事能决"。其兄弟三人，明榔居中，上有哥哥明材，下有弟弟明报。王亚南的母亲范氏是一个勤劳、朴实的农村妇女，不仅十分贤惠，而且善于持家。

王家坊村地处举水河注入长江处的平原湖区，属亚热带季风气候区，其特点是冬冷夏炎，四季分明，日照充分，降水充足，对农业生产十分有利。可惜的是，连年的水灾和兵荒弄得民不聊生，原本家庭还算殷实的明榔不幸抽上了大烟，而且越抽越上瘾，几乎把王家祖上留下的田产都掏空了。穷困潦倒的明榔心中凄苦，便借酒消愁。有时一个人喝得烂醉，以致把自己的身体也喝坏了。

五岁时，王亚南就被父亲送进当地的一所私塾接受童蒙教育。虽然塾师古板而严厉，但他却从《百家姓》《千家诗》的诵读中，从《论语》《诗经》等书本上，从"风从虎，云从龙"的讲解中，学到了许多新鲜的知识，在他幼小的心灵上种下了传统文化的根。

王家坊所在的团风镇是一座古老的集镇，镇名源自唐代，设镇始于明清。团风之义，系因长江在此拐了一个大弯，举水又在这拐弯处汇合流入长江，水流十分湍急，故称"团风"。"团风"由同音字"湍风"演变而来，"湍"为急流之水，"风"为水声激荡之声，"湍风"即为急流水声之意。

说来也是，从晚清到民国，中国的历史似乎就像这"湍风"一样，暗流汹涌，波诡云谲。许多看似水到渠成的事情，往往因为一个偶然的因素就改变了方向；而许多看似不可能发生的事情，却在历史的机缘巧合下发生了。

1898年，农历戊戌年，中国自下而上涌动着一股变革图强的潮流。维新派的变法主张，深深感染了年轻的光绪皇帝。6月11日，他毅然下令变法，并颁布了《明定国是诏》。此后短短103天，光绪皇帝先后下了180多道变法诏令。轰轰烈烈的变法运动激怒了慈禧太后，在朝中守旧派的拥戴下，她发动宫廷政变，软禁了光绪皇帝，自己临朝训政，使大清王朝最后一次主动变革的机会毁于一旦。

1900年，农历庚子年，以黄河流域下层民众为主体的义和团运动高潮勃起，席卷华北。这场以"扶清灭洋"为旗号的农民运动虽然有其合理性，却没能实现"救国"之目的，反而使国家陷入危机。最后导致八国联军攻陷北京，慈禧太后仓惶西逃，京师惨遭洗劫。清廷战败后的被迫签订《辛丑条约》，惩办祸首、赔偿巨款，使中国这个东方巨人再一次蒙受了前所未有的差辱和伤害。

1901年7月，短短十天之内，两江总督刘坤一、湖广总督张之洞连上三道奏折要求实行变法。1902年1月，慈禧太后回京之后，逐步开始实行新政，包括废除科举、选派游学、奖励实业、制定《破产律》等。1906年9月，清政府颁布《仿行立宪上谕》，准备实行君主立宪制，但过渡期长达九年。而此时，由兴中会、华兴会、光复会等革命团体组成的同盟会已经成立，社会各界对君主立宪充满疑虑，革命党人更是表示坚决抵制。

1908年11月14日，清光绪皇帝载湉死于瀛台，醇亲王的长子溥仪被确定为皇位继承人，醇亲王载沣以摄政王的名义监国。没想到第二天，慈禧太后那拉氏也命归黄泉。12月2日，年仅三岁的宣统皇帝溥仪即位，隆裕太后被封为皇太后。次日，清廷宣布立宪预备，仍以宣统八年（1916年）为限。而此时，各地的起义已经风起云涌，清王朝似乎已经日薄西山，无法改变自己的衰弱形象，也难以维持自己的一统江山了。

1911年4月，由孙中山领导的第十次武装起义——黄花岗起义在广州爆发。为了准备这次起义，同盟会几乎动员了所有的精英，并对此充满信心。1000多名热血青年投入了这场惨烈的战斗，然而，由于力量对比过分悬殊，起义归于失败，同盟会的骨干力量几乎损失殆尽。没想到，仅仅6个月后，武昌新军就前赴后继，举行了更大规模的起义。尽管由于起义计划泄露，举事较为仓促，但10月10日武昌起义的枪声仍然震动了全国，并迅速引起连锁反应，短短几个月全国18个省相继宣布独立，延续了两千多年的封建帝制终于敲响了丧钟。

1912年1月1日，亚洲第一个民主共和国——中华民国宣告成立，孙中山就任临时大总统，黎元洪任副总统。中华民国的成立标志着中国历史翻开了新的一页。2月12日，在集军政大权于一身的袁世凯的"逼宫"之下，隆裕太后以宣统皇帝的名义发布《退位诏书》。一个统治中国长达268年的王朝在百般无奈中走到了自己的终点。而辛亥革命胜利的果实也由此落入袁世凯手中，他成了清室退位后的中华民国大总统。

尽管时局动荡，江山易统，但在广阔的中国农村却没有引起太大的变化。对地处鄂东偏僻乡村的王亚南一家来说，此时最让全家人揪心的便是父亲的病情。虽然已经病入膏肓，父亲嗜酒的旧习却依然不改，隔三差五仍要差遣孩子去离家几里外的小酒铺沽酒。

这年秋天，农历九月二十日，一个风雨如注的夜晚，年仅十一岁、身材瘦弱的王亚南踩着满脚泥泞，奔走在乡间小道上去买酒。而此时，饱受多年疾病和精神折

磨的父亲却在家中闭上了双眼。当拎着小酒瓶的王亚南回到家中，看着父亲去世时那瘦骨嶙峋的身体和形容枯槁的脸，看着守候在病床边的大哥、大姐悲伤痛苦的面容，他在心里暗下决心："自己决不能像父亲那样！"

由于抽大烟，父亲不仅耗尽了自己的精力，而且还欠下不少债，最后抛下三间土坯房和两亩薄地、一些湖田撒手而去。父亲去世后，家道中落，年长的大哥际焰挑起了全家的重担。这位憨厚的庄稼人曾经外出当过兵，见过一些世面，他把全家的希望都寄托在从小喜欢读书的大弟王亚南身上，希望他有朝一日能够出人头地、光耀门庭。而经历了家庭变故的王亚南，小小年纪就体会到了生活的艰辛和人情的冷暖。

俗话说，"长兄为父"。大哥很快就安排好了家中的事务：母亲在家操持家务，自己在家乡种地，把妹妹送出去当童养媳。家里节余的钱供爱读书的王亚南再读一年私塾，以便争取考入黄冈县城的高等小学堂。

王亚南果然不负众望。在母亲的呵护、大哥的照顾和家人的支持下，他埋头苦读。冬天，依偎在柴火灶前一边取暖一边读书，有时一直读到深夜；夏天，为了节省灯油，有时就站在打谷场上或爬到屋顶上，借着明亮的月光看书。他涉猎的读书范围很广，从《论语》《左传》《国语》《史记》到唐诗、宋词，只要借得到的书他都读。尤其是屈原的《离骚》，他不知看了多少遍，三闾大夫在他幼小的心灵中留下了极为深刻的印象。

他特别注意认真背诵私塾老先生提出要背的经典，包括《大学》《孟子》等，他都背得滚瓜烂熟。这种诵读的习惯，他在整个读书阶段都一直保持着。他认为，诵读的好处是能帮助熟记，帮助领会与理解。正如古人所说："反复诵读，其义自明"，这是有一定道理的。

当然，大多时候他没有钱买书，于是就借书来抄。有一次，他从私塾先生那里借来一本《东周列国志》，读了几页，爱不释手，竟然下了狠心，前后花了一个多月时间，硬是把书给抄了下来。借书给他的老先生起初并不知道他在抄书，后来有一天讲课时，发现台下的孩子们一个个昏昏欲睡，只有王亚南一个人在埋头抄写着什么。老先生悄悄走到他身边一看，不禁吃了一惊：桌上那叠毛边纸上，密密麻麻抄写着《东周列国志》的章回故事。看到学生如此勤奋，老先生倍感欣慰。

俗话说："熟读唐诗三百首，不会作诗也会吟。"古书读多了之后，王亚南不仅打下了很好的古文基础，甚至开始学起了写诗。

和村里的小孩一样，王亚南一边上学，一边还要帮家里干一些农活。每天上学前，他都要先拾一筐猪粪或牛粪才去上课。猪粪通常作为有机肥料，而牛粪则大多晒干了当燃料。这些农活他从小就开始做，逐渐也积累了一些经验。

1913年秋天，在念完最后一年私塾后，王亚南从家乡来到几十里外的黄冈县城，进入黄冈高等小学堂读书。与在王家坊村相比，他的眼界一下子开阔了许多。

古城黄州不仅有着悠久的历史，而且是古代兵家必争之地和称雄江淮的军事重镇。明清五百年间，随着蕲黄合一，黄州府辖县增多，地域扩大，商贸发达，市井繁华。街坊巷陌星罗棋布，华屋深宅鳞次栉比，显得十分气派。

从文化地理空间看，雄踞大别山麓、俯卧长江之滨的黄冈，是中国东西、南北文化的交汇之地。荆楚文化和吴越文化，江汉文化与江淮文化，中原文化和南方文化在这里交汇融合，形成了兼收并蓄、复杂多元的鄂东文化。

"问汝平生功业，黄州惠州儋州。"纵览苏东坡一生，黄州是其最重要的人生驿站之一。谪居黄州的四年多时间里，他创作了753篇文学作品，其中不少是传世佳作，包括脍炙人口的"一词二赋"（即《念奴娇·赤壁怀古》和前、后《赤壁赋》）；此外，还有黄州《寒食帖》，分别代表着他文学、书法成就的最高峰。可以说，"苏东坡成全了黄州，黄州也成全了苏东坡"①。

位于洗白街前的黄冈县儒学学宫，始建于明正德十年（1515年），是一组"壮丽宏伟""规模宏敞"的建筑群，包括大成殿、泮池、戟门、棂星门、集贤门、明伦堂、左右斋、稽古阁、诸生号房、馔堂等建筑，"凡礼典所宜，靡不饬备"。（明·朱节《迁儒学记》）清黄州知府禹殿鳌曾感叹："黄冈人文甲天下，弦歌之声，十室而五。"

始建于1904年的黄州高等小学堂是一所远近闻名的学校，校址就位于清同治七年（1868年）所建的黄冈县学旧址。董必武、陈潭秋当年曾在这里讲过课，包惠僧也曾于1907年在这里就读，后来他们三人都成了中共一大的代表。

各地高等小学堂是根据1904年1月（光绪二十九年十一月）清政府颁布的《奏定高等小学堂章程》明令设立的，为初等小学堂毕业生升学之所。"以培养国民之善性，扩充国民之知识，强壮国民之身体为宗旨"；"以童年皆知做人之正理，皆有谋生之计虑为成效"。清末科举制取消后，按照1912年颁布的"壬子学制"，中

---

① 余秋雨：《苏东坡突围》，《山居笔记》，文汇出版社2002年版。

小学生不同阶段的学习时间是：初小四年、高小三年、中学四年。

王亚南入学时，由于黄州府已撤销，这所学校也改名为黄冈高等小学堂。修业年限为三年。学校的主要课程有修身、读经讲经、中国文学、算术、中国历史、地理、格致、图画、体操等必修科目和手工、商业、农业等选修科目。

学校的校长兼国文老师是当地远近闻名的一位大儒，王亚南对他十分崇拜，并把他当作自己的榜样，认为自己"将来一定也要走他这条道路"，成为一个让人羡慕的大学者。

黄冈高等小学堂（今黄冈实验小学）

黄冈高等小学堂不仅积淀了深厚的文化底蕴，而且校园环境十分优美，古树参天，花草繁茂，学宫的遗迹文庙、泮池和"东坡暗井"常让人发思古之幽情。王亚南在这里度过了三年的读书时光，1916年他以优异的成绩考入位于武昌的湖北省立第一中学。未来在这位黄冈农家子弟面前展开了一幅更加广阔的前景。

二、发愤读书

地处长江中游、江汉平原东部的武汉，别称江城，是湖北省省会，也是中国南方的军事和商业重镇，素有"九省通衢"之称。

由于中国第一大河长江与其最大支流汉江在武汉交汇，形成了武汉三镇（武昌、汉口、汉阳)隔江鼎立的格局。城内江河纵横、湖港交织，商贸发达，被称为"楚中第一繁盛处"。尤其是清末汉口开埠和洋务运动的兴起，直接开启了武汉近代化进程，使其成为近代中国重要的经济中心，有"东方芝加哥"之誉。

武昌是辛亥革命首义之地，也是两湖地区(湖北、湖南)的政治和文化中心，近现代以来许多重大历史事件都发生在这里。位于武昌城东北部的昙华林，是许多学校、医院、文化机构和宗教场所的荟萃之地，也是一个充满异域色彩、文化氛围极其浓郁的地方。

湖北省立第一中学就位于昙华林东头南侧。这里原是湖广总督林则徐兴建的丰备仓遗址。1903年，张之洞在此地兴办了东路高等小学堂；1904年，第二文普通中学堂在东路小学堂的旧址上创办；辛亥首义后的1912年，该学堂改名为湖北省立第一中学，是湖北省的第一所公立中学。

1916年，当王亚南走进位于昙华林的省立一中时，历史的风云恍如昨日，而前辈的足迹历历在目。著名民主革命家、被誉为"中国宪政之父"的宋教仁，辛亥革命元老、被誉为民初"湖北三杰"之一的石瑛，中国共产党的创始人、中共一大代表董必武、陈潭秋，著名国学家黄侃，著名地质学家李四光等都曾在这里读书或任教。

王亚南进入中学后，更加如饥似渴地读书。为了争取更多的时间，他仿效司马光的"警枕"，设计了一张"警床"，即把自己睡的木板床的一条腿锯短半尺，变成"三脚床"。每当熟睡之后，稍一翻身，床板就会因失去平衡而倾斜，从而把他从睡梦中惊醒。于是，他揉一揉惺忪的睡眼，点起床头的油灯，又继续伏案夜读。

同学们都知道他读书很刻苦，却不知道他暗中做了这么个手脚。有一天，邻舍的同学到他宿舍来玩，没想到在他的床上一坐，床却突然倾斜到一边，把这位同学吓了一跳，并连连向他表示歉意。王亚南听了不但没有生气，反而哈哈大笑。同学不得其解，最后王亚南才道出实情，同学听了不禁啧啧赞叹。

中学一位教国文的老师是王亚南的黄冈同乡，在报刊上发表过不少文章。他极力鼓励王亚南学他专长的文学，王亚南也十分动心，并为此下了一番功夫。由于他读书十分勤奋、刻苦，在学校里便有了"小学究"的雅号，他则认为不过是"死读书、读死书"而已。

武汉三镇的绮丽风光、大都市的繁华热闹，学校图书馆的丰富藏书和与老师、同学们的朝夕相处，为王亚南打开了广阔的视野。可是，窘迫的生活却屡屡让他

犯难。进入中学的第二年，家里来信了，由于闹水灾，农作物歉收，家里无法再为他提供最起码的生活费用了。退学吗？万万不能。无论如何他都要坚持把中学念完。

武昌湖北省立第一中学（今武汉市第十四中学）高中部教室

为了每学年能交得起学费和维持日常的读书、生活费用，他不得不经常晚上去八九里外的一位商人家里当家庭教师，春夏秋冬，风雨无阻。

这位商人姓方，是湖北黄冈县马曹庙镇戴家湾人，与王亚南是同乡。家中有两个孩子，大的名叫方达功，尚在小学读书。方达功的伯父方本仁是一位督军，在民国初期的政坛和军界均赫赫有名。

和方家熟悉之后，王亚南才知道，出生于1880年的方本仁，是北洋陆军军官学堂第二期毕业的，担任过禁卫军骑兵排长和新军第六镇连长、营长。民国时期先后任赣西镇守使和赣南镇守使，授陆军少将衔。1923年还被授予"粹威将军"称号。

方家家大业大，且方本仁贵为江西督军，一家人知书达理，为人也不错，对王亚南教导子弟的水平、态度和教学效果均比较认可。因此，除了按时付课酬之外，方家不时也会给他一些额外的车马费、点心费等，使王亚南在历经艰辛生活的同时，也尝到了一些自食其力的甜头。

尽管如此，王亚南仍然经常要咬紧牙关，依靠省吃俭用来维持自己较低的生活水准。夜里，他伏在光板床上，啃着驱寒的红辣椒，徜徉在书山学海之中。虽然经常饥肠辘辘，但他在精神上感到十分充实，书本给了他知识，也给了他生活的勇气和信心。

这年秋天，一个风雨交加的夜晚，王亚南在去方家途中，巧遇在方家宅院附近躲雨的一位身着灰布长衫、器宇轩昂的青年。王亚南见他被风雨所困，欲把自己的伞借给他，他虽然没有接受，却因此心生好感，于是两个人便亲切地交谈了起来。

从交谈中王亚南得知，这位躲雨的青年名叫王仲友，比他大七八岁，是湖北新洲人，也算是黄冈老乡。他毕业于北京高等师范学校，现在汉阳平民子弟学校任教。虽然戴着一副黑框眼镜，显得文质彬彬，却是一位颇有正义感的热血青年。王亚南觉得在这茫茫都市，与这样一位善解人意的老大哥萍水相逢，殊为难得，于是两人分别时留下了各自的通信地址，相嘱后会有期。

王亚南进入中学读书时，正是新文化运动风起云涌的时代。1916年，陈独秀创办的《新青年》杂志正式创刊，迅速成为思想界的风向标和许多青年人汲取营养的理论阵地。1917年，北京大学迎来了新校长蔡元培，随后《新青年》的主要撰稿人陈独秀、胡适、鲁迅、周作人、钱玄同、刘半农等纷纷云集北大，使北大成为新思想传播的重要阵地。

蔡元培秉持"思想自由、兼容并包"的办学理念，吸纳各派学者名流，新文化运动以文学革命和白话文为突破口拉开了序幕。1918年，《新青年》开始采用白话文刊行，新旧思想的交锋围绕着北大和《新青年》周围蓬勃展开。1919年5月4日，五四爱国学生运动在北京爆发，并迅速波及全国。上海工人罢工，商人罢市，学生罢课，社会各阶层都加入了抗议的行列。孙中山在接见学生代表时称："中国的未来，中国的命运，都落在你们这一代青年身上。"①

新文化运动和五四运动改变了许多人的一生。其时王亚南虽然还在中学读书，但新文化运动散发出来的那种自由、平等的气息也使他深受感染。五四运动时他虽然没有走上街头参加游行示威，也不曾因"打倒孔家店"而受到太大的震动，但思想意识和道德观念却受到了潜移默化的影响，并打破了他原来打算钻研国学的梦想。他觉得，"所谓孔孟的微言大义，不再是我唯一的思想规范了，但这并不妨碍我在一定的场合，还把它当作我在运思或文字表达中的一种工具；孔孟及其流行的道德信条，也不再成为我思想修养的天经地义的准则了，但在相当长时期内，在日常修养生活中，总是不期然而然地在自己下意识中，去搜寻古圣贤立身处世的格言"②。

面对五四运动的浪潮，王亚南的思想倾向，逐渐从原来志在捍卫、宣扬"道

---

① 常宗会：《一九一九年在上海两次见到孙中山先生》，《孙中山先生生平事业追忆录》，人民出版社1986年版。
② 王亚南：《自述》，存档。

统"的理想,转到向新文化方面去努力了。这年秋天,由于家乡灾害频仍,为了帮助家里渡过难关,王亚南没有返回学校,而是以"休学"的名义留在家乡,当了一年多的乡村小学教师,以挣钱贴补家用。学校对这位家庭困难学生的情况也有所了解,因此也没急着催他返校完成学业。

直到1921年下季,王亚南才作为第十一班(八期旧学制)的学生,正式从湖北省立第一中学毕业。① 这位来自黄冈的农家子弟,依靠自己的顽强毅力,在凤凰山下的这座美丽校园度过了四年多充实的读书时光;超出常人的刻苦与勤奋,使他在中学阶段年年都取得优异成绩,并被老师和同学们誉为班里的"三杰"之一。

后来他在回忆中小学阶段的读书生活时说:"初上学的十年完全是强迫的学习,全是死记硬背,但在今天看起来,这些还是很有用,现在用的东西很多是第一个十年学到的东西,这就说明打基础很重要。因为任何一门专门学科都是以一般知识作基础的,没有广阔、坚实的基础,就很难学得专、学得深。"②

中学毕业后,王亚南又回到家乡,当了一年乡村学校的教师,一方面帮助养家糊口,另一方面也是为上大学积攒学费。为了把自己的基础打得更牢些,他选择进入与自己中学母校相邻的武昌中华大学就读。

位于武昌粮道街的中华大学创办于1912年。其时民国刚刚创立,高等教育方兴未艾。在留日归来的庆应大学毕业生陈时的鼓动和说服下,来自湖北黄陂的两位乡绅、陈时的父亲陈宣恺和伯父陈朴生先后捐田二百石、白银三千两、官票五千串、家藏书籍三千余部,筹建了私立中华学校。

学校创办伊始,分设男生部和女生部,男生部有大学预科、中学科、英文专修科、小学科各一班;女生部设有简易师范,包括文学和职业两科。学校租用了武昌府后街与昙华林的两处房屋作为校舍,府后街为男校舍,昙华林为女校舍。同年8月正式开始招生,首届就招收了数百名学生。

中华学校由陈宣恺担任校长,当年10月他当选为省参议员后,在湖北省都督黎元洪和省民政长官夏寿康的支持下,由省政府拨发粮道旧署作为中华学校永久校舍。学校于1913年4月迁入后不久,江汉大学于1914年1月停办,其中150人转入中华学校;后来中华法政学校的学生也全部转入中华学校。经教育部派人来校考察,认为中华学校组织健全,教学得法,学生成绩优良,为湘鄂所罕见,准予在

---

① 汪适中主编:《武汉第十四中学(1903—2013)校史简编》,2013年编印,第136页。
② 王增炳、余纲:《王亚南治学之路》,福建人民出版社1984年版,第10页。

教育部备案。

中华大学校门

1915年3月，教育部正式认可该校为大学。随后，学校改名为武昌中华大学。它不仅是我国较早创办的私立大学之一，也是我国第一所既不靠官府、也不靠洋人创办的私立大学。陈宣恺担任武昌中华大学的正式代表人，其子陈时为代理人。学校的经费筹集、教师延聘等由陈宣恺负责；课程安排、班次选定、招生注册等具体事务则由陈时负责。

陈时是陈宣恺的第三子，出生于1891年。1907年赴日本留学，并加入同盟会。曾先后在庆应大学、中央大学、早稻田大学、东京宏文学院学习，并获得庆应大学法学学士学位。1911年春学成归国后，他发现国内中高等教育供不应求，便鼓动父亲创办学校，最终如愿以偿。

武昌中华大学以"中华"作为校名，寓意为"振兴中华"。由于办学规模较大，办学理念较新，因此深得各省信任。山东、山西、福建、河南等省都督和江西、广东、广西、黑龙江等省教育司或提学使，以及湖北省各县知事，纷纷函电保送学员来武昌中华大学。吉林、云南、四川等地的学子，也慕名远道而来武汉投考。

1915年7月，武昌中华大学政法别科和大学预科的首届学生，包括恽代英、余家菊、刘元龙、江涛、王安源等同学，学习三年届满，经考试及格，准予毕业，成为中华大学的第一届毕业生。而恽代英正是他们中的杰出代表。

恽代英在校读书时就是一个品学兼优的学生，不仅阅读了大量社会科学乃至自然科学方面的中外书籍，还自学了英、日、德文，被同学们称为"百宝箱"。大学毕业后他留校担任中华大学中学部主任，一边任教一边从事革命活动，后来成为著名的青年运动领袖和杰出的无产阶级革命家。

随着学校的发展，中华大学先后开办了本科层次的文科（中国哲学门）、法科（经济学门）、商科（交通学门）等学科专业，并参加了教育部组织的留学生考试，取得优异成绩，被誉为"长江各省私立大学之冠"。

1917年11月，陈宣恺去世后，陈时继任中华大学代表人兼校长。他将校训确定为"成德、达材、独立、进取"，并组织了校董会，调整了学校的组织系统。学校继承春秋以来孔子兴办私学的教育传统，效法日本开办现代私立大学的经验，借鉴欧美一些大学的学制、内容，用现代科学文化知识教育学生。学校学术风气自由，思想活跃，吸引了大批优秀青年，成为武汉著名的新文化运动中心和湖北地区五四运动的最早响应者。

中华大学校长陈时

五四运动后，中华大学聘请黄侃、刘博平等著名学者和施洋、黄负生等进步教师到校任教，同时还邀请了康有为、梁启超、章太炎、蔡元培、杜威、何尔康、泰戈尔等一批中外思想家、学者到校讲学。

1922年，新学制（又称"壬戌学制"）正式颁布后，中小学实行"六三三"学制，大专和大学则分别实行"四年"和"四至六年"学制，相应缩短了中学毕业后的高等教育年限。就在新学制实行的这年秋天，王亚南进入武昌中华大学预科第九班学习。①

1923年6月，陈时校长与林立教务长代表中国出席在美国旧金山举行的世界教育会议，参观了旧金山、纽约、华盛顿、芝加哥等地著名大学。在这次大会上，陈时还当选为世界教育会议议员。8月，中华大学开始大量扩充学系，开办了中国文学、教育学、经济学、法律学、数理学等系，同时开办附属高中。

1923年秋天，王亚南由预科升入本科，在教育学系就读。其时，受西方教育思想及民初各种教育思潮的影响，"教育救国论"风行一时，影响不断扩大。"教育

---

① 陈时：《湖北私立武昌中华大学关于王亚南的学历证明书》（1944年4月19日），中山大学档案馆存档。

救国论"者认为，近代以来中国之所以积贫积弱，倍受外国侵略者欺凌，其根本原因是人才不足，是教育不发达、不普及、不注重培养人才所致。因此，要想挽救民族危亡，实现国家的独立富强，就必须将发展教育作为救亡图存的突破口，才能使中国转贫为富，转弱为强。王亚南对此深表赞同，并选择教育学作为自己主修的专业。

在20世纪初中国处于内忧外患的情况下，一批具有先进思想的仁人志士为了提高全民族素质和挽救民族危亡而提出的"教育救国"思想，是民族意识觉醒的表现，具有鲜明的时代特点。虽然其侧重的角度不同，但都体现出教育平等的理念；都十分重视普及教育，重视平民教育、职业教育、生产教育和乡村教育，注重精神层面的教育和陶冶。

进入大学本科学习后，王亚南同样如饥似渴地读书。为了充分利用时间，他在自己的书桌上贴了一张纸条："来客只谈十分钟，过时恕不奉陪。"有的同学替他惋惜，认为这样会使自己少交许多朋友。王亚南却不以为然，认为多读一本书远胜过一次漫无边际的闲聊。

在大学里，他依然保持着抄书的习惯，甚至连《史记》这样大部头的书也抄。抄书看似一个笨办法，但在买不起和得不到的情况下也不失为一个替补办法。王亚南发现，抄书对自己的学习帮助很大，通过亲手抄一遍，就等于仔细、深入地学习了一遍，不但加深了理解，而且大大促进了记忆。

此时的中华大学，虽然校舍仍比较简陋，但办学质量较高，办学规模也较大。在这样一个思想活跃、学风优良的大学校园里，王亚南如鱼得水，他以教育系为主系，并先后以中文系和英文系为辅系。他的兴趣十分广泛，看的书也很杂，古今中外，哲学、政治、经济、教育、历史、法律、文艺……几乎各种能借到的书他都看，用他自己的话说，就是"海阔天空"。

教育系的老师大多是从海外学成归国的，他们以在海外尤其是美国大学学习的课本作为学生上课的教材。其中有两部打基础的大作：一部是美国"实用主义鼻祖"杜威的《教育与民主》，相当抽象难懂；另一部是现代教育心理学奠基人桑代克的《教育心理学》，煌煌三大册，充满了各种心理测验图表，不仅很难阅读，而且根本记不住。

尽管如此，王亚南仍然咬紧牙关读书，各科成绩也很好。可是，学校里那些有钱有势的子弟，仍不太瞧得起这个来自鄂东农村的"穷学生"。而他同样瞧不起这

些不学无术而又夸夸其谈的学生,并尽可能少和这些人接触,以免他们纠缠不休,浪费自己的大好学习时光。

每当他在生活和学习上遇到困难时,便默默背诵起孟子的名言——"故天将降大任于斯人也,必先苦其心志,劳其筋骨,饿其体肤,空乏其身,行拂乱其所为,所以动心忍性,曾益其所不能。"以此来激励和鞭策自己。在日常的学习和生活中,他也经常注意搜集古圣贤立身处世的格言来作为自己的行为规范。

北大校长蔡元培是一位被世人推崇的偶像,曾为"教育救国"大声疾呼,王亚南理所当然地接受了蔡元培的主张,对"教育救国"论也充满许多兴趣和热情。然而,窘迫的家庭经济却给他的学习生活造成了极大的困难。他不仅无法从家中拿出钱来交学费,而且还要承担家中老小的部分生活费。因此,大学一年级时,他继续在那位商人家兼任家教;从二年级起直到毕业,他到私立楚材中学兼任两个班的英文教师,用赚来的钱养活自己,并部分接济家庭。

由于既当学生,又兼做家教,因此王亚南每天都要比别人更辛苦、更忙碌。只有劳累之后的夜半时分,他才能静下心来,在书山学海里遨游,广泛涉猎各门学科的知识,然后去粗取精,由博返约。

博览群书大大丰富了他的知识,更重要的是培养了他的理解能力。而现实的满目疮痍,国家的贫困落后,又激发了他"教育救国"的热情。当他一旦找到自己的奋斗目标之后,这些五花八门的知识就像涓涓细流汇合到了一起。

艰苦的生活虽然给这位来自黄冈的农家子弟出了不少难题,但同时也磨炼了他的品性,培养了他的生存技能,使他能够坦然地面对逆境,勇敢地去迎接未来的挑战。

三、苦苦求索

"路漫漫其修远兮,吾将上下而求索。"这是楚国大夫屈原在《离骚》中发出的仰天长叹。其时,屈原正被放逐江南,他痛感自己的治国之道不能为楚王所接受,于是只好悲愤地离开,去寻求自己心中的理想。

《离骚》是中国古代最长的抒情诗,也是王亚南从小就十分喜爱的一部优秀诗篇。全诗采用美人、香草的比喻和大量神话传说,运用丰富的想象力,形成绚烂的文采和宏阔的结构,表现出积极的浪漫主义精神,开创了中国文学的"骚体"诗歌形式,对后世产生了深远影响。

这部充满诗人爱国激情的忧愤之作,在王亚南幼小的心灵中早就扎下了根。虽然那时他对屈原大夫为何早年深得楚怀王信任,后来又被怀王疏远、放逐不很清楚,对其在楚国首都郢被秦兵攻破时投汨罗江自沉也不太理解,但诗中表达出来的爱国情怀和人生追求却始终激励着他。

从黄冈到武汉,从中学到大学,屈原大夫的这首诗一直伴随着他,使他能一边发愤读书,一边努力寻求自己理想中的人生道路。

中华大学所在的昙华林一带,明清时期曾是湖北全省各县秀才下榻备考、苦心研读的地方,也是清廷地方军事衙门所在地,有以"戈甲"命名的营盘。1861年汉口开埠后,中西文化交汇,逐渐形成华洋杂处、比邻而居的地域特色,意大利、英国、美国和瑞士等国的传教士先后在此传教、办学、施医,中国第一座公共图书馆也建立在这里。

受西方文化和革命思潮的影响,一批辛亥革命志士在此组建了湖北最早的反清反封建革命团体,如吴禄贞领导的"花园山聚会",刘静庵领导的"日知会",熊十力领导的"黄冈军学会",梁耀汉领导的"群学社",等等,这些团体又催生了一大批辛亥年武昌起义的骨干。

五四运动风起云涌,昙华林在武汉三镇可谓独领风骚。1919年,在武昌中华大学任教的恽代英、林育南等人,领导了武汉地区青年学生反帝反封建的爱国斗争。恽代英认为,"今本危急存亡之秋,……今日群众,本渐有平民思想之觉悟,正可引势利导"①,以挽救民族危亡。

昙华林的文华老校园是陈独秀在武汉最早传播共产主义革命火种的地方。1920年2月,他应文华大学邀请,从南京到武汉,下榻在文华大学文学院。第二天就在学校礼堂发表《社会改造的方法与信仰》的演讲;第三天又做了《知识教育和感情教育问题》的演讲,学生反响热烈。

1920年冬天,恽代英辞去中华大学中学部主任职务,在武昌创办了利群书社,作为传播新文化思想的阵地。后来他又和林育南等人在黄冈林家大湾创立了具有共产主义性质的"共存社"。1921年7月,中共一大在上海召开,位于昙华林街区的湖北省立一中和私立武汉中学,走出了董必武、陈潭秋、李汉俊3位中共一大代表。

1923年秋天,当王亚南在中华大学本科就读时,目睹在昙华林进进出出的革

---

① 中央档案馆等编:《恽代英日记》(1919年7月5日),中共中央党校出版社1981年版。

命先辈，听着他们慷慨激昂的演讲，既令他十分仰慕，也使他耳濡目染，受到了许多教育和熏陶。

在学校里，王亚南除了学习基本教育理论外，还分门别类地学习了"大学教育""中学教育""小学教育""教育行政""职业教育"等课程。他期盼着有一天能成为一名好教师，教一批好学生，以改变这个国家教育落后的面貌，进而通过教育来实现改造社会的梦想，做出一番让后人仰慕、令史册生辉的业绩。

因此，在学好各门课程的同时，王亚南也经常阅读各种新文化图书，对从西方引入的各种主义和思想进行比较。他发现，五四运动与欧洲的启蒙运动不同，它"把科学社会主义学说，把实现科学社会主义的俄国革命实践的影响带进来了"。他由此感到："在这时，谁要是不肯冥顽地固执着封建主义的道统，摆在他面前让他选择的，对他发生吸引力的，就不单是资产阶级思想体系，社会主义的理论与实践还是更有吸引力的。这就是为什么在大革命前夜，我们那些青年学生，那样如饥似渴地努力接受新知识，并投身到地下党领导下去做一些有革命意义的工作。"[①]

学生时代的王亚南

就在王亚南怀揣"教育救国"理想、力图以此实现社会变革之际，轰轰烈烈的大革命爆发了。1924年1月，在中国共产党人的参加与帮助下，孙中山在广州召开了中国国民党第一次全国代表大会，重新解释了三民主义，确定了"联俄、联共、扶助农工"的三大政策，它标志着第一次国共合作的建立。

随后，孙中山创办了黄埔陆军军官学校。蒋介石被任命为黄埔军校校长，廖仲恺为军校党代表。不久周恩来担任了军校政治部主任，恽代英也出任黄埔军校第四期的政治总教官。经过1925年两次东征，广州革命政府统一和巩固了广东革命根据地，恢复和发展了工农运动。所有这些，都为北伐战争做了必要的准备。虽然孙中山不幸于1925年3月12日在北京病逝，但他在弥留之际留下的政治遗嘱——"和平、奋斗、救中国"令人感佩不已，并鼓舞和激励着人们继承他的遗志，为完成他未竟的事业奋力前行。

---

① 王亚南：《自述》，存档。

"革命尚未成功,同志还需努力。"1926年年初,国民党第二次全国代表大会决定兴师北伐。这是两年前孙中山确定的一项战略决策。同年2月,中国共产党也明确提出了通过北伐推翻军阀统治的政治主张。5月,湖南发生内乱,直系军阀吴佩孚乘机派兵占领长沙,威胁广东。驻扎衡阳的唐生智向广州国民政府求救,并宣布改番号为国民革命军第八军。叶挺奉命率第四军独立团和第七军一部作为北伐先头部队,先行出兵湖南,援助唐生智部。北伐战争由此拉开了序幕。

1926年7月1日,时值广州国民政府成立一周年,国民政府发出《北伐宣言》,确定以"先定三湘,规复武汉,进而与我友军会师,以期统一中国,复兴民族"为战略目标。随后,国民革命军在广州誓师北伐,确定以武力打倒祸国殃民的封建军阀。《北伐誓师词》称:"我不牺牲,国将沉沦。我不流血,国无安宁。国既沉沦,家孰与存?"北伐军的主要作战对象,包括盘踞两湖的直系军阀吴佩孚、号称"五省联军总司令"的孙传芳和控制中国北部的奉系军阀张作霖。

7月9日,国民革命军的8个军约10万人,兵分三路,从广东正式出师北伐。北伐军首先向盘踞两湖的直系军阀吴佩孚发起攻击,全军官兵士气高涨,进攻势如破竹。8月份连克湘乡、湘潭、长沙、岳州,随后集中兵力攻克吴佩孚重兵把守的汀泗桥、贺胜桥。在击溃吴佩孚的主力后,北伐兵锋直指武汉三镇。

武汉三镇一时风声鹤唳。困守武昌的直系军阀将领刘玉春部在城内四处修筑工事,准备负隅顽抗。位于武昌的中华大学校舍也遭到毁损,学校不得不暂时停办。原本在这一年夏天毕业的王亚南,不仅无法按时毕业,而且不得不滞留江城。

此时的王亚南,心情无疑是沉闷、压抑的。他感到悲愤,也感到忧郁。眼看就要毕业,学校的校园却被军阀毁了,学校也被迫停办了;眼看就要走上社会,可出路在哪里?未来的前途在哪里?他觉得苦闷,也觉得彷徨。

在回忆大学的读书生涯时他说:"我要在大学上课,大学和我去任教的那个中学相距七八里地,跑来跑去,整天忙得转不过气来。这使我失掉了不少公开运动和半公开集会的机会,虽然一般的学运我是参加了的。当时地下党的组织者陈潭秋、恽代英、林育南等同志的报告会,我也是参加了的,但并不是很主动。记得我当时只满意做一项编辑工作,那是我们黄冈县进步青年组织——黄冈青年促进会在汉口一家报纸上发刊的副刊,我负责这个刊物的编辑达两年之久。"①

---

① 王亚南:《自述》,存档。

中华大学停办不久，1926年9月1日，北伐军兵临武昌城下。武昌城防司令刘玉春和湖北督军陈嘉谟下令守军关闭武昌城十个城门，固守待援。北伐军两次攻城，均因城垣高大而损失惨重。9月6日、8日，北伐军相继攻占汉阳、汉口，于是武昌成为孤城，被严丝合缝地围困了起来。

围城半个月之后，困守孤城的北洋军队粮尽援绝，城内百姓几近家家断炊。10月10日，叶挺率领的北伐军第四军主力和第八军一部，经过一番鏖战，终于占领了被围困一个多月的武昌，实现了会师武汉、"饮马长江"的目标。

武汉市民欢呼雀跃，夹道欢迎北伐军进城。王亚南也兴奋地和同学们站在马路旁，挥舞着彩色小旗，向列队行进的官兵们致以敬意。长长的鞭炮在街道上空噼里啪啦作响，人声鼎沸，锣鼓喧天。"欢迎北伐军攻克武昌""打倒军阀"的口号声此起彼伏。

随着国民革命的重心由珠江流域转移到长江流域，1926年12月5日，国民政府由广州迁都武汉。同年冬天，武汉国民政府改革高等教育，将国立武昌大学和几所省立大学及私立中华大学等高校合并，改组为国立武昌中山大学。正在等待毕业的王亚南和其他应届毕业生也并入国立武昌中山大学，办理了大学本科毕业手续。

可是，大学毕业后的前途在哪里呢？国家和社会的前途又在哪里呢？虽然王亚南在大学里学的是教育学，但他学的那些舶来品教材就能实现教育救国的目标吗？他感到茫然、失望乃至怀疑。大革命风暴进一步加深了他的疑问，他不禁为自己当初的选择感到痛苦。

在痛苦的思索中他拿起了笔，他想写自己，写社会，写人生。几经酝酿、考虑，他终于为自己构思许久的长篇小说写下了书名——《求索》。这是一部自传体长篇小说，主人公的原型就是他自己。小说的前几章写得颇为顺利，鄂东水乡的风土人情，天灾人祸中的农家苦乐，辛亥革命的前后和形形色色的人物……他为自己笔下那个在艰难时世中彷徨、思索、奋斗的青年形象激动不已，也为自己的处女作能否顺利"分娩"而忐忑。他多么希望自己有一天能带着这部长篇小说走上社会，走上人生的新舞台。

可是，书稿并不能当饭吃。为了谋生需要，他来到武汉成城中学教书。"成城"一词源自中国《诗经》"大雅"篇中的"哲夫成城"，"哲夫"为智者贤人之意，而"城"指的是国，"哲夫成城"意指圣贤兴邦治国。

这天，王亚南在学校刚上完课，一位不速之客突然到学校来找他。他一看，竟是许久不见的"老大哥"王仲友,不禁大喜过望。自从那次难忘的雨中相逢之后,这两位年龄相差七八岁的同乡就成了知心朋友。

王仲友这几年在董必武创办的武汉中学任教,经常带领学生参加革命活动,传播新思想,破除旧风俗。而王亚南也先后上了大学,当了中学教师。两人平常虽然交集不多,但一直保持着联系。交谈中王亚南才得知,原来王仲友既是共产党员,又是国民党员,北伐军攻克武汉后他公开了自己的双重身份,并出任武汉中小学教师党政训练处教导主任。

"走,我带你去我们党政训练处走一走,顺便介绍一位同乡长辈给你认识,对你一定会有帮助的!"王仲友拉着王亚南走出学校。两人一路交谈,话语十分投机。

拐过几条街巷,他们来到了武汉中小学教师党政训练处,一位留着两撇胡须的中年长者从厢房里走了出来。王仲友介绍说:"董先生,这是我和你提起过的王亚南,也是我们黄冈出来的。"

董必武握着王亚南的手,亲切地说:"你好,你好!快请屋里坐。"王亚南随他进屋后,发现屋里家具不多,只有一张写字台和几张靠背椅,倒是墙上挂着的那幅"以天下为己任"的书法横幅吸引了他的目光,让他若有所思。

落座后,董必武问道:"小老乡是黄冈哪里的?"

"淋山河王家坊的。"

"哦,你们家乡我去过,那里有黄草湖、大岐山,对吧?"

王亚南听了点头称是。在得知王亚南曾就读于黄冈高等小学堂后,董必武便问道:"城高小有一位颇有名望的王柳尘先生,不知教过你没有?"

"他是我族叔啊!"王亚南脱口而出。想当年,正是这位族叔带他到城高小读书的。

"那真是一位好老师啊!不仅教学生学问,还教学生如何做人。"原来董必武曾于1911年在黄州府中学堂执教,讲授"国语"和"英语",并在相邻的黄州高等小学堂兼过课,因此和王柳尘较为熟稔。

"柳尘叔博学多才,但耿介清贫,他教给了我志气,做人的志气!"王亚南动情地说。

董必武看着这位年轻的"世侄",兴奋地对王仲友说:"中午买它几笼肉包回来,好好款待一下我们的小老乡!"

就这样，通过王仲友的介绍，王亚南认识了时任国民党湖北省党部执行委员、党政训练处负责人董必武。两人似乎一见如故，董必武是黄冈下属的红安县人，1905年曾入读武汉文普通学堂（湖北省立第一中学前身），因此，两人既有同乡之谊，又有校友之情，王仲友和王柳尘也使他们迅速拉近了距离。

后来王亚南才知道，董必武17岁时就考中秀才，后东渡日本学习法律。回国后因从事反袁活动曾两次被捕入狱。1919年在武昌创办了武汉中学，聘请陈潭秋、王仲友等进步教师来校任教。1920年秋他与陈潭秋、张国恩、包惠僧等七人创建了武汉共产主义小组。1921年7月赴上海参加中共第一次全国代表大会，成为中国共产党的创始人之一。大革命时期是湖北地区国民革命运动的重要领导人之一。

此时，由于北伐军攻克了武汉，急需大量的干部。为了加快培养和训练干部，在董必武的倡导和组织下，国共两党在武汉开办了多个干部训练班，包括中小学教师党政训练班、农民运动训练班等。董必武亲任中小学教师党政训练处（又称"党义训练所"）负责人并给学员授课，王仲友作为其助手负责训练班的具体事务，并兼任授课教师，讲授三民主义理论和孙中山的"三大政策"以及唯物史观等内容，并汇编讲义印发给全省中小学教师学习。

时在成城中学任教的王亚南在王仲友的引导下，多次到这个专为中小学教师开办的党政训练班听课，使他对"平均地权、节制资本"及"耕者有其田"等民生主张有了一些初步的认识。

武汉成城中学的名头虽然不小，"自学自习、自治自律"的办学理念也很新颖，无奈兵荒马乱的岁月，办学着实不易。王亚南在成城中学只当了几个月教师，学校就因战事逼近、军队入驻而被迫关门，他也随之失业了。

正当王亚南为失业而犯愁的时候，原在武汉训练的一支北伐军学生队准备调赴长沙，并升格为教导团，正四处"招兵买马"。王仲友得知情况后，便鼓励王亚南投笔从戎。王亚南觉得，这不失为当前摆脱困境的一条出路，便决定去试一试。1927年春天，他怀着满腔热情奔赴长沙，加入了北伐军。

他知道自己这一去，在大学学了四年的教育学专业便只能束之高阁了。他感到自己学的这套教育理论，既不能解决社会问题，也不能解决人的思想问题。虽然尚未从教育救国的思想中解脱出来，但大革命的警钟警醒了他。于是，他"将积存的教育书籍,全部赠送友人,用更多时间自学经济理论"[①]。

到达长沙后,王亚南进入国民革命军第三方面军(唐生智部)下辖的第三十五军教导团担任政治教员,给官兵们宣讲孙中山的三民主义理论和反帝反封建的道理。凭着他的博学多才,很快就得到了长官的赏识和学员们的好评。

时任三十五军教导团团长的王东原是安徽全椒人,当年在北京高师读书时与王仲友是上下届同学。后来他投笔从戎,入保定陆军军官学校(第八期)学习,毕业后从上尉参谋升至中校团副,是一位年轻的少壮派军官,也是湘军后起之秀。曾为策动唐生智参加国民革命及策反武昌守军、攻克武昌城立下汗马功劳。

这位顶头上司虽然只比王亚南大3岁,行伍经历却十分丰富,他对王仲友推荐来的这位年轻教官颇为满意,王亚南自己对这项工作也较感兴趣。

部队当时驻扎在长沙小吴门外。在操练和授课间隙,遇有闲暇,王亚南也会去天心阁公园散散步,或登上妙高峰,一览长沙城景色。《天心阁记》称:"登其最高处,纵目四顾,全城在望,苍霭之岳麓,黄漪之湘流,橘洲负翠,帆影烟波,毕收眼底,别饶风趣。"

长沙天心阁

岳麓山下的爱晚亭和白鹤泉,也是王亚南经常流连忘返的地方,在那里可以饱览湘江两岸和橘子洲的美丽景色。"洲上杨柳疏植,绿橘成丛,红楼白阁之间,间有竹篱茅舍。垂杨绿阴之下,恒系渔艇闲舟,景物风光,可称佳绝。"

---

① 蒋夷牧、王岱平:《生命的辙印》,海峡文艺出版社1986年版,第11页。

踏着已经倾颓的名胜古迹和前辈诗人的足迹，王亚南不禁脱口吟出一句好诗："莫谓书生空意气，投笔从戎到长沙。"其时，北伐军在经过近十个月征战后，已占领了湖南、湖北、江西、浙江、安徽、江苏等省的全部或一部，消灭了吴佩孚、孙传芳的主力，取得了重大胜利，正在积极准备向北方进军。

作为政治教员，王亚南最大的希望就是配合军事教官，早日把部队训练好，让他们早日开赴战场，向盘踞在北方的北洋军阀发起最后的总攻，那将是多么激动人心的战斗场面啊！他相信，这一天很快就会到来的。

教导团驻扎的小吴门位于长沙城东，是古长沙城的九座城门之一。民国初年，因修建环城马路，大部分城墙被拆，九座城门随之不存，只有"小吴门""南门口"等地名流传下来，还有古城东南角的那座城楼天心阁保留了下来，尚可供人们想象长沙九门昔日的辉煌。

小吴门外的校场坪，原是明清两朝军队操练和演武的地方。晚清时曾作为新军四十九标、五十标驻地，后被改作湖南省立公共体育场。北伐军占领长沙后，被临时征用作部队驻地。教导团团部就驻扎在五十标，与驻扎在四十九标的前敌总指挥部警卫团及后来调入长沙的三十三团隔坪相望。

军营生活无疑是紧张的，教导团由于自身的特点比作战部队要松一些。在与教导团团长王东原的近距离接触中，王亚南对这位长官有了一定的了解，原来他也曾负笈燕京，也曾是一位"两耳不闻窗外事，一心只读圣贤书"的学生。

王东原虽然身为长官，却也没有多少官架子。他告诉王亚南，自己中学结业后，正是民国六年，就与同学一起负笈北上，并获准进入北京高师，校长为陈宝泉先生。在八所国立大学中，高师的管理较为严格，读书风气特别好。当时北大在蔡孑民先生领导下，新思潮正在蓬勃酝酿中，曾为反对参战借款参加游行示威。北大学生多热心政治活动，高师除倡导体育外，学生多埋首读书，虽周末假日，弦诵不绝。

王亚南颇为好奇，这么一位埋首读书的好学生是怎么投笔从戎的呢？王东原对这位博学的小老弟颇有好感，便向他娓娓道来。他说，当时正值袁世凯称帝、张勋复辟之后，北洋军阀把持政柄，争权夺利，此起彼伏，以暴易暴，根本谈不上刷新政治，建设国家。加之日本帝国主义提出"二十一条"以后，助长军阀鱼肉人民，青年学生看不见光明前途，感到十分苦闷。

王亚南听了，觉得颇有同感。王东原接着告诉他："有一次，在北大听蒋百里先生演讲，蒋百里认为今日中国政局腐败，'你们青年学生要负最大责任'。由于你们只知重文轻武，不肯下身到军中去，政权落到军阀手中，军人无知识，所以才产生今日军阀横行现象。"①

王东原说，蒋百里时任保定军校校长，他的声调激昂，激起我们热血青年无限愤恨。"刚好民国七年保定军官学校第八期试行新制，过去军校学生多由各省陆军小学、中学经过清河预备学校递升而来，此次新制考选全国中学毕业生，一时应考者，多至万余人，总共只录取五百名，我也在这一潮流激荡中投笔从戎……"②

"男儿应是重危行，岂因儒冠负此生"，这应是包括王东原在内的许多北伐将士当初投笔从戎的最好诠释。王亚南听了王东原这一席话，不禁对这位长官多了几分敬重。他心想，自己在北伐军这个革命大熔炉中，一定要好好磨炼自己，争取闯出一条新路，做出一番业绩，方能不愧此生。

然而，人生并不是一条平坦的大道，不仅有鲜花和阳光，还有暗礁、险滩和蒺藜。因此，每个人的求索之路不可能都一帆风顺。大文豪苏东坡当年被贬谪黄州，他并没有怨天尤人，而是以乐观、豁达的心态去面对。

王亚南虽然离开了故乡，但故乡土地上积淀的人文风采和乐观精神，仍不时给他以启迪和激励，使他能坦然地去面对人生的各种际遇。正如苏东坡在那首《定风波》中所写：

莫听穿林打叶声，何妨吟啸且徐行。

竹杖芒鞋轻胜马，谁怕？一蓑烟雨任平生。

---

① 王东原：《浮生简述》，传记文学出版社1987年版，第3页。
② 王东原：《浮生简述》，传记文学出版社1987年版，第3～4页。

第二章
西子湖畔

> 山外青山楼外楼,西湖歌舞几时休?
> 暖风熏得游人醉,直把杭州作汴州。
>
> ——林升《七绝·题临安邸》①

1928年春天,当王亚南从武汉流落到江南时,面对的正是国家内忧外患、百姓流离失所而达官贵人醉生梦死这样一种社会现实。

这年1月,蒋介石重新上台复职,为巩固自己的地位,实现"统一中国"的计划,于4月开始进行"二次北伐";5月,北伐军北上山东时,日本军队制造了骇人听闻的"济南惨案",使中国军民死伤六七千人;6月,在北伐军相继攻占石家庄、保定之后,奉系军阀张作霖眼见败局已定,决定撤回关外。日本关东军竟在途中预埋炸药伏击,张作霖被炸身亡,制造了震惊中外的"皇姑屯事件"。张学良主政东北后,宣布"东北易帜",归顺国民政府。至此,统治民国17年之久的北洋军阀政权宣告结束。

这一年,蒋介石虽然在名义上统一了中国,各派军阀之间的内战也暂时消停了下来。但列强环伺,危机四伏。地处江南的宁沪杭,却依然歌舞升平,达官显贵们寻欢作乐,声色犬马,丝毫不管国内百姓的死活,也不顾列强对中国的虎视眈眈。两位大学毕业后因找不到工作而流落江南的年轻人,却在西子湖畔冷静思考自己和国家的前途命运,探索着救国救民之道。

一、漂泊江南

自古以来,江南就因其山清水秀、美丽富饶而被称为"鱼米之乡""繁华之地",有"人间天堂、地上苏杭"之誉的苏州、杭州,更令人魂牵梦绕,乐不思归。

古称"钱塘"的杭州,始建于隋文帝时期。到五代十国时,吴越国皇帝钱镠以

---

① 北宋靖康元年(1126年)冬,金兵攻陷北宋首都汴梁,掳走了宋徽宗、宋钦宗两个皇帝,中原国土沦丧。而南宋小朝廷却不思收复中原失地,只求苟且偏安,对外屈膝投降,对内残酷迫害岳飞等忠臣良将。达官显贵一味纵情声色,寻欢作乐。面对国破家亡、百姓流离失所的社会现实,诗人抒发了自己的痛惜和愤怒之情,表达了对国家民族命运的深切忧虑。

杭州为都城,杭州才有了第一次真正意义上的辉煌。曾任杭州刺史的白居易在离开杭州多年后,仍难以抑制自己内心的思念,深情款款地写下了《忆江南》一词:

> 江南忆,最忆是杭州。
> 山寺月中寻桂子,
> 郡亭枕上看潮头。
> 何日更重游!

诗人通过山寺寻桂和钱塘观潮的画面,生动地描绘了杭州之美。到北宋时,杭州已十分繁华富庶。柳永在《望海潮·东南形胜》一词中写道:"东南形胜,三吴都会,钱塘自古繁华。烟柳画桥,风帘翠幕,参差十万人家。"

北宋末年,因靖康之难逃到江南的宋高宗赵构,选择杭州作为南宋的都城,时称"临安"。南宋君臣在临安安顿下来后,本该卧薪尝胆,励精图治,没想到他们却乐于偏安一隅,每日歌舞升平,全然忘了在金人铁蹄下的半壁江山。因此,才有了林升那首"暖风熏得游人醉,直把杭州作汴州"的讽刺诗。

杭州城三面环山,一面临江,独特的地理环境使这座城市风情万种。著名的"西湖十景",从平湖秋月到断桥残雪,从苏堤春晓到南屏晚钟,更是如诗如画。然而,对于此时刚从江城武汉流落到江南杭州的王亚南来说,却是"别有一番滋味在心头"。

几个月前,他还是北伐军中一名英姿飒爽的军人,还在为孙中山的三民主义侃侃而谈,为打倒军阀、统一中国的理想殊死奋斗。可是,理想是那样崇高那般火热,现实却又是如此严峻如此冷酷!

王亚南没有忘记,1926年7月国民革命军在广州出师北伐时的豪言壮语:"本党为实现中国人民之唯一的需要——统一政府之建设,为巩固国民革命根据地,不能不出师以剿除卖国军阀之势力。本党为民请命,为国除奸,成败利钝,在所不顾,任何牺牲,在所不惜。"[①]

王亚南同样没有忘记,北伐军在出师湖南后,一路势如破竹、攻无不克:7月占领长沙,9月连克汉阳、汉口,10月攻入武昌;随后再得南昌,12月进占福州,

---

[①] 《中国国民党为国民革命军出师北伐宣言》,《中华民国史辞典》,上海人民出版社1991年版,第104页。

接着北上攻打浙江；1927年3月，连克杭州、南京、上海。短短9个月，北伐军打垮了吴佩孚，消灭了孙传芳主力，进占到长江流域和黄河流域部分地区，沉重打击了帝国主义和封建军阀的反动统治。

可是，令他万万没有想到的是，就在北伐军一路高歌猛进、以两湖为中心的工农运动迅猛发展之际，革命统一战线内部却因对工农运动的不同态度发生了矛盾。由于忽视必要的领导和缺乏政策的指引，农民运动出现了一些失序和过火行为，甚至造成"有土皆豪，无绅不劣"的现象，引起北伐军中部分出身乡绅家庭的中青年军官的反感乃至恐慌。

围绕着土地革命和农民重新分配土地的要求，各方面的认识也很不一致。中共坚持实行土地革命，以实现"耕者有其田"；国民党左派赞成土地革命，但不赞成以暴力方式夺取地主的土地；国民党右派则仇视农民运动和土地革命。随着工农运动的风起云涌，共产党的实力不断增强，声势越来越大，国民党内部的不满和恐慌情绪也在迅速增长。

1927年3月，共产党领导的上海工人第三次武装起义获得成功，把国民革命推向了高潮。然而，革命者还没有来得及分享胜利的喜悦，一场厄运便降临到他们身上。在江浙财阀和帝国主义列强的支持下，蒋介石在上海发动了"四一二"反革命政变，大肆捕杀共产党人和革命群众，成千上万的革命者被逮捕、杀害或失踪。

4月18日，以蒋介石为首的国民党右派在南京建立国民政府，与汪精卫为首的武汉国民政府分庭抗礼，史称"宁汉分裂"。此后，北伐陷于停顿，蒋介石开始"清党"。随着时间的推移，汪精卫对国共合作和工农运动也产生了动摇，提出要制裁所谓"违反本党主义、政策之言论行动"，指责农民协会"幼稚过当""骚扰后方，扰动人心"。

5月17日，独立第十四师师长夏斗寅在鄂南叛变，并攻打武汉，被叶挺的铁军击溃。5月21日，驻守长沙的第三十五军三十三团团长许克祥发动"马日事变"，袭击湖南省总工会等革命机关、团体，解除工人纠察队和农民自卫军武装，释放在押的土豪劣绅，疯狂屠杀共产党人和革命群众。

7月15日，汪精卫不顾宋庆龄、邓演达等国民党左派的坚决反对，召开国民党中常会第二十次扩大会议，公布了《统一本党政策案》，宣布与共产党决裂。随即封闭了武汉各级工会、农会，抓捕、屠杀共产党员和革命群众，叫嚣"宁可枉杀一千，不使一人漏网"。

随着宁汉合流，第一次国共合作全面破裂，轰轰烈烈的大革命归于失败。身为北伐军政治教员的王亚南，目睹眼前发生的这一切，他几乎不敢相信自己的眼睛。北伐军上上下下，从蒋介石到唐生智，从何健到王东原，在这场事变中似乎都扮演了各自的"精彩"角色。

他不敢相信，身为北伐军总司令的蒋介石竟然会背叛革命，发动"四一二"反革命政变，残酷地屠杀共产党人；而曾担任北伐军前敌总指挥、时任第四集团军总司令的唐生智，却站在国民党左派一边，积极主张讨伐蒋介石，并于8月率部东征，沿长江东进讨蒋。

他同样不敢相信，时任第三十五军军长何健和军参谋长王凡生、中校参谋余湘三等人，竟是"马日事变"背后的主谋和策划者；而第三十五军政治部主任王基永、代主任胡允恭等共产党员，在"马日事变"中却遭到通缉，被迫转入地下或流亡他乡。

更令他难以置信的是，自己所在的教导团中，团长王东原和三个大队长陶柳、晏国涛和魏镇都参与了"马日事变"；而教导团中的共产党员有的被抓，有的失踪或躲了起来。原本在军中一起扛枪、一同操练、一道学习的战友，顷刻间成了"陌路"乃至"仇敌"；他们不是在北伐的战场上并肩杀敌，而是在"兄弟阋于墙"的内斗中互相厮杀，这让他这位北伐军中的普通教官怎么想得通呢？

"马日事变"后，共产党人的鲜血染红了湘江。由于叛徒告密，时任共青团湖南省委书记的田波扬和他怀有身孕的妻子陈昌甫被捕，半个月后双双被敌人枪杀；时任湖南省委农民部长的夏明翰，虽然躲过了"马日事变"，却没能躲过国民党的追杀，1928年年初在汉口英勇牺牲，时年28岁。牺牲前他写下了"砍头不要紧，只要主义真"的豪迈诗词。

王亚南"亦师亦友"的"老大哥"王仲友，大革命失败后被迫转入地下。在位于武昌洪山南麓的宝通禅寺方丈问贤等人的帮助下，他隐藏到宝通寺中，后担任中共秘密机关的负责人，1930年6月出寺后不幸被捕，与妻子江佐之一起被杀害于武昌阅马场，问贤方丈因此被捕入狱。

王亚南十分敬重的中共湖北区委领导人董必武及陈潭秋等人也迅速转入地下。后来董必武参与发动鄂东农民起义，起义失败后于1928年赴莫斯科中山大学学习，在《感时杂咏》中他留下"可怜革命仍流产，辜负壶浆又一瓢"的诗句。

王亚南的学长、时任中央军事政治学校政治总教官的恽代英，大革命失败后参与组织、发动了南昌起义、广州起义。1930年5月不幸在上海被捕,翌年4月被杀害于南京,年仅36岁。就义前他留下了一首感人肺腑的诗篇:"浪迹江湖忆旧游,故人生死各千秋。已摈忧患寻常事,留得豪情作楚囚。"

目睹过"四一二"大屠杀的鲁迅先生说:"我平生从未见过有杀人杀成这样的!"大革命失败后,革命进入了低潮。原本在工农群众面前已经威风扫地的地主豪绅,又趾高气扬了起来,穷凶极恶地向工农群众反攻倒算。三湘大地由此进入了空前的"白色恐怖"时期。

在残酷的现实面前,王亚南感到心痛和惶惑。后来在回顾自己这一年经历的风云巨变和人生历程时,他感慨万千地写道:

> 1927年春天,我就在一个中学当教员。革命如火如荼地进行着。我除了参加规定的游行等活动外,就是教书,抽空在报刊上写点短篇文章。五月间由一个党内的朋友介绍,到湖南长沙去为训练学生当下级军官的教导团教政治。
>
> 当时青壮年教师参加到军队中去做政治工作,是非常时髦的,我对这个工作也感到满意。可是我到那里仅仅一个星期,许克祥反革命叛乱的"马日事变"就发生了。由于我是从大革命的武汉到长沙的,当许克祥部队到处捉拿革命党的时候,我在一个熟人家里躲藏了一段时间。后来许克祥部队逃向湘南,社会秩序慢慢恢复了,我才公开露面出来。
>
> 七月间宁汉分裂,革命来了一个急转弯、大退潮,清党运动雷厉风行,我因为不是共产党员,仍留在那个教导团教政治课。但原来拟编的政治教材,包括"第一篇三民主义;第二篇建国方略、建国大纲;第三篇第一次全国代表大会宣言"。看来第三篇不能用了,就偷偷地改为孙文学说,以蒙混过去。政治课由新三民主义退回到旧三民主义,这反映了时局的大变化。看到轰轰烈烈的大革命的失败,想到自己要这样适应新的恶劣环境,也是不免感到耿耿于怀的。①

不久,教导团的学员们被充实到各个连队去,大家各奔东西,也不需要什么政治教员了。10个月的戎马经历,成了王亚南一生中的首次"准政治生涯"。

无奈,王亚南只好屈居到一所小学去当教师。可是不久,由于小学校长换人,他不得不再次卷铺盖走人。此时,他真有些"落魄的凤凰不如鸡"的感觉,四顾茫

---

① 王亚南:《自述》,存档。

茫，不知道往哪里去。好不容易等到粤汉铁路恢复通车，他决定先回武汉找份工作，再谋进取。

离开长沙、回到武汉的王亚南，穿行在昙华林蜿蜒的小巷深处，望着飘满梧桐落叶的母校校园，望着林则徐、张之洞在这里留下的历史痕迹，望着恽代英、董必武在这里开办的书店、学校，望着北伐将士冒着敌人炮火登上的武昌老城墙，顿时令他有种恍若隔世的感觉。

巧合的是，就在他回到武汉、四处谋求工作时，遇到了刚从法国归来不久的同乡夏康农。夏康农比王亚南小两岁，是湖北鄂城（今鄂州市）人，与王亚南的老家黄冈仅一江之隔。1921年夏康农中学毕业后赴法国里昂大学留学，获动物学硕士学位。1926年回国后任武昌第四中心大学理学院教授，并兼任武汉卫戍司令部中校秘书。

轰轰烈烈的大革命失败后，夏康农和王亚南一样，也感到十分悲痛和沮丧。这是一场邪恶吞噬正义的搏斗，曾经触手可及的革命胜利前景转眼成了明日黄花。面对这场剧变，青年知识分子普遍感到理想的幻灭，王亚南和夏康农又何尝不是如此呢？

宁汉合流后的武汉，随着国民政府迁往南京，人心浮动，经济萧条。在王亚南看来，武汉已非久留之地，他既无心再去学校上课，也不愿随便找一个混饭吃的差使。于是，他和夏康农商定一起离开武汉，到江南去。

就这样，王亚南把写了一半的小说初稿装进了手提藤箱，怀着彷徨、忐忑的心情，和夏康农一起乘船沿长江顺流而下，来到地处长江口、被誉为"东方巴黎"的上海。

1842年鸦片战争后，清政府被迫签订了中英《南京条约》，上海成为五口通商口岸之一，因华洋杂居，得西方风气之先。洋务运动中，洋务派以"自强"为口号，采用引进的生产技术，在上海创办了江南制造总局、上海轮船招商局。到民国初期，上海不仅已成为江南大都会，而且成为远东地区最大的金融中心和中国最大的海港城市。外国商船大多要在上海卸货、销售，许多洋人也纷纷到这里"淘金"，上海因此被称为"冒险家的乐园"。

1927年7月，上海特别市成立后，不再由江苏省管辖而改由中央政府直辖。随着城市级别的提高和大量人口的涌入，上海不仅更加繁华，也更加拥挤了。然而，在公共租界、法租界和华界"三家分治"的特殊管理体制下，城市秩序却相当混乱，不仅犯罪活动猖獗，物价也十分昂贵，造成经济畸形发展。

王亚南和夏康农到达上海后，发现要在这里解决职业问题并非易事。怎么办？总不能困死在上海滩吧！想到与上海毗邻的杭州风景优美，物价也比上海低，他们便想去那里碰碰运气，看能否找到合适的工作，同时也好排解一下大革命失败后的烦恼和郁闷。

于是，两人一起来到杭州。但不久，有海外留学背景的夏康农就被上海劳动大学聘任为农学院教授。两人只好依依惜别，相约后会有期。

夏康农走后，王亚南心里更加落寞。此时的他，孤独一人流落在江南，就像戴望舒《雨巷》中的男主人公，在江南的细雨中，"撑着油纸伞，独自彷徨在悠长而又寂寥的雨巷"。

戴望舒的《雨巷》一诗，正是写于1927年夏天。当时大半个中国处于"白色恐怖"之中，戴望舒因参加进步活动而不得不避居在松江友人家里，在孤寂中咀嚼着大革命失败后的幻灭与痛苦，心中充满迷惘和朦胧的希望。《雨巷》中的男主人公代表了当时许多知识分子在失望中挣扎、在痛苦里觉醒的形象。那悠长而又寂寥的雨巷，不就是他们曲折的人生道路？而那丁香一样结着愁怨的姑娘，不就是他们心中的希望吗？

二、邂逅相遇

位于杭州西湖北面的宝石山，与葛岭一起成为西湖的北面屏障。这里的山岩呈赭红色，岩体中有许多闪闪发亮的红色小石子，当朝阳或落日照耀之时显得分外醒目，仿佛数不清的宝石在熠熠生辉，因此取名宝石山。

宝石山南麓半山腰有座大佛寺。据传北宋时著名高僧思净，将山麓的一块岩石凿成半身弥勒佛像，并塑了金身，据此修建了大佛寺。此后寺庙屡经兴废，明永乐年间，志琳和尚重新修建了大石佛院，被敕赐为大佛禅寺；明弘治、正德年间又先后进行过修葺。寺院的石壁上至今留有当年监察御史施儒书的"古石佛院"题字，还藏有三块保存完好的乾隆题字碑和一块"弥勒院重建大悲阁记"石碑。

寺院在天然岩石上垒砖砌石，覆盖重檐歇山顶，并采用敞开式大壶门，可谓巧夺天工。游客们在湖上泛舟，清风拂面，远远地就能瞻仰大佛尊容，难怪数百年间四方香客、游客不断慕名而至。"凿将玛瑙千方石，镌作龙华百尺身。三竺江山增秀丽，两湖风月愈清新。"历代关于大石佛院的赞咏诗同样书之不绝。

进入民国后,由于兵荒马乱,寺院僧人零落、香火萧条,遂成为一些失业青年和穷学生的栖身之处。住客们只要交付少许饭金,便可得勉强的温饱和住所。

1921年4月,一位年方21岁、名叫张闻天的青年住进了这座寺院。这位来自上海南汇的农家子弟中学毕业后,先后进吴淞水产学校和河海工程学校学习。五四运动爆发后,他投身学生运动,并加入了少年中国学会。1920年赴日学习,与陈独秀、俞秀松有同窗之谊。1921年1月回国后,他想与上海共产主义小组取得联系,但由于当时"白色恐怖"十分严重而未能如愿。

此后,他孤身一人来到杭州。听说宝石山下的大石佛院对穷学生有照顾,便躲进寺内专心读书和写作。这里四周没有人家,无论晨昏月夕,都是静悄悄一片。张闻天在这里晨看日出,夕观晚霞,夜听湖波,一颗驿动的心逐渐平静了下来。蒙蒙雨雾中,他有感而发,写下了《西湖滨的早晨》:"西湖的真面目,都被这白茫茫的雨雾遮住了。但是——这有什么要紧呢?我将闭了我的眼睛,不看伊的面目,我将用我的底心,默数伊的气息。"①作者在诗中借"猛烈的太阳出了"暗喻即将到来的社会变革,表达了对新生活的向往。

大石佛院不愧是一个读书和写作的好地方,张闻天在这里经常闭门不出,时而专心阅读,时而挥毫疾书。整天与他作伴的,便是那笑口常开的弥勒佛了。他反复阅读着《红楼梦》,苦苦思索着人生的意义;他还读了托尔斯泰、泰戈尔等众多著名作家的作品,并研究了圣经和佛学。离开大佛寺后不久,他先后发表了长篇小说《旅途》、三幕话剧《青春的梦》以及书信体抒情小说《飘零的黄叶》。后来他走上了革命的道路,一度成为中共中央的"总负责"。

1928年春天,王亚南也步张闻天后尘,走进了杭州大佛寺。当时,他刚送走夏康农,在得知大佛寺对外来僧人、失业青年和穷学生有诸多便利后,便毫不犹豫地住了进来。在杭州他举目无亲,又念念不忘自己写了一半的小说,就想借这方宝地,一边读书,一边写作,顺便找找工作。

早春二月,春寒料峭,寒气袭人;西子湖畔,冬装未卸,游人稀少。王亚南一早就走出寺庙,在湖边漫不经心地溜达着。走着走着,他发现前方老梅树下有一位身穿学生装、理着小平头的青年,正在聚精会神地读书。

真是"莫道君行早,更有早行人"。他走上前去,那位青年听到声响也抬起头

---

① 《民国日报》副刊《觉悟》,1921年7月10日。
② 金盛先:《张闻天的足迹》,上海社会科学出版社1995年版。

来，彼此礼貌地点头致意。望着青年手中那本厚厚的外文书，王亚南不禁好奇地问："您在读……"

"《资本论》，马克思写的。"那青年说完，把书合了起来。王亚南知道这是马克思的一部经济学名著，便有些好奇地问："您是学经济的？"

"不，我是学哲学的。那您呢？"那青年说完，反问道。

"我是学教育的，可是大学毕业了却找不到教书的工作。"王亚南有些愤愤不平地说。

"哦，原来是这样！我也当了半年教师，然后就失业了。"那青年自嘲地说。

两个同病相怜的年轻人就这样邂逅相识了。这位青年就是郭大力，他比王亚南小4岁，是江西南康县人。1923年中学毕业后考入厦门大学化学系，第二年因学潮转到上海，在新创办的大夏大学（华东师范大学前身）哲学系就读。在此期间，他广泛涉猎各门社会科学，初步接触了马克思主义。他深感要改变中国面貌，急需马克思的学说做指导。

1927年秋天，郭大力从大夏大学毕业后，经朋友介绍到上海的一所中学教书。可是好景不长，临到快放寒假时，却因所谓支持学运莫名其妙地被校方解聘了。对他来说，这真是一个让人头疼的新年。总算熬到大学毕业了，又值春节之际，本该回乡去看望一下年迈的父母和亲朋好友。可是，从上海到赣南得绕道香港、广州，路途遥远，自己根本无力支付这笔路费，加上生活尚无着落，他只好打消回乡的念头。

这次到杭州来，他原本只是想寻觅一个清静之处以便于读书。听同学说，杭州大佛寺是一个好去处，他便只身来到这里。没想到，却与有着同样遭遇的王亚南邂逅相遇了。

同是天涯沦落人，相逢何必曾相识。郭大力和王亚南一见如故，当他看到王亚南在写小说和准备翻译《黑格尔和马克思》一书时，便谈起自己在大学里专修哲学、离开学校后转而攻读政治经济学的转变过程，王亚南听了颇受启发。

一连几个晚上，两人都互相串门、聊天，从家世、故乡谈到日后打算，从历史、文化谈到当今社会，似乎越谈越投机。王亚南的开朗和博学给郭大力留下了很深的印象，而郭大力的沉稳、质朴也让王亚南对他充满了好感，两人大有相见恨晚的感觉。

其时，轰轰烈烈的大革命刚失败不久，"白色恐怖"笼罩着中国大地，革命处

于低潮之中。谈到北伐之后的形势，王亚南显得心灰意冷，他愤愤地说："我看好不到哪里去，南北都一样，胜者为王，败者为寇，争权夺利，不亦乐乎。长沙如此，武汉如此，南京也是如此。真不知中国的出路在哪里？"

郭大力听着王亚南对时局的看法，不禁也长叹一声，随后问道："你喜欢文学，可是文学可以疗治社会吗？"王亚南愣了一下，反问道："你说呢？"

郭大力摸了摸小平头说："文学虽然可以陶冶人心，感化社会。可中国如此之大，政治盘根错节，社会错综复杂，传统观念根深蒂固，写几部小说，演几出文明戏，就能改造社会？何况当今又有多少人会去读小说呢？"

王亚南沉默了。郭大力便和缓地说："改造社会谈何容易？你我不过一介书生，能为社会做些有益的事，也就问心无愧了，你说是吗？"

"是啊，我们应该好好想想，如何才能做到问心无愧。"王亚南像是喃喃自语，又像是在回答郭大力。

"立德、立功、立言，说起来容易做起来难。可是'国家兴亡，匹夫有责'，我们能不担负起自己的责任，尽自己的微薄之力吗？"王亚南和郭大力倾心交谈着。两位萍水相逢的知己，在这古木森森的寺庙里，思考着如何报效国家，如何解民于倒悬。

三、佛寺盟约

杭州历史上素有"东南佛国"之称，这离不开吴越国时代的崇佛信佛，更离不开吴越王钱元瓘的大兴梵宫。正如黄宗羲所言："钱氏历世奉佛，今日西湖上佛寺多与其有关。"[1]大名鼎鼎的雷峰塔、保俶塔、六和塔、闸口白塔及灵隐寺经幢、梵天寺经幢等，均是吴越遗物。到南宋末年，杭州城内外的寺院竟达496所。[2]

南宋时大佛寺的地界已十分宽广，几乎整个石佛山都是它的范围，包含了历史上分分合合的多个小型寺院。大佛寺居中，东有兜率寺，西有楞严院。兜率寺始建于五代末北宋初，即吴越国钱氏纳土归宋之际；楞严院为吴越王钱元瓘始建，又称十三间楼石佛院。大佛寺成为这些寺院的统称。那幅描绘南宋西湖全景的超长写实画卷——《西湖繁胜全景图》，就展现了当时大佛寺的繁盛场景。

南宋亡后，佛寺被毁。直到明代时才得以重建，且有所拓展。清代时，这里还

---

[1] 汤用彤：《五代宋元明佛教事略》，《隋唐佛教史稿》，中华书局1982年版，第295页。
[2] 孙旭：《吴越国杭州佛教发展的特点及原因》，《浙江社会科学》2010年第3期。

是一派梵宇层叠、晨钟暮鼓的盛景。大佛寺的山门临湖而开,香客们走水路来,寺前就有泊船埠头。善男信女们从码头登岸,一路香烟袅袅,木鱼声声。

1920年代中期修建北山路时,大佛寺沿湖的山门与墙界被拆,佛寺的范围日渐被侵蚀乃至模糊。香客们要去大佛寺进香,需沿着被打磨得平整光滑却又高又陡的山道拾阶而上。由于出入不便,加之时局动荡,民生多蹇,香客竟少了许多,寺庙里的一些老建筑在风雨侵蚀下也渐渐颓败。

王亚南和郭大力来到大佛寺时,正逢战乱年头,寺院香火衰微,僧人渐散,但禅房基本保留了原先的结构,寺外古树参天,曲径通幽。凭栏远眺,西湖之景尽收眼底,确实是一个读书的好地方。正因此,不少谋业无着、远离家乡,而又立志刻苦攻读的穷学生便把这里当作栖身之所。

王亚南和郭大力结识之后,两人经常在一起交谈,谈得最多的自然是国家未来的前途。这天,王亚南问郭大力:"你读过不少政治经济学著作,依你看,改造社会应当从何入手?"

大佛禅寺界

郭大力告诉王亚南,按照马克思的观点,物质生活的生产方式制约着整个社会生活、政治生活和精神生活的过程,人们必须首先解决吃、喝、穿、住等问题,而后才能从事政治、艺术、科学、宗教等其他活动。因此,"不是人们的意识决定人们的存在,相反,是人们的社会存在决定人们的意识"[①]。从这一观点出发,郭大力认为:"我意改造社会,应从经济制度着手。"

王亚南听了后,顿觉茅塞顿开。回到自己住的西厢房,面对桌上摊开的小说稿,他几次提笔,又几次搁笔。他在心里琢磨着郭大力的话:"我意改造社会,应

---

① 马克思《〈政治经济学批判〉序言》,《马克思恩格斯选集》,人民出版社1972年版,第82页。

从经济制度着手。"可是,应当如何去着手呢?

长夜漫漫,饥寒难耐,他从抽屉里摸出一个辣椒和半个馒头,一边嚼食一边读着郭大力借给他的英文版《资本论》:"这各种灾难,是由古旧腐朽的生产方式的残存,以及跟着来的各种不合时代要求的社会关系和政治关系所引起。我们不仅为生者所苦,而且为死者所苦。死者捉住生者。"[1]

马克思在《资本论》序言中说的这段话,紧紧攫住了王亚南,他觉得自己似乎已找到了切入点,从中看到了改造社会的新希望。于是,他把桌上的小说稿放进抽屉,长舒了一口气。

随后,他来到郭大力住的东厢房,激动地对他说:"我决定了,和你一起研究经济学。"郭大力一听喜出望外,连声说:"真是太好了、太好了!"回头又有些困惑地问:"可是,你的小说呢?"

"留作纪念吧!"王亚南洒脱地说。他觉得自己应该结束那种"东搞西搞、漫读乱读"的读书生活,像郭大力那样"术有专攻"。

第二天,他干脆把行李也搬进了郭大力的东厢房,两人同吃、同住,一起读书、交流。凭借自己的刻苦、勤奋和悟性,王亚南很快就进入了角色。

几个月来,两人伴着晨钟暮鼓,一边学习研究,一边切磋探讨,有时甚至在烛

大佛寺禅房

---

[1] 马克思:《〈资本论〉序言》(郭大力、王亚南译),人民出版社1953年版。

光下讨论到天明。根据郭大力的提议,两人商定了一个用 6～8 年时间翻译五部世界经济学名著的"宏伟计划",这五部名著是:亚当·斯密的《国富论》,大卫·李嘉图的《经济学及赋税之原理》,马尔萨斯的《人口论》,约翰·穆勒的《经济学原论》,马克思的《资本论》。

关于这个庞大的译书计划的动机,自然与他们对当时经济学界及中国时局的深刻认识密切相关。王亚南后来在《经济学史·序论》中说:"我们立定这个计划,有几种动机:第一,经济学是一切社会科学的基本学问,在社会科学风靡一时,且变为时尚的中国,颇需要人来做这种切实的笨工。第二,把学问的研究与主义的宣传,混为一谈,那几乎是今日中国异常普遍的错误。就在研究者自身,他们亦是严立门户,比如,资本主义经济研究者,每视《资本论》类著述为危险物;而马克思主义经济研究者,又视《国富论》一类著述为过时物,其实在学问本身是不能这样狭隘和猜忌的。我们之所以要由资本主义经济著述,译到马克思的著述,一方面固然是因着研究的兴致,同时也期望能由此确立开明的研究精神。第三,在学无素养,而又置身在主义面前、意见庞杂的中国的我们,自觉埋头这类译述工作,是再好没有的,因为这不但可以奠定我们学问的根基,且可以抑制我们偏见的发露。"① 两人还打算在这五部著作译成后,再合写一部《由亚当·斯密到马克思》的经济学说史著作,然后就一起到国内各地的名山大川、风景名胜旅游。

在这个庞大的译书计划中,最为重要、也最引人注目的,自然是马克思的经济学巨著《资本论》。这部倾注了马克思毕生心血的科学巨著,是马克思在生活陷入极度困境,与贫穷、疾病、饥饿进行顽强斗争、渡过重重难关之后完成的。它是马克思主义政治经济学的奠基之作,在国际上产生了广泛而深刻的影响,被称为"世界工人阶级的《圣经》"。

《资本论》全书用德文撰稿。1867 年 9 月,《资本论》第一卷(德文本)在汉堡正式出版;第二、三卷则是马克思逝世后,由恩格斯根据马克思的手稿整理编辑,分别于 1885 年和 1894 年出版的。《资本论》第一卷(俄译本)于 1872 年与读者见面,而英译本直到 20 年后才问世。

五四运动以来,国内也有少数学者计划翻译《资本论》,但都因其篇幅宏大、内容深奥、费力费时等原因,只翻译了《资本论》第一卷的若干分册,始终未能实

① 王亚南:《经济学史·绪论》,《读书与出版》1933 年第 2、3 期。

现《资本论》三大卷的全译。郭大力在上海大夏大学读书时,曾在图书馆里看到过《资本论》的德文原版和日文译本。后来一次偶然的机会,他在书店看到英文版的《资本论》,自然爱不释手,最后咬咬牙把它买了下来。

此后,他结合英文的学习,把这部英文版的《资本论》认认真真地通读了一遍,不禁为该书的博大精深所打动,更为其中揭示的资本主义生产方式的运动规律所折服。他知道,要把这部巨著翻译出来决非易事;但他更清楚,正在发生深刻变革的中国,太需要这部解剖资本主义生产方式、揭示资本主义历史命运的经典著作了。

正因此,他积极鼓动王亚南和他一起翻译《资本论》,使其成为中国第一部完整的中文译本。虽然他们两人都不是外语专业或经济学科班出身,但他们有着火样般的热情,有着"初生牛犊不怕虎"的胆量和气魄;失业的困苦、生活的艰难,更坚定了他们合作翻译《资本论》的决心。

于是,在大佛寺的古佛青灯下,翻译《资本论》的浩瀚工程——这项曾经使许多学者望而生畏的庞大计划就这样开始了。他们充分估计到这一工程的艰巨性,决定首先从系统学习和翻译古典政治经济学名著入手,把翻译亚当·斯密、大卫·李嘉图、马尔萨斯和约翰·穆勒的四部经济学著作作为翻译《资本论》的准备。

因为马克思《资本论》的理论大厦是在古典政治经济学,特别是在亚当·斯密和大卫·李嘉图的经济理论基础上建立起来的。因此,如果不熟悉古典政治经济学,就难于理解和翻译好《资本论》;而且《资本论》的副标题就是"政治经济学批判",显然,作为被批判对象的古典政治经济学,也是理解《资本论》的基础;此外,翻译工作需要技能,而技能必须经过不断的实践和磨炼。

后来,王亚南在《小传》中回忆说:"由于大佛寺古庙中认识了郭大力,我专攻经济理论的信心因以巩固,我终身从事学术工作的志愿因以确立。我们商定,在十年内合译亚当·斯密、李嘉图、马尔萨斯、约翰·穆勒和马克思的五部经济名著。我们表示,把翻译前四位大经济学者的著作,作为翻译马克思《资本论》的准备。"

然而,温饱毕竟是人的第一需要。这两个刚从大学毕业不久的穷学生既没有家产和积蓄,也没有其他经济来源,因此首先必须解决自己的温饱问题,才谈得上进一步发展。大佛寺虽然清净,但终非久居之地。恰好此时,有人介绍郭大力到上海劳动中学任教,也有在日本留学的朋友写信给王亚南,极力鼓动他赴日学习深造。

---

① 王亚南:《小传》,转引自《生命的辙印》,海峡文艺出版社1986年版,第20页。

两人商量后,决定暂时先分手,一个赴沪任教,一个东渡日本,以便为他们庞大的翻译计划积蓄充足的能量。

从留日朋友的介绍中,王亚南知道,当时日本的出版物数量已位居世界第二,并且已有两家书社出版了马克思、恩格斯全集,那里的图书资料远比上海丰富,便于系统的学习;东京的生活费用也比上海低,找一个糊口的差事似乎也不难。因此,他下决心前往日本。他觉得,这也许是改变自己命运的一个机会。

即将告别杭州了,王亚南和郭大力突然都觉得有些不舍。来到这里好几个月了,竟没有好好参观、品赏一下西湖的山水美景,如今要走了岂不可惜?西湖"自古多佳丽",不仅有"临堤台榭,画船楼阁,游人歌吹",更有"十里荷花,三秋桂子,四山晴翠"。白居易在《钱塘湖春行》中还留下了"最爱湖东行不足,绿杨阴里白沙堤"的诗句,确实应该好好走走、看看,方不负这人间美景。

于是,王亚南和郭大力沿着逶迤五里湖岸,伴着柔和的春风、飞扬的柳丝一边漫步,一边交谈。望着宝石山下的大佛寺,望着这组独具特色、美轮美奂的宗教建筑群,这尊号称"佛百丈不为大,舟万斛以维之踪"的大石佛,两人心里都充满了难以割舍的情怀。

两位胸怀抱负的年轻人即将离开这里,远去他乡异国了,大佛寺因此见证了一

西子湖畔宝石山

代有为青年的成长。郭大力十分佩服王亚南的决心和勇气，一旦决定的事，他就义无反顾、全心全意去做，而且不做好决不罢休；而王亚南也十分感激郭大力的帮助，如果不是郭大力的善于鼓动和"吆喝"，也许他这辈子都不会拐进经济学这门学科。

西子湖畔的邂逅相遇，可以说改变了王亚南的一生。正如后来他在《自述》中所说："大力同志还比我早一点转到经济学方面，这个翻译计划是他提出来的，后来逐步实现这个计划，也主要是靠他的力量。"①确实，这个庞大的翻译工程，后来对王亚南和郭大力的整个人生，都产生了深刻而巨大的影响。

此时，两位挚友收拾好行装，相互叮咛，各自保重身体。临行前，他们又特地到大佛寺四周转了一圈，才依依不舍地奔赴杭州车站，踏上去上海的火车。

途中，王亚南回忆起在杭州度过的这段难忘的日子，深有感触，正如白居易在《春题湖上》中所说："未能抛得杭州去，一半勾留是此湖。"他相信，总有一天他会再回到杭州重游西湖的！

几天后，郭大力把王亚南送到十六铺码头，两人在栈桥上紧紧握手道别。几个月来的相交使王亚南相信，这是一个值得信赖的朋友，他庆幸自己在茫茫人海中找到了一个知音。此时，他的心里既有惜别的惆怅，更有找到归宿和方向的充实。

汽笛长鸣，海轮即将起航了。王亚南倚靠在船舷边，望着前方波涛起伏的海面，隐约感到自己未来的生活，也许将像这大海一样，既是不平静的，也是不平凡的！

---

① 王亚南：《自述》，存档。

第三章 漫漫征途

> 滚滚长江东逝水,浪花淘尽英雄。
> 是非成败转头空。
> 青山依旧在,几度夕阳红。
> ……
>
> ——杨慎《临江仙·滚滚长江东逝水》[1]

1928年至1937年,中国大地风云变幻。国民党新军阀之间连年混战,地方割据,民不聊生,广大老百姓陷入极大的灾难和痛苦之中。"四大家族"则凭借国家政权,迅速聚敛巨额财富,成为中国官僚买办资产阶级的代表。

这十年,也是国际风云变幻的十年。1929年10月,以纽约股票市场暴跌为导火索,一场世界性的经济大危机席卷全球,世界经济遭受重创。1929—1934年间,整个资本主义世界工业生产下降了36%,国际贸易总额下降了65.9%;[2]美国首当其冲,经济跌入深谷。1929—1932年,美国工业生产减少了55.6%,国际贸易额从98亿美元下降到30亿美元,失业人数从150万人上升到1283万人。到1933年罗斯福上台时,美国已有5500家银行倒闭,全美银行系统处于总崩溃的边缘。[3]

这场席卷世界的经济危机也使日本经济遭受严重打击,进而引发了政治危机。为了转移民众视线,缓和国内矛盾,扩大海外市场,日本急于利用列强应付国内危机之际,发动一场对华战争,以达到摆脱困境、进而争霸世界的目的。1931年9月18日,日本关东军发动"九一八"事变,蓄意制造事端,嫁祸中国。由于国民党政府的不抵抗政策,致使东北三省沦陷。

在内忧外患之际,国民党政府却坚持"攘外必先安内"的政策,不断对苏区进行"围剿"。1934年10月,红军踏上长征之路,北上抗日。西安事变和平解决后,

---

[1] 明朝正德六年(1511年),被称为明代"三大才子"之一的杨慎获殿试第一,状元及第。嘉靖三年(1524年),因"大礼议"触犯明世宗朱厚熜,被发配到云南充军。途经湖北江陵时,他写下了这首脍炙人口的咏史词,借叙述历史兴亡抒发人生感慨,豪放中有含蓄,高亢中有深沉,读来令人荡气回肠。

[2] 杨生茂主编:《美国外交政策史(1775—1989)》,人民出版社1991年版,第340页。

[3] 杨生茂主编:《美国外交政策史(1775—1989)》,人民出版社1991年版,第349页。

国民党才结束"剿共"和停止内战。1937年卢沟桥事变的爆发,使国共两党摒弃前嫌,实现了第二次合作,掀起了全民族共同抗战的浪潮。

这十年,王亚南经历了自己人生中最为跌宕起伏的十年,赴东瀛,到福建,奔欧洲,回上海。他曾因生活无着而漂洋过海,出国谋生;也曾因参与"闽变"而遭到政府通缉,被迫流亡异国。好在他一边游学欧日,埋头苦读,不断从东西方经济学宝库中汲取营养;一边学以致用,潜心译著,《经济学及赋税之原理》《国富论》等一部部译著先后问世。

漫漫征途,风狂雨骤;"艰难困苦,玉汝于成"。在成败得失之间,王亚南领悟了深刻的人生哲理;在兴衰沉浮之际,他感受着历史的苍凉悲壮。生活的艰难困苦、政治的坎坷挫折并没有使他屈服,反而增加了他的信心和勇气,开阔了他的胸襟和视野,使他在通往成功的道路上,踏踏实实地不断向前迈进。

一、东渡日本

1928年夏天,王亚南东渡扶桑,开始了在异国他乡的学习生涯。

初到日本,首都东京给王亚南留下的第一印象,是他"在东京驿火车站里所见到的人物光景"。后来他在《东京的面面观》中写道:"十足欧化的大建筑的出口进口,吞吐着熙熙攘攘、然而大多数是衣冠楚楚的人。那些人的服装,我感到颇有些与欧式建筑乃至表现在各方面的欧式秩序不甚调和。少数西装革履的人物,参杂在大多数的和服木屐里面,显然是不便昂扬畅所欲'步'的;新日本社会的突飞猛进,似乎在这些细微处,还受了旧日本社会的不少拘束;幸而拖着木屐的人们,有不少头上都戴上了西式礼帽。在他们本身是不调和,他们对于欧式的建筑与秩序也不调和。可是在'旧'的执拗当中,却正显示了'新'的追逐。"①

新和旧、传统和现代、西装革履与和服木屐,在这个闻名世界的大都会"不甚调和"地并存着,不经意间成了东京一种与众不同的色调。不过,在王亚南看来,中国的传统包袱似乎比日本更重,改革的推行也就更加艰难。

20世纪初叶,大量中国学生涌入日本留学。这个一衣带水的邻邦,成为年轻而有抱负的中国人出国读书的首选目的地。因为在日本学习相对比较容易,不仅生活费用较低,而且比在欧洲和北美舒适。为了吸纳中国留学生,日本专门开设了短期培训学校,如兴文书院和同文书院,前者主要面向文科学生,后者则是为进入日

---

① 王亚南:《东京的面面观》,《新中华》1936年1月,第4卷第1期。

本士官学校做准备。

王亚南因为在中学当过多年老师，自学能力较强，因此他没有选择进入培训学校或正规大学就读。在东京工业大学一位朋友的帮助下，他在东京近郊落脚之后，一边学习日文和钻研政治经济学，一边通过翻译和撰稿来维持清苦的生活，很快他就能自力更生了。

20世纪20年代的日本，工业能力仍比较弱，产品也缺乏国际竞争力。从1920年到1929年，日本的贸易逆差达33亿日元。由于经济不景气，有3500个缫丝厂停工，200万蚕农陷入绝境。国内市场萧条，国际市场的廉价粮食又大量输入日本，使粮食价格一跌再跌。因此，整体物价水平相对也较低，这是王亚南当初选择东渡日本的重要"诱因"之一。

为了节省费用，王亚南住在东京乡下的一个小旅馆里，平常就在附近的一个饭馆用餐，有时到市内的图书馆去借书或阅读书报，过的是旅馆、饭馆、图书馆"三点一线"的读书生活。由于与外界交流较少，几乎处于"半隐居"状态，他因此戏称自己为"三馆"隐士。

正是这段苦行僧般的生活，使王亚南打下了扎实的经济学基础。他庆幸自己当初在大学里读的是教育学而不是经济学，否则还得费相当的时间和气力，去做"消毒"工作；如今通过自学，"绕过了大学讲坛的主观主义的所谓奥地利学派经济学，而径直从资产阶级古典经济学转到马克思主义经济学，就少走很多的弯路"[①]。在这段时间里，他还初步确立了搞科学研究的方法。

在东京，王亚南闲暇时最常去的地方是神田町的书市。位于千代田区北部的神田町，在17世纪江户时期还是一个商人、工匠聚居的地方。明治初期，许多院校相继在周边出现，形成了人气旺盛的"学生街"。学生对知识需求的不断增加，为市场提供了难得的机遇。

1875年，日本第一家书店在神田町问世；随后书店业迅速发展，到1890年，这里已成为远近闻名的书市。鼎盛时期，神田街的书店达300多家，大大小小的书店鳞次栉比，店招、广告比比皆是；还有不少特色书店、专营书店。其中仅旧书店就有170余家，几乎集中了全日本2/3的旧书。神田街成为名副其实的"图书王国"，许多人甚至"宁可饭不吃，也要逛书市"。

---

① 王亚南：《自述》，存档。

在东京的三年中，王亚南始终是神田町的常客。这固然是因为囊中羞涩，经常到这里蹭书，同时与书店街丰富的图书品种和经营特色也有很大关系。各家书店在学科内容方面侧重不同，如丸沼书店以法律书籍为主，朝日书林侧重近代文学书籍；松村书店在外文、美术

神田町书市

和文科书籍上久负盛名，大屋书房专注江户时代的古书籍；山本书店则对中国旧版书情有独钟……形形色色的书刊画册，招揽着不同年龄段的读者。一到星期天，这里的顾客更是摩肩接踵、川流不息。

让王亚南感到惊喜的是，著名的岩波书店在这里也设有经销店。日本早期马克思主义学者河上肇和宫川实共同翻译的日文版《资本论》（1～4分册），就是岩波书店1928年出版的，书中的"剩余价值"等词，后来在中文版本中也照样被采用，可谓功不可没。

河上肇[①]曾担任《读卖新闻》财经记者，在报上连载《社会主义评论》，因其见解新颖、文笔老辣，使报纸订数猛增。他从1919年起开始深入研究马克思的《资本论》，并创办《社会问题研究》杂志，对马克思主义在日本的传播产生了巨大影响，被称为日本首屈一指的马克思主义理论家，对李大钊、毛泽东、周恩来、李达、陈望道等一代中国共产党人也有相当大的影响。由于王亚南是带着翻译《资本论》的计划前来日本的，因此他对岩波书店及河上肇等人自然特别关注。

王亚南到日本后的第二年，一场世界性的经济危机席卷了美国等西方主要资本主义国家。这场危机肇始于美国，由于1929年10月24日纽约股市暴跌，导致经济危机全面爆发，这一天也被美国人称为"黑色星期四"。

作为世界资本主义经济重要一环的日本，自然也在劫难逃。危机导致日本大量

---

① 河上肇，1879年出生，1902年毕业于东京帝国大学法学院。1915年任京都帝国大学法学院教授，一边从事教学，一边研究经济理论，逐渐转变成为马克思主义的宣传者。1928年，由于"三一五"事变的发生，日本当局残酷镇压日共，文部省下令在大学中驱逐左翼教授，河上肇毅然辞去京都帝国大学的教授职务。不久被捕入狱，并被判5年有期徒刑。

中小企业破产倒闭，以生丝为起点的传统外贸结构也濒于崩溃。这场经济危机在日本现代史上被称为"昭和经济危机"，它对日本的经济、政治、社会及对外战略都产生了深刻的影响。

为了挽救日本的工业及海外贸易，日本一方面向世界市场大规模倾销棉纺织品；另一方面推动工业高度垄断化，使垄断财团得以进一步控制日本经济，日本军国主义的政治力量也因此进一步壮大。

王亚南就此评论说："世界经济恐慌的暗影自一九二九年一九三〇年投到日本以后，几乎占着日本资本主义神经中枢的东京，就胀起了颇不寻常的空气。旧来许多神圣不可侵犯的体制，都在这种空气中感到了动摇的威胁。于是在这种种错综的活动与作用之中，乃看似突然的发生了一九三一年的'转移世运'的'满洲问题'。"①

尽管时局动荡，民生多蹇，王亚南依然在旅馆、饭馆、图书馆之间变换着不同的角色。只不过与初来时相比，他的交际面扩大了。尤其是和王礼锡②、梅龚彬③、胡秋原④、陆晶清⑤等人的交往，使他由"隐士"重新融入了社会，进一步扩大了自己的视野。

王亚南未曾想到，这几位与他年龄相仿的青年朋友，不仅在政治上比他成熟得多，而且在大革命时期都有着不同寻常的经历。如王礼锡，1927年就当选为国民党江西省党部农民部部长，国共合作期间曾与毛泽东、张眉宜三人代表赣、湘、鄂三省党部，创办了"湘鄂赣农民运动讲习所"；梅龚彬在北伐战争中曾任国民革命军第四军第十二师政治部主任，是叶挺将军的助手。大革命失败后，先后参加了南昌起义和海陆丰农民起义；陆晶清在北京女子高师读书时，就是李大钊的得意门生，大革命时期追随何香凝和邓颖超，是国民党中央妇女部的得力干部，曾协助

---

① 王亚南：《东京的面面观》，《新中华》1936年1月，第4卷第1期。
② 王礼锡，江西安福人，1901年出生。毕业于南昌心远大学，曾担任中小学教员、报纸记者，主编过《青年呼声》《新时代》等刊物。1928年秋到北京教书，并从事工人运动，业余时间喜欢写诗。1929年到上海暨南大学任教。
③ 梅龚彬，湖北黄梅人，1901年出生。毕业于上海东亚同文书院，1923年加入国民党，1925年经恽代英、沈泽民介绍加入中国共产党，五卅运动时期是上海学联总指挥。第一次国共合作期间曾任国民党上海特别市党部秘书长，1926年年底参加北伐。
④ 胡秋原，湖北黄陂人，1910年出生。15岁考入国立武昌大学学习理工；1928年到上海复旦大学读文学，翌年被公派日本早稻田大学学习政治经济学。
⑤ 陆晶清，云南昆明人，出生于1907年。1922年从云南女子师范毕业后，考入北京女子高师（国文科），曾主编《晨报》（副刊）中的《妇女周刊》。在举世震惊的"三一八"惨案中，她与刘和珍等同学挽手并肩、上街游行，刘和珍壮烈牺牲，她也为救护战友而负伤。

邓颖超举办妇女运动讲习所；年轻的胡秋原在大革命时期也曾因主编《武汉评论》、反对"四一二"屠杀而遭到追捕。

与他们投身火热的革命斗争相比，王亚南不觉有些汗颜。由于他和王礼锡、梅龚彬三人恰好同庚，都是辛丑年出生的，因此被大家戏称为"三剑客"。王礼锡在赴日前，应广东省主席陈铭枢之邀，负责主持神州国光社编辑部的工作；梅龚彬则于1929年受中共中央委派，到日本执行一项特殊使命，因日共秘密联络点遭破坏而被捕，直到一年半后才获得自由；"小弟"胡秋原不仅思想活跃，而且才华出众；"小妹"陆晶清则是一位白族姑娘，也是王礼锡的女友。可以说大家都各有特点，尽管相识不久，彼此却建立了较为密切的联系。

共同的海外经历和相似的生活环境，使王亚南觉得和这群青年朋友在一起特别投缘，也特别开心。彼此志同道合，自然也惺惺相惜。他不再感到孤独，而是时时感到振奋，感到友情的温暖。

当时大家最关心的，是社会的变革；在一起谈得最多的，则是国际、国内时局的变化。王礼锡这时已升任神州国光社的总编辑，他希望利用神州国光社这个平台，为国家和社会做些事，也为他们这群志同道合的朋友提供一个发展的舞台。

创办于20世纪之初的神州国光社，原是一家专门从事书画、字帖、金石、印谱、古籍出版的机构。最初由著名画家黄宾虹等主持，1928年后由于经营不善，连年亏损，由十九路军创始人、时任广东省主席陈铭枢出资40万元接办，成为一家具有军方背景的出版机构。

王礼锡接手后，除继续出版、销售美术书刊外，将出版重点改为以社会科学和文艺译著为主的进步书籍。他编写的第一套丛书，包括《李长吉评传》（王礼锡著）、《唐代女诗人》（陆晶清著），出版后反响很好，尤其是《李长吉评传》出版后即销售一空，并多次再版。于是，王礼锡便请鲁迅先生出面编辑"现代文艺丛书"（拟出十种，后来出了四种）。一时风头甚健，神州国光社也由此步入佳境。

正在日本游历的原国民党湖北省党部委员罗贡华与王礼锡是老朋友，与胡秋原又是《武汉评论》的前后任主编。当他得知这些情况后，便邀约胡秋原、王亚南、杨玉清等几个在东京的湖北老乡成立了一家编译社，着手翻译一些社会科学和文艺译著，以便为神州国光社供稿。从此，王亚南开始了与神州国光社合作的翻译生涯。

1930年7月，他在上海神州国光社出版了自己的第一本译著——芬兰著名学者爱德华·韦斯特马克著的《人类婚姻史》。韦斯特马克是世界婚姻史的权威作家，在这部较为全面、系统地研究人类婚姻的力作中，他旁征博引，对婚姻的起源、年龄结构、内外婚制、结婚仪式、离婚权利乃至掠夺婚姻等等进行了认真的探讨。洋洋洒洒二十万言，资料非常丰富，介绍了遍及世界各个角落的形形色色的婚俗，是一部雅俗共赏的著作。

该书翻译出版后一炮打响，给了王亚南极大的信心。他觉得通过翻译作品，不仅可以快速提高自己的翻译水平，还可以在相当程度上解决自己的温饱问题，何乐而不为呢？

1931年6月，王亚南在上海神州国光社出版了自己的第二部译著，由日本早期马克思主义研究者高畠素之①撰写的《地租思想史》。早在1915年，高畠素之就翻译了卡尔·考茨基解说的《资本论》（原书名《马克思圆环的经济学说》）。1920—1924年他翻译的马克思《资本论》全译本10卷在日本出版，是日本最早的《资本论》翻译者之一，曾备受世人瞩目。

《地租思想史》共有八章，约16万字。作者对经济学史上的各种重要地租学说，包括重农学派、亚当·斯密、马尔萨斯、李嘉图、屠能、罗贝尔图以及马克思的地租学说进行了全面探讨，对研究中国土地问题、农民问题以及地租理论都有很大的帮助。

通过《人类婚姻史》和《地租思想史》这两部著作的翻译、出版，王亚南和神州国光社，和王礼锡、胡秋原等人进一步加深了交往。有时几个朋友也会走进东京的小酒馆，在矮桌前盘膝而坐，叫上几样下酒菜，小酌几杯。大家一边喝酒一边聊工作、聊生活，彼此都觉得非常投契。

王亚南虽然不太会喝酒，但谈锋甚健。其时国内政治危机重重，国民党到处"围剿"红军，先后对苏区发动了多次进攻；军阀之间的征战、火拼也时有发生，经常是"城头变幻大王旗，你方唱罢我登台"；日本关东军对东北更是虎视眈眈，中日之间似乎必有一战。

---

① 高畠素之，1886年出生，京都基督教同志社大学肄业。后舍弃基督教，发行社会主义杂志《东北评论》。1908年因"笔祸"入狱2个月，在狱中阅读了英文版的《资本论》。出狱后加入卖文社，研究和介绍马克思主义。1915年和堺利彦、山川均一起发行《新社会》杂志，后来他参与组织极右国家主义团体"经纶学盟"，并准备组织急进爱国党，未及实现即于1928年去世，年仅43岁。

由于日本的媒体、通信发达，王亚南虽然住在东京乡下，但消息并不闭塞。和朋友们在一起谈论时，便觉得不吐不快。大家听他一分析，仿佛觉得民族危亡就在眼前，心情更加不平静了。可是，这群海外游子连自己的温饱都没解决好，又怎么去拯救国家呢？

梅龚彬思想活跃，口才不错，又有"政治癖"，几杯酒下肚话就更多了。但他的话题总是离不开政治，虽然在本田警署拘留所呆了18个月，出狱后政治热情却丝毫未减。一边尚在东光书院疗养身体，一边时常与朋友们纵论时局。

王礼锡也颇有政治抱负，谈起中国革命的前途和策略，同样滔滔不绝。相比之下，胡秋原因为家庭的遭遇，对政治兴趣不高，对社会问题则比较关注。湖北籍的留日学生方天白与他们交往也较多，方天白的父亲是老一辈留日学生，母亲是日本人，他的日文较好，赴日时间又比较长，因此有许多便利条件。胡秋原刚到日本时，就得到过他的帮助。

大家虽然都相交不久，但彼此坦诚相待，结下了深厚的情谊。其中最让人羡慕的就是王礼锡与陆晶清这对诗友兼情侣了。1930年夏秋，两人先后来到日本，在东京结为连理。蜜月刚过不久，他们夫妇就在新婚家中，请王亚南、胡秋原等在东京的一些朋友聚会，商讨神州国光社创办《读书杂志》的相关事宜及首期"创刊号"的内容。

王礼锡告诉大家，这是国内第三次使用"读书杂志"的名称：第一次是王念孙父子，第二次是胡适。如今第三次使用，希望能发扬和保持原有的学术性，进一步扩大视野，面向中国和世界，探讨各种理论和实际问题。经过讨论，大家一致认为，除正常的稿件外，还可组织若干个系统连载的讲座论文，并商定由王亚南、汪洪法负责经济学讲座，胡秋原、朱云影负责文艺讲座。

1931年2月，王礼锡、陆晶清夫妇回到上海，开始以神州国光社为阵地，大展出版宏图。不久，梅龚彬在日本警察机关的催促下，也离开日本回国。他们三人一走，便剩下王亚南和胡秋原两人，难免觉得孤单、寂寞。好在两人都有逛书店的习惯，到神田町的书街去转上一圈，在排满图书的书架前站上一两个小时，也是常有的事。他们似乎都明显感觉到，中日关系由于"满蒙"问题已日趋紧张，战争似乎已触手可及。

1931年6月，王礼锡、陆晶清回到上海不久，《读书杂志》第1卷创刊号就正式出炉了。该期杂志推出了政治观、经济观和思想观各不相同的众多作者的文章，大家各抒己见，甚至观点尖锐对立，因此受到社会的广泛关注。王亚南按照商定的计划，在创刊号上开辟了《世界经济学名著讲座》，发表了《重农派经济学名著》的文章；随后又在第3期、第9期上，以连载的形式发表了《正统派经济学名著》（上、中、下）等多篇文章，在学术界产生了一定的影响。

6月下旬，在早稻田大学读书的胡秋原，学期一结束便启程回国。抵达上海后，他受到梅龚彬和妻子龙品娟，王礼锡和妻子陆晶清的热情接待，他翻译的《艺术社会学》正好在神州国光社出版，王礼锡也在《读书杂志》发表了佳作，因此大家都很兴奋。

此时，《读书杂志》在上海大有异军突起之势，王礼锡、王亚南、胡秋原等人经常为杂志写稿，因此他们的知名度大增。编辑部因势利导，在《读书杂志》第3期推出《中国社会史的论战》专辑，提出"现在的中国到底是一个什么社会？中国应向何处去？"等若干敏感话题。它像导火索一样，引爆了中国思想界的火药桶，该期杂志首印5000册，仅一个星期就被抢购一空，随后连印三次，一个月内发行了3万册！

《中国社会史的论战》专辑发表后，当即引来了各派学者的对擂，包括陈独秀、郭沫若、张闻

《读书杂志》推出《中国社会史的论战》专辑

天、顾孟余、梅思平、陶希圣、周谷城等学者名流都参加了论战。王亚南也在《读书杂志》第1卷第4、5期（合刊）发表了《封建制度论》，加入了这场引人注目的论战。后来这些不同观点的论文结集为《中国社会史的论战》一书出版，在中国现代思想史上留下了熠熠闪光的一页。

"扶桑正是秋光好，枫叶如丹照嫩寒。"转眼之间，王亚南来到日本已经三年了，他的时光没有虚度。三年的书斋生活使他更加坚定了把马克思的著作翻译、介绍到中国来的信念，他觉得自己似乎该打道回国，和郭大力以及先期回国的王礼锡夫妇及梅龚彬、胡秋原等朋友们，共襄《资本论》翻译和《读书杂志》出版大计。

就在他反复考虑、准备归国之际，震惊中外的"九一八"事变爆发了。1931年9月18日，日本关东军在奉天（今沈阳）城外的柳条沟附近，炸毁了南满铁路，并嫁祸于东北军，随即向北大营发起了猛烈攻击。这就是"九一八"事变的真相。

然而,日本的主流媒体却完全颠倒是非,把战争的责任归咎于东北军。王亚南看着报纸上对"九一八"事变的报道,不禁义愤填膺。日本政府恶人先告状,强词夺理,胡搅蛮缠,让他感到怒火中烧;而对东北军采取的"不抵抗"政策,他同样感到不可思议。

好几天,他都茶饭不思,书稿不译,更不想出门。他不愿再看见那些日本兵,甚至也不愿看到太阳旗。对这个国家的官僚、政客和军人,他产生了一种前所未有的厌恶感,他觉得自己在这个侵略者的国度一刻也呆不下去了!

在得知"九一八"事变的消息后,他立即给郭大力去了一封信:"在此时,我更加思念你,思念国内的一切。我烦闷极了,哪里也不想去。民族主义的愤慨情绪笼罩着我。我决计走了。现在,除了神田町的书市,我别无他恋。"①

回国前,王亚南特地来到神田町专门出售廉价书的旧书店,把一本又一本廉价书塞进网兜。他知道这些廉价的经济类书籍,对他今后的经济学研究会有帮助的。

就这样,王亚南告别生活了三年的东京,义无反顾地回到了祖国。

二、两大译作

1931年10月,王亚南回到上海。

阔别三年,他与郭大力在黄浦江畔重逢了。自从1928年两人分手后,郭大力就在上海大夏中学讲授伦理学,业余时间潜心研读和翻译西方经济学名著。他和王亚南按照预定计划,分头翻译着亚当·斯密的《国富论》和李嘉图的《经济学及赋税之原理》。王亚南刚从日本回到上海时,就暂时寄宿在郭大力处。

离别半年,王亚南与王礼锡夫妇及梅龚彬、胡秋原等人又相聚了。曾几何时,大家相聚在东京,如今却团聚在上海滩。为了糊口谋生,也为了友情道义,王亚南经常为《读书杂志》等刊物撰稿,为"反满抗日"鼓与呼。

一回到国内,王亚南就在上海的一次演讲中,作了《东三省事件之解剖与列强对日之态度》的报告,对日本军国主义者制造"九一八"事变的近因与远因、前因与后果进行了剖析,揭露了列强在对日态度上的摇摆、妥协和暧昧行为。②

他明确指出:"我们要认清日本是何种社会,日本乃资本的封建社会,处处可见其向外侵略之野心。在侵略满蒙的政策上,保守的政友会与新派民政党意见是完

---

① 蒋夷牧、王岱平:《生命的辙印》,海峡文艺出版社1986年版,第22~23页。
② 王亚南:《东三省事件之解剖与列强对日之态度》,《抗日旬刊》1931年第3期。

全相反的，冲突着的。满蒙政策并不是单指侵略，是要拿作吞并中国的一条大道呵！"一针见血地指出日本入侵东北的目的是最终吞并中国。

他进而分析，政友会是代表封建势力的，坚决主张以政治手段侵略中国；民政党则认为在国际约束之下，不可能以政治手段侵略中国，遂大唱其经济侵略政策。他指出："近年来，日本满铁收入减少四分之三，国内经济状况又非常恶劣，所以日本财政顿呈紧缩现象。其实这并非局部特有的现象，乃是由于全世界经济不景气所致。日本为挽救此种危难，意欲以中国人之血肉补其贫弱再大施其伎俩。"

日本人的"如意算盘"，中国人自然不能答应，王亚南强调："我希望大家以冷静的态度把事情详为剖析，我们认清了事情的内面，坚毅地再施以相当的防御，那么，日本帝国主义还怕打不倒吗？"

"九一八"事变后，《读书杂志》将第1卷第7、8期合刊为《东北与日本》专号，登载了多篇揭露日军暴行和远东国际形势评论的文章，揭露日本侵华国策及其灭亡中国的阴谋。原本准备继续赴日完成大学学业的胡秋原，则毅然改变了行程。如今日本已成敌国，无论是鼎鼎大名的早稻田大学，还是众人趋之若鹜的官费留学生资格，都对他失去了吸引力。他决定留在上海，拿起笔与侵略者抗争。随即在《读书杂志》发表了《资本主义第三期及日本侵略东北暴行的必然性》和《中国外交政策考》等文章，分析日本的侵华政策，针对"不抵抗主义"进行了批驳。

王亚南、胡秋原等人发表的演讲和抗日文章引起了舆论界的关注。此时，两人都居住在法租界的里弄里，过着艰辛拮据的单身生活。王亚南租住的房间里，几乎看不到什么家具，两个箱子叠起来就当作书桌，在席子上盘膝而坐就能写文章。晚上则摊开被褥，在简易床铺上睡觉，书籍和用具自然都摊在地上了。

虽说上海之大，但是要寻找一个合适的差事，也并非那么容易。当时和他们一样住在租界中的青年朋友，大多也都是一些住亭子间、靠写稿维持生计的年轻人。然而，他们并没有抱怨，反而还有些自豪感，因为他们生活在自己祖国的土地上。

1931—1932年，无疑是王亚南人生旅程中具有转折意义的年头。他和郭大力含辛茹苦、辛勤培育三年的种子终于结出了第一批果实。1931年1月，两人第一次合作翻译的英国古典政治经济学名著——大卫·李嘉图的《经济学及赋税之原理》，由上海神州国光社出版了。

该书分为三十二章，分别论述了价值、地租、租金、价格、工资、利润、对外贸易、赋税、殖民地贸易、总收入与纯收入、通货与银行、机器等问题，以及对马

尔萨斯地租论的意见,内容丰富,博大精深。

李嘉图在这部著作中,发展了亚当·斯密的劳动价值论,完成了资产阶级古典政治经济学的理论体系。以促进生产力发展来维护工业资产阶级的利益,是李嘉图学说的中心思想。正因此,马克思在《剩余价值学说史》第一卷中,用了近三分之一的篇幅,重点研究李嘉图的经济学说。在批判的同时,充分肯定了他在经济学上的贡献。

马克思指出:"李嘉图曾把资本主义生产方法,当作生产一般的最有利的方法,当作财富生产的最有利方法。这种看法,对于他的时代,是正确的。他要求为生产的生产,这是正当的……"① 由于李嘉图对劳动时间决定价值的原理做了较为透彻的论述,奠定了劳动价值学说的基础。因此,要理解马克思的剩余价值理论,就必须懂得李嘉图。

在该书《译序》中,郭大力不仅就李嘉图的生平与经济思想作了简介,而且特地向读者说明,该书中译本的重要部分,大半出自王亚南的手笔。② 当时,郭大力和王亚南都还很年轻,王亚南刚步入而立之年,而郭大力才26岁。

《经济学及赋税之原理》出版后,在上海学术界引起了一阵轰动。因为这部著作向来以艰深难懂闻名,据称在全英国也"不会有二十五个人能看懂"。谁也没想到,这部经济学名著的译者竟是两位名不见经传的年轻人。于是,人们纷纷猜测和寻找这两位译者。

就在一些人多方打听郭大力和王亚南的身世、学历时,这两位名不见经传的译者,又分别于1931年5月和1932年8月,在神州国光社推出了另一部英国古典政治经济学名著——亚当·斯密的《国富论》(上、下册)。《国富论》是英国资产阶级古典政治经济学的代表作,又译为"国民财富的性质及原因之研究"。其篇幅宏大,论点新颖,广征博引,议论畅达。自1776年出版以来,在国际上一直享有崇高的声誉。

20世纪初,我国近代启蒙思想家严复曾翻译过亚当·斯密的这部名著,由南洋公学译书院出版,取名《原富》。"唯文字过于深奥,删节过于其分,已经不易从此窥知原著的真面目"③,因此,郭大力和王亚南决定予以重译。如何克服严复《原

---

① 马克思:《剩余价值学说史》第二卷,三联书店1957年版,第296页。
② 郭大力:《经济学及赋税之原理》中译本序,神州国光社1931年版。
③ 郭大力:《国富论》译序,神州国光社1931年版。

富》译本的缺点，自然成为他们重译的重点和难点。

经过认真比较、分析，他们决定，首先将全书从有删节的文言文版本，变成全译的白话文版，使读者便于阅读。其次将书名由《原富》改为《国富论》，以表达他们对"国富民强"和"国计民生"的关注，使全书的主旨更加明确。日译本中使用的也是"国富论"的译名。再次，将早年曾困扰严复的很多经济学术语，用流行的经济学名词进行翻译，以利于向大众传播。当时许多留日学生已将汉字经济学名词传到中国，到他们手上就更不成问题了。

《国富论》全书约56万字，他们主要根据英文原本，并参考了两种日文译本，严肃认真地进行翻译。两人翻译的速度非常快，虽然分成上、下册出版，但也只相隔一年时间，《国富论》就成了完整的译本。在"译序"中，郭大力写道："这个译本，是我们第二次合作（第一篇第五篇亚南译；第二篇第三篇第四篇大力译）。译的时候，我们随时互相商量；译成以后，又交换审查了一遍。我们自然高兴对于全书每一部分，负起连带的责任。"①

在《国富论》中，斯密论述了劳动生产力增进的原因及劳动生产物分配给各阶级人民的顺序，还论及分工、货币、商品、工资、利润、地租以及金银价值等问题；同时，讨论了资财的性质、蓄积和用途，不同国家财富的发展，君主或国家的收入以及费用、收入源泉、公债等问题。此外，还专门探讨了政治经济学体系，包括重商主义原理、通商条约、殖民地等。

亚当·斯密认为，人的本性是利己的，追求个人利益是人们从事经济活动的唯一动力。同时人又是理性的，作为理性的经济人，人们力求在个人经济活动中获得最大的个人利益。如果这种经济活动不受到干预，那么，经由价格机制这只"看不见的手"的引导，人们既能实现个人利益的最大化，又能推进公共和社会利益。

《国富论》奠定了资本主义自由经济的理论基础，堪称西方经济学的"圣经"。为了翻译这部煌煌经济学巨著，王亚南和郭大力花费了许多心血。正如郭大力所说：进行翻译时，"第一次按字逐句的直译，使我们大不满意。在这种直译法失败之下，才在可能范围内，采用意译的方法，修改多次，每次增减几个不重要的字都不是没有理由的"②。这意味着，在翻译过程中，他们在"信、达、雅"方面下了不少功夫，既准确表达了原著的内容实质，又在文字方面保持了民族风格。许多学者

---

① 郭大力：《国富论》译序，神州国光社1931年版。
② 郭大力：《关于"经济学及赋税之原理"译本》，《读书杂志》1931年，第1卷第3期。

看完后对他们的翻译水平和认真细致的态度都给予了很高的评价，认为它不失为一部优秀的译作。

《国富论》和《经济学及赋税之原理》的出版，标志着英国古典政治经济学理论体系的建立，亚当·斯密和大卫·李嘉图因此被称为英国"古典政治经济学的最好代表"，英国古典政治经济学则成为马克思主义的三大来源之一。

1932年9月，在谈到这两部译著的出版时，王亚南说："到去年年底，李嘉图的《经济学及赋税之原理》与亚当·斯密的《国富论》，先后都在上海神州国光社出版了。这种不时髦的大部头书，该社肯特予迅速出版，并且肯预支若干版税，我们当然非常感激该社主编者和出版者的友谊与雅量。"①

后来在谈到译介《国富论》的动机时，王亚南进一步指出："我们当时有计划地翻译这部书以及其他资产阶级古典经济学论著，只是要作为翻译《资本论》的准备，为宣传马克思主义政治经济学做准备。我们知道《资本论》就是在批判资产阶级经济学，特别是在批判亚当·斯密、李嘉图等经济学著作的基础上建立起来的马克思主义经济学。对于亚当·斯密、李嘉图的经济学著作有一些熟悉和认识，是会大大增进我们对于《资本论》的理解的。事实上，我们在翻译《资本论》的过程中，也确实深切感到亚当·斯密、李嘉图著作对我们的帮助。"②

继《经济学及赋税之原理》和《国富论》之后，这两位年轻人并没有停步，而是继续在翻译西方经济学名著方面埋头苦干，王亚南开始着手翻译克赖士的《经济学绪论》，郭大力则在翻译马尔萨斯的《人口论》、约翰·穆勒的《经济学原理》上着力。正如王亚南所说，他们希望把这些译著作为翻译《资本论》的准备，作为一个更宏大的经济学殿堂的地基。

这一时期，神州国光社在王礼锡主持下，除了出版郭大力、王亚南的《国富论》和《经济学及赋税之原理》，还先后出版了许多进步书籍，包括马克思的《政治经济学批判》、《德意志意识形态》（郭沫若译），列宁的《唯物论与经济批判论》（傅东华译），考茨基的《马克思的经济学说》（汪馥泉译），德波林的《斯宾洛莎与辩证唯物主义》（杨东莼译），高畠素之的《〈资本论〉大纲》（施复亮译）。此外，还有陈望道的学术名著《修辞学发凡》及胡秋原翻译的《黑格尔之美学》等。

神州国光社出版的《读书杂志》，影响力也不断扩大，引起了社会的广泛关注。

---

① 王亚南：《经济学史》（上卷）序言，民智书局1933年版。
② 王亚南：《国富论》改订译本序言，1965年版。

王亚南作为该杂志"经济学讲座"的主持,继"重农学派、正统学派经济学名著"之后,又连续发表了《历史学派经济学名著》《略论经济学之基础并答辛茹君》《关于经济学之几个别号的诠释》等文章。该杂志虽然每月出版一期,但每期都有50万字以上,印数达三万份,仍供不应求,往往还要再版多次,可谓盛况空前,为当时出版界所罕见。

与此同时,胡秋原自筹资金,独力主办了一份名为《文化评论》的周刊,由神州国光社代为发行,作者也大多为神州国光社的作者群以及沪上文化界的朋友。在胡秋原看来,人心的革命、思想的改革,是一切实际的政治经济改革的大前提;文化与艺术之发展,全靠各种思想意识相互竞争,才有万花缭乱之趣;中国与欧洲文化,发达于自由表现的先秦与希腊时代,而僵化于中心意识形成之时。因此他强调,《文化评论》的宗旨是"在政治上抗日,在思想上自由"。①

然而,在国民党独裁统治下,抗日谈何容易?思想自由更是难乎其难。

三、"淞沪抗战"

1932年年初,"九一八"事变已过去了三个多月,在国联软弱无力的调解声中,日本人得寸进尺,东三省相继沦陷,白山黑水间一块块肥沃的土地落入日寇的铁蹄之下。国民党政府的"不抵抗"政策显然助长了日本在中国扩张的气焰和野心。

疯狂的征服欲使日本侵略者失去了理智,他们在征服东北的同时,也不断在关内寻衅滋事。在上海打砸焚毁中国商店,反以所谓日本和尚被殴为借口,要求中方道歉;无理要求上海市政府封闭上海各界抗日救国会和《民国日报》;日本驻沪海军司令盐泽幸一更是得寸进尺,狂妄要求驻守上海的十九路军退出闸北,让日军进驻。

十九路军以保卫国土乃军人天职,拒不撤退。军长蔡廷锴下令部队布置防线,构筑工事,严密监视日军动向。1月28日午夜,日本海军陆战队的三万日军分三路进攻闸北及京沪车站,企图用坦克、舰炮威逼中国军队答应其苛刻要求。结果遭到十九路军的奋力抵抗,全军数万名官兵同仇敌忾,决心与日寇抗争到底!经过一夜冲杀,击退日军数次猛攻,敌军残部不得不逃回日本租界。

1月29日凌晨,十九路军向全国各界发出通电,强烈谴责日军的进攻和挑衅。

① 张漱菡:《胡秋原传》,湖北人民出版社2007年版,第127页。

十九路军总指挥蒋光鼐、军长蔡廷锴严正表示:"光鼐等分属军人,惟知正当防卫,捍患守土,是其天职,尺地寸草,不能放弃。为救国保种而抗日,虽牺牲至一卒一弹,绝不退缩,以丧失中华民国军人之人格。此志此心,可质天日而昭世界。"①当天,日军从海陆空三方面向十九路军阵地进行了狂轰滥炸和全面进攻。闸北地区硝烟弥漫,大火熊熊,十九路军官兵在蔡廷锴、蒋光鼐将军的指挥下,誓死抵抗,绝不让敌军越雷池一步。

十九路军在上海街头设防

为了声援淞沪抗战,王礼锡夫妇和胡秋原、梅龚彬、王亚南等人商议后,连夜组织文章,于第二天出版了由《读书杂志》和《文化评论》合作编撰的《抗日战争号外》,及时报道十九路军的抗日战果,揭露日寇在上海烧杀抢掠的滔天罪行,批评政府的"不抵抗政策"。一时之间,数万份《号外》在上海满街飞扬,市民争相传阅。

几天后,《号外》虽然遭到政府打压、被迫停刊,但《读书杂志》同仁毫不屈服,又接连出版了《东北与日本》专号及《1932年世界与中国》特刊,大大鼓舞了上海人民的抗日斗志。上海当局却认为会"刺激友邦"而将其查禁,陆晶清为此大声疾呼:"人为刀俎,我为鱼肉,猪被杀也要叫几声,我们被杀,连叫几声的权利都没有,成何世道?"②为了以实际行动支持十九路军抗战,她还参加何香凝组织的妇女救护、慰劳队,到伤兵医院为伤员清洗创口、洗血衣、写家信和捐款。

为了推动抗日救亡活动的开展,王礼锡、胡秋原等人经多方联络,邀集了陈望道、施存统、丁玲、冯雪峰、梅龚彬、王亚南等40多位作家、学者在上海基督教青年会开会,讨论"抗日救国"之道,决定发起组织"中国著作者抗日会",通过了

---

① 张洪涛、张朴宽:《燃烧的太阳——国民党正面战场抗战纪实》,团结出版社1994年版,第50页。
② 毕有真:《诗人陆晶清与王礼锡的情感人生》,《人物》2008年第3期;熊晕:《陆晶清:新诗史上不该被遗忘的白族女作家》,《民族文学研究》2009年第2期。

《中国著作者为日军进攻上海屠杀民众宣言》。大家一致认为,在争取民族自由独立的战争中,于亡国灭种的惨祸之间,"已没有我们徘徊的余地!我们要誓死继续这抗日战争!"新成立的"中国著作者抗日会",从第一次到会的45人中选出以下15人为执行委员:①

陈望道　施存统　汪馥泉　戈公振　郑伯奇

丁　玲　冯雪峰　高语军　樊仲云　严灵峰

梅龚彬　王亚南　乐嗣炳　王礼锡　胡秋原

其中王礼锡、胡秋原、梅龚彬、王亚南等4位好友一起名列执委,站在了文化界抗日救亡的最前线。当时海上文坛的著名人物,包括田汉、巴金、李达、周谷城、胡愈之、郁达夫、陶希圣、谢冰莹、夏丏尊、叶圣陶、李季、丰子恺等著名作家、学者,以及郭大力等众多年轻学者,共一百多人在《宣言》上签了名。

"一·二八"淞沪抗战爆发后,从2月4日到3月4日,日寇先后出兵10万,并调动了30余艘军舰、2艘航空母舰及300余架飞机参战,向中国军队发起了4次大规模的进攻。以十九路军为主的中国军队精诚团结,以4万之师屡挫敌锋,激战1个月有余,使敌军死伤1万多人,在整个抗战史上留下了可歌可泣的一页。

"一·二八"之后,许多民众包括西方民众都知道了背着斗笠、一身灰军装的十九路军,陈铭枢、蒋光鼐、蔡廷锴将军也成为誉满海内外的抗日将领。5月5日,在英国公使兰普逊的斡旋下,中日双方在上海签订了《淞沪停战协定》,确定双方"停止一切敌对行动",日本军队撤退至战前原驻地;十九路军换防,其他中国军队则"留驻其现在地位"。

《淞沪停战协定》签订后不久,蒋介石就下令将十九路军官兵调赴福建,参加"剿共"。5月28日,即将开拔的十九路军官兵及各界人士4万多人,在苏州体育场举行了"一·二八"淞沪抗战阵亡烈士追悼会。会场人山人海,花圈如林,一片悲壮气氛。

王亚南深为感动,后来他回忆说:"回上海不久,就碰上了日寇侵沪的'一·二八'事件。我非常兴奋地看到了十九路军誓死抵抗日寇的英勇行为,但同时也非常愤恨地看到蒋介石源源不断地派部队到上海,不是去支援十九路军,却是用来阻制十九路军,以便实现丧权辱国的'淞沪协定'。其结果,十九路军被迫撤退到福建,上海复归于平静,我又重理旧业,搞编辑工作,并开始在暨南大学授

---

① 王士权:《爱国诗人王礼锡传》,江西人民出版社1996年版,第57页。

课。"①

王亚南从日本回到上海时,恰好是而立之年。自从1928年离开家乡之后,他一直过着单身的生活。在光华中学任教的郭大力,与其大学老师、时任暨南大学教授李石岑②交谊笃厚。王亚南通过郭大力认识了这位研究尼采哲学的大学者,并常和郭大力一起到位于四川路的李石岑家做客、请教。

正是在李石岑家,王亚南认识了来自湖南醴陵的李文泉小姐。据李石岑介绍,李文泉十五六岁就离开老家出来读书,当年是长沙爱国女校的一枝花呢!王亚南看着眼前这位穿着素色旗袍、中等身材、长得端庄秀气的年轻女子,不觉眼前一亮。

李石岑和李文泉是醴陵同乡,他对这位同乡女子的印象很不错,对王亚南的个人情况也有所了解,因此便有意撮合他们。他笑着对王亚南说:"你是湖北人,李小姐是我们湖南人,两湖可是有缘啊!况且人家早就闻知你的大名了。"一番话,说得年方十九的李文泉羞答答地低下了头。

从交谈中王亚南得知,李文泉在家乡时就是一位进步青年,大革命失败后,"白色恐怖"笼罩湖湘大地。醴陵是著名共产党人李立三的故乡,也是湖南农民运动最活跃的地方之一。父亲眼看到处血雨腥风,便让大姐带着她到上海,两人互相也有个照应。

饭后,李小姐准备告辞回家。李石岑拍拍王亚南的肩膀说:"大力今天不在,你是不是送一下李小姐?"王亚南一听自然十分乐意。一路上,两人交谈甚欢。也许是缘分使然,两位身在上海的异乡人,彼此心有灵犀,成了互相心仪的朋友。

此后一段时间,王亚南几乎每个星期都会主动约李文泉逛一次公园。虽然每次都来去匆匆,但李文泉知道他忙于写作和翻译,时间非常宝贵,因此也毫无怨言。随着两人交往的加深,王亚南主动告诉她,自己在家乡时曾有过一段旧式婚姻,还育有一个男孩,后来过继给同胞兄弟了。

李文泉虽然年纪轻轻,却是一位颇有见识的新时代女性。她对王亚南结过婚、成过家表示理解。她想到那些著名作家的婚恋,似乎都有过冲破旧式婚姻的历程,心里难免有些激动也有些感伤。当代新女性追求婚姻自由可谓不易,而且常常是悲

---

① 王亚南:《自述》,存档。
② 李石岑,湖南醴陵人,1892年出生。1913年入日本东京高等师范学校,1915年回国后任上海商务印书馆编辑,先后主编《民锋》杂志、《教育杂志》,并兼任《时事新报》副刊《学灯》主笔。后担任上海大夏大学、复旦大学、暨南大学等校哲学、心理学教授。著有《中国哲学十讲》、《人生哲学》(上卷)、《希腊三大哲学家》、《哲学概论》等书。

喜交集。

她知道，王亚南离开家乡这么多年，那段旧式婚姻早已名存实亡。如今，他身边是多么需要有人照顾啊！因此，她欣然接受了他。同时，对他的忠诚坦白和光明磊落也心怀感激，她认定，他是可以托付终身的人。

1932年初春，淞沪抗战双方激战正酣，李文泉随大姐南下杭州。由于走得匆忙，没来得及通知王亚南。王亚南十分着急，还以为她失踪了。直到李文泉来信报平安后才放下心来。

不久，王亚南也赶到杭州，和李文泉相会。王亚南送给她一瓶日本产的雪花膏，满心欢喜的李文泉打开一看，却是一瓶高黏性的化学糨糊。原来王亚南急着到杭州来，在商场购物时看错了产品。李文泉笑得前仰后合，但并没有责怪他。同时，她也送给王亚南一条精美的领带，王亚南觉得挺不好意思，表示一定"将功补过"。

梅雨季过后，两人开始商量起婚姻大事。王亚南主张尽快把婚事办了，李文泉羞涩地问："怎么办？"王亚南胸有成竹地说："一切交由我操办，你就不用操心了。"然而，在婚事操办中，王亚南还是让新娘子操了不少心。如拍结婚照时，李文泉希望披上新娘的白纱礼服，王亚南却主张平常穿什么就照什么；李文泉希望结婚时能穿旗袍，王亚南自告奋勇上街买白绸做衬裙，结果却买回了白纱布。

好在湖南妹子通情达理，李文泉就这样和王亚南成了亲。婚后，两人在法租界租了一间房子，过起了简单的家庭生活。虽然家里只有木板床、饭桌和旧式写字台等几样家具，但藏书却十分丰富，其中不少是王亚南从日本背回来的。

尽管生活十分清苦，写作条件也较差，王亚南却并不在意，整天都坐在书桌前读书、写作。虽然身居闹市，而且新婚燕尔，他却自甘寂寞。李文泉也无怨无悔，一心一意陪着夫君，做好后勤工作，买菜、做饭、洗衣服，她几乎都包了。

功夫不负有心人。经过日以继夜的辛勤翻译和写作，王亚南不仅独立翻译了英国经济学家克赖士的《经济学绪论》，于1933年7月由上海民智书局出版；而且撰写了《经济学史》（上卷）和《现代外交与国际关系》两部著作，分别由上海民智书局和中华书局出版，还被列入杨幼炯主编的"社会科学丛书"和夏康农主编的"国际丛书"。

克赖士的《经济学绪论》以经济学为研究对象，论述了经济学的本质、方法、功能以及与其他学科的关系，内容广泛，分析全面，尤其是对经济学的经验法、演

绎法、符号法及图表法的阐述令人耳目一新。

在翻译克赖士的《经济学绪论》时，淞沪抗战的炮声不绝于耳。王亚南说："翻译大部分是在炮声隆隆的惨黯光景下译成的。那时，爱国的男儿在前方杀敌效死，血性学者亦在后方奔走呼号。我虽冷冷优居斗室，从事不急之务，但时则狂喜，时则盛怒，时则深忧。"① 可见他的爱国热情并没有被书斋生活所消融。

《经济学史》（上卷）是王亚南出版的第一部经济学著作。全书详细论述了经济学之派系问题，包括重农学派、正统学派、历史学派、马克思主义学派、奥地利学派等，概述了各国最近的主要经济思想潮流，被誉为"体大思精，包罗缜密"。

在该书序言中，王亚南特别指出："在一般的经济学史中，大抵只论述到资本主义经济学体系，而把马克思主义经济学体系存而不论了，即或论到，亦不过断章取义，或轻描淡写的点缀而已。这有种种的理由，其最要者莫若格于学统的成见，和规避研究的繁难，同时这两者又互相影响。因为，仅就马克思主义经济学的核心，即马克思那部洋洋大观咄咄逼人的《资本论》说，那一方面固颇费我们钻研，而他那全书中加诸异己者的无情批判和尖刻讥嘲，更令一般对于资本主义感染有素的学者，不能平心静气地研究了。但是，站在学问的立场上，特别是站在学史的立场上，我们不但要克服困难，我们尤且要克服成见。无论就学理讲，抑就其影响讲，我们都没有理由忽视马克思学说在经济学史中的地位。"② 说得多么好啊！

在谈到该书的写作、出版时，王亚南说："本来在《国富论》下卷的译稿交去付印后，我们即打算着手译述马尔萨斯的《人口论》第二版，但据同书社主编王礼锡兄告知我，该社因营业关系，不克继续成就我们那'名山事业'，即不能继续给予我们的预支，此后，我们还向其他书局接洽过，仍无结果，于是因了肚皮不迁就意志的关系，我们不得不暂时中止这种工作，而另谋生路了。"

让王亚南感到幸运的是，"就在这当中，有劳李石岑先生的介绍，我和杨幼炯先生成了莫逆的交游，在李杨两先生多方鼓励与赞助之下，我勉强把撰述经济学史的工作担负下来了。这时，我当然异常感谢石岑先生，特别是杨幼炯先生的盛意，但每一念及我们既经计划的工作，实不胜其感慨系之了"。

王亚南还谈到了郭大力给予的支持，他说："当我着手经济学史的撰述时，我同朋友郭大力同住在上海，这部书的大体轮廓，可以说是由我们共同决定的；以

---

① 王亚南：《经济学绪论》译者序，民智书局1933年版。
② 王亚南：《经济学史》（上卷）序，民智书局1933年版。

后,他迁往苏州了,我每写完一章,即把那章的大纲细目寄他纠正;上卷全书草成后,他又详细精审地为我校订一遍,这样,署名我著的《经济学史》问世了。不过,书中如有错误缺陷的地方,当然不能牵累我的朋友来替我负责。"①从中可以看出他与郭大力的深厚情谊,对这位挚友给予的帮助和支持他是时时感念于心的。

王亚南的《现代外交与国际关系》一书,虽然篇幅不大,却对外交的意义、性质与功能,外交的经济基础和近代外交的演进,以及第一次世界大战前后的国际关系做了全面的介绍和精辟的阐述。如英国与欧洲的均势局面,法国势力之消长和俄国之兴替,巴黎和平条约的签订和新均势局面的展开,太平洋上的角逐和东北问题等等,他都条分缕析,娓娓道来,不能不让人刮目相看。

在该书序言中,王亚南开门见山地说:"外交是处理国际间的相互关系的。国际关系随时代而异其内容,外交亦随时代而异其性质。"在他看来,现代是经济势力大于一切的时代,经济的国际分工,一方面加紧了各国间的相互接触,另一方面造出了各国间的相互依存。"其结果,政治的羁绊,宗教的维系,地域的关联,种族的约束,通在经济作用下,显得松懈无力了。经济利益所在,同种同教同政治系统者可以分离,异种异教异政治系统者亦可以结合。由是,经济在各国外交关系中,具有决定的作用,各国的外交政策,就大都以经济利益为旨归了。这种经济中心主义,构成了现代外交关系的一个显著特征。"②

他认为,18世纪以后各国外交政策的运用,几乎直接间接都受了英国外交的支配。其原因,也要从经济上去解释。因为英国最先成就产业革命,是资本主义最先进的国家,凭借这先进的资格,它在世界各地建立了经济基础,建立了海军根据地。"为要确定其海上霸业,保障其海上自由,它一向是运用'化强为弱'的均势主义外交政策,以操纵把持欧洲乃至世界的政局。不论哪个国家,只要其势力的膨胀,有碍英国海外经济的发展,它马上就要用离间联络的方式,使其渐形削弱下来。不过随着大战的爆发,或者资本主义势力的崩溃,英国操纵世界大局的气力,已如强弩之末了。"③

王亚南的分析可谓一语中的,力透纸背。当年的"日不落"帝国是如此,如今"已如强弩之末"的大英帝国又是如何呢?王亚南进一步指出:"然而,百足之虫死

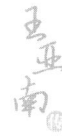

---

① 王亚南:《经济学史》(上卷)序,民智书局1933年版。
② 王亚南:《现代外交与国际关系》序言,中华书局1933年版。
③ 王亚南:《现代外交与国际关系》序言,中华书局1933年版。

而不僵。我们试一默察今日欧洲的政局和太平洋上的风波，不还是有英国在暗中'联甲制乙''推波助澜'的在活动吗？英国之支配或操纵世界政局，那又算构成了现代外交关系的另一个显著特征。"

王亚南认为，以上这两个特征——经济中心主义与英国支配势力——都是论究现代外交关系所应明白认识的。因此，《现代外交与国际关系》一书在全面叙述上，就以这两者为主要骨干，它既可以当作《英国外交简史》看，也可以说是一部"经济的外交关系论"。

虽然王亚南自称是"一个对于国际政治经济关系无精深研究的人"，可是却写出了这么一部精辟的外交关系论著，确实十分难得。

在上海这段时间，王亚南主要就靠翻译、写作赚取一些稿费过日子，经济上还是比较拮据的。但他并没有因此停止对学术的追求，而是千方百计去克服困难，战胜困难。他自幼养成的刻苦治学方法，对他在学术方面的成就无疑有极大的帮助。他每天闻鸡起舞，凌晨四五点钟就起床伏案读书写作，雷打不动。因此，上海学术界称他是"一个非常刻苦的学者"。

尤为可贵的是，王亚南并不是关在书斋里做学问，面对日寇侵略威胁日甚一日的现实，他内心的激愤常在笔墨之端流露出来。他的研究活动一开始就是为了探索一条救国的道路，而不是单纯为研究而研究，因此始终没有脱离现实斗争，他的思想认识随着理论探索和现实斗争的进展也在不断地提高。

这期间，王亚南撰写了一系列与国际形势有着密切关系的"国际时评"，如在《新中华》杂志发表的《军缩会议与军备竞争》《旧华盛顿会议与华盛顿会议》《电讯频传中的美国产业复兴》等。从这些国际时评中可以看出，他对战争和国际关系有着深刻的认识。他认为："战争对于战争者永远是一种损害，一种要借和平才能救治的灾殃。然而，人类是健忘的。在大战结束以后不久，他们又各各分途从事下次大战的准备了。军备的扩充，军器的改良，军费的增加，在在表示他们是如何忘怀于战争的损害。"

在"九一八"事变两周年之际，他特地撰写了《投降日本与求助国联：为"九一八"二周年纪念而作》一文，表达了自己坚定的抗日立场和对投降、妥协的鲜明态度。他说："这两年来，东北四省先后沦陷，悲痛的经过，尚深深印在每个有血性的中国人的心中"；"日本强夺去中国东北四省后，中国一向赖以偷存的国

---

① 王亚南：《军缩会议与军备竞争》，《新中华》1933年4月，第1卷第7期。

际均势局面是被打破了。这种均势局面的打破,乃使中国突然转到一个非常危险的新境地,它需要采行一向苟且偷生以外的新途径了"。

王亚南认为,日本是中国的国仇,"在中国抗日的空气尚未十分沉寂下来,同时日本还未完全停止其向中国扩大军事占领的当中,不是汉奸,不是秦桧、贾似道一流人物,断乎不会主张亲日"。他清醒地认识到,"以中国当前的实际情形而论,联日是有百害而无一利的;联日不仅类似投降日本,让日本对中国全部施行独占,且最后还会招来惨酷的分割"。

虽说是一介书生,但王亚南心中却充满着凛然正气,他说:"日本两年来对中国所施的残暴压迫,那是每个有血性的中国人所不能忍受的。政府在强敌暴力威胁下,辱订城下之盟,人民虽能曲谅其迫不得已之苦衷,但政府如进一步与日本有携手的举动,它将立即失去全国民众的信任与支持,而予反对者以有力的口实。中国是需要统一的,一国统一的大业只能在抗战的旗帜下完成。"①

其时,中华书局出版的时政半月刊——《新中华》杂志刚创办不久,主编周宪文及钱歌川、倪文宙等主要骨干,与王亚南、王礼锡、梅龚彬等人的关系十分密切。因此,王亚南经常应约为这家杂志撰稿,如《中国产业统制论》就是1933年8月在《新中华》第1卷第15期发表的;他的《现代外交与国际关系》一书,也是在中华书局出版的。在该书序言中,他特别提到:"本书写成后,曾蒙好友周宪文先生加以纠正,特此附志谢忱。"

此外,他还在《读书杂志》等刊物发表了《现代思想危机论》等文化方面的理论文章。

在偌大的上海滩,要取得社会的认可谈何容易。由于一系列译著、文章的出版和发表,王亚南渐渐有了些知名度,并被上海暨南大学聘为特聘讲师(按教授待遇)。后来他在给友人的信中说:"由于这个原因,我算取得了一个到大学讲台上滥竽充数的资格。一九三三年秋,我开始到暨南大学教课,教的是帝国主义论和中国经济史。"②

其时在暨南大学任教的,还有他的"月老"李石岑以及好友梅龚彬、胡秋原等人。"一·二八"事变发生时,上海各大学停课,暨南大学在广州中山大学设立临时办事处,收容部分学生南下就读,李石岑应约去中山大学任教。1933年秋,他

---

① 王亚南:《投降日本与求助国联:为"九一八"二周年纪念而作》,《新中华》1933年9月,第1卷第17期。
② 蒋夷牧、王岱平:《生命的辙印》,海峡文艺出版社1986年版,第26页。

回到上海暨南大学任教。没想到，1934年10月，这位知识渊博、著作等身的学者竟英年早逝，年仅42岁，王亚南和郭大力得知噩耗后均悲伤不已。

同样让大家没有想到的是，由于神州国光社出版了马克思、列宁、考茨基和普列汉诺夫等人的著作，国光社创办的《读书杂志》又成为宣传"自由争鸣"的论坛，加之王礼锡本人撰文批评南京国民政府，因此引起当局的不满，认为是共产党暗中所为。于是，出手予以打击，要求新闻检查部门对《读书杂志》"一出租界，立即予以没收"；神州国光社的出版物在北平、南京、武汉、广州等地也被查封。

虽然王礼锡到南京有关部门据理力争，但最终，神州国光社仍被蓝衣社特务捣毁，王礼锡也上了黑名单。[①] 不久，由铁道部送他一个专员的名义，让其"出洋考察"，实际上等于是驱逐、流放。临行前，王礼锡在《读书杂志》"编后"中写道："在黑暗所笼罩下的一隅，本志竟成为不必检查即普遍没收之品，经过郑重的会议所发布的命令，竟摘出拙作《九一八的清算》一文中反对无抵抗主义的语句，指为反动。"表达了自己的不满和愤懑之情。

在黑暗笼罩的中国土地上，连发表抗日的言论自由都没有，于是不愿屈服的人们只好联合起来，共同反蒋抗日。

四、"闽变"之殇

1933年11月20日，一则关于"中华共和国人民革命政府在福州成立"的新闻，通过电波迅即传遍了中华大地，一时震惊中外！

这一天，在全国抗日救亡运动形势高涨的推动下，在中国共产党的影响下，以国民党元老李济深以及十九路军将领陈铭枢、蒋光鼐、蔡廷锴等为核心，联合海内外各方反蒋人士，在福州召开了中国全国人民临时代表大会，成立了抗日反蒋的中华共和国人民革命政府。这一事件史称"福建事变"（简称"闽变"）。王亚南没想到，自己不久也卷入了这场事变，并对后来的人生道路产生了重大的影响。

十九路军原为北伐时的国民革命军第四军第十师，后扩编为第十一军，陈铭枢先后任师长、军长。1930年8月扩编为十九路军，蒋光鼐任总指挥，蔡廷锴任军长。"九一八"事变后，在全国人民抗日救亡运动推动下，十九路军广大官兵爱国热情不断高涨，对蒋介石对内"剿共"、对外妥协的政策十分不满。不久，陈铭枢离职赴欧洲考察。

[①] 王士权：《爱国诗人王礼锡传》，江西人民出版社1996年版，第63～64页。

"一·二八"淞沪抗战中,十九路军英勇善战,重创日寇,受到海内外的高度赞扬。但《淞沪停战协定》签订后,十九路军被调到福建"剿共",蒋光鼐、蔡廷锴等十九路军将领出于多方考虑,选择了"消极剿共"、共同抗日的策略,并与红军签订了《抗日作战初步协定》。陈铭枢从欧洲回国后,也积极奔走于香港、福建之间,联络各方反蒋力量。

11月中旬,李济深与陈铭枢、陈友仁、徐谦、余心清(冯玉祥代表)等人先后由香港抵达福建,与十九路军将领及地方反蒋人士举行秘密会议,对发动事变的时间、方式及新政府的纲领、政策等重大问题作出最后决定。

1933年11月20日,在福州于山下的公共体育场(今五一广场)召开了中国全国人民临时代表大会,宣读了《人民权利宣言》,号召全国革命大众立刻起来,打倒蒋介石御用的国民党南京政府,建立人民民主政权。

11月22日,中华共和国人民革命政府宣布成立,由李济深担任主席;设军事、经济、文化委员会及外交、财政部,李济深兼军委主席,余心清兼经委主席,陈铭枢兼文委主席,陈友仁任外交部长,蒋光鼐任财政部长;宣布更年号为中华共和国元年,首都设在福州。

政府成立后,制定和发布各项纲领、命令、宣言、条例、草案、通则、通知数百件,在政治上主张实现国内各民族平等权利,反蒋抗日;在经济上提出发展民族资本,保护工商业,奖励工业建设,农村实行"计口授田";对外主张排除帝国主义在华势力,废除不平等条约。

在福州举行的中国全国人民临时代表大会

"福建事变"在海内外引起了极大反响,福建各地民众纷纷集会,通电拥护新政府并对其寄予期望。出于"反蒋抗日"的动机,梅龚彬和胡秋原积极参与了"福建事变"的策划。

文化委员会成立后,下设教育行政、文化宣传、民众训练、政治训练等处室。梅龚彬兼民众运动处主任和干部政治训练班主任;胡秋原任文化宣传处主任兼政府机关报——人民日报社社长,执掌"闽变"舆论机关;王亚南也被捕风捉影地说成是"闽变"的智囊人物。

12月初,由于机构扩大,干部紧缺,在梅龚彬的安排下,王亚南等一批主张抗日的学者从各地云集福州。王亚南出任文化委员会委员,并接替胡秋原任人民日报社社长;王礼锡也从伦敦赶回国内,担任文化委员会委员,并接替梅龚彬出任民众训练部负责人。于是,王亚南和王礼锡、梅龚彬及胡秋原4人,继东京、上海之后,再次因缘际会地汇合在一起,在闽江之滨的福州携手并肩,共同战斗。

《人民日报》原系《民国日报》,整合后成为"闽变"的主要舆论阵地。王亚南自12月12日接任社长后,充分发挥该报作为革命政府主要舆论工具的喉舌作用,对新政府开展的政治、外交、经济等工作做了重点报道;对蒋介石派飞机狂轰滥炸、人民政府和军队采取的军事行动,以及后方民众的支前活动等进行了突出报道。

王亚南和胡秋原既分工又合作,两人配合十分默契,王亚南具体负责报社的日常事务与笔政,言论方针、重大社论与重要活动报道则两人一起把关。报社每天几乎都发表一篇社评,在民众中产生了较大影响。除政论文章外,王亚南还以连载方式发表了《生产经济学》(12月18日至翌年1月10日)。

"闽变"爆发后,蒋介石恼羞成怒,不仅亲自坐镇闽北建瓯,指挥第二、四、五路军7个师及海军重兵围攻福州,而且派遣特务、说客进行内部收买、分化瓦解。在双方兵力悬殊的情况下,"闽变"策划者却自陷孤立,使蒋介石得以各个击破。1934年1月15日,作为中华共和国首都的福州被攻陷,人民革命政府仅存在50多天就宣告解体。

在20世纪30年代中国内忧外患日趋严重的历史时刻,十九路军高级将领毅然与对外不抵抗、对内专制独裁的蒋介石政府决裂,创建抗日反蒋的新政权,孤立、打击了国民党反动派,对停止内战、团结抗日具有积极的意义,对后来的"西安事变"也产生了重大的影响,堪称虽败犹荣!

"闽变"失败后,其主要领导人和骨干遭到了政府通缉,王亚南和梅龚彬、王礼锡、胡秋原等人纷纷出走香港。后来在谈到自己在"福建事变"前后的心路历程时王亚南说:

> 我原是满足于这种教教书、编编文章的工作,但同年11月,十九路军将领在福建发动闽变,另定口号,另立政府,一时声势浩大,京沪震动。我虽过去几年在十九路军系统的书店出过几部译著,还在他们的杂志发表过一些文章,但我安于教学研究的思想状态,并没有鼓起我投入这个为我所非常同情的实际斗争中去的勇气。直到受不住反动派在报纸上点我的名、造我的谣所施加的种种压力,我才偷偷地从香港转到福州,被安排在"人民政府"下的文化委员会当一名文化委员,兼机关报《人民日报》的社长。但我担任这个工作仅及一个月,人民政府就因战斗旗帜不鲜明、内部不团结,在蒋介石大军压境的情形下,很快被分化瓦解了。我们差不多是集体地乘海轮逃往香港的。①

1月中下旬,王亚南等4人带着家属先后从福州乘商船抵达香港。随后王礼锡转乘意大利邮轮去了伦敦;王亚南和胡秋原两家人住进了九龙弥敦道的一栋4层公寓楼,第4层有两房一厅,正好两家人各住一间,客厅和厨房、浴室则共用。没想到,刚安顿下来,他们这群流亡人士就被香港警方盯上了。

第二天黎明,王亚南和胡秋原两家人还睡得正酣,警方人员已敲门而入,王亚南、胡秋原、刘淑模等人一起被带到警署关押了起来。幸好在十九路军朋友的斡旋和保释下,王亚南和刘淑模很快就被释放;胡秋原则因被人密告有"共党"嫌疑继续被关押、审问,后经陈铭枢、陈友仁等出面营救才得以释放。随后,他们又被香港当局作为"危险分子",下令统统限期出境。

"怎么办呢?"王亚南似乎觉得进退两难。偌大一个中国,难道竟没有一个去处?看来唯一的出路是出国,可是去哪儿呢?他想到了德国——马克思的故乡,听说德国为鼓励外国人前来旅游和留学,采取了新的货币政策,住在那里的生活费用较为低廉。可是光靠十九路军发给的那点遣散费,显然不够出国的开支。

王亚南告诉妻子:"中华书局和世界书局已和我订立了翻译《欧洲经济史》和《世界经济机构总体系》两部书的合同,可以预支一点稿费。当然,要去欧洲生活

---

① 王亚南:《自述》,存档。

这些钱可能还是不够。我考虑再三,我们分头走,我去德国,你去日本。届时我会托朋友带你走,让他们安顿好你。我到德国后,至多一两年就去日本接你。"妻子虽然不舍,但她知道丈夫的脾气,也知道他已做了相应的安排,于是便同意了丈夫的意见。

临走前,王亚南把未译完的《欧洲经济史》(余下四章)交与郭大力,请他继续把它译完。几天后,梅龚彬悄悄把王亚南送上了远赴欧洲的邮船。王亚南紧握着朋友的手说:"闽变虽然失败了,但我相信,我们离自己的目标已经不远了。"这是王亚南继参加北伐军之后的第二次"准政治生活"。事后他自己说,"这是国民党逼出来的革命"。

五、出走欧洲

"祖国现在需要战士,我却离开了她——那似乎不该;但,我离开她不是消极的退避,是到别的地方去;擦亮我的铠甲,磨锐我的兵器,预备来做一个更勇猛的战士!"这是一位现代诗人在出国的轮船上写下的一首诗,它恰好反映了王亚南此时的心情。

1934年1月底,王亚南乘坐邮船经南海、马六甲海峡,穿东印度洋、阿拉伯海、西印度洋,进入红海,过苏伊士运河,再穿过地中海,邮船在海上走走停停,经历了两个来月的风波险阻,终于在春暖花开时抵达德国。

当邮轮过西印度洋时,风浪比阿拉伯海上的更凶猛。从印度孟买到也门亚丁,整整费了两昼夜。一路上波涛汹涌,几千吨排水量的邮轮也颠簸得像摇篮一样。旅客们连个梦都做不成,睡觉都得抱住床架。第二天,大部分人都躺下了,到处都听得到一片呻吟声。王亚南走进餐厅,发现偌大一个餐厅竟没有几个吃饭的人,冷清得不成样子。他觉得自己应该好好地吃一顿,于是放开肚皮大吃起来。后来听餐厅的师傅对别人说,这人真是好胃口。

吃完饭,风浪更大了。王亚南叫人用根绳子把自己绑在餐厅的柱子上,以便照样看书。船长进来,看见他的模样,问他是不是年轻时做过水手?王亚南说我在老家只抓过鱼。船长一听,连连竖起大拇指,夸说中国人真是好样的!

过亚丁、进入红海后,海上的风浪小了许多,邮轮走得平稳多了。乘客们都说,宁愿在这里多走几天,也不愿在西印度洋的波涛中翻滚。很快,长约100海里的苏伊士运河就展现在大家面前了。这条运河宽只有100多英尺(1英尺约为

0.3米），河深却有30多英尺，由于河道太窄，因此管理十分严格。一条又一条大轮船排着队鱼贯而行，穿过整个运河大约花了20多个小时。

到意大利后，邮轮在亚平宁半岛西部港口停靠了几天。王亚南行色匆匆，走马观花地看了几座古城，以增进对古罗马和文艺复兴时期的文化古迹和艺术瑰宝的了解。但他无心作过多的逗留，想着即将面对的在欧洲的生活，想着分手之后年轻妻子的艰难，想着"闽变"失败后国家的未来……心里似乎五味杂陈，百感交集。

抵达德国后，他与当年在武汉当家庭教师时带过的学生方达功顺利见了面。几年不见，这位翩翩少年已经变成了一个英俊青年。看着眼前这个身材瘦高、青春焕发的年轻人，王亚南喜出望外，毕竟他们有多年的师生之谊，如今在这异国他乡相遇，自然格外亲热。

方达功来德国已有一年多，正在柏林大学攻读工程技术。见到这位昔日的启蒙老师，他的高兴劲就甭提了。他盛情邀请老师搬去他那儿住，刚好他租了一套小公寓，还有一个空房间。王亚南见他如此盛情，便答应了他。随后到旅馆取出行装，搬进了方达功的小公寓，总算暂时有了一个栖身之地。

师生两人各据一室，互不相扰。王亚南生活很有规律，每天清晨很早就起床读书、写作、翻译。除学习德语外，他还广泛涉猎西方经济学和哲学名著，乃至文学、艺术和历史领域的著作，打下了坚实的学术基础，为今后翻译《资本论》创造了重要条件。方达功则忙于学校的功课，每天上课、下课，校园、公寓"两点一线"。

王亚南来到德国时，正值德国的"多事之秋"。此时，希特勒已上台执政一年有余，在这一年中，"他推翻了魏玛共和国，以他的个人独裁来代替共和国的民主；消灭了一切其他党派，只留下自己的政党；摧毁了邦政府和它们的议会，统一了德国，取消了联邦制；清除了工会；取缔了任何民主结社，把犹太人驱出了政治生活和自由职业界，取消了言论和出版自由，扼杀了司法独立。在纳粹党统治下，使一个历史悠久、文化发达的国家和人民的政治、经济、文化、社会生活'一体化'"。①

王亚南颇为不解，也感到十分不安。刚从国内蒋介石的独裁专制中挣脱出来，却发现德国纳粹的独裁专制，比国内毫不逊色，某些方面甚至有过之而无不及。更可悲的是，他发现绝大多数德国人似乎并不在乎他们的个人自由遭到剥夺，并不在乎他们悠久的历史文化被摧残，也不在乎他们的生活和工作被严格管制。似乎只要

---

① 威廉·夏依勒：《第三帝国的兴亡》，世界知识出版社1996年版，第208页。

德国能够迅速摆脱凡尔赛条约的束缚,能够在军事上重新强大起来,一切都可以忍受。王亚南感到迷惑,这个优秀的民族怎么会变成这样?

于是,他利用所有能够搜集到的资料,对德国的历史、现状及其发展趋势,包括德国战前资本主义化的特点和战后法西斯政治形态的完成,进行了一番深入的研究。在此基础上,他着手撰写《德国的过去、现在和未来》一书。

全书拟分为十章,王亚南希望在书中能够根据历史发展规律与大量具体史实,重点阐述19世纪上半期以来德国政治经济发展的状况,包括现代德意志国家的形成、由资本主义到帝国主义的推移、世界大战与巴黎和约、战后德国的困难局面和复兴之路,希特勒政权的确立、国社党纲领的试验,希特勒政权与国社党的分裂等等。

从全书的主题、内容、体量和结构看,书成之后,它将成为一部现代德国的政治经济简史。王亚南心知,这部书稿即使已完成,在当下德国也无法出版,因此他期待离开德国后,再完成书稿并作进一步修改,然后交由出版社出版。

而眼下为了温饱,他必须在合同期内尽快完成与书商签订的《欧洲经济史》一书的翻译。这是由德国经济学家奈特等人撰写的一部叙述数千年欧洲经济生活史实的著作。全书分两部分,第一部分共六章,专述古代与中世纪欧洲经济的发展,包括农业、工商业的发展史;第二部分共十五章,为现代欧洲经济组织的变迁史,从现代社会的起源与现代资本主义的发端出发,对欧洲海外扩张、商业产业革命、工厂制度、1800年以后的英国、德意志农业工业的发展、法国1789年以后的农业工业发展,三国商业的发展、工商业之联合,西欧其他国家、欧洲东南部和俄罗斯的经济发展状况等等,做了详尽的阐述。

早在1933年年初,王亚南就开始动手翻译这部著作。他认为,像《资本论》这样的鸿篇巨制,本身是在深刻研究英国经济史和英国经济现状的基础上产生的。因此,要读懂《资本论》,就要了解马克思写作的历史背景和它所反映的经济现实。"要在经济学说史和经济事实史的视野里,才能看清这部名著的本来面目。"[1]《欧洲经济史》正是这样一部反映欧洲经济事实的历史。因此,值得把它翻译出来,介绍给社会大众。

没想到,当年年底"闽变"爆发,这部著作还有4章没有译完,王亚南又要赶赴福州为十九路军助一臂之力。临行前,他把尚未译完的4章交给郭大力,请老朋

---

[1] 王亚南:《世界经济名著讲座》,1931年6月《读书杂志》第一卷特刊号。

友帮助完成这部厚重的译著。到德国后,他又花了不少时间,对译稿进行修订,使之更趋完善。

1935年3月,实际上由王亚南和郭大力合译的《欧洲经济史》在上海世界书局出版了。在"译序"中,郭大力说:"亚南译奈特《欧洲经济史》,历时一年余,至第二篇十一章。将出国,嘱我将未译的四章续完,我把它译完了,乃为之序。"由郭大力执笔译的四章包括"工商业之联合、西欧其他国家、欧洲东南部及俄罗斯"的经济发展。郭大力做了好事,帮了朋友的忙,却不肯留名,坚持译者只署王亚南一人。

在"译序"中,郭大力强调:"在我国,经济史研究的发达,严格说,是唯物史观思想流入以后的事。按照唯物史观的说明,适合于物质生产力一定发展阶段的生产关系的总和,是法律政治思想那种上层建筑的真基础;前者的变化会使后者或速或徐地发生变化;所以社会的意识形态,须由物质生活的矛盾,由社会生产力与生产关系之现实的冲突来解释。这种思想,以最大的冲动力,要取一切的旧思想而代之。在这种思想的冲动下,经济史的研究方为人们深深注意,乃是当然的。"在他看来,"只知搜集事实而不能探明历史上各种事实的关系的人,严格说,不能说是真正的历史家"①。

王亚南到德国之前,方达功就结交了一位德国女友,她也常到公寓来做客,不经意间成了王亚南德语会话的辅导老师和他了解德国社会风情的窗口。后来,方达功和这位德国女友分了手。王亚南看在眼里,急在心里,于是便当了一回"月老"。在他的撮合下,方达功和李文泉的妹妹"对上了眼",爱徒由此变成了连襟,可谓"千里姻缘一线牵"。

有一天,方达功下课后,带来一位已在德国学习多年的年轻记者,他对王亚南介绍说:"这位是张铁生②,来自江苏扬州,到德国已有五年了。"交谈中王亚南才得知,这位年轻记者虽然比自己小三岁,却是一位资深的革命者,1927年在大夏大学读书时就加入了中国共产党。1929年赴德国学习,考入柏林大学研究院攻读哲学。留德期间,张铁生为商务印书馆、世界书局翻译德国古典哲学名著,包括康德的《实践理性批判》等。张铁生既是一位知名记者,又是一位学者,还曾担任中

---

① 郭大力:《欧洲经济史》译序,世界书局1935年版。
② 张铁生,又名张铭鼎,扬州宝应县人,1904年出生。1927年加入中国共产党。1929年入柏林大学研究院攻读哲学。译有康德《实践理性批判》等著作。

共旅德支部的负责人。

德国是马克思的故乡。在德国期间,王亚南曾先后两次来到特里尔,瞻仰马克思故居,寻找这位伟大思想家走过的足迹。

特里尔马克思故居

在位于布吕肯街10号的马克思故居前,王亚南久久地徘徊着、思索着。这座灰白色的3层楼房,是当时德国莱茵地区的典型建筑,始建于1727年。淡黄的粉墙,棕色的门楣和窗沿,乳白色的窗扉,斜坡式的屋顶和长方形的黑瓦,处处都显示出巴洛克式建筑的风格与特色。

1818年5月5日,马克思就出生在这里。当年,楼上住着马克思一家,楼下是律师事务所,马克思一家在这里住了一年半时间。1928年,德国社会民主党以近10万帝国马克从私人手中买下这座当时已改为铁器店的马克思故居,将其改建成马克思、恩格斯纪念馆。

马克思故居给王亚南留下了深刻的印象。他没有忘记,1867年,马克思49岁那年,《资本论》第一卷(德文本)在汉堡正式出版,但总共只印刷了1000本。而如今,他和郭大力也正在为翻译这部伟大的著作做准备,在他心里对马克思故居自然多了一份崇敬和感激之情。

让王亚南感到惊异的是,特里尔不仅是德国最古老的城市之一,还曾经是东罗马帝国(康斯坦丁二世)的首都。公元前16年,罗马皇帝奥古斯都将这里建成后方重镇,特里尔也正是从这一年开始兴起,至今已有2000多年的历史了。

罗马帝国时期是特里尔的黄金时代，至今小城尚留存着许多历史遗迹，并成为德国古罗马时代遗迹最多的城市。游走在这座环绕着青山绿水的小城里，王亚南好像依稀触摸到德意志古代先人的脉搏，尤其是当他走进罗马帝国修建的豪华宫殿、大浴池和气势恢宏的竞技场时，一种庄严与神圣的感觉便油然而生。他不得不感叹时间流逝得太快、太快。

在德国游学期间，王亚南还抽空到英国伦敦小住了一个月。抵达伦敦的第一天，他就冒着霏霏细雨来到海德公园，带着朝圣者的虔诚，站在马克思雕像前静默致哀，并把准备好的一束鲜花放到墓碑前，表达自己对这位无产阶级导师的缅怀之情。

位于伦敦海格特的卡尔·马克思的墓地

而当他来到大英博物馆时，他更为这座宏伟的艺术博物馆而震撼。馆中图书部收藏着近一千万部各国文字的图书，真是一个可以让人补读"平生未读之书"的地方。有穹隆的圆形大厅阅览室位于图书馆中央，阅览室中桌子的安排，犹如车轮圆圈一般，环绕一圈可坐 485 人。当年马克思在伦敦居住时，为了撰写《资本论》等著作，经常在这里阅览图书。据说因常年坐在一个固定座位上，久而久之，在他落脚的水泥地面上留下了两个鲜明的脚印。传说也好，逸闻也罢，马克思从 1857 年阅览室建立起，在长达 20 年的时间里经常埋头于大英博物馆的阅览室，却是确凿无疑的事实，其勤奋、用功的程度也就可想而知了。

多雾的伦敦没有给王亚南留下什么好印象，威斯敏斯特大教堂也未能使他流连忘返，倒是泰晤士河两岸的旖旎风光深深吸引了他。

泰晤士河哺育了灿烂的英格兰文明，伦敦的主要建筑物，尤其是那些有着上百年甚至三四百年历史的建筑，也大多分布在泰晤士河两旁。沿河共建有桥梁 20 多座，每一座的结构风格都不尽相同，景色也各有千秋。其中滑铁卢桥、伦敦塔桥、威斯敏斯特桥和兰勃士桥最为壮观。

让王亚南感到遗憾的是，在伦敦期间，他没能与王礼锡、陆晶清夫妇和胡秋原、敬幼容夫妇相聚。自从"闽变"后，这两家人就先后来到伦敦，靠写稿、翻译为生，过着十分清苦的流亡生活。可惜王亚南到伦敦时，他们恰好随国际旅行团去了苏联。

尽管生活处境艰难，王礼锡仍不忘在写作之余，为祖国的抗日事业摇旗呐喊。他先后在欧洲作了近百场演说，撰写了大量文章，并带领华侨与留学生上街游行，为争取欧洲各国援华竭心尽力。而胡秋原也在家教、写作之余，不遗余力地进行抗日宣传，并承担了世界反侵略大会中国分会的实际工作，与爱因斯坦、杜威、罗素、罗曼·罗兰等国际知名人士建立起广泛的统一战线。用自己的实际行动为抗战尽匹夫之责……正是通过他们的不断宣传，使不少欧洲人认识到，对中国的援助就是"援救自由，援救文化，援救一个伟大的将来"。

看到朋友们在抗日宣传战线上的活跃身影，王亚南觉得自己也不应埋头于书斋。可是，超负荷的翻译、写作，渐渐侵蚀了他的身体；沉闷恶劣的社会空气和不断上涨的物价，也让他愈来愈感到"窒息"。流浪他乡的孤独心情，加之严重的神经性胃病时常发作，使他对眼前的处境感到十分不适，他真想能早日离开这里，早日前往日本与妻子团聚。

转眼间与妻子分别将近一年了，寂寞中他想起贺铸写的那首《石州慢·薄雨收寒》：

薄雨收寒，斜照弄晴，春意空阔。长亭柳色才黄，远客一枝先折。烟横水际，映带几点归鸿，平沙消尽龙荒雪。犹记出关来，恰如今时节。

将发。画楼芳酒，红泪清歌，顿成轻别。回首经年，杳杳音尘都绝。欲知方寸，共有几许新愁？芭蕉不展丁香结。枉望断天涯，两厌厌风月。

"烟横水际，映带几点归鸿"，看来确实也是到了自己该考虑归程的时候了。经过一番慎重考虑和认真准备，王亚南决定离开德国，乘坐国际列车取道华沙、莫斯科、西伯利亚，由陆路经东北、朝鲜前往东京和妻子团聚。

在莫斯科利用换车的时间，他特意拜谒了红场。位于莫斯科市中心的红场是俄罗斯最古老的广场，也是莫斯科群众举行集会、重大庆祝典礼和阅兵仪式等活动的地方。其南北长 695 米，东西宽 130 米，总面积 9.1 万平方米，地面全部由古老的条石、方石铺成。

时值初冬，红场上依然人来人往，川流不息。其中有许多人是来这里拜谒列宁墓的。1924年1月21日，列宁在莫斯科附近的哥尔克村与世长辞。1929—1930年，在原有木结构临时陵墓的基础上，用磨光的红色花岗石和黑色大理石重建，显得更加雄伟。

莫斯科红场见证了俄罗斯民族的兴衰。王亚南在积满残雪的红场上，不停地来回走动着。望着眼前的圣瓦西里大教堂和克里姆林宫红墙及三座高塔，他不禁充满了景仰之情。虽然雪后的莫斯科街头显得有些凌乱，但他却从过往行人的精神面貌中，看到了这个国家的生机和希望，心头洋溢着热情和冲动。

王亚南当时买的是从柏林横跨欧亚大陆的单程火车票。离开莫斯科后，经西伯利亚—东北—釜山—下关，他一路省吃俭用，大多靠上车时买的面包充饥。到达东京时，剩下的面包已坚如石头，连啃都啃不动了。由于旅途时间太长，连自己旅途中舍不得吃、准备带到东京给妻子的德国香肠也发霉了。

1935年春天，在时隔四年之后，王亚南再次来到了东京。与四年前相比，王亚南发现这里"欧化的成分是更加多了，人物衣冠也倍形欧化了，但千百木屐在水门汀地面上刮起的震耳欲聋的声响，依旧掩混了革履健步的骚音"。

他认为，事实上，这种新旧混织推荡的情景，在东京是随在可以发现的。"一方面保持着古色古香的寺院，同时却缀备了最入时最进步的物质的新装；二十世纪最新奇的技术文明，却在富丽堂皇的剧院电影院中，烘衬着演饰着古武士的古装与古相；议会是维持资本主义社会秩序的最高立法机关，但那里却常为中国汉唐王朝的封建法纪问题，发生激烈的争吵。总之，你无论走到东京什么地方，那里总归可以展示你'旧'的执拗与'新'的追求的错综的情景。"① 而这正是东京最显著的特征。

妻子李文泉一年前来到日本，住在东京近郊一座独门独户的日本民房里。她一边学日文，一边在民治女子大学专修会计。刚来时，由于语言不通，不仅生活不便，读书也比较吃力。如今她已基本适应了这里的节奏，学习也渐渐走上了轨道。由于王亚南在德国患了胃疾，因此均以面食为主食。在

青年时期的王亚南

---

① 王亚南：《东京的面面观》，《新中华》1936年1月，第4卷第1期。

东京期间,妻子每天早晨上学前,都会给他买来一点熟菜和面包,解决他的午餐问题。

在这里,王亚南同样过着隐逸的生活,除了跑书店外,他几乎足不出户,但他并没有脱离社会现实,而是借助于发达的媒体资讯,"眼观六路,耳听八方"。他一边紧盯着国际时局的变化,撰写了一批国际时评及有关世界经济的文章,包括《日本到何处去》《金与银的斗争》《东京的面面观》《日本法西斯势力与金融资本》《东京政变发生后的国际局势》等,在《新中华》杂志等刊物上发表;一边抓紧修改、完成在德国尚未写完的两部书稿,一部是《德国之过去、现在与未来》,另一部是《现代世界经济概论》。

虽然人在日本,王亚南也时时关注着国内时局的变化,经常打听祖国的消息。这天他收到了郭大力的来信,郭大力告诉他,目前国内正在酝酿国共之间的合作抗日,对当年参与"闽变"的骨干分子也渐渐放松了追究。王亚南看了信如释重负,他像一只倦鸟,渴盼着早日归巢,早日回到自己的祖国。

1935年年底,王亚南终于偕同妻子离开日本,悄悄潜回上海。在法租界安顿下来后,他又埋头开始写作与翻译。回想起自己一年多来惊心动魄的流亡历程,他不禁感慨万千:

> 1934年三四月间我前往德国柏林,翌年八九月才离开。其间除了到巴黎、伦敦短期逗留外,都是呆在柏林,过的也像是在东京时的那种"隐逸生活"。不过,我要译预约的书,维持生活,没有时间到图书馆去;我的经济状况,也不允许到昂贵的中国饭馆去用餐,基本上是自己搞饭吃。
>
> 当时最使我感到不愉快,有时甚至觉得难以忍受的,就是那里的社会生活方式,不但同国内,就是同日本也颇不相同,那不尽是由于东西方文化特点所引起,而更本质地是由于社会经济发展条件有了相当的距离。资产阶级沉溺于奢华淫乐的腐朽生活,人与人之间的纯金钱关系,在日本似还有所保留,而在西欧各国,则是赤裸裸地暴露在你眼前。我看不惯或怎么也适应不了这种生活方式。特别是希特勒横暴统治下的各种灭绝人性的丑恶表演,一切进步书刊的全被禁止,在在只能引起我异常嫌恶的反感和思想上的窒息。而我殷切希望知道的有关中国社会的动乱消息,则几乎从它们那里的报刊得不到一点反映。
>
> 看来留在德国是毫无意义了。当时我的爱人李文泉在日本东京学习,她极力

劝我先到东京住一段时间,然后看能不能返回上海去。我就这样从柏林乘火车转到东京。一到东京,我就被国内正在开展中的抗日救亡运动和进步书刊广泛流行的气氛所吸引和鼓舞。在东京大概住了几个月,就于1935年底偷偷回到上海,结束了准流亡生活。①

  王亚南的"准流亡生活"虽然结束了,可是,前方的路在哪里呢?他似乎感到有些渺茫。尽管如此,他依然充满了信心,一定要百折不挠,奋勇向前。正如鲁迅先生所说:"世上本没有路,走的人多了,也便成了路。"

---

① 王亚南:《自述》,存档。

第四章 烽火岁月

> 会稽耻，终须雪。楚三户，教秦灭。
> 愿英灵，永保金瓯无缺。
> 台畔班师酣醉石，亭边思子悲啼血。
> 向长空，洒泪酹千杯，蓬莱阙。
>
> ——郁达夫《满江红》

1937年9月，时值"七七"卢沟桥事变及"八一三"上海战事不久，国共二度合作，抗战全面展开。郁达夫从上海绕道宁波、杭州到福州，毅然投入抗日宣传活动。在此祖国危亡之秋，诗人登上福州于山顶，凭吊抗倭民族英雄戚继光，感时伤事，写下了这首《满江红》，痛切抒发了决心报国的壮志豪情，一股雄迈千古之英气扑面而来。

全面抗战爆发后，身在国统区的王亚南也抱定"会稽耻，终须雪。楚三户，教秦灭"的坚定信念，从上海到武汉，从桂林到重庆，一路风餐露宿，颠沛流离，始终"不坠青云之志"，始终坚持在抗战宣传第一线，用手中的笔揭露日本帝国主义的侵略行径，唤醒全国民众共同抗日，表达了中华民族不甘屈辱的时代强音。

一、轰动上海

1936年，农历丙子年。

这一年中国看似平静，实际上许多地方动荡不安、危机四伏。在已成为国防最前线的北平，抗日救亡的呼声不断高涨，广大青年掀起了"一二·九"爱国学生运动，"华北之大，已放不下一张平静的书桌"。然而，在被称为"十里洋场"的上海，却依然是一片歌舞升平，"中日友善"的信息频频见于报端，使人们淡忘了三年前十九路军"淞沪抗战"的血肉抗争；国民党军在云贵川和陕甘宁地区围追堵截红军的枪炮声虽然仍不绝于耳，但对生活在沪宁杭的普通老百姓来说，却显得有些遥远和隔膜。

王亚南和妻子回到上海后，租住在法租界劳神父路（今黄浦区合肥路）。这条

为纪念法国天主教耶稣会传教士、曾任徐家汇天文台台长劳积勋（Froc）而命名的道路，全长虽然只有几百米，却是声名在外。它毗邻徐家汇天文台，道路两旁是绿荫浓密的法国梧桐和别具风格的西式建筑，显得格外整洁优雅。

劳神父路附近分布着许多弄堂，它与石库门、亭子间构成了近代上海城市特有的民居特色，成为普通上海人最常见的生活空间。弄堂里的房屋大多为砖木二层建筑，王亚南和妻子在弄堂里租了一间十来平方米的房子，既作卧室，又兼餐厅和书房。虽然经历了在欧洲、日本的近两年"流亡"生活，虽然眼前的生活环境仍不如人意，但王亚南却把逆境当作磨炼意志和潜心写作的良机，"厚积"的他终于开始"喷发"了，而且一发而不可收。

海外归来的王亚南

1936年1月，他多年精心撰写的《德国之过去、现在与未来》一书由中华书局正式出版了。在《序言》中他一针见血地指出："空前的欧洲大战虽阻碍了德国资本主义的发展，却不曾根本改变其本质，故德国在大战告终时发生的政治革命，亦只能在历史法则许可的范围内，把君主立宪的招牌，掉换为共和体制；其名义虽经改变，其为现代民主主义政治形态则一。但延至战后资本主义第三期阶段，资本主义对于政治方面的要求，已经不能由此民主政治形态得到满足，由是，被称为独裁主义的新政治形态产生。德国这种新政治形态，系发端于布鲁宁，中经巴本和施莱泽之促进，而完成于希特勒。"①

王亚南认为，这是几十年来德国政治经济发展的全部轮廓，"本书的任务，不过是根据历史法则与史实，一方面阐述其由过去演化至现在之连续关系，同时并证示其今后之必然推移"。在谈到该书的写作过程时，他坦诚地说："本书的撰述，系开始于留德期间，迨转至日本始告完成。在迁流生活中，率尔执笔，知多苟简乖误之处，诸祈读者谅而教之。"

实际上书中的精彩论述比比皆是。例如，在谈到德国军备与战争的关系时，王亚南指出："德国撤废和约，勠力整军经武，那已成为无可挽回的事态；德国如备有相当军备，即会发动对外战争（无论是对俄抑或是对法或其他国家），那亦是德

---

① 王亚南：《德国之过去、现在与未来》序言，中华书局1936年版。

国国势国情上所无可避免的必然要求。至民穷财匮的德国在大规模军备扩张上,无疑要加重一段劳动大众的压迫与榨取,从而,要招致无产劳动者更强烈的反抗。"

在谈到战争的可能性时,王亚南预言:"财政的竭蹶与人民的穷困与骚动,势将加速促成希特勒政府从事冒险战争。战争无论以哪种方式爆发起来,要使受过四年大战痛苦,及其具有战后诸般革命经验的德国人民,还像前次大战那样再接再厉地为祖国、为希特勒所拥护的'资本主义王国'而战,恐怕不容易做到吧!况且,现在德国人民之穷困状态,亦实在不能忍耐战争的大破坏大牺牲吧!"

在书中,王亚南对战争的前景进行了精辟分析,对第三帝国的前途做出了精确的判断。他说:"关于'第三帝国'的前途,我们不妨作这样的推论:就是世界大战迟早总会爆发,但重新武装起来的德国,却又会在这次战争中立于主要发动者的地位;战争一旦发动起来,全部或一大部分资本主义国家的命运,将由此得到最后决定,但构成整个资本主义体系之最弱一环的德国,又将首先结束其历史。"①在第二次世界大战爆发前三年,王亚南就能对战争的走向和第三帝国的前途做出如此清醒、明确的判断,表现出他对国际局势的深刻洞察力和对德国纳粹政权本质的深入了解。

王亚南在"流亡"期间完成的《经济政策》一书,也于1936年1月由中华书局出版。全书仅6章,虽然篇幅不大,但该书深入阐述了经济政策的意义、功能及其历史变化,并依照历史顺序先后介绍了商业资本时代、工业资本主义时代、金融资本主义时代及战后资本主义的经济政策,包括关税保护、产业统制、劳动保护、劳动防压等方面的政策。此外,还专门介绍了苏俄经济制度的特征和战时经济政策、新经济政策,使读者对不同时代的经济政策和措施有一个全面、系统的了解。

在"编者引言"中,王亚南告诉读者,原本打算在介绍资本主义经济政策及苏俄经济政策之后,"最后述及中国过去及现在的经济政策,但因篇幅限制,只好待他日专编一册《中国经济政策》以补此缺陷"。他特别提到,"本书编撰旨趣,原在供一般读者了解关于经济政策的入门基础知识,故对于不十分通俗的经济学上语辞,避免引用,间或引用,亦必加以简括解释。每章结尾,皆提出种种问题,以便读者有综合比较研究的机会"②。

1936年4月,他在3年前写的一部旧作——《现代世界经济概论》,也被作

---

① 王亚南:《德国之过去、现在与未来》序言,中华书局1936年版。
② 王亚南:《经济政策》编者引言,中华书局1936年版。

为"国际丛书"之一，由中华书局正式出版。全书共十一章，不仅重点论述了现代世界经济的一般特征，包括政治经济的意义、本质、特征与缺陷，以及政治与经济之间的关联性；而且全面介绍了现代世界经济的基本概况，包括战后经济形势、战争债务与赔款问题、货币战争与关税战争、贸易与金融的惨况、工业与农业的破局、劳动工资与失业问题、经济恐慌之救济方策，以及苏俄经济特征与实施新经济政策、两个五年计划等等。内容简明，史论统一，使读者可从中窥见世界经济的全貌。

在该书"序言"中，王亚南介绍说："本书原来撰述计划共分四篇，第一篇绪论；第二篇世界经济状况；第三篇世界政治状况；第四篇结论，而其名则拟称为《世界政治经济状况》。迨第一篇第二篇撰成后，书局因编印上之关系，觉以政治经济两部分分别成立独立专著为便，于是此既经撰成之第一第二两篇乃独立出版，题称为《现代世界经济概论》。"①

他告诉读者："本书之撰著，原为供高中及大学教本用，故解述现代各种经济问题时，例将其根本法则加以阐明，然后再论及其实况，而各章各节之次第，则皆依照实际经济推移变动之因果关联，使成为一循序渐进之理论体系。"他特地说明："第一篇绪论，系就政治经济两方立论，但因政治与经济之关系异常密切，且经济实现得依政治作用之分析，而益加明了，故作者对此绪论，仍不欲因政治部分之分解出版，而有所改变。"②

当然，王亚南回国后花费最多精力完成的是《中国社会经济史纲》一书。该书依据大量史料，系统阐述了我国自原始社会以来各种社会形态的经济发展状况与特点，并联系中国社会史论争的问题，如井田制度、亚细亚生产方法、商业资本形态与专制主义等加以评述，是关于中国社会经济史的一部重要研究专著。

长期以来，中国社会经济史研究不为国人所重视，更是被西欧经济学者视为一个"谜"。王亚南认为这是中国数千年封建社会物质基础的反映，与"讳言利"的儒家思想也有密切的关系。因为我们祖先的意识形态，被他们当时社会的物质环境所限定了。在这种重精神轻物质的空气中，对于社会经济的历史，不但无人过问，且实在也无从过问。③

---

① 王亚南：《现代世界经济概论》序言，中华书局1936年版。
② 王亚南：《现代世界经济概论》序言，中华书局1936年版。
③ 王亚南：《中国社会经济史纲》序言，生活书店1936年版。

他进而指出:"五口通商而后,中国传统旧思想的堡垒,无疑是受了西人致富政策与物质文明所摧毁。但要那种思想根本变革,即要使一般人对于过去乃至现在中国社会经济状态,能有正当的认识,还有待于我们当前社会之物质环境的改造。"他欣喜地看到:"中国当前社会尽管还残留着相当浓厚封建主义实质,但近几年来关于中国社会经济史的研究工作,却还能显露出几分进步的有希望的曙光。"①

可以说,1936年7月由上海生活书店出版的这部《中国社会经济史纲》,就是这"有希望的曙光"的呈现。书中关于一般社会经济发展阶段论与中国社会经济史的方法论等问题的探索,对人们也很有启发意义。

虽然回国不久,王亚南就有四部著作先后出版,堪称"高产作家",让学术界刮目相看。但是,最让王亚南挂心的,却是他与郭大力确定的合作翻译马克思《资本论》的宏伟计划能否如期实现?

王亚南深知,《资本论》是马克思耗费毕生心血完成的不朽巨著,也是一部表现人类良知与智慧的经济学巨著。为了撰写这部著作,马克思阅读了当时几乎所有重要的经济学论著以及大量哲学、政治、法学和历史文献,像对待一件艺术品那样精雕细刻,经过反复修订、数易其稿才完成。

《资本论》在中国的传播,也经历了一个艰难曲折的历程。早在五四新文化运动时期,李大钊等人就曾撰文介绍过《资本论》的基本观点。但在很长一段时间内,中国读者却没能看到这部鸿篇巨制的中译本全貌。全文翻译《资本论》成为许多革命者和进步知识分子的夙愿,其中就包括郭沫若、陈启修、潘冬舟、侯外庐等人。

早年在日本留学期间,郭沫若就抱定全文翻译《资本论》的决心。1924年回国后不久,他在上海制订了一个翻译《资本论》的"五年计划"。有人劝他放弃这个想法,理由是这项翻译工程规模浩大,艰巨复杂,耗时费力。郭沫若却不为之所动,说即使是为了翻译《资本论》而死,那也是死得光荣的。但最后他的宏大抱负并未能实现,而仅在1931年翻译、出版了马克思的《政治经济学批判》一书,算是弥补了自己的一点缺憾。

1930年3月,上海昆仑书店出版了由陈启修②翻译的《资本论》第一卷第一分

---

① 王亚南:《中国社会经济史纲》序言,生活书店1936年版。
② 陈启修早年留学日本,受李大钊影响开始接触马克思主义书籍。1919年他受聘于北京大学,曾担任北大马克思主义研究会学习《资本论》的指导教师,1925年春加入中国共产党,大革命失败后流亡日本,易名陈豹隐,潜心研究马克思主义经济学。

册(第一篇《商品和货币》),这是中国最早的《资本论》中文译本,陈启修也因此被称为"中国翻译《资本论》第一人"。他根据德文版并参照日本学者河上肇的日文译本翻译的《资本论》,原计划全书分十册出版,但由于种种原因,只翻译、出版了第一分册。

此后,曾在莫斯科中山大学学习、精通六国语言的潘冬舟(又名潘文郁),决定完成陈启修的未竟工作。1932年和1933年,他翻译的《资本论》第一卷第二、三、四篇,分为两册由北平东亚书店出版。他原计划两年内将《资本论》1~3卷全部译完。不幸的是,1934年底他由于叛徒出卖而被捕,不久就牺牲了,《资本论》的翻译再次中断。

1936年6月,由侯外庐和王思华翻译的《资本论》第一卷中文全译本终于由世界名著译社出版了。侯外庐早年曾受教于李大钊,得知李大钊遇害的噩耗后便立誓要译出《资本论》。赴法留学三年间,他把大部分精力都放在学习德文和翻译《资本论》上。边学边译,历尽艰辛,包括已译完的20章译稿不慎遗失等等。直到回国后结识了中法大学教授王思华(又名王慎明),才又从头开始翻译《资本论》。1932年由北京国际学社出版了第一卷上册;此后又花了两年多时间,完成了中册和下册的翻译,1936年6月由世界名著译社出版。随后以"世界名著译丛"的名义,出版了《资本论》第一卷上、中、下册的合译本。

当《资本论》第一卷合译本在上海问世时,刚回国不久的王亚南与郭大力也正在为《资本论》全三卷中译本而殚精竭虑。"一·二八"事变时,郭大力翻译的《资本论》第一卷手稿不幸在战火中被焚毁,此后由于各种变故,使他们未能集中精力进行翻译工作。

王亚南回国后,他们决心把翻译工作重新提上"议事日程",却苦于没有合适的出版机构。著名的商务印书馆和中华书局,因担心遭查封或销路不好而未能谈妥;大东书局虽然有意出版,并提出了较高的稿酬,他们却又担心其"不靠谱"而作罢。就在这时,地下党办的读书生活出版社得知了这一情况,便和他们取得了联系,双方很快就"一拍即合"。

1936年春天,读书生活出版社负责人艾思奇、郑易里等与郭大力、王亚南就《资本论》中文全译本的翻译、出版事宜进行了一次具有历史性意义的商谈。郑易

---

① 徐洋、林芳芳:《〈资本论〉在中国的翻译、传播和接受(1899—2017)》,《马克思主义与现实》2017年第2期。

里从改造中国社会的角度，说明了翻译《资本论》对于当前中国的迫切性。他说，《资本论》第一卷中译本出版后，读者迫切希望第二卷和第三卷问世。因此，读书生活出版社决定出版中文全译本。鉴于已出

读书生活出版社负责人艾思奇（左）、郑易里（右）

版的第一卷译文较难读，出版社决定物色新的译者，出版全新的中译本。王亚南和郭大力听了都觉得十分高兴。

郑易里明确表示，读书生活出版社可以承担《资本论》中文全译本的出版任务，希望这部书能尽快译出，早日付印，并表示可以按月预付给两位译者各120元稿酬。他们听了连连点头，对出版社目前处境艰难的情况表示理解，决定正式与读书生活出版社签约，并准备放下手头的著述和其他译稿，全力以赴投入《资本论》全三卷的翻译。

一项在中国马克思主义传播史上具有重大意义的翻译工程就这样开始了。其时，郭大力和妻子余信芳住在上海近郊真如，而王亚南和妻子李文泉住在市区法租界。两人各自分头翻译着《资本论》，定期相约见面，一起讨论原著和推敲译文。有时王亚南去真如，大多时候则是郭大力来市区。为了加快翻译工作，两个人都非常专心致志，经常工作到深夜。为了使译文更加缜密，更切合原意，他们经常为了一个论点一个词句反复推敲，乃至争得面红耳赤。

这天正好是星期日，习惯于凌晨工作的王亚南，已经翻译了两三个小时，正一边思考，一边等待着郭大力的到来。从真如乘早班车赶到市区的郭大力到达后，两人便各自对照原著，逐字逐句审校对方的译文。一整个上午两人相安无事，互不相扰；可一到下午，两人却擦出了火花。

平素郭大力比较沉静、拘谨，而王亚南比较开朗也比较急躁。在讨论"劳动日"这一章时，为了一个词语的表达，两人发生了争执。郭大力主张译为"衰退"，王亚南则坚持译为"恶化"；郭大力认为衰退表示体质的逐步退化，是确切的；王亚南则认为恶化才是它的本意。最后，王亚南折中说："要不然各取其半，用'退

化'怎么样?"郭大力虽然不太满意,也只好妥协和默认了。

在当天的日记中,王亚南写道:"工作是艰难的,我如老牛一般,日出而作,日落而息,但颇有乐趣。今日,又和大力相争,以至面红耳赤。送他去车站时,他却掏出三十元钱,朝我手上一塞,'这几日又难捱了吧!'……"[1] 应该说,这正是王亚南和郭大力兄弟般情谊的真实写照。

虽说日子过得艰难而拮据,但妻子李文泉并没有太多怨言,小小斗室里经常充满着欢声笑语。埋头于翻译工作的王亚南,每天都觉得十分充实。和郭大力的密切合作,给了他许多精神力量;翻译《资本论》的宏伟目标,激励着他们不知疲倦地在崎岖的山路上攀登着。面对这座险峻的科学高峰,敢于攀登的人不仅需要胆识和勇气,而且需要才华和智慧。

《资本论》这部百科全书式的著作,涉及经济、政治、历史、哲学、文学、数学等各个领域,对两位年轻的译者来说,无疑是巨大的挑战。王亚南曾以文学为例,谈及对《资本论》的理解。他说,马克思在《资本论》第一章讲到商品时写道:"商品的价值,和瞿克莱夫人不同的地方,就在于我们不知道在哪里可以找到它",马克思以此说明"价值"是可以体会得到,但是不能具体把握的一种社会劳动的抽象。如果读者不了解"瞿克莱夫人",不知道它是莎士比亚戏剧《亨利第四》中一个"既不是鱼又不是肉,是一件不可捉摸的东西",就难以理解"价值"这一概念。[2]

在艰苦的翻译过程中,王亚南和郭大力始终携手相伴,有时你拉我一把,有时我推你一下,犹如马克思和恩格斯这两位终生不渝的革命战友一样,"始终过着充满紧张的共同精神生活"。一年多来,他们几乎谢绝了所有的社交活动,但并不感到寂寞。他们坚信每前进一步,就向成功靠近了一步。终于,在"七七"卢沟桥事变前夜,他们在《资本论》第一卷译稿上,标上了最后一个句号。

在《资本论》"译者跋"中,郭大力诚挚地写道:"没有亚南的合作,这本书的完成,绝不能这样迅速,甚至在我们应当再开始的时候,也许根本就不会再开始。"而王亚南同样感念郭大力的引导和帮助,在《中国经济原论》"序言"里,他恳切地说:"我的全部研究,直接间接所负于他的地方是很多的。"

确实,在那个兵荒马乱的动荡年代,郭大力和王亚南要完成翻译《资本论》这项巨大的工程,无疑需要非凡的勇气。他们为此遭受过反动势力的压迫,忍受过贫

---

[1] 蒋夷牧、王岱平:《生命的辙印》,海峡文艺出版社1986年版,第46页。
[2] 王亚南:《〈资本论〉的学与用》,《中国经济问题》1961年第3期。

困和疾病的折磨，承受过整卷译稿在炮火中被焚毁的灾难。但是，他们始终没有动摇，而是以百折不挠的精神、锲而不舍的态度，赶在全面抗战爆发前完成了《资本论》第一卷的翻译。而就在他们完成《资本论》第一卷翻译、准备加紧完成第二卷、第三卷翻译时，1937年7月7日，震惊中外的卢沟桥事变爆发了，中国人民由此进入了全面抗战的艰苦岁月。

"全中国的同胞们！平津危急！华北危急！中华民族危急！只有全民族实行抗战，才是我们的出路！"中共中央于"七七"事变次日通电全国，强烈呼吁："国共两党亲密合作抵抗日寇的新进攻！驱逐日寇出中国！"7月17日，蒋介石也发表了著名的"庐山讲话"，向全国民众发出总动员令："如果战端一开，那就是地无分南北，年无分老幼，无论何人，皆有守土抗战之责任，皆应抱定牺牲一切之决心。"①

8月13日，"八一三"淞沪会战揭开战幕。这是卢沟桥事变后，蒋介石为了有利长期作战，把日军由北向南的入侵方向改变为由东向西方向而采取的主动反击，是中国军队在全面抗战后进行的第一场大会战，也是中日战争中进行的规模最大、战斗最为惨烈的战役之一。中日双方动员兵力超过100万人，战役历时三个月。最后中国军队以死伤30万人的代价，彻底粉碎了日本叫嚣的"三个月灭亡中国"的计划，使日本陷入战争泥潭。

淞沪抗战期间，敌机整天在上海上空盘旋，不停地狂轰滥炸，城市许多街区成了废墟，大火连续烧了几天才被扑灭。惨烈的战争搅得人们心慌意乱，惊恐不安，纷纷四处逃避。留守在上海的王亚南，一边躲避战火，一边夜以继日地翻译《资本论》书稿。

随着"国共合作"的开启，当年王亚南所在的北伐军教导团团长、已是国民党高级将领的王东原②，也奉命率部来到上海参加"淞沪抗战"。该部随即被编入第十集团军序列，奉命接替刘行阵地。部队连夜构筑工事，严阵以待，随时准备歼灭来犯之敌。在王东原看来，虽然日军的武器装备比我们精良，但我军官兵士气高昂，大家"为保国卫民而战，为保全国家领土而战，为保存祖宗坟墓而战，无不抱定牺牲决心，与倭寇一拼死活"。

---

① 蒋介石：《对卢沟桥事件之严正声明》，转引自乔纳森·芬比：《蒋介石传》，中国青年出版社2011年版。
② 1927年大革命失败后，王东原在国民党军阀混战中却"如鱼得水"，步步高升，先后出任国民革命军旅长、十五师师长、长沙警备司令，参加了对红军的多次"围剿"；"七七"事变后，其所在师扩充为第七十三军，王东原也升任军长，随即奉命率部参加淞沪大会战。

全面抗战爆发后，王亚南积极参与上海知识界的抗日救亡活动，在报纸、杂志发表宣传抗日、反对投降的文章。如1937年10月15日，他在《文化战线》发表的《打击敌人的外交阴谋》一文，就从敌人"二元外交"的原委及其运用的分析中，揭露了日本人企图"自动以外交手段结束战争"的阴谋诡计。

在文章中，他一针见血地指出："日本由其资本主义经济的落后性与脆弱性，从而，也由其政治组织的畸特封建性，以致金融资本不能建立起寡头支配，以致金融资本家阶级的政治统治，处处都遭受封建的军国主义势力的劫持。结局是，在政府的对外关系上，特别在对华政策上，资本家阶级的'利润'要求，和军阀的'勋功利益'及'发扬国威'要求，表示了缓进与急进的参加和摩擦。这是日本的'二元外交'政策的由来。"①

王亚南提醒国人对汉奸要提高警惕，他说："过去中国各社会阶层里面，特别是政治组织经济组织里面，都满布着对日本特别感到'兴趣'的人物，他们在主观上也许不自认是'亲日派'，但其言论行动之有利于敌人的加深侵略，那却是千真万确的。"

他指出："抗日战争发生以后，这般人依旧'原封不动'地留在各社会阶层中，他们有的也许表示得'非常抗日的'了，但其中至少有一部分人的骨髓里面，却曾由敌人通过政治经济权利脉络，而注入了某种毒汁或不可医治的病根，一到时候，或者一有机会，他们就不免要旧病复发，而在客观上（其主观上的想法，当然听便）成为敌人的'内应'。敌人想借外交手段从速结束这次战争的场合，这般人的行动，就最值得大家注意。"

在他看来，"日本帝国主义尽管在国际间散布欺骗宣传，尽管在上海方面频作离间运动，如其我们没有'内奸'，我们全国上下均表示抗战到'最后一人，最后一寸土地'，它的一切伎俩，就毫无所施了"。

文章最后，王亚南义正辞严地说："以'持久抗战'答复敌人的'速战速决'，是中国此次对日战争的指导原则，是中华民族当前争取生存的最高原则。在敌人侵略军队不全数退离中国领土的限内，一切中途调解妥协的运动，都是为敌人运动，都是反民族运动，都是汉奸运动。"②

---

① 王亚南：《打击敌人的外交阴谋》，《文化战线》1937年10月15日；《抗战总动员》，战时出版社1938年版。
② 王亚南：《打击敌人的外交阴谋》，《文化战线》1937年10月15日；《抗战总动员》，战时出版社1938年版。

王亚南撰写的这篇文章随后被收入邹韬奋等编著的《抗战总动员》一书中。该书同时还发表了陈独秀、章乃器、胡愈之、张西曼、翦伯赞、沈志远、艾思奇、陈鹤琴、萨空了、王统照等知名学者、作家的抗日文章，形成了一股强大的民间抗日力量。

这时，王亚南仍住在法租界，虽然和华界地区相比，这里相对安全一些，比较不受外界干扰；但也并非"世外桃源"，也要提心吊胆地过日子。而郭大力从真如搬到闸北区，那里的境况就更加糟糕，不仅难民多，秩序也更乱。随着战火越烧越近，为了避免造成不必要的损失，读书生活出版社开始布置内迁，黄洛峰带着主要业务人员去了汉口，艾思奇辗转去了延安，只剩下郑易里留守上海。

8月下旬，郭大力把翻译好的《资本论》第一卷译稿交给郑易里后，便带着妻子孩子回到了赣南老家。一边躲避战乱，一边继续翻译《资本论》第三卷尚未完成的部分。虽然气候闷热，蚊虫叮咬，加之没有电灯，光线昏暗，他却毫不在意，坚持每天从早到晚翻译十几个小时，每天要译上万字。每次把译稿誊清后，就用挂号信寄往汉口给黄洛峰，再转寄到上海给郑易里；第1卷译稿还请章汉夫进行了校译，最后由郑易里核校、编辑、整理。待局势相对平稳后，郭大力就把译稿直邮上海。

"淞沪会战"结束后，日寇虽然侵占了上海，但由于日本与英美等国尚未交战，日军占领的只是南市、闸北、虹口、浦东等"中国地界"，苏州河南岸的公共租界和法租界仍相对安全，一时成为在沪外国侨民和中国百姓的避难所。随着难民涌入，租界人口激增，市面兴旺，乃至出现了畸形的经济繁荣。

留守上海的王亚南，利用"孤岛"内相对安定的局势，抓紧完成《资本论》第二、三卷的翻译。同时，他还应"民族解放丛书"主编平心的邀请，撰写了一部研究战时经济的专著——《战时经济问题与经济政策》，1938年2月由光明书局出版。

该书篇幅不大，但内容丰富，不仅全面阐述了战时经济的重要性，而且分别就战时金融财政、内外贸易、工业、农业等问题及其对策作了详尽阐明，并对中国战时经济作了展望。王亚南在书中强调，经济政策除适应战时需要以外，还应具有改造中国经济、建设独立经济基础的功能。

王亚南认为，在帝国主义统治下，"中国旧时封建关系加速趋于破坏，旧式手工业与农村中的封建生产办法，都加速衰落；同时，帝国主义要行使统治，又必得扶持并勾结买办资本，必得在政治上直接间接仰仗封建势力。中国的国民经济，就

在帝国主义与封建势力的两重桎梏下,弄到这种破碎支离的场面的。这种事实本身,展示了我们调整战时经济的必由途径"①。他强调,我们在抗敌过程中,显然是要以优越的人力与精神力,来弥补我们经济力上的不足。"但我们随时不要忘记,前者只能在一定的物质条件下发挥其作用;物力或经济力愈加充实,则我们广大的人口,和昂奋而团结的抗战精神,就愈加有力了。"②

1937年底,随着战事日益紧张,王亚南也带着妻子离开了上海,撤退到武汉。他和郭大力一样,每周译完一部分稿子就寄往上海。《资本论》第二卷和第三卷的大部分译稿,就是在这种动荡的社会环境中完成的。

1938年4月,郑易里在上海陆续收到郭大力和王亚南寄来的《资本论》译稿后,即与在重庆的黄洛峰商议,决定利用上海租界的暂时平静,抓紧出版《资本论》。为了预防不测,他们希望在最短时间内一口气出齐《资本论》全三卷。为此,郑易里特地拍电报给郭大力,请他尽快到上海共同安排印校事宜。

郭大力收到电报后,从赣南一路绕道广州、香港,历尽艰辛。抵达上海后,他不顾旅途劳累,立即投入到紧张的工作中,一边赶译第三卷未译完的章节,一边校订译稿,审校清样,协助封面装帧设计。8月13日,经过四个多月夜以继日、废寝忘食的努力,郭大力终于在《资本论》"译者跋"中署上了自己的名字。

8月31日,《资本论》第1卷出版;9月15日,《资本论》第2卷出版;9月30日,《资本论》第3卷出版。至此,《资本论》全译本出齐了。郭大力和王亚南十年奋斗的夙愿终于变成了现实。

《资本论》是马克思一生从事科学研究的结晶和无产阶级革命斗争经验的总结,其中第1卷阐明资本的生产过程,第2卷阐明资本的流通过程,第3卷阐明资本主义生产的总过程。《资本论》的诞生,在政治经济学史上引起了极其深刻的革命,开辟了马克思主义政治经济学发展的新纪元。

郭大力与王亚南合译的《资本论》出版

---

① 王亚南:《战时经济问题与经济政策》,光明书局1938年版。
② 王亚南:《战时经济问题与经济政策》,光明书局1938年版。

在硝烟弥漫的抗日烽火中，在迫切需要马克思主义滋润的中国土地上，作为马克思主义基石的《资本论》，第一次以完整的面貌呈现在中国读者面前。从此，中国人民可以从《资本论》全译本中，全面、系统地了解和学习马克思的经济学说了。

《资本论》全三卷出版后，郭大力收到了十几位青年联名写来的热情洋溢的信件，称译者是"无畏的学者和勇士，历史会记住你们的功勋！"。① 郭大力和王亚南则始终不忘站在他们背后、给予他们支持的中国共产党人，不忘《新华日报》刊发的那篇称赞他们"翻译世界第一部伟大的著作，是翻译界一个巨大收获"的评论文章。

在"译者跋"中，郭大力向给予他和王亚南支持、帮助的学者、同仁表示了诚挚的感谢。他说："我们的工作，虽曾因'八一三'的炮火而延迟，但是，读书生活出版社负责人郑易里、黄洛峰二先生促其早日付印的好意，终于把一切的困难都克服了。"② 尤其让他感激的是，郑易里特地为他制作了一部书脊上烫有"大力珍藏"四个金字的样书。《资本论》刚刚印出，郭大力就怀揣着这部样书从上海踏上了回乡的旅途。

黄洛峰

郭大力和王亚南深知，《资本论》的出版，对马克思主义在中国的进一步传播和研究，对推动中国新民主主义革命，都将产生积极而深远的影响。这也是他们历时十年为翻译《资本论》而呕心沥血、历尽艰辛的原因。

二、心动武昌

地处江汉平原的武汉，是平汉、粤汉铁路的交会点，战略地位十分重要。1937年11月，国民党部分党政军重要机关从南京陆续迁到武汉。12月5日，蒋介石把战时最高军事统帅部——国民政府军事委员会也设在武昌，以便亲自坐镇武汉，筹划和指挥"武汉大会战"。

与此同时，董必武也受命到武汉筹建八路军办事处，开展了大量卓有成效的工

---

① 蒋夷牧、王岱平：《生命的辙印》，海峡文艺出版社1986年版，第49～50页。
② 郭大力：《资本论》译者跋，读书生活出版社1938年版。

作：解决了办事处的办公用房和部队的部分军饷、服装；与湖北省政府交涉释放在押政治犯；恢复和发展鄂豫地区的共产党组织；为南方游击队改编和新四军迅速开赴抗日前线创造条件；创办中共在国统区的第一家报纸——《新华日报》，并撰写了不少文章和社论。

1937年底，上海沦陷，大批进步文化人士纷纷内迁，王亚南也随着这股洪流离开了上海。此时，妻子已经怀孕在身，但他们仍义无反顾地踏上了西迁的路程。临行前，他拿出妻子读过的日本明治大学的结业文凭，仔细看了几眼，随后撕成碎片，以示与敌国决裂的决心。

到达武汉不久，王亚南就来到八路军武汉办事处拜访董必武同志。10年前他们在武汉就已相识，如今都回到家乡，王亚南自然要来向他讨教。恰巧王亚南来到办事处时，董必武和周恩来、林伯渠同志正要出门。

董必武看见王亚南，感到十分高兴，笑吟吟地握着他的手说："王夫子，好些年没见你了，别来无恙？听说你们正在翻译《资本论》，真是太好了！"随即他把王亚南介绍给周恩来和林伯渠同志。

周恩来紧握着王亚南的手说："知道、知道，想不到你这么年轻。"当他得知郭大力比王亚南还小四岁时，不禁连声赞叹："真是年轻有为，年轻有为啊！"周恩来对他们翻译《资本论》的决心和毅力表示十分赞赏。王亚南激动之余，谦逊地摇着头说："这是微不足道的。"

董必武在一旁插话："你们做了件大好事。要知道，你们从事的翻译工作很重要，我们现在没有时间做这些，你们专门来做，这也是一种分工……"

"对，你们正在翻译的著作，是中国民众迫切需要的，要让马克思主义指导中国革命啊！希望早日看到你们翻译的书出版。"周恩来亲切地说。

离开八路军办事处后，王亚南仍在脑海里回味着刚才和周恩来、董必武的对话。他真想马上给郭大力写一封信，告诉他刚刚发生的一切。虽然只是短暂的相见和交谈，却使王亚南终生难忘。直到20年后他即将入党时，还念念不忘地说："我事业的转折点是在杭州，而思想的转折点却在武昌。"正是在武昌，王亚南和共产党的领袖人物结下了不解之缘，他不仅为他们的风范所折服，为他们的理想而心动；而且从他们的言谈举止和殷切关怀中，他获得了新的思想认识，汲取了前行的巨大动力。

王亚南到达武汉后，正赶上国民政府决定对军事委员会进行改组，在军委会下设军令、军政、军训、政治四个部,以适应战时需要。其中政治部是按照第一次国共合作时期北伐军的经验设立的,尤为国共两党和各民主党派所关注。

1938年2月6日,军委政治部正式成立,由陈诚任部长,周恩来、黄琪翔任副部长,张厉生为秘书长。下设一、二、三厅、总务厅、秘书处和设计委员会等部门,第一厅主管军队政训,第二厅主管民众组训,第三厅主管宣传,由贺衷寒、康泽和郭沫若分任第一、二、三厅厅长;总务厅主管人事后勤,秘书处主管文书,设计委员会则是战时的咨询顾问机构,由周恩来兼任设计委员会主任委员。经一位熟悉的国民党高级将领推荐,王亚南被聘为军委政治部设计委员会委员,这是他人生中的第三次"准政治生涯"。

政治部设计委员会成立之际,身为军事委员会委员长的蒋介石会见了出席会议的全体设计委员,这些设计委员大多为各界的名流学者,由于设计委员人数较多,身兼设计委员会主任的周恩来便拿着花名册,逐个唱名介绍,蒋介石一一握手,勉励大家坚持抗日、共克时艰。王亚南也在这次会见中第一次见到蒋介石。

当时设计委员会借用武汉大学的校舍办公,委员们的办公室就设在学生宿舍,每间宿舍布置有简单的办公家具。委员们平常的具体工作并不多,主要是根据总部及各厅的需要,起草和编撰一些条例、规程,参加各种报告会、讨论会,并以自身的专长著书立说、讲学或从事文艺创作。王亚南有幸和邓颖超、刘清扬及原北京师大校长徐炳昶等人在一起办公,并从他们身上学到了不少东西。

在周恩来的直接领导和郭沫若等人的影响、推动下,军委政治部设计委员会和第三厅汇聚了大批进步文化人士,在武汉掀起了一浪高过一浪的抗日救亡运动,有力地支援了武汉抗战,众多社会名流也有了用武之地。

设计委员会虽然不能像第三厅那样开展轰轰烈烈的宣传群众、组织群众的工作,但王亚南等人通过辛勤写作,用自己手中的笔唤醒民众,同样在抗战文化运动中发挥了巨大的作用。在武汉期间,他和第三厅的中共党员和进步人士,包括五处处长胡愈之、六处处长田汉(寿昌)、七处处长范寿康、办公室主任秘书阳翰笙以及洪深、杜国庠(守素)、郑用之、冯乃超等同志保持着良好关系,大家共同为抗日文化、宣传活动而竭心尽力。一时间,军委政治部呈现出团结合作、共同抗战的生机勃勃景象。正如郭沫若在《七律》中所写:

又当投笔请缨时，别妇抛雏断藕丝。
去国十年余泪血，登舟三宿见旌旗。
欣将残骨理诸夏，哭吐精诚赋此诗。
四万万人齐蹈厉，同心同德一戎衣。

1938年4月，王亚南应自己的大学母校——武昌中华大学校长陈时、教务长严士佳的邀请，回母校为师生们做了一场关于"第二期抗战与国际形势"的报告。在开场白中，王亚南谦虚地对同学们说："各位同学，刚才校长介绍的话，我个人实不敢当。不过兄弟在十年前，承校长、严教务长及各位先生的培植，献身社会，幸无大过。今天兄弟以校友资格，来和同学谈谈'第二期抗战与国际形势'这个问题。"①

在报告中，他首先从军事、政治及敌我双方对比三方面向师生们说明了第二期抗战与第一期抗战的不同之处。他认为：第一，就军事上讲，第二期抗战与第一期抗战的不同之处有三：一是由阵地战变为阵地战与游击运动配合战；二是由军队战变为军民配合战；三是由被动的应付战变为能动的攻略战。第二，就政治上讲，第二期与第一期有几点不同：一是在军队统一指挥上，扫除过去地方割据的流弊，政治上更加团结；二是在党派问题上，国共两党之合作团结显示了极明朗的前途，当然还有待各方以"相忍为国"的精神予以努力；三是国内各少数民族亦从早期对日的颇费踌躇，到深恶痛绝、开始反击。第三，就敌我双方比较，在第一期我方暴露出许多弱点，如军械不够精良、动员不够迅速、交通不够便利、指挥不够统一等等；到第二期我方各种优点开始表现出来，如土地广阔，便于游击运动战；人口众多，逐渐发动起来；经济虽落后，却大可自给自足等等；反之敌方的各种弱点，如师出无名、劳师远征、国内政治经济困难日益增加、反战运动日益炽烈、军纪日益败坏等等，则全暴露出来了。

紧接着，王亚南进一步说明战局变动所引起的国际形势变动。他指出，随着战局的改观，国际对我国的形势亦大有改变。一是德意两位法西斯兄弟，已没有那么露骨为日本声援了。他们已知道日本对中国的征服大业，不可能照他们预期的迅速完成；日本的苦撑与耗费，足以使苏联坐大。而中国市场的破坏，亦会在它们的经济危机上增添一个压力；二是在苏联方面，由于德意两国的假面具已由承认伪满洲

---
① 王亚南：《第二期抗战与国际形势》，《中华周刊》1938年第608期。

国而揭现原形,苏联自无须顾忌其帮助会引起什么不利的后果;三是法国、美国特别是英国,原先怀疑中国的抗战决心与力量,期望日本能适可而止。但自第二期战争开始以来,特别是台儿庄胜利后,他们以前的顾虑与期望已成为一种反证。

王亚南强调在国际关系转变中有三个原则:一是国与国之间,只有利害,不讲感情;二是一国如不能自己振作,自己表现力量,就难以取得他国的援助;三是一般的国际关系,皆以波动方式而变动。他恳切地告诉师生们,"总之,一般的国际局势都依有利的方面向我们展开,今后我们如能进一步表现我们的抗战力量,我们所能期待国际的声援当必更大"①。他希望大家对抗战要充满信心,教好书、读好书,以实际行动声援抗战。

这也是王亚南毕业十年后,第一次回母校给师生们作报告。他的报告条分缕析,有理有据,加之他口才又好,引起了师生们的强烈共鸣,给大家留下了十分深刻的印象。

1938 年 6 月,王亚南和李文泉的第一个孩子在武汉出世了。这是一个男孩,夫妻俩都十分喜爱。按族谱辈分排序,孩子属"显"字辈,遂取名为"显乐"。后来,王亚南给儿子正式取名为"洛林"。妻子刚开始听了一头雾水,后来才知道,这是丈夫前几年写反蒋文章时用过的一个笔名。"真是的,没见过把自己的笔名作为儿子名字的?"她一边嘟哝着,一边接受了丈夫的提议。

此时,敌机已开始在武汉、长沙等地狂轰滥炸。初为人母的李文泉经常带着孩子跑"空袭"。虽然防空洞里十分拥挤,空气又差,但躲进防空洞还是相对安全的。只是孩子因没奶吃而哭叫起来时,她便有些不知所措,觉得十分无助。

为了抗击日寇,最高军事统帅部制定了保卫武汉的作战计划。战略方针是立足外线,利用长江两岸地形和洞庭湖、鄱阳湖水系,逐次抵抗消耗日军,以空间换时间,最后转变敌攻我守的战争态势。在随后的武汉大会战中,蒋介石亲任总指挥,调集第五、第九战区全部兵力和海空军各一部,与日寇在武汉外围和长江南北两岸展开激战。前后历时四个半月,经过数百次大小战斗,中国军队以伤亡 40 余万人的代价,毙伤日军 25.7 万人,大大消耗了日军的有生力量。

中国政府在武汉失守后发表声明说:"一时之进退变化,绝不能动摇我国抗战之决心;任何城市之得失,绝不能影响于抗战之全局";中国军队将"更哀戚、更坚忍、更踏实、更刻苦、更猛勇奋进,戮力于全面、持久的抗战"。日军虽然占领

---

① 王亚南:《第二期抗战与国际形势》,《中华周刊》1938 年第 608 期。

了武汉三镇，并控制了中国的腹心地区，但并未实现其战略企图，即速战速决、逼迫国民政府屈服、在本年度结束战争的目标。中国政府既未因武汉、广州失守而屈服，日本的侵华战争也未因日军占领武汉、广州而结束。此后，抗日战争进入了战略相持阶段。

在武汉大会战两军拼杀、激战正酣之际，郭大力告别了留守上海的郑易里，取道香港、广州回赣南老家，在赣县中学担任高中部英语教师。在繁忙的教学之余，他着手翻译《〈资本论〉通信集》，包括马克思、恩格斯有关《资本论》的25封通信和3篇论文，1939年由读书生活出版社出版了单行本。此后又冒着日寇空袭的危险，把《资本论》全三卷译文从头到尾校订了一遍，并将校订成果汇编为《勘误表》（含有近1700处更正），由读书生活出版社以《〈资本论〉补遗勘误》编入《资本论》一同发行。

得知郭大力绕道远途回乡，王亚南不禁为他捏了一把汗；后来看到他为《资本论》通信集和重新校订、勘误所做的努力和取得的成果，又深深地为他感到高兴。此时自己身在武汉，孩子又刚出生，帮不上郭大力什么忙，他只有在心里默默地为朋友祈祷，祝他平安好运！

1938年底武昌沦陷后，军委政治部设计委员会内迁重庆，委员们也疏散了。王亚南"掣妇将雏"，绕道湖南、广西、贵州前往重庆。途经衡山时，他应邀到衡阳集中营给政治犯们上了一堂课。他从原始积累讲起，深入浅出地讲了两个小时，揭示了资本的奥妙和剥削的本质。演讲中，他称马克思为"卡尔先生"，称列宁为"伊里奇先生"，不少政治犯听了自然心领神会。

王亚南一家到达桂林后，在一位朋友家里住了一个多月。后来他托关系找了部军车，让李文泉带着孩子先赴重庆。他自己因工作关系暂留桂林，直到一个多月后才赶往重庆，与家人会合，此时已是1939年春天了。

三、惊动陪都

自从南京失陷后，重庆就被宣布为战时首都，又称陪都。1938年10月武汉失守后，国民政府的重要机构几乎全部移驻重庆。王亚南和妻子、儿子一路走走停停，时分时合，颠沛流离，好不容易在山城重庆相聚了。

他们先是住在八路军办事处租的一座小楼里。这里来来往往的人很多，有从外地来的中共党员，也有一些民主人士。王亚南在这里得知，《资本论》由读书生活出版社出版后，已从上海运往广州、昆明再转运到内地各商埠。可是一连几天，他到重庆的书店去，却没有看到《资本论》上架。他觉得十分蹊跷，问书店的老板，也都说不知道。后来找八路军办事处打听，才知道《资本论》出版后，读书生活出版社用20大箱运往广州，不幸随着广州沦陷，全部遭受损失。只好一小包、一小包分散运往内地及延安和苏北解放区。1939年郑易里用特大皮箱装着《资本论》的全部纸型，绕道越南海防去内地，不料途中被国民党特务扣留。经在越南的老朋友乔丕成说项才得以放行。一些运往解放区的《资本论》，也是经八路军办事处出面与国民党方面交涉，才得以"放行"。

由于日机经常空袭重庆，为了摆脱敌机的骚扰，政治部设计委员会的委员们大都分散到重庆郊外的乡村居住，王亚南也把家迁到了重庆西北郊的北碚。这里原是嘉陵江边的一个小镇，后来民族实业家卢作孚大搞乡村建设，先后修建了公园、体育场、铁路、厂矿、学校，使北碚成为一个经济、教育、文化相对发达的西部小城镇。

抗战初期，国民政府西迁重庆后，许多政府机关、科研机构、大专院校和文化单位迁入北碚，使北碚成为大后方重要的文化区，有"小陪都"之称。北碚的夏坝与市区的沙坪坝、江津的白沙坝、成都的华西坝并称为大后方的"文化四坝"。

由于北碚背靠缙云山，风景优美，文化氛围浓郁，距市区仅数十公里，并有嘉陵江水路和碚青公路可通，素有"嘉陵江畔明珠"之美誉，因此，王亚南和许多教授、学者、艺术家及民主人士都十分喜欢这里。虽然租住的民居十分简陋，陈设也很简单，但远离市区，较少敌机轰炸之虞，不失为战时较为安全和清静的住所。

其时，周恩来和邓颖超已经离开了军委政治部，"设计委员会"只剩下一个空架子，委员们每周进城参加一次前线后方的形势报告会。王亚南由于身体欠佳，严重的神经衰弱症和胃病困扰着他，对这类名存实亡的政治自然不感兴趣。

可是，日子总是要过的。在艰难而拮据的生活环境中，他与远在欧洲的老朋友王礼锡（又名王抟今）合作翻译了英国经济学家柯尔的名著——《世界经济机构总体系》，1939年由中华书局出版。柯尔是牛津大学教授、英国权威的经济学家之一，也是英国工党的理论家，他的书籍在英国拥有广泛的读者，这与他"不遑浅语、敢作结论"、敢言人之不敢言是分不开的。

《世界经济机构总体系》是柯尔全面系统分析世界经济结构体系的一部力作。全书不仅内容广泛，而且深入浅出，通俗易懂，甫一出版，就广受读者欢迎。书中

关于世界战争的经济结果、物价与物价水准、失业与产业变动、财政与赋税等内容，都很有现实针对性。此外，书中还附有斯大林与威尔士的谈话记，也颇有参考价值。

在"译者序"中，两位译者指出，世界在大变动中，我们正经历着人类历史上未曾经历过的大变动。我们若要了解这些变动，要知道如何应付这些变动，就必须了解大变动中一切事象的最基础的经济机构。而柯尔此书，不仅论述全面，而且深入浅出，使一般读者对极难了解的问题，都能得极明确之观念；而使经济上有专攻者，亦能得贯通全体系之效。①

1939 年 1 月译稿完成后不久，王礼锡便离开欧洲回到祖国。临行前他写了一首英文诗《再会，英国的朋友们！》："我要归去了，回到我的国土——他在新生；现在血海中，正崛起一座新的长城……不是长城缺不了我，是我与长城相依为命。"②

回到国内后，王礼锡即被国民政府委任命为立法委员、军委战地党政委员会中将委员。1939 年 6 月，他受中华全国文艺界抗敌协会委托，组织作家战地访问团到前线采访。作为采访团团长，他白天访问，晚上整理笔记、写作、开会，有时连饭也顾不上吃。在中条山前线，他带着团员们采访官兵，从司令部到前线战壕，都做了详细采访报道。不幸的是，由于途中积劳成疾，他不幸于 8 月 25 日病故洛阳。

噩耗传出，各界人士为之震惊。洛阳、重庆、成都、桂林、延安等地都举行了隆重的追悼仪式。中共中央和延安文艺界发来唁电，蒋介石也发来唁函，郭沫若、老舍等众多作家撰写了纪念文章，王亚南则把两人合译的、还散发着油墨香的《世界经济机构总体系》一书，作为对老朋友的最深切的缅怀。

"欲哭难为泪，伤心到尽头。"老舍发表在《抗战文艺》上的悼诗《哭王礼锡先生》③，表达了对这位为了抗战倾尽最后一滴血的著名作家、政治活动家的悼念之情，它何尝不是曾与王礼锡患难与共的王亚南、梅龚彬、胡秋原等众多朋友的共同心声呢？

抗战爆发后，梅龚彬和胡秋原等人随陈铭枢从南京疏散到武汉，后来又从武汉疏散到重庆。梅龚彬在李济深主持的战地党政委员会担任设计委员，负责编辑《战

---

① 王抟今、王亚南：《世界经济机构总体系》译者序，中华书局 1939 年版。
② 王士权：《爱国诗人王礼锡传》，江西人民出版社 1996 年版，第 193 页。
③ 老舍：《哭王礼锡先生》，《抗战文艺》1939 年 10 月第 4 卷第 5、6 期合刊。

地通讯》。作为中共地下党员,他自然不满足于设计委员"坐而论道"式的空谈,而是努力把党的统战工作做到社会上去。他和王亚南、胡秋原等好友及许多民主派人士保持着密切的联系,努力把大家团结在以周恩来为首的中共中央南方局周围。

在重庆期间,王亚南虽然较少与外界联系,但当他得知自己的母校——武昌中华大学由最初西迁的湖北宜昌,再迁至重庆南岸米市街时,立即前往母校拜会了当年教育哲学系的老师、时任中华大学教务长严士佳教授。王亚南记得,去年在武汉时,他曾应陈时校长和严教务长邀请,到母校给师生们做了一场关于"第二期抗战和国际形势"的报告。没想到,战局变化如此之快,仅仅一年时间已物是人非,而流落在陪都的他们也得以奇迹般地相聚。

严老师告诉他,中华大学再迁重庆时,学生及教职员仅剩百人,校舍紧张,设备简陋,教学条件异常艰苦,经费更是奇缺,一些教员纷纷离去,另谋生路,学校濒临绝境。在这风雨飘摇的危急时刻,虽然他比别人更有条件离开学校,但却选择留下来与师生们共克时艰。教职员不够,他便一人身兼数职,既是任课教师,又身兼"三长"(即教务长、训导长、总务长)。尽管肩负重担,但在生活待遇上,他从来不搞特殊。陈时校长也是一样,始终与师生们同甘共苦。为了使学校免于倒闭,他们竭力支撑着陷入困顿的学校。

王亚南听了十分感动,他相信,有这样的好校长、好老师,母校一定能够渡过难关的。严老师还告诉他,武汉沦陷前,日本驻华公使重光葵曾密函陈时校长,借"同窗之谊"劝他留在武汉,为共建"东亚共荣圈"出力,企图拖他下水。陈时始终以国家、民族利益为重,丝毫不为其所动。他断然拒绝了重光葵的劝诱,和广大师生共克时艰,表现了崇高的民族气节,王亚南不禁对陈时校长充满了景仰之情。

重庆是一个著名的温泉之都,北温泉更是居"重庆温泉之冠"。可是,王亚南却没有什么心思去泡温泉。他的眼前,不时晃动着前方受伤士兵的脸庞以及后方无数双等待救济的双手,也不时闪过家中嗷嗷待哺的孩子和妻子急需的奶粉、红枣等。

战时财政紧张,民生多艰,然

王亚南与夫人李文泉的合影

而，偏安一隅的国民党政府，却奉行"消极抗日、积极反共"的政策，不断制造"白色恐怖"，迫害共产党人和进步人士。王亚南在上海出版的一本《战时财政与金融政策》，在国民党《中央日报》被点名查禁；有一天他访友归来，发现自己的家也莫名其妙地被特务给抄了。

明明不久前蒋介石还发表讲话，声称愿意与各界人士携手抗日，"同心同德，精诚合作"，可是特务们为什么敢如此明目张胆？"真是卑鄙！"平素难得骂人的王亚南，也禁不住咬牙切齿地骂道。特务们到底想要干什么？王亚南觉得，这似乎是某种不祥的征兆。惹不起还躲得起嘛！于是，他压住自己心头的愤怒，收拾完被抄的家，悄然从北碚搬到了巴南。

地处重庆西南部的巴南，早在商代时就是巴国的都城，秦灭巴国后改称巴郡。这里山高林密，不易被日军飞机侦察；距市中心只有18公里，交通便捷；加之有南温泉可供休憩，因此，抗战期间，蒋介石、林森、孔祥熙、陈果夫等军政大员纷纷在这里建立休养和避难寓所。著名的孔园、听泉楼、竹林别墅、校长官邸等，都是这时修建的。

王亚南虽然每周一要到政治部开会、听报告，但他很少呆在部里。在国民党掀起第一次反共高潮后，"白色恐怖"日趋严重，他感到自己出门时，似乎都有人在跟踪；不时也可以听到有异见人士失踪或被暗杀的传闻。因此，他每次从乡下到重庆，多半是到一位国民党高级将领家走动，并借资隐蔽。

这位将军虽然是国民党高官，但国民党内派系复杂，黄埔系与桂系、湘系等地方派系之间既相互利用，又相互制约，彼此之间存在着很深的矛盾。这位将军是依靠湘系起家的，虽然与陈诚有校友之谊，私交不错，蒋介石对他也颇为赏识。但在大敌当前、国共合作的大背景下，他也愿意与一些进步人士保持良好的关系，甚至与中共方面的人员保持一定联系。这既可以对外显示他的"开明"，也可为自己将来留一条"后路"。

转眼之间，艰苦卓绝的抗战已经进行两年多了。1940年2月，王亚南在《中国青年》杂志（重庆）发表了《生活与战争》一文，对中日战争的优势、劣势及发展趋势进行了比较与分析。他指出，我们国家才刚刚进到现代化的过程，我们的人民生活还充分保有封建社会的情调，但我们却担当起了与之不大相称或不相适应的民族战争。与我们面对面厮杀的，是资本主义经济高度发展的日本帝国主义的军队。在装备上，在士兵素质上，在总动员的技术与程度上，处处显得我们处在劣势的地位。

他认为，造成这种劣势的原因在于：首先，分散的小农经济体制，根本就不宜于近代战争所急迫要求的总动员工作；其次，与这种经济体制相关联的不够集中、不易统一的政治权力，更使那种总动员工作的进行，感到异常的困难；再次，经济落后的劣势，在各种装备方面，尤不难想见其简陋与短缺的情形。加之国民的教育落后与国家意识的薄弱，把他们配置在近代战争当中，难免要处处显得勉强，显得与战争条件不大配合。

但王亚南强调，"战争的性质，求解放求生存的性质，把我们的许多缺点都补救过来了。在争生死存亡的大规模战争中，国家民族意识已在不断成长着；而阻碍国家民族意识，同时也阻碍国家现代化和国民经济发展的地域思想、宗法观念，都逐渐趋于消减。而中国民族适应环境的强韧性，其刻苦忍耐精神，其安于任何艰困生活的习性，正好配合我们的劣势装备，而适应其坚忍持久以战争最后胜利的要求"①。

他分析说，中国地大物博的优势，国际有利的环境，以及中国人历史文化的修养等等，对于我们应付当前战争，虽然直接间接有了莫大的帮助，"而我所特别要指出的，是我们敌国的国民生活，究竟在以如何的程度，适应当前的战争。我们原不否认敌国一般的生活条件，远较我们为适合于近代的战斗条件。但同一战争的性质，以疯狂行动满足其军阀财团侵略的性质，在战争发动之始，就已表示其国民精神生活与战斗条件的分离，而由战争持久所显露出的敌国经济基础的薄弱，更使它物质上的生活条件，大大的落在战斗场合的需要后面了"②。王亚南认为，单单是这样一个对照，已够说明敌我战争的前途。

对多年以来推行的新生活运动，即现代化运动，王亚南也进行了痛切的反省。他认为，新生活运动对于此次抗战的发动与撑持，当然起了不少的促进作用。抗战发生以后，这场旷古未有的大规模战争本身，无异就是一种最有效的新生活运动的扩大。不过，对新生活的解释，是现代生活，是战时生活，亦是此时此地中国人应有的合理生活。再明确一点说，也就是当前战争环境下所允许所要求我们的一种生活。所以合理化、生活化、军事化，是任何现代中国人在此艰苦抗战过程中所应实行的生活指标。

---

① 王亚南：《生活与战争》，《中国青年》1940年第2卷第2期。
② 王亚南：《生活与战争》，《中国青年》1940年第2卷第2期。

可是，在现实生活中，却出现了许多背离这种合理化的事实。据《大公报》报道："抗战两年多，物价平均涨了两倍。老实说，对于高级人并无任何影响。尽管生产稀少，运输艰难，他们照样能用飞机把香港的牛油、香烟、洋酒、华衣运到内地来享用，就是就地购用涨价的物品，在他们的开支上，也不算一回事。"《时专新报》也指出："打仗本身就不是舒服的事。抗战已将两年，后方人士还在继续装吸炮台烟，擦巴黎香粉，踏拔佳皮鞋，实是不可想象的事。甚至重庆市上还有敌货的踪迹，这在贩运者及消费者两方，都是不可恕的罪恶。"①

王亚南认为，仅举这两点新闻，就知道其中包含了多少不合理的事实，多少违反新生活运动、违反抗战要求的故事。更令人难于置信的，是从事这种不合理生活的人，是领导大众吃苦抗战的所谓"高级人"。

他一针见血地指出，抗战两年来，国家民族所以还能站得住，还不至灭亡，其一大原因是大多数国民吃苦耐劳，生活简单，社会经济基础尚未动摇之故。然而，凭着"国民吃苦耐劳，生活简单"的习性，自己就可以大享其乐吗？即使退一万步说，不致在这一方面影响抗战，但专讲享受、专务消费的人，就是最易动摇、最喜欢从自己私利上做打算的人，亦是持久抗战场合最不能允许和宽恕的人。王亚南不无担忧地说，"对于这种人，我们却又只能作万一的希望，期待他们痛切的反省，把生活立时改变过来，以期适合战争的要求，给拼死刻苦的广大民众以慰藉与表率"②。

1940年7月，日本近卫第二次组阁后，为了抽出兵力侵略东南亚地区，一面紧锣密鼓地准备给予汪伪政权以外交承认，一面通过外相松冈洋佑推进"钱永铭工作"，继续诱惑重庆国民政府和谈。蒋介石虽然企图加以阻挠，但最终日本政府还是在军方压力下承认了汪伪政权。面对瞬息万变的时局、并不乐观的战场形势和重庆日益浑浊的政治空气，王亚南不得不认真考虑自己的去向。

恰好这时，广东中山大学校长许崇清到重庆来"广招贤才"，慕王亚南之名登门拜访了他，希望聘请他去中山大学任教。王亚南早就风闻中山大学学术空气比较自由，并且云集了一批进步教授，于是欣然决定应聘。半个月后，王亚南收拾好行装，就带着家人踏上了"南下"广东的路程，奔赴已内迁粤北坪石的中山大学。

一年后，当王亚南再次出现在重庆时，他已是中山大学经济系主任和国内知名

---

① 《大公报》1939年十一月三日社论；《时专新报》1939年四月二十四日社论。
② 王亚南：《生活与战争》，《中国青年》1940年第2卷第2期。

的战时经济专家，奉军事委员会委员长蒋介石之命前来重庆。王亚南记得，当时恰值暑期，他正在湖南醴陵的岳丈家度假，突然接到由学校转来的蒋委员长侍从室的一封电报："郭大力、王亚南两先生现在何处，请来渝一谈。"①

王亚南拿着电报，不禁踌躇起来：最高当局为什么要召见他和郭大力？他想起两年前在重庆被特务抄家的情景，心中五味杂陈。郭大力此时又正在江西老家养病，王亚南只好独自前往重庆。

离家前夕，王亚南收拾了几件换洗的衣服，并带上几本经济学著作。妻子一再叮嘱他："你要多留神，别惹祸，有什么事不要忘记拍个电报来……"王亚南宽慰她说："你放心好了，我教我的书，他当他的委员长，风马牛不相及。"尽管如此，他还是偷偷在衣箱里藏了一条肥皂、一支牙膏和一本英文版的《威尼斯商人》，以备不测之虞。

到重庆后他才知道，原来蒋介石正在为战时经济和物价问题大伤脑筋，准备召集一些经济界的专家学者，召开物价问题座谈会，听取大家的意见，以决定战时的物价政策。王亚南因为对战时经济颇有研究，出版过《战时经济问题与经济政策》等著作，因此也成为被邀请的对象。没想到，由于战时通信、交通不畅，那些被邀请前来重庆的专家学者接到通知的时间不一，且无法同时到达。因此，上峰临时决定不召开专门座谈会，改由蒋委员长"分别召见"，并要求每位被召见者写一份关于经济和物价问题的意见书。

抵达重庆后不久，王亚南就被接进了蒋委员长的官邸，蒋介石以"礼贤下士"的姿态接见了他。两人谈话时，蒋介石用一口浓重的浙江官话，询问了他的基本情况，谈起国内物价飞涨、通货膨胀的严峻形势，蒋介石忧心忡忡地说："现在国难当头，依你看，应当如何限制物价飞涨呢？"

王亚南知道这是一个棘手问题，牵涉面很广，但首先应该在理论上把它说清楚。于是，他回答说，物价问题不应只是从流通领域着眼，而应从生产领域着眼；也就是说，不能只是从供求关系的变化分析，而应从其借以发生作用的基础去分析，才能说明问题。他明确指出，在不改变社会生产关系的情况下，物价、金融等政策的调节作用是十分有限的。

蒋介石一边仔细地听着，一边不时点点头。当听到要改变社会生产关系时，他

---

① 蒋夷牧、王岱平：《生命的辙印》，海峡文艺出版社1986年版，第58页。

不禁皱起了眉头。因为生产关系的改变实质上是利益关系的调整，而要触动官僚阶层尤其是"四大家族"的利益，那无异于要影响整个统治阶层的利益，这可比战时物价问题还要让他挠心呢。

由于时间有限，两人交谈了一会儿，副官便来提醒蒋委员长后面还有人等着"接见"。蒋介石看看表，客气地请王亚南在重庆"多住几天"，以便"择暇再谈"。

王亚南呈上自己撰写的一篇关于战时物价问题研究的文章，蒋介石接过文章，表示"一定好好研究"，并希望王亚南能留在重庆，为国民政府效力。王亚南表示，自己已受聘于中山大学，要尽快赶回学校教书。蒋介石只好悻悻地说："也好、也好！"随后交代侍从室副官，记得把往返重庆的交通补贴发给王亚南。

第二天，王亚南就离开重庆返回广东。旅途中，他想起一年前自己离开这里时还前途未卜，再次回到重庆时竟惊动了最高当局，这变化之大，真让人有"恍若梦中"的感觉。但是，他很清楚，作为一个正直的学者，理应做到卓然独立，进退有据，而不需依附权贵，这正是古往今来的"名士风度"。不仅他是这样，民国时期一些社会名流，如他的好友王礼锡、厦门大学校长萨本栋、北京大学知名教授周炳琳等人，同样也是这样。

1938年10月，郭沫若、老舍联名致信在英国的王礼锡，告诉他蒋介石已解除对"闽变"人士的通缉令，希望他早日回国，共纾国难。王礼锡接信后立即启程回国。到达重庆后，蒋介石两次接见他，询问他对抗战的意见。王礼锡每次都强调团结抗日的重要性，蒋介石却不置可否。王礼锡也不再多说，随后全身心投入抗日救亡宣传活动，最后在中条山前线战地采访时以身殉国。

1939年9月，蒋介石在重庆召见厦门大学校长萨本栋，对厦大在抗战中的表现颇感欣慰，称"厦大现为东南唯一国立高等学府，政府嘱望甚厚"①。后来，国民党当局又将萨本栋选为三民主义青年团中央监察。但是，当长汀军警机关要进校逮捕几个所谓"共党嫌疑分子"时，萨本栋十分愤怒，坚决加以拒绝。

抗战爆发后不久，蒋介石就多次邀请曾任北大法学院院长的周炳琳出任国民党中央宣传部长等要职，周炳琳以无意政治、愿办教育为由加以辞谢。后来，蒋介石直接任命他为中央政治学校的教务长，周炳琳不便再拒绝。但只干了不到一年，就回到昆明担任西南联大教授去了。

---

① 洪永宏编著：《厦门大学校史》（第一卷），厦门大学出版社1990年版，第180页。

这些学者名流并非不给国民党和蒋介石面子，也并非为自己挣面子，而是秉承"人格独立"的原则，并不因为国民党是执政党、蒋介石是最高统帅，就愿意放弃自己的内心信仰和为人处事的原则。

而那些在抗战中英勇牺牲的著名抗日将领，更是用自己的赫赫战果和牺牲精神，向世人昭示了中国人"任侠敢任，不畏强敌"的英雄气概。1940年5月16日在襄阳对日军作战中不幸壮烈牺牲的第三十三集团军总司令张自忠将军，就是其中的典型代表。

"我死国生，从容去，国殇民恸。"5月28日，张自忠将军的灵柩运至重庆朝天门码头，身在重庆的王亚南目睹重庆军民为张自忠将军举行的盛大祭奠仪式，心灵受到了极大的触动。"一缕忠魂行去缓，十万百姓沿江送。"张自忠用自己的行动践行了中华民族的不屈精神，正如他在《满江红》一词中所写：

> 芦沟血，宛平痛。肥水烈，临沂勇！
> 凭军魂赤胆，阻敌狂纵。
> 身后几回燃战火，碑前数度梅花冷。
> 看今日，有大好河山，英名共！

第五章 执教中大

> 十载闲吟住故都，凄寒迷雾上征途。
> 相携红袖非春意，满座戎衣甚霸图。
> 鸟雀南飞群未散，河山北顾泪常俱。
> 前尘误否今知悔，整顿身心待世需。
>
> ——吴宓《辞京》

1937年11月4日清晨，时任清华大学教授吴宓独至北平东车站，登上了开往南方的火车。他曾设想过，日本人来了，自己躲在北平隐居、读书，但陈寅恪影响了他。大时代下的生存，已经不是个人的事。吴宓毅然决定到清华大学的迁移地长沙去，临行前他写下《辞京》一诗。①

在那种严峻的环境里，每个知识分子都会问自己：活着有什么价值？为什么在前方将士拼死抵抗的时候，自己依然要教书读书？答案是：为了重建战后的中国。②1940年，在抗日战争的烽火岁月中，王亚南也抱着同样的信念，从陪都重庆奔赴广东韶关坪石镇，在中山大学的内迁地，一个穷乡僻壤的地方任教，培养了一批又一批战后重建中国的人才，并留下了一段关于"李约瑟之问"的文坛佳话。

一、弦歌不辍

1938年10月，日军自惠州大亚湾登陆进犯广东，在广州的国立中山大学奉命西迁。10月中旬，校本部初迁粤西罗定，后改迁广西龙洲，中途又奉命迁往云南澄江。当时就读于中山大学各院系的师生，分几路辗转入滇。至1939年2月底才基本完成搬迁，各学院于3月1日正式开学。

鉴于滇南百物昂贵，师生常受无米之炊的威胁；而第四战区所在地的粤北（曲

---
① 张曼菱：《弦诵幸未绝——诗歌折射的西南联大岁月》，《光明日报》2017年7月7日。
② 张曼菱：《弦诵幸未绝——诗歌折射的西南联大岁月》，《光明日报》2017年7月7日。

江）抗战文化运动兴盛，于是，在中山大学代校长许崇清①的主持下，中大于1940年7月由云南回迁广东，在韶关坪石办学。

1940年9月，王亚南从山城重庆来到粤北韶关，担任中山大学经济学教授，后又兼任经济系主任。他和师生们同甘苦、共患难，共同为学术自由和抗日救亡呐喊奔走，在坪石度过了一段极为难忘的岁月。

位于岭南山脉南麓的粤北重镇坪石，地处武江上游，是京广铁路进入广东的第一站，也是湘粤边界著名的商贸中心和交通要塞，历史上曾被誉为广东"八大重镇"之一，素有"广东北大门、岭南第一镇"之称。

抗战中期，中山大学1700多人的回迁大军从滇南涌入粤北坪石，给这个小镇带来了许多显著的变化。出于防空安全方面的考虑，中山大学以村为单位，在坪石镇周边分散办学。其中，中大校本部与研究院设在坪石老街，文学院设在坪石铁岭，法学院迁入武阳司，工学院迁入三星坪，医学院迁入乐昌河南，理学院设在坪石塘口。

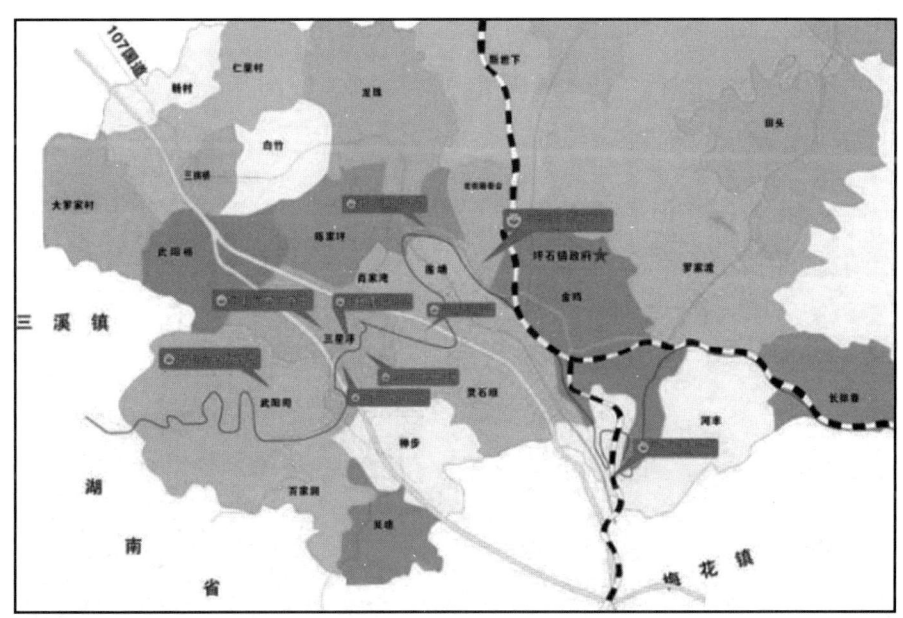

坪石：中大校区分布图

---

① 许崇清，广东番禺人，1888年出生于广州一个官宦世家。8岁父亲病逝，家道开始中落。12岁时进入武昌一个教会学校读书，17岁考取官费生赴日留学，就读于日本第七高等学校。1911年，经宋教仁介绍加入中国同盟会，并回国参加辛亥革命。1912年重返日本，考入东京帝国大学文学部。1920年学成回国后，与陈独秀共同主持广东省教育委员会，筹办广东大学，后出任广州市教育局局长、广东省教育厅厅长。

1941年春,迁坪石后的中大各分院陆续开学,虽然大家居住分散,生活艰辛,但广大师生共同艰苦奋斗,因陋就简,很快就恢复了正常上课。老师们克服种种困难,专心致志,努力从事教学与科研。这一切,与时任中山大学代校长许崇清无疑是分不开的。

早在1931年6月,许崇清就接替朱家骅出任国立中山大学校长,并进行了一系列教学体系改革。"九一八"事变后由于同情爱国学生,被免去中山大学校长职务,出任广东省教育厅厅长。1940年4月他临危受命,接替邹鲁担任中山大学代理校长,主持中山大学由云南澄江迁回广东韶关坪石的艰巨任务。

这是许崇清第二次出任国立中山大学校长。虽然办学条件相当艰苦,设备简陋,经费不足,但他以身作则,自己就住在老乡家里,还用床板当课桌,坚持给学生上课,公开讲授唯物主义哲学,介绍苏联的教育,为全校师生做出了榜样。

为弥补学校师资短缺,提高教研水平,他求贤若渴,聘请了戏剧家洪深、哲学家李达、经济学家王亚南、法学家梅龚彬等一批思想"左"倾的进步学者到校任教。他们宣扬抗战,主张政治民主,提倡学术自由,推动了中大政治民主与学术讨论的发展。

中山大学迁坪石时期校舍鸟瞰图

王亚南来到中山大学后,主要从事经济学教学工作,同时负责经济学系的行政工作,算是"双肩挑"的教授。他以民主战士的姿态站在教育战线的前列,不仅与学校中的进步人士保持着密切的联系,而且与学校的地下党组织也有一定的接触,包括当时在法学院社会学系任教的刘渠、卓炯等地下党员都与他有较多的联系。

在教学和学术活动方面,王亚南倡导学术活动自由,以反击当时国民党禁锢人们思想、钳制师生言论的文化专制主义。他时常引用黑格尔的名言:"理性与自由是社会进步的动力",鼓励大家同反动势力开展斗争。他明确说:"我服膺斯言,并愿在科学的研究上以斯言勖勉同人。"[①]对于学生,王亚南鼓励他们要发扬"自己学习,自己研究"的优良传统,"自己去找门径,自己去探索"。这种科学与民主的教育思想,代表了人民大众反对帝国主义、封建主义和文化专制主义的愿望,实际上为革命争得了一块思想阵地,传播了马克思主义,培养了一大批人才。

当时法学院设在坪石镇西面的武阳司村。这是一个有着近千年历史的古村落,早在南宋初期就有林姓祖先在此定居。明嘉靖年间(1529年)置武阳巡检司,简称武阳司。由于地处交通枢纽,水陆便利,客商云集,素有"小坪石"之称。武阳司村也是一个秀丽的小山村,一条清澈的小溪从村前蜿蜒流过,满山的竹林青翠欲滴。土地革命战争时期,红军曾在这里播下过革命火种。

抗战时期,中山大学法学院迁入武阳司村办学,由于缺少房舍,很多教师都借住在祠堂和村民家。师生们还用杉树皮做屋顶,用竹片钉起来做墙壁,搭建起竹棚作为学生宿舍和教室。每到上课时间,山间充满了琅琅读书声。

村民们对中大师生充满了热情。大家积极配合学校,上山砍树、砍竹子、填地坪,帮助学生们搭建临时校舍,使同学们能安心上课、读书。而师生们也帮村民收割稻子,彼此宾主不分,其乐融融,吃一样的青菜、咸菜和辣椒,同在武江河里洗澡、洗衣服。师生们把村民视为自己的亲人,彼此打成一片,共度抗战时艰,演绎了一段令人荡气回肠的传奇。

其时,王亚南一家住在坪石老街,在老街尽头租了两间民居,自己用竹片搭了一间小厨房。老街与法学院所在的武阳司村相距较远,交通不便。王亚南每次到法学院上课,来回都要过江,还得走上十几里山路。虽然那时他只有40岁,可谓年富力强,但长期的劳累使他的体质下降,经常翻山越岭去上课,也是颇费体力的事。

抗战时期的王亚南

---

① 蒋夷牧、王岱平:《生命的辙印》,海峡文艺出版社1986年版,第72页。

虽说住在坪石镇里,但由于没有电灯,也没有煤油灯。王亚南晚上看书、写文章,都是在桐油灯或菜油灯下,就着豌豆大的灯芯火光。他调剂生活、劳逸结合的办法,也只有散步、劈柴以及和同事们谈谈天。正是在坪石的艰苦岁月里,王亚南和许多师生,包括梅龚彬、章振乾、涂西畴、陈其人等结下了深厚的情谊。

早在日本时,王亚南与梅龚彬就是志同道合的好朋友,在"闽变"中他们又一起患难与共;"闽变"失败后,王亚南出走欧洲、日本,梅龚彬则留在香港,追随李济深、陈铭枢,参与组建中华民族革命同盟,主办宣传抗日的刊物《民族战线》。梅龚彬在青年时代就翻译过《政治经济学入门》,曾参与《社会科学词典》的编写,抗战时期经常为《北新》杂志撰写国际时评。"皖南事变"后,他特地到韶关拜访王亚南和时任第七战区副司令长官蒋光鼐,了解中山大学和粤北抗战的情况。不久就正式到中山大学经济学系担任教授,负责讲授"经济政策"和"西洋经济史"两门课程的。梅龚彬的到来使王亚南感觉"如虎添翼"。

当时中大校内国民党、三青团的势力较大,王亚南和梅龚彬坚定地站在一起,在课堂上讲授马克思主义政治经济学,团结那些倾向进步、学识渊博的教授努力搞好教学,使那些不学无术的反动教授相形见绌。除搞好教学外,他们还经常举办讲座或召开座谈会,分析、评论时局,解答大学生对中国和世界反法西斯战争最关心的问题,帮助他们消除恐惧心理,抓紧时间刻苦学习。闲暇时,两人也经常在一起交流对时局的看法。王亚南离开中大后,梅龚彬接替他担任了经济学系主任。后来在《中国经济原论》一书序言中,王亚南特地向梅龚彬表示谢忱,他说:"现任中山大学经济系主任梅龚斌先生,曾对本论全稿做了一次详审的鉴定,并提出了一些补充的意见。值得在此表示谢忱。"①

章振乾②早年毕业于国立中山大学,1941年7月经福建同乡、中山大学教授董家遵推荐,回母校担任经济系副教授,讲授"货币银行学"、"银业实务"和"农业金融"三门课程。王亚南时任中大经济系主任,两人惺惺相惜,一拍即合。当时他们两家都住在坪石老街,彼此过从甚密。王亚南和章振乾去上课都要坐渡船,有天早上风雨交加,章振乾到校时晚了一些。当他走进教室时,只见黑板上写着:"章先生狂风暴雨也会来。"原来学生们互相打赌老师是否会来,看到他来了,大家便

① 王亚南:《中国经济原论》序言,神州国光社1946年版。
② 章振乾,福建连江人,1907年出生。大学毕业后曾担任《新福建日报》副刊编辑和《国光日报》总编辑。"闽变"失败后赴日留学,1937年从东京帝国大学农村经济研究生毕业后回国,任福建省银行董事会秘书。

心领神会地笑了起来，让章振乾十分感动。①

涂西畴②在上大学之前就已是中共党员，1940年秋考入中山大学经济系后，成为王亚南的"入室弟子"，经常跟随在王亚南身边帮忙做记录。王亚南对这位27岁、各方面都比较成熟的学生也比较满意，经常对其"耳提面命"。1943年10月，王亚南在《中山文化季刊》发表《中国经济学界的奥大利派经济学》一文，对奥地利派经济学如何传到中国、如何特别猖獗、如何抵触中国的经济国策并妨碍我们的经济改造进行了揭露和批判。涂西畴也紧随其后，发表了《奥地利学派庞巴克经济学说体系的批判》。

根据地下党组织争取进步教授、团结进步力量、扩大统一战线的方针，涂西畴与王亚南等进步教授保持着密切、融洽的关系，为争取他们对党的拥护和支持做出了不懈努力。王亚南在与涂西畴等同学的交往中，也不顾国民党的管制和束缚，冒着危险和他们交流进步思想，研讨革命理论，获得了党组织的信赖。1944年秋天，王亚南离开中大赴福建讲学后，已毕业留校的涂西畴代其讲授"政治经济学"课程。

陈其人③还在中山大学附中读高中时，就和中大一年级新生一起听过王亚南的一次精彩演讲——《现代·现代人·现代国家和现代经济学》，由此对经济学产生了极大兴趣，并下决心要报考中山大学经济系，成为王亚南的学生。1943年秋天他终于如愿以偿考入了中大经济系。当时王亚南除了白天给同学们上课，还经常利用晚上时间为大家答疑解惑。有一天晚上，他提着油灯来到简陋的礼堂为同学们答疑，陈其人拿着书走到他面前，向他请教"三五减租"的问题。王亚南在大革命时期参加过北伐军，因此对这一段历史了如指掌，于是他从北伐誓师时国民党对农民许愿施行"三五减租"，到北伐发展至长江中下游之后，"三五减租"因触动许多地主豪绅的利益而实行不下去；直至国共合作破裂后，许多地方"三五减租"成为泡影，一五一十地向陈其人等同学做了解答，陈其人和其他同学听了顿觉"醍醐灌顶"。

当然，学生们最佩服王亚南老师的，还是他的讲课水平。王亚南上课时，不仅

---

① 袁征：《抗日战争中的大学教授》，腾讯《大家》2019年3月5日。
② 涂西畴原名涂先求，湖南辰溪人1913年出生。1936年考入湖南第一师范学校，抗战爆发后参加抗日民族解放先锋队，后赴延安投身抗日救亡运动。1938年回家乡组织抗日自卫队，任大队长，并加入了中国共产党。
③ 陈其人，广东新会人，1924年出生。1947年毕业于中山大学经济系，1952年教育部政治经济学研究生班结业，1951年起在复旦大学任教。后曾任复旦大学国际政治系教授、博士生导师。

全神贯注,而且声音洪亮,虽然满口湖北口音,却特别富有表现力,使人十分难忘。例如,在分析封建社会的经济时,他指出土地经济、庄园经济和自然经济是其三大特征,并把"园"和"然"都读成"软","济"字的音则拖得特别长。听完课,同学们对庄园经济只是西欧领主经济封建制度的特征,而非中国长期存在的地主经济封建制度的特征有了清晰的认识。

有一次上大课,王亚南面对讲台下的两百多位听讲者,详尽阐述了"领主经济和地主经济"的区别,深刻分析了中国封建社会土地占有形式的特点。讲到关键处,他习惯地走到讲台中央,加重了语气说:"我认为,中国的地主封建制度不同于欧洲的领主经济封建制,这就是中国封建社会延续很久的主要原因。而在今天,由于中国的地主经济在土地及劳动力转移上封建性的有限制的自由,已经造成了一种不需要近代初期各国解放农奴,推翻封建制那种革命的错觉,即中国不需要进行土地革命。这是十分有害的结论……"①

王亚南对地主经济制与领主经济制的比较,使同学们找到了一把解开中国封建社会长期延续之谜的钥匙。讲课时,他经常从讲台这头走到那头,甚至挥起双手比划着,以便让同学们更好地理解。下课后,同学们经常簇拥在他身边,和他一起讨论问题。有一对在数学系任教的青年夫妇,听完课后提出了自己尚有疑惑的问题,王亚南一一做了解答。

其时,正是抗战最艰苦的岁月,但学校的师生中似乎没有人在乎条件的艰苦。一位中大文学院毕业的学生曾这样描述他眼中的校园:

> 自成村落,两两三三溪一角,
> 犬吠牛鸣,四面青山作画屏。
> 土阶茅屋,种得桑麻衣履足,
> 寄语渊明,不仅桃源可避嬴。

师生们苦中作乐,唯治学初心不改。许崇清大力提倡学术研究,注重师资队伍建设,一时间,经济学家王亚南、哲学家李达、法学家梅龚彬、历史学家朱谦之、人类学家杨成志、民俗学家钟敬文、戏剧家洪深,还有石兆棠、许幸之、胡世华、卢鹤绂等学者名流齐聚坪石,为学生传道授业。

---

① 蒋夷牧、王岱平:《生命的辙印》,海峡文艺出版社1986年版,第72页。

为促进教学和学术活动的开展，中大创办了《中山学报》。王亚南不仅创办了《经济科学》杂志，还撰写了《中国经济原论》；朱谦之出版了《历史哲学大纲》和《文化哲学》；杨成志撰写了《罗罗经典及文字》和《云南民族调查报告》；黄文山发表了《文化学论文集》和《西洋知识发展纲要》；马思聪、黄友棣等音乐家创作了数十首抗战歌曲；国学家陈寅恪也于战火中奔赴坪石，与研究院文科研究所的师生们谈古论今。

地质系、地理系师生在系主任杨遵仪、吴尚时带领下，踏遍粤北、湘南的山山水水，考察当地的地层、构造、古生物、地形、河流水文，撰写了不少具有重要学术和实用价值的论著和调查报告，为中山大学成为中国地学的重镇奠定了坚实的基础。

武江两岸，歌声不断。黄友棣的一曲《杜鹃花》更是传遍后方和前线："哥哥！你打胜仗回来，我把杜鹃花插在你的胸前，不再插在自己的头发上。"后来，果真有不少中大学子像《杜鹃花》里的"哥哥"一样，奔赴了抗战前线。

二、教学相长

1941年，中国全面抗战已经进入了第五个年头。让人震惊的是：占领了中国半壁江山的日本侵略者，竟然孤注一掷，于1941年12月8日偷袭了美国海军太平洋舰队基地——珍珠港，使太平洋舰队遭受重创，3500多名美军士兵死伤。日本政府随后宣布对美英两国宣战，要求"举国家之总力，达到征战之目的"。同一天，美英两国也同时对日宣战，太平洋战争由此爆发。

1942年1月，盟军中国战区成立，蒋介石任战区最高统帅。美国通过"租借援华"，以达到增强中国实力、利用中国战场牵制与消耗日军的目的。蒋介石为此大大地松了一口气，因为随着太平洋战争的爆发，中国已不再独力支撑抗战危局，中国的"危险已过大半"。这一年，中国军队进行了浙赣战役，顽强抵御了日军的进攻。地处粤北坪石的中山大学师生们，也获得了暂时平静的教书和读书机会。

这一年，中大的学生人数从迁回之初的1736人，增加到4197人。学生们来到坪石后，更加认真读书了，宿舍、教室、图书馆里到处都有人在看书。"研究的空气和写作的空气都相当浓厚……研究会、讨论会、演讲会、普遍地建立起来，刊物亦如雨后春笋。这些集体活动，都说明中大学生的读书空气和生活态度。"[①]

[①] 参见梁山等：《中山大学校史（1924—1949）》，上海教育出版社1983年版。

可惜的是，许崇清校长虽然思想开明，提倡学术研究自由，推动了中山大学的政治民主和学术发展，深得全校师生拥护和爱戴，却招致国民党当局的不满，免去了他的代理校长职务，使王亚南失去了一位好师长、好领导，也使中山大学失去了一位很好的领路人。

在地下党的影响下，王亚南和其他进步教授一起，继续推动中山大学的政治民主和学术自由，同时结合中国实际向广大青年学生宣讲马克思主义。在给高年级学生上"高等经济学"课程时，他最初采用自己和郭大力合译的李嘉图的大作——《经济学及赋税之原理》作为教材，却发现大多数学生反应冷淡。究其原因，主要在于课程没有联系中国实际，因此学生觉得枯燥、沉闷和乏味。

于是，王亚南决定以李嘉图的大作为底本，在讲授每一章时结合中国实际，说明同一经济范畴的不同表现形态和现实意义，即一面讲资本主义的经济范畴，一面分析它在中国社会的作用，使学生能够了解中国社会的问题和症结所在，进而推动社会的变革。这一全新的讲授方式不仅别开生面，而且切中时弊，结果反响十分热烈，课堂一下子活跃了起来，并吸引了越来越多的学生。每当王亚南讲这门课时，大教室里都挤满了学生，有时连门口和窗台都站满了旁听者。与英美学派的教授用英语照本宣科的课堂听讲者越来越少形成了鲜明的对比。

后来，王亚南干脆丢开李嘉图的著作，在讲完资本主义经济形态后，直接讲中国半封建半殖民地经济形态的特征及其异同点。许多在衡阳、韶关等地学习、工作的学生和青年，也专程坐火车赶到坪石听课。

王亚南在讲课中一再强调，要以中国人的资格、站在中国人的立场去研究中国经济，他说："我们研究政治经济学，应随时莫忘记，我们是以中国人的资格来研究。中国人从事这种研究的出发点和要求，是与欧美大部分经济学者乃至日本经济学者不同的；他们依据各自社会实况与要求，所得出的结论，或者所矫造的理论，不但不能应用到我们的现实经济上，甚至妨碍我们理解世界经济乃至中国经济之特质的障碍。"①

1941年10月，王亚南在《新建设》杂志第2卷第10期发表《政治经济学在中国》一文，对政治经济学的特点、中国政治经济学的现状以及研究政治经济学的立场与方法进行了分析，并提出了"中国经济学"这个名称。

---

① 王亚南：《政治经济学在中国》，《新建设》1941年第2卷第10期。

王亚南认为,"政治经济学算是一门最能反映现实,而又最须以现实为依据的科学",但我们现在所研究的经济学,却是完全的舶来品,是"从先进的资本主义国家输入的,是紧随着那些先进的资本主义国家的商品或机械品而输入的"。于是,那些"祝福资本主义,礼赞资本主义"的经济学教义,就支配着中国的政治经济学研究,这是毋庸置疑的事实。

在对政治经济学研究中各种"过于形而下或过于形而上的看法"以及"四分主义说"、"三位一体说"进行检讨、批判之后,王亚南强调,我们研究政治经济学,不是在观念上耍把戏,而是为了要对中国社会经济改造有所贡献,因此他希望"诸位切不可忘记中国的现状,要用理论去解决中国的问题,即以中国人的立场去研究中国的经济学"[①]。在他看来,这种经济学,是"特别有利于中国人阅读,特别会引起中国人的兴趣,特别能指出中国社会经济改造途径的经济理论教程",也是"特别具有改造中国社会经济,解除中国思想束缚的性质与内容的政治经济学"。

最后,王亚南明确指出了我们研究政治经济学的"三大鹄的":一是要确定我们对于一切社会科学的基础知识,和作为我们从事社会活动的实际指导;二是要彻底了解资本主义经济运动的法则,由是确定资本主义的必然归趋;三是要由此扫除有碍于中国社会经济改造的一切观念上的尘雾。这与作为舶来品的奥地利学派政治经济学的研究目的显然不可同日而语。

这篇文章无疑是王亚南从事经济理论研究的一个转折点。此前,他和其他经济学者一样,专注于外来经济理论的研究;此后,他开始立足于中国经济现实,把理论与实际结合起来,致力于"中国经济学"的探索与研究。有人因此称他为"中国的普罗米修斯",王亚南听了粲然一笑。他想起周恩来曾对自己说过的"要让马克思主义来指导中国革命"的意见,认真琢磨着应当如何更好地用《资本论》的原理、方法来说明中国社会的现实。

教育者和被教育者就在这样的氛围中不断相长。1943 年,中山大学经济系一个班就招了 80 多人。王亚南在课堂上不仅讲授货币、资本的一般概念,而且专门讲当今中国社会的货币和资本。他关于中国社会经济问题的讲稿,也变成了一篇篇学术论文,先后在《中山文化季刊》《广东银行季刊》《时代中国》等杂志陆续发表。《资本论》的原理和方法逐渐变成了王亚南手中的一把利刃,用以解剖百孔千

---

① 王亚南:《政治经济学在中国》,《新建设》1941 年第 2 卷第 10 期。

疮的中国社会。

后来，王亚南把这些学术论文编成一部解剖和研究中国经济形态的学术著作——《中国经济原论》，揭露了帝国主义支配下的中国半封建半殖民地经济内部的众多矛盾以及它必然走向灭亡的发展规律，被学界誉为"中国式的《资本论》"。在该书"序言"中，王亚南回顾了自己撰写这部著作的心路历程：

> 民国二十九年我在国立中山大学担任高等经济学这门课程，顾名思义，当然需要讲得高深一点。我于是选定李嘉图（David Ricardo）所著《经济学及赋税之原理》作为讲授的底本。但一半也许因为同学原来所学基础太差，一半也许因为我自己解说表达的能力不够，我发现同学对于这门课程感到十分兴趣的并不很多。
>
> 就在同时，我还担任有中国经济史、经济思想史这两科。读中国经济史的是四年级的同学，读高等经济学的亦是四年级的同学。就我平日研究的心得讲，我相信我讲李嘉图的经济学说，还应比讲中国经济史有较大的把握，但同学对后者表示的兴奋，却远较前者为大。我当时就感到，这原因，不当完全求知于李嘉图那部大著的难读难讲（以谦虚见称的李嘉图，当他把那部书拿去问世的时候，他竟表示：全英国是不是会有二十五个人懂得），而更应追问到：中国一般研究经济学的青年学子，在作为一个中国的经济学研究者的限内，他是否有理解这样抽象的理论之必要，或者至少，他们所研究的抽象理论，是否能拿来同现实，特别是中国经济现实发生认识上的关联。
>
> 由于这一种感想，我对于中国大学讲坛上，关于经济学以及一切有关经济学课程所采取的教材与教法，就感到大有革正之必要。我当时所写的，而放在本书后面作为附论的《政治经济学在中国》一文，正是那种意念的具体表现。在民国三十年，我还是担任高等经济学，还是把李嘉图的经济学作为底本，不过，每讲一章，比如讲价值论或地租论，我就把那一章研究的结论，拿来说明中国的商品价值，中国的地租，如何非李嘉图所研究的范畴，或者，李嘉图所研究的经济范畴，如何可以从反面来证示中国社会经济的非资本主义性。这个讲法，马上使一般同学发生兴趣了。研究经济学或者研究什么经济理论，本来是为了拿来作为理解现实经济的手段，但一般却像行所无事地把这种意思弄错了。
>
> 在以后几年——三十一年、三十二年、三十三年——中，我不但在讲高等经济学的时候，丢开了李嘉图的那部大著，而直接由一般经济理论，再论到中国经济，即分别由价值论展开中国商品价值的研究，由利润利息论展开中国利润利息

形态的研究,并还把经济学一门功课也担任起来,编出一个站在中国人立场来研究经济学的政治经济学教程纲要,在讲完每一篇每一章的一般经济形态之后,紧接着就讲到中国有关经济形态的相同相异点,以及时下流行的别人有关那种经济形态的不正确认识,并分别予以评正。刻下,后一部讲稿,正由当时负记述责任的一位青年朋友在帮同整理中,而这几年高等经济学的讲义,则大体是本书的主要构成部分。①

在中大教书的日子里,王亚南经常在自己号称"野马轩"的书房里接待来访的师生,经济系的年轻讲师卓炯②就是"野马轩"的常客。卓炯虽然比王亚南小7岁,却有着丰富的革命经历,是一位思想进步的青年教师。王亚南一方面启发、帮助他潜心学习、研究《资本论》,另一方面也从他那里了解一些来自左翼方面的消息,如"皖南事变"的真相和中共代表团的抗议,1942年中共在延安进行的整风等等。毛泽东关于学习马克思主义"要能够精通它,应用它,精通的目的全在于应用"的名言,也是卓炯告诉王亚南的。由此,王亚南对卓炯的真实身份自然也能猜出几分。

茶余饭后,同学们也喜欢到"野马轩",围坐在王亚南家那张小木桌旁,向他请教学习和研究方面的问题,探讨中国社会的历史发展和未来前途,有时一谈就是大半夜。诸如"中国封建社会为什么能延续几千年""中国是否能走英美国家的发展道路""苏俄社会主义理论对中国是否有参考价值"等等,这些问题不仅困扰着同学们,也引起了王亚南的深思。

为了探求真理,王亚南毫不畏惧,即使在国民党特务的恫吓下,他仍坚持讲授马克思主义经济学。这一时期他编写的《经济科学论丛》等论著,显著地表现出他既善于理论概括、又富有斗争精神的治学特点。他创办的《经济科学》杂志,鼓励大家开展自由的学术研究,不仅向本院的教授、讲师征稿,而且鼓励年轻的助教、学生投稿,有时他还亲自动手帮助学生修改文章。

为了切实研究中国的社会经济问题,王亚南多次组织年轻助教、学生走出校门,到社会上去调查研究经济问题。后来在他的提议和学校领导的支持下,学校专

---

① 王亚南:《中国经济原论》序言,神州国光社1946年版。
② 卓炯,湖南慈利人,1908年出生。的年轻教师,1931年考入中山大学社会学系,1935年大学毕业后留校任教,时任社会学系讲师,后曾任社会学系副教授、广东省社会科学研究院研究员、院长。

门成立了经济调查处,王亚南把10位年轻助教组织起来,分别负责农业、工业、财政金融以及生产和消费合作社等各个方面的调查工作。通过社会调查,掌握第一手材料,以活生生的事实揭露专制统治下的社会黑暗和腐败。

在中山大学,王亚南不仅以教学水平高而备受学生欢迎,而且以爱惜人才和大胆使用人才而著称。1942年,大学毕业不久的陶大镛①因战乱流落广东,结识了时任中山大学经济系主任王亚南。在大学读书期间,陶大镛就接触过一些左翼经济学著作,如苏联学者列昂惕夫的《政治经济学基础教程》等,从此笃信马克思主义。大学毕业后他一度感觉很迷惘。在王亚南的举荐和提携下,陶大镛得以进入中山大学任教,为后来的人生道路和学术研究奠定了基础。

当时王亚南力排众议,坚持聘请既没有上过讲台、资历也很浅的陶大镛到中大经济系担任讲师,和他合开经济学原理课程。许多年后,陶大镛深情地回忆说:

> 太平洋战争爆发后,我虎口余生,于1942年春,从香港历经艰辛混在梅县难民回乡队里,到达广东坪石镇。本来打算在老友(指徐中玉——编者注)处歇一歇脚,再去当时的"文化城"———桂林当一名新闻记者。通过他的介绍,我去拜访时任中山大学经济系主任的王亚南教授。说老实话,在学术的征途上,我当时还是一只"迷途的羔羊"。就这么一个偶然的机遇,后来在王先生的关怀和推荐下,把我留在了中山大学,这是我一生中的转折点,从此以后,就开始了教书的生涯,至今整整半个世纪。②

王亚南虽然爱才惜才,但他深知"海阔凭鱼跃,天高任鸟飞"的道理,因此对人才使用和流动持开放式态度,绝不把人才"视为己有"、搞"画地为牢",而是为人才的发展提供充分的自由和广阔的空间。1943年秋天,陶大镛准备去桂林参加留英庚款考试,王亚南并没有感到不悦,一边热情鼓励他去投考,一边积极找人代课,还推荐陶大镛去广西大学兼任教职,以解决其后顾之忧。陶大镛教学认真,科研成果突出,仅用三年时间就由中山大学讲师提升为广西大学副教授、四川大学教

① 陶大镛,1918年出生于上海。父亲是商务印书馆排字工人,家境贫困。通过刻苦自学,1936年考取南京国立中央大学经济系。后曾任北京师范大学经济学教授、经济系主任,民盟中央副主席,北京市人大常委会副主任,第七届全国人大财经委员会副主任。
② 陶大镛:《音容宛在 事业长存》,王岱平、蒋夷牧:《王亚南与教育》,福建教育出版社1981年版,第106页。

授,时年 27 岁,成为国立大学中最年轻的教授之一。

王亚南对陶大镛可谓影响至深,在陶大镛的印象中,王亚南的名字是同《资本论》紧密联系在一起的。当他首次拜访王亚南时,便为这位《资本论》翻译者的博学多才所倾倒。陶大镛回忆说:"我追随这位献身于真理的良师,学到了不少东西。我没有上过讲坛,他指导我备课;我缺乏科研修养,他激励我知难而进;我偏爱钻书本,他又提醒我重视实际。他学风严谨,一丝不苟,经常告诫我打开眼界,博览各个流派的学术著作。"① 字里行间,充满了对王亚南的由衷爱戴和敬仰之情。

在坪石的四年中,王亚南与学校诸多同仁,包括李达、胡体乾、刘渠、朱谦之等,都保持着良好的关系。大家经常在一起切磋探讨,进行广泛的学术交流,既增进了友情,又得到了许多思想启发、道义支持乃至资料帮助。

李达②是我国最早传播马克思主义的先行者之一,也是中国共产党的创始人之一。1940 年秋天,他和王亚南同时来到粤北坪石中山大学,且同在法学院任教,王亚南任经济学系教授;李达任社会学系教授,给学生上"社会哲学"和"中国社会经济史"两门课。他上课时讲授简明扼要,条理清楚,逻辑性强,并善于用表解的方式来说明问题。

他知道王亚南对中国社会经济史也颇有研究,因此两人常围绕这方面的问题进行探讨。早在抗战前夕,当日本学者秋泽修二大肆宣扬所谓"中国社会之'亚细亚'的停滞性",断言"这种停滞性必须有外力才能打开",为日本帝国主义的侵略制造舆论时,李达和华岗、邓拓、吕振羽、王亚南等人就先后发表文章,驳斥秋泽的观点,并从不同角度对中国封建社会长期停滞的原因进行了探讨。可以说,他们早就是同一战壕的"战友"。

来到中大后,李达专门就"中国社会发展迟滞的问题"做过学术演讲,着重分析了中国社会长期停顿在封建阶段的原因。③ 听讲者十分踊跃,许多外系学生也来听讲。李达认为,中国封建社会长期停滞的原因,不仅与战乱频繁、地理环境影响

---

① 陶大镛:《音容宛在 事业长存》,王岱平、蒋夷牧:《王亚南与教育》,福建教育出版社 1981 年版,第 109 页。
② 李达,湖南永州人,1890 年出生。1920 年从日本留学归国后,与陈独秀、李汉俊等人组建上海共产主义小组,1921 年 7 月出席中共一大,当选为中央局宣传主任。1921 年 9 月创办人民出版社,出版马列著作和革命丛书。大革命时期曾任国民革命军中央军事政治学校政治总教官(代理)、国民革命军政治部编审委主席及武汉图书馆馆长。后在武昌中山大学、上海法政学院、上海暨南大学、广西大学等高校任教,出版《唯物史观解说》、《经济学大纲》(1935)、《社会学大纲》(1937)等著作,是一位学识丰富、著作等身的学者。
③ 参见《李达文集》第一卷,人民出版社 1980 年版。

有关,而且与繁重的封建力役、苛杂的封建剥削、宗族遗制下聚族而居的村落公社、农民阶级不能担负新生产方法密切相关;与封建政治机构、科学不发达以及儒家学说的影响也有很大的关系。

王亚南则认为,中国社会之所以长期停顿在封建阶段,是因为封建社会可分为领主经济和地主经济两种类型,"西欧各国社会的封建制是以领主经济为它的特点,则中国的封建制是以地主经济为它的特点";"其他国家的封建制留在领主经济的时间比较长,而我国的封建制则是留在地主经济阶段的时间特别长。我国社会长期停滞的道理就在这里"。①

在1941年出版的《中国社会发展迟滞的原因》一书中,李达吸取了王亚南的意见,对西欧和中国的封建社会做了比较研究,认为中国封建的土地关系与欧洲封建的土地关系确实不同。中国自秦以后,土地可以自由买卖,分封领主的土地大量转入民间地主手中,无数民间地主分布于全国,成为国王强有力的台柱。这种封建土地关系与宗法遗制下聚族而居的村落公社结合在一起,成为生产力发展的桎梏,也是中国社会长期停顿于封建阶段的重要原因。

深秋时分,粤北山区的天气已经颇有寒意。只身一人来到坪石的李达,经常穿一身中国传统的长袍、布鞋,抽着湖南土制的香烟,和王亚南等同仁热情地交换意见,无论是理论问题还是实际问题,两人都谈得那么投机,那么平易而诚恳。可惜李达在中山大学只呆了一年,便收到解除聘约的通知。此前,国民党CC系头子、教育部长陈立夫曾找他谈话,想说服他放弃对马克思主义的信仰和宣传,结果两人不欢而散,陈立夫恼羞成怒,便下令将他解聘。王亚南和许多同事都为李达抱不平,李达知道后反过来安慰大家,鼓励大家多接触社会现实、多做实际工作。

时任社会学系主任胡体乾教授②既是王亚南的同僚,又是王亚南的好友。早在1931年,中山大学在文学院创办社会学系不久,胡体乾就来到中大任教;1939年社会学系划归法学院,他主讲"统计学""社会研究方法"等课程,为中大社会学系培养了一批又一批优秀的学子,也为中大社会学定量研究特色的发展奠定了基石。

王亚南和胡体乾由于同在法学院任教,又分别担任经济学系主任和社会学系主

---

① 王亚南:《中国地主经济封建制度论纲》,《王亚南文集》第四卷,福建教育出版社1988年版,第68页。
② 胡体乾,吉林人,自美国芝加哥大学留学回国后就在吉林大学任教,是吉林大学社会学系的创办者之一。

任,常在一起开会,彼此较为投缘,因此也常在一起探讨社会经济问题。在《中国经济原论》一书的序言中,王亚南特地向胡体乾表示谢忱。他说:"我在撰写《中国经济原论》时,就个别给予帮助的朋友讲,中山大学现任法学院院长胡体乾先生,应当是最先被数到的。他是一个极渊博的社会学者,我们在几年同事中,几乎每天有一次聚谈的机会,当我们彼此把讲述的问题进行意见交换的时候,他总能从正面或反面给予一些补充和提示。而对于资料的提供方面,他的助力尤多,有关中国经济研究的一些重要杂志,他都全部保存着。"[1]

法学院教授刘渠[2],是中山大学地下党组织的负责人之一。他在中大开设人口问题课程,尝试用马克思主义的观点阐述人口问题。而王亚南对马尔萨斯的《人口论》也颇有研究,认为它和奥地利派经济学一样,都是从自然观点出发,把人类最无可否认的两性需求——食欲与性欲作为它的出发点。在当时及以后许久,人口论之所以那样被人颂扬,那样淆惑人的视听,这是最重要的原因之一。[3]刘渠对此深表赞同,他于1942年发表《现代生育率之递降论》一文,依据十九世纪下半叶以来西欧、北美、澳洲出现的生育率下降趋势进行论证,使"马尔萨斯以来弥漫于欧洲思想界的人口过剩之恐慌,一变而为民族衰退的忧惧"。

刘渠和王亚南一样,十分注重社会调查。1942年10月,他组织中山大学社会学系的学生对坪石镇进行人口调查,并根据调查资料写成《小市镇人口构成的分析》。当时广州沦陷,省会许多机关和沦陷区人民向粤北转移,一些学校迁至坪石镇,使当地的人口构成发生了很大变化。这次人口调查包括人口来源、性别构成、婚姻状态、职业分配、家族人口构成等,是当时国内为数不多的小型人口调查,真实反映了战时坪石的人口状况,不失为一篇难得的反映战时大后方小城镇人口变化、具有重要历史价值的人口调查文献。

除了法学院的同事外,王亚南和其他学院的教授也保持着良好的关系。如时任文学院院长兼历史系主任的朱谦之教授[4],被称为"百科全书派"的学者。王亚南虽

---

[1] 王亚南:《中国经济原论》序言,神州国光社1946年版。
[2] 刘渠,广东梅县人,1906年出生。1930年冬毕业于中央大学社会学系,1934年赴日本留学。在东京帝国大学研究院学习时,对人口统计学和马克思政治经济学颇有研究。1940年到中山大学法学院社会学系任教授。
[3] 王亚南:《马尔萨斯的人口论》。
[4] 朱谦之,福建闽县人,1899年出生。1916年入北京大学法预科,后转入哲学系,1920年毕业。1927年在黄埔军校担任政治教官。1929年赴日本研修哲学,1932年回国后任中山大学教授、哲学系主任等职。著有《历史哲学大纲》等,曾自费筹办《现代史学》杂志。

然以研究经济学见长，但哲学、历史方面的造诣也颇深，因此，他常和朱谦之一起讨论各种问题，且涉猎广泛。尽管两人的讨论经常没有结果，"你讲的很对，我讲的也很对"，但却加深了彼此的了解。

在坪石期间，朱谦之完成了两部学术著作，即《中国思想方法问题》和《孔德的历史哲学》。他也经常给学生开讲座，让学生们听得如痴如醉，兴奋异常。1941年8月，他再任文学院院长，为鼓励学生积极参与学术研究，专门设立了"谦之学术奖金"。作为老朋友，王亚南自然为他"自掏腰包、倾情学术"而叫好。

粤北坪石的山山水水，支撑养育了抗战中的中大广大师生，承续着中大的文脉。王亚南、梅龚彬讲授的马克思经济学理论，法学院政治学会举行的"苏德战争问题座谈会"，陈寅恪在文学院文科研究所讲论的《魏晋南北朝史》中的《五胡问题》，英文系洪深教授指导学生剧团在中大礼堂公演的《血十字》《醉梦园》《军用列车》等剧目，都深受师生们的喜爱。

中大法学院经济系1940级学生龙志善回忆说，在坪石时期条件艰苦，但我们经济系主任王亚南先生讲授的政治经济学理论最受同学欢迎。那时没有正式教材，学校经费非常紧张，连油印讲义都发不出，老师上课只在黑板上写一提纲，全靠自己细心听讲记笔记。那时也买不到什么参考书，但坪石街上神州国光社、生活书店可以买到王先生与郭大力合译的《资本论》及沈志远所著的《政治经济学》。

1944年，王亚南（前排正中）与中山大学法学院经社师友合影

尽管生活条件艰苦,但师生们朝夕相处,互相切磋,结下了深厚感情。一位学生在《铁岭弦歌》中写道:"蜗居斗室远嚣尘,夕照晨曦灿树林。夜雨敲窗惊客梦,寒灯伴读照诗魂。纵谈世事抒孤愤,痛斥倭儿破国门。但愿回天终有术,不须相对泪沾巾。"

然而,中山大学这座南方著名学府,在抗战的口号下也潜藏着一股暗流,国民党一方面伪装民主,收买进步人士;另一方面则排斥异己,进行文化"围剿"。王亚南记得自己初来中大时,曾应邀参加过蒋介石《中国经济学说》一书的座谈会,在席上他曾率直地说过几句话,表示这本书自己还没有认真读过,但觉得书的标题和某些内容"似乎不太通妥",他因此差一点被请出会场。

抗战期间物价上涨很快,但仍赶不上纸币贬值的速度快。一个教授每月的工资,只够买两三百斤大米,生活的重担几乎压得教授们喘不过气来。为了维持最低的生活水平,王亚南不得不每月赶写一些"应景"文章去发表。他通常早上起得很早,散步一个小时左右回来,不是去上课,就是在家"爬格子"、写文章。有时甚至连早饭也不吃,还自我解嘲说"吃了早饭反而不好用脑"。

由于战时物资缺乏,价格高昂,学校有些教师为了弥补收入,便到外地去买些生活用品来转手出售,有些教师不得不出卖自己的西服和家里的用具,甚至让孩子去摆地摊。教师生活如此艰难,还时常被学校拖欠工资,导致家庭生活陷入"危机"。有一次,教师们实在忍无可忍,决定罢教,向社会发表宣言。宣言字斟句酌,道出了教师们的心酸:"无谷可食,忍病不医;子女荒嬉,妇叹于室。"学生们理解和同情老师,马上给予声援。由于师生联合抗议,声势浩大,学校只好赶快补发工资,并向教师道歉。

教师原本乃不得已而为之,生活能勉强延续,自然就回到课堂,重新拿起粉笔,做好本职工作。从小处说,是谋生之必需;从大处说,是为抗战培养人才。在坪石,王亚南和中大师生们一起度过了四年艰难困苦的岁月。他多么希望抗战能够早日胜利,这个千疮百孔的国家能够早日恢复正常,暂时迁居粤北的中山大学也能早日复员。到那时,"待从头、收拾旧山河,朝天阙"。他相信,这一天迟早会到来的!

三、坪石夜谈

1943年,世界反法西斯战争进入一个关键时期,也是历史性的转折时期。欧洲、太平洋两大反法西斯战场同时转入战略反攻,对日抗战已坚持了6年多的中国战场,也处在由战略防御向战略反攻的过渡期。

1943年2月,英国著名学者李约瑟①博士受英国皇家学会派遣,来华考察英国援华事宜。同年夏天,他专门来到粤北坪石,走访国立中山大学,并与王亚南教授进行了两度长谈。

李约瑟博士是英国著名生物化学家,1941年夏被任命为英国驻华大使馆科学参赞,并兼任"英中科学合作馆"馆长。此后他多次往返中国,利用其外交官身份,深入中国社会,结识了郭沫若、竺可桢等中国知识界的名流学者,受到他们的热情接待和无私帮助。

抗战时期访华的李约瑟博士

在与中国学者的接触、交流中,尤其是在对中国古代科技成就有了更多的了解后,李约瑟感到百思不解:中国古代曾经对人类科技发展做出过很多重要贡献,为什么科学和工业革命却没有在近代中国发生?换言之,为什么在15世纪之前,中国在掌握自然现象知识、为人类造福方面远远胜过欧洲,而近代却落伍了?这一问题后来被人们称为"李约瑟难题",它困惑着李约瑟,并引发了他对中国科学技术史的研究,开创了一个崭新的学科领域。

在访问内迁贵州遵义的国立浙江大学时,李约瑟告诉竺可桢校长,他想写一部中国对世界文明贡献的著作,希望得到竺可桢的帮助。后来,竺可桢为他收集了许多中国古代科技发展的图书和资料,并海运到英国。其中最珍贵的一套图书,即完整的《古今图书集成》,共有1万卷(约一亿七千万字)。

在访问内迁粤北坪石的国立中山大学时,李约瑟特地拜访了经济学家王亚南,

---

① 李约瑟,1900年12月出生,1917年10月进入剑桥大学学习医学,后改学化学,获得剑桥大学博士学位后留校任教及从事科学研究工作,1930年出版3卷本专著《化学胚胎学》,从而奠定了他在学术界的地位。1941年当选为英国皇家学会会员。

彼此相见甚欢，谈得十分投机。他们伴着星光红烛促膝而谈，从原始公社谈到资本主义，从沉睡的亚洲谈到飞跃的欧美，也谈到眼前的战事和未来科学的发展。

虽然他们一个是搞社会科学的，一个是搞自然科学的；一个来自发达的英伦，一个来自落后的中国，但科学是没有国界的。他们跨越了自然科学与社会科学的差别，也跨越了国界，无拘无束地交流着彼此的思想，寻找着共同的思路。临分手时，李约瑟突然向王亚南提出关于"中国官僚政治"的问题，请王亚南从历史与社会方面作一扼要解释。

王亚南听了不禁一愣，他知道"官僚政治"是困惑中国学术界的一个棘手问题。尽管在现实生活中，人们时时都能感觉到官僚政治的弊端和阴影，但他平素并未特别关注这一问题，更谈不上有什么高深的研究。学者的诚实与严谨，使王亚南不愿对这个属于政治史领域的问题轻率发表意见。他坦诚地告诉李约瑟，自己对此"没有研究，容后研究有得，再来奉告"。李约瑟听着这位中国学者坦诚、严肃的答复，似乎并没有太失望，他相信自己将来一定会得到一个满意答复的。

此后，关于"中国官僚政治"的问题便如影随形地缠绕着王亚南，逼着他去思考、去解答。他把这个问题看作是自己对社会经济史研究的副产物。究竟是什么阻碍了劳动分工和科学文化的多样发展，使得科学和工业革命没有在近代中国发生？是中国小农经济的资源限制和保守倾向，还是中国完善的中央集权制度及扭曲的儒家思想，抑或是地主经济、官僚政治和儒家文化"三位一体"的封建体制？中国延续了两千年的中央集权制度和官僚政治的本质又是什么？王亚南苦苦思索着，他下决心要向李约瑟交出一份合格的答案。

然而，此时烽火连天的中国，战时经济的重要性及民怨沸腾的物价，似乎显得更加迫在眉睫。因此，王亚南只好暂时放下官僚政治问题，专注于战时经济的研究。此前，1943年1月23日，他曾在中山大学研究院就《当前的物价与物价管制问题》做了一次演讲。在讲演中，王亚南首先对抗战以来的物价演变趋势进行了分析，从第一期（1937—1938）的微涨，到第二期（1939—1941）的局部陡涨，再到第三期（1942—现在）的狂涨。①

在对造成各期物价变动的原因进行详细分析的基础上，他对中国物价问题的症

---

① 演讲稿由其得意门生涂西畴笔录、整理，发表于1943年5月出版的《新建设》第4卷第3～4期合刊。这篇讲演稿和后来发表于《新建设》杂志第4卷第7期的《战时经济的重要性及中国战时经济政策》一文，均被收入王亚南的论文集《中国经济论丛》（五十年代出版社1944年版）。

结进行了深入的探讨。他认为,"一切的原因,皆是在生产不足的基础上发生提高物价作用的"。因为"中国是经济落后、生产不发达的国家,我们抗战的经济基础,原来就是生产不足、物资匮乏的。一到战时,自然更感不足"。所以战时物价高涨,尽管原因甚多,但说到底,都与生产不足有关。如果我们生产相当发达,供给相对充裕,物价问题又何致日益严重?

王亚南从需要加大、外输杜绝、囤积居奇、通货膨胀、敌伪破坏等几个方面进行了详细分析,指出物价问题的症结还在于生产不足。同时,与商业资本的活动也有很大关系。因为"商业资本愈活跃,愈有渗透性,生产规模愈形缩小……","一般庸俗者,往往以为物价愈高涨,愈可刺激生产,殊不知在商业支配产业的社会,这种推理是荒谬的"。①

他尖锐地指出:"现社会资本有一种向高利润流转的惯性,年来商业利润是居于特殊的丰厚地位。因此,不仅各种游资趋流拥挤在商业界,甚之被用到生产上或拟用到生产上的各种资本,也大量地脱出生产领域,而转为商业资本。""不独私人支配着的资本如此,就是政府苦心孤诣所筹放的工业贷款,也往往逃不了被转为商业资本的命运。"但是,商业资本在在造出它扩大活动范围的前提的同时,也造出了它灭亡的前提。因为它的有利活动,是在破坏生产的前提下进行的,但社会生产规模在遭受破坏、缩小到一定的限度,商业资本也就会无用武之地。

最后,王亚南对经济不发达社会物价管制的困难和有利条件进行了分析。他认为,对外关系的割断、政府限价政令的实施、舆论制裁的加强以及商业资本已渐走向下坡的趋势,对管制物价是有利的。政府如能因势利导,自不难收事半功倍之效。

同年 8 月,王亚南又在《新建设》杂志(第 4 卷第 7 期)发表《战时经济的重要性及中国战时经济政策》一文。他认为,经济对于战争的重要性是不言而喻的,但也不应强调过头,对所谓"战争的第一要求是钱,第二、第三要求还是钱","战争的关键在于三 M,即人(men)、钱(money)、物资(munition)",以及"战时经济六要素论"(即人财物和交通、技术、生产组织)等说法,他分别给予了批评。在他看来,所谓总力战或全面战是动员全社会一切人力、物力直接间接来参与战争。它以经济为基础,也以经济为贯通、联络与集中、配送的脉络。但总力战的有

---

① 王亚南:《当前的物价与物价管制问题》,《新建设》1943 年第 4 卷第 3~4 期合刊。

机性是依赖于经济的有机性来达成的,甚至可以说,现代战争机构是现代经济的应用和加强;产业愈发达的社会,其平时经济战时化的可能性愈大。

王亚南分析了战时经济的三大特点,即自由经济的统制经济化,私经济的公经济化(包括社会化和国家化),以及货币经济的自然经济化。他认为,战时社会的主要消费者和生产者都是国家,国家把生产与消费统制起来,其中间的商业化过程就无形地缩小或消失了。大大小小的工厂或农场的生产,不是由国家指定,就是对国家有优先供应的义务。而他们生产所需的原料及其他生产手段,乃至劳动力亦同时由国家依统制的方式予以供给。加强或促进这种演化趋势,使其适应战争的要求,就是战时经济政策的中心的或主要的课题。

他提醒说,由于我们造成这些倾向的前提条件,根本就不健全,因此,"我们在执行经济政策时,就要注意在可能范围内,保育自由经济,保育私经济,保育货币经济。这双重的任务,表明中国战时经济政策立案者,责任该如何繁重,处理问题该当如何谨慎"。他认为,"物价管制如能在所设定的范围内彻底施行,则由此政策推行过程中,必然要求做到的户口登记、定量分配、消费限制,乃至生产扩增等措施,定会大大有助于单纯物价问题以外的一般经济状况的改进"。

最后,王亚南强调,"要曲尽人事,要完成客观允许我们的成就,我们不要只把责任诿之于战时经济政策的立案者和执行者,我们每个人都有责任,不仅是遵行经济法令的责任,同时还有创造舆论,指导舆论,以便修正政策,推进政策的责任"①。

战时的校园生活,让学者们习惯了苦中作乐。这一年,王亚南的儿子洛林刚满5岁,而女儿黛丝(后来改名为岱平)也出生了。孩子生下后缺母乳吃,幸好妻子从湖南娘家附近乡村找来一个奶妈,才解了这"燃眉之急"。兄妹俩可以说都是出生于乱世,成长于乱世。

1940年秋季,当王亚南南下粤北坪石,在国立中山大学任教时,他的老搭档郭大力也应广东文理学院院长林砺儒之聘,到内迁连县的广东文理学院讲授"经济学"。连县地处粤西北山区,交通不便,信息闭塞,生活条件也较差。但郭大力并不计较,他只希望找到一个能发挥自己作用的地方。

在连县期间,他利用课余抓紧翻译马克思的《剩余价值学说史》。这部著作是

---

① 王亚南:《战时经济的重要性及中国战时经济政策》,《新建设》1943年第4卷第7期。

《资本论》的历史部分,马克思把它当作《资本论》第四卷来写。早在两年前,郭大力在赣县中学任教时,就开始翻译这部著作。如今有了相对稳定的工作和环境,他更是争分夺秒地抓紧时间翻译它,以便这部著作能够早日问世。在他看来,只有把《剩余价值学说史》也全部译成中文,才算把《资本论》完整地翻译和介绍给中国人民。

没想到,"皖南事变"后,国民党掀起了第二次反共高潮,文理学院虽地处穷乡僻壤,许多进步教师也难逃迫害。1941年上学期尚未结束,郭大力就被迫辞职,从连县回到江西南康老家。从此,他谢绝一切聘请,专心在家乡从事译作。一家四口就靠他有限的稿费和妻子在乡村女子师范任教的微薄收入来维持。为了节省开支,夫妻俩还种起了蔬菜。时任赣州行政督察专员的蒋经国对郭大力的学问才华颇为看重,亲自到郭大力老家探访,还多次派人请他"出山"、担任地方官员或经济顾问,郭大力均婉言谢绝。1943年11月,郭大力终于完成了一百多万字的《剩余价值学说史》的初稿翻译。此后又广泛征求王亚南等诸多好友、学者的意见,对译稿进行多次校改,使之臻于完善。

1943年底,世界反法西斯战争形势有了根本性的改观。在当年11月召开的开罗会议上,美国总统罗斯福、英国首相丘吉尔和国民政府主席蒋介石共同商讨了反攻日本的战略及战后国际局势的安排,制定了盟军合作反攻缅甸的战略及方案。会议结束后发表的《开罗宣言》明确要求日本无条件投降,并归还一切侵占的土地,包括将东北三省、台湾和澎湖列岛归还给中国。开罗会议确立了中国作为世界"四强"的地位,对塑造战后东亚的新局势具有重大的政治意义。

进入1944年之后,虽然世界反法西斯战争形势蒸蒸日上,胜利已进入倒计时,但中国战场的局势依然十分严峻。日军为了打通从东北到西南的大陆交通线,占领粤汉、湘桂铁路,秘密制定了"一号作战"计划。日寇铁蹄所向,地处粤汉铁路枢纽的坪石也受到了威胁。而此时,国民党当局却仍加紧对共产党人和进步人士的迫害。王亚南、梅龚彬等进步教授在中大的活动,引起了国民党当局的注意。

王亚南历来崇尚学术自由,对国民党的文化专制十分反感。他称道春秋战国时代的百家争鸣,认为它"作为一个国家政治形态来看,是极式微的",但从社会经济发展的观点看,却孕育着中国社会史上最有生气的一幕转变,即由"领主经济过渡到地主经济的转变"。在他看来,思想上的百家争鸣,"不是朝代没落的体现物,

而是社会解放的体现物"。①

课堂内外，王亚南大力提倡"独立思想、自由研究"的教育方法，让学生自己选择命题，组成自愿结合的研究小组，对理论经济、实用经济、经济史等进行研究，自由开展辩论和写文章。即便考试，王亚南也"离经叛道"，主张实行开卷考，让学生自己找参考书目，自己联系实际、独立分析问题。

在王亚南看来，当作中国转型期实践指标的社会经济，"就全体社会讲，应当是逐渐实现一种新的社会关系，而那种社会生产关系，不但允许而且鼓励各个人的经济活动，并最先有一个社会目标，使各个人都逐渐明了，他们最大可能的个人利益，只是在或大或小的社会集体利益中才能实现"。中大的许多学生不仅被王亚南的主张所吸引，也被他渊博的学识所折服，他们将林则徐"海纳百川，有容乃大；壁立千仞，无欲则刚"的对联抄赠给王亚南，对其人品和风骨给予了高度评价。

然而，国民党当局对此却十分警惕，甚至通过训导处对王亚南进行监视。正如王亚南所说："我在中山大学无论到哪个有点'左'的朋友家，都有人注意探听情况。"时时关注着王亚南的中大地下党组织，特地派卓炯到"野马轩"探望他，和他一起分析当前的局势和可能出现的危急状况，认为从长远考虑，不妨暂时离开中大、避避风头。

"三十六计，走为上计。"1944年5月，在前方战事十分激烈、紧张的时刻，王亚南冒着危险，从粤北拖家带口前往赣南郭大力家乡避难。途中备尝艰辛，尤其在翻越大庾岭时，汽车半夜在深山里抛了锚，一家人只好蜷缩在民居宅院的台阶上休息。汽车不是烧汽油发动的，而是在车头烧木炭发动的，十分简陋。汽车修了两天，王亚南也只好让孩子在菜市场的条凳上睡了两个晚上。好不容易抵达了郭大力的家乡——赣州南康县三江乡斜角村，善解人意的郭大力给予了王亚南一家以尽可能的关怀和照顾，让王亚南在这里度过了一个多月安宁的日子。不久，随着日军在战场上步步紧逼，赣南也成了日军进攻的目标。王亚南便应福建省政府的邀请前往福建战时省会永安，继续从事研究工作。

1944年冬，日寇侵占了赣南，到处烧杀掠夺，村民们只好东躲西藏。郭大力带领全家老小东奔西跑，他那部《剩余价值学说史》译稿也差一点遭战火毁灭。为安全起见，他干脆把它用防水油纸包扎好，埋在自家菜园里，以免逃难中丢失。在

---

① 蒋夷牧、王岱平：《生命的辙印》，海峡文艺出版社1986年版，第73页。

他的精心保护下，这部著作在1948年由读书生活出版社出版。

在"豫湘桂战役"中，日军集中了数十万精锐兵力围攻洛阳、长沙等城市，国军损兵折将五十万人，洛阳、桂林、福州、长沙四个省会先后落入敌手，146座县城失陷。这场战役的大溃败，成为抗战后期正面战场的一次空前惨败，并使日军打通了大陆交通线。1945年初，日军进犯粤北，一路势如破竹，坪石很快就处于日军包围之中。

迫于战场形势，中山大学不得不再次迁校，紧急疏散到粤东梅县、粤西北连县及湖南临武等地，从而结束了在坪石的4年多办学。直到抗战胜利后学校才复原广州，许多师生也才得以重新返校。

四、爱生如子

1945年8月15日，日本宣布无条件投降，抗战取得了最后胜利。中山大学师生也于同年10月从各地陆续迁回广州石牌校址复校，结束了长达7年颠沛流离的生活。

曾主持国立中山大学内迁、后主持第七战区编纂委员会工作的许崇清校长也随着回迁大军从粤北迁回了广州。虽然仍在中山大学任教，但已不再担任任何行政职务。他明显感受到世态的炎凉和备受冷落的滋味。尽管如此，他仍以学校的利益为重，泰然处之。

1946年暑期，王亚南从福建回到已复员广州的中山大学，为同学们补课。为了节省盘缠，他没有带家属一起回来，而是独自回来。先是住进广州的一家小旅馆，后来借住到中文系一位教授家里，开始了他在中山大学的补课工作。

"老系主任王亚南回校了！"经济系学生得知消息后，自发召开了欢迎会。对这位《资本论》全三卷的中译者，不少同学仍记忆犹新。而王亚南则颇感内疚地自责说：1944年秋天，日军还没有进犯坪石，自己就因故先离开那里到福建去，没有和大家一起逃难。这虽是福建方面讲课的需要，但总感到自己是个"逃兵"，因此心里很不安。后来中山大学搬迁到粤东北山区，自己本应马上归队，却又因身体状况等种种原因耽搁了下来，直到现在才回来。

经历过兵荒马乱岁月的同学们，对王亚南这段颠沛流离的生活自然都表示十分理解和同情，大家迫切希望能从王老师的"补课"中，多学到一些真知灼见，多了解一些对当前时局和今后出路有益的东西。一位学生向王亚南提出关于"民主政

治"的问题，王亚南虽然明知当时政治形势已然十分微妙，仍从学理上对这一问题进行了梳理，恳切解答了同学们的问题。

王亚南说，民主或民主制度，无论其发生或演变，都始终同经济或经济制度密切关联着。在民主政治上发生的一切问题，都可以直接间接的在现在经济领域内的诸般经济发展的障碍上或变动上得到解释。资本主义社会的民主问题，可以说是其经济问题在政治上的感应。因此，应当把民主问题和经济问题联系起来研究。离开了经济问题来谈民主问题，民主问题就会像悬空断线的风筝，最后不知飞到哪里去。①

补课是在酷热中进行的。王亚南一边讲课，一边拿着把大葵扇，不停地扇着。大家都觉得王亚南补课的内容讲得很精彩，特别是关于中国地主经济封建制度对中国社会发展的影响，以及社会形态越向高级发展就越相同的原因，使大家受益匪浅。学生们集体向校方"请愿"，要求学校把王亚南老师留下来任教，并发给他聘书。然而校方的态度却十分暧昧，直到暑期快结束时，校长才找王亚南谈话，说"我们是欢迎你的，但有些人认为你的影响太大了，实在抱歉"。校长说的"某些人"，显然是指特务系统安插在学校训导处、专搞教师和学生情报的那些人。王亚南自然对此嗤之以鼻，他心里很清楚，此时厦大也张开着臂膀等待他的归来。

即将离开广州时，王亚南在《每日论坛》杂志发表了"致中山大学经济系同学的一封公开信"，字里行间，充满了对中山大学的依恋和对经济系同学们的一片深情。

全体同学们：

我要去了，在几点钟之内，我就要远走高飞了。临着这夜未央的时际，总觉得这样超然别去，好象有许多话需要对你们全体说，而不仅是对那些已经见到了我，已经陆续同我接触，殷切盼望我留下的一部分同学说。

我已无须再分说我为什么离开中大的理由了。那完全是基于我对厦大方面的责任感。而在我自己，并还希望今后不再到中大。因为，我认为老是呆在一个地方，就我个人学习方面讲，就社会文化交流传播讲，都是不必要的。

但我在中大，前后快七年了。如我在《中国经济原论》那部书的序言中所讲的，中大，特别是中大同学同事所给予我研究上的益助，我是再也不会忘却的。

---

① 陈其人：《王亚南在中山大学及其百科全书》，《中国经济问题》2009 年第 3 期。

我到中大以前,虽然也出版了一些有关经济学方面的东西,但用我自己的思想,自己的文句,自己的写作方法,建立起我自己的经济理论体系,并根据这个体系,把它伸展延拓到一切社会科学的领域,特别是展拓到社会史领域——这个企图和常识不论达到了什么程度,却显然是到了中大以后开始的;而我自己分明记得,是在发表《政治经济学在中国》那篇文章开始的。因此,我念念不忘中大和中大经济系,在我自己这方面,并非因为我在那里留下了什么,而纯是因为我从那里获得了一些我前此不曾获得的东西。

中大和中大经济系为什么能这样造就我,我自己一时也不能把它全部原因指数出来。不错,战争是一个骇人深省的有力因素,战时的许多社会现象,会帮助我们认识那些隐伏在表象后面里的有关社会本质的东西。但假使我留在其他地方,或者留在其他大学,恐怕会是另一种结果吧!这使我联想到大家动辄自夸的"中大传统"。但"中大传统"究是怎样一种精神的东西呢?是怎样一种起着"升华"作用的"烟土披里淳"(精神)呢?你们以及其他的人,往往把这解作是"自由研究"。中大在研究上所获得的自由,并不比其它大学多,甚至可以说,在许多方面,比其它若干大学还少。我认为,假使说中大有一种使它与其它大学相区别的特征地方,那与其说是"自由研究",毋宁说是"自己研究","自己学习"。这种特征的存在,在许多原因之中,我得把中大由中山先生所创造,并为纪念中山先生而继续予以发展的事实指明出来。"向世界迎头赶上去,把民族从根救出来"的中山先生的伟大抱负,会使学习在这种学校的学生,油然而富有"时代感"和"现实感"。结果,他们中间那些不肯过于落在时代后面,不肯过于对现实采取旁观的人,就设法自己从现实体验中,使所学的得到验证和充实。这样的人,在一百人中有三、五个,在一千人中有三十、五十个,就很容易造成一种领导的风气,使得生活在这种环境中的学者和教者,要么就是自甘落后,满不在乎地去享受"不研究"的自由,否则,他就得经常把自己放在进步状态中,去同其他"自己学习"者竞赛,并准备去接受"自己学习"者的质疑与论难。这样的自己学习或自己研究,显然会自己表现出一种自由研究的外观,而在实际上,自己研究比从讲堂上被动的"习得"是更需要自由的。而且,也只有肯认真自己学习的人,才能体验到"自由"的可贵。

象这样的自学或自己研究,显然并非不需要指导者。反之,指导者的责任和负担,是更加艰巨的。我自负起中大经济学的指导责任以后,我就痛感到,把一本美国或英国大学的经济学教本在课业中敷衍一下,无疑是非常轻松的偷懒方

法,但无奈那一类刻板的常识性的书籍是专为它们自己社会需要而写出的书籍。含糊笼统的,"以其昏昏,使人昭昭"的,叫那些被动性强的同学勉强学着应付考试,固然是轻而易举,但要用此对付那些认真学习,要求使理论同现实联系来理解的同学,那就太嫌不足了。所以,在解答继续不断的质疑问难过程中,我先后刊行了《经济科学论丛》、《中国经济论丛》,及《中国经济原论》几部书。就连中途暂时离开而在去年度印行的《社会科学论纲》,其中的许多命题,也还是在中大教读当中,为大家所分别提起,因而引起我进一步研究的结果。我现在无需冒言这几部书在今后中国经济学界的影响,但至少在我个人方面,是借此确立了我今后继续学习研究的基础。

上面的说明,就表示我所负于中大及中大经济学者,是如何的多且大了。[①]

在回顾了自己在中大的教学、研究生涯及表达了对中大的感激之情后,王亚南笔锋一转,从学习的角度,尤其是对同学们如何发挥"自学精神",提出了自己的肺腑之言。他说:

现在,我要向你们"临别赠言"的,只有一句话,就是希望你们发挥自己学习的精神,自己去找门径,自己去探索。也许有时觉得太迂回了,太苦了,但这却最靠得住。真正的大学教育,并不是要大家到学校里来,张着口,让老师"填鸭"般的灌进一些在他认为"营养"的东西。而是要大家在就学期间,利用学校人和物的环境,利用一切可能的机会,自己去寻觅食物,自己去消化。自己找来的东西,自己消化了的东西,往往是最有益于自己的。

可是,怎样才能发挥自学的精神呢?却非一言两语所能尽;我此刻在仓促中想到的,约有以次几点:

第一,自学应随时不要忽视了共学的重要性。独自一个人学习,易使人流于孤癖,流于孤陋。一个人在自学过程中,不但自学的物质条件(如购买书籍等),需要不时补充,就是长期支持自习的毅力,也得不断有人从旁"打气"。相与切磋,相与共患难,特别是相与共书籍这种财产的朋友,十个八个也好,三五个也好,甚至一个也好,那是自己学习所最不可少的。但这样的朋友的发现和获得,是要在自己努力学习进程中,才有可能;而且定要自己在那种进程中,才能感知其必要。

---
① 王亚南:《致中山大学经济系同学的一封公开信》,《每日论坛》1946 年 11 月。

第二，自己学习与自由研究是有关联的，但自由的研究空气，虽则是自己学习的一个非常重要的条件，可是所谓"自由"，并不单指从外面给予的那一面，还有从自身"创发"的那一面。学校即使做到了学习第一，完全由科学之神所主宰，但如果自己过于狭隘，陷于象牙之塔中，不肯给予相反意见，相反理论以充分考虑的余地，那样，即使完全取得了政治性的自由，也难免要丧失学术性的自由。坚定个人的研究立场和尊重人家意见，给人以充分表达意见的机会，不是不可并行的两件事。任何光辉正确的学说，只是在诸多相反学说的并存中，才显现出来；也只有通过诸多相反学说的论难，质疑，甚至攻击，才能使它从每一视野，每一角度，都阐发出真理的光芒来。在研究的论坛与讲坛上，应"从反对者获取自由，予反对者以自由"，这是我个人以往提倡过的。在自己研究还不够自由的今日，我认为，开明的研究态度与坚定的研究立场，有同样的重要。

第三，每个人在自学中迟早总可发现他自己认为有效的研究方法。而在我，认为不妨采行比较法。例如在经济学方面，读到某家价值理论，同时把一切其它各家价值理论拿来参阅，最后如发现只有劳动价值理论最合理能科学地说明一切有关现象，然后再进一步把各家的劳动价值理论拿来比较。照此研究下去，虽然在一般的表象论者，有流于形式主义的危险，但我们如果对于社会科学基本法则和方法论，有了相当认识，则这种研究方法，最能展拓我们的视野，增进我们的学力。

第四，我前面讲到中大同学的自学精神，主要是由于我们这个大学的历史所赋予大家的现实感和时代感。但在自学过程中，要防止因个人及其它生活的种种原因，使研究慢慢倾向与时代和现实脱节的路上去。就我们学经济科学的人说，注重理论的研究，固然怕发生这种毛病；就是从事技术性的研究，也怕发生这种毛病，或者说尤怕发生这种毛病。试想，在经济学系学习会计、统计、赋税一类学科，如也象商业速成所的学生一样，只懂得它们的技术面，而不懂它们致用的社会面，那就无需来大学学习这类学科了。我们今日的会计制度、赋税制度以及专卖制度等等，都是注重学习技术，忽略了社会条件的结果。

至于我，我是随时警惕着，怕我自己的研究带有讲坛式的、书院式的倾向。例如，最近上海论坛上，有位作者评述拙著《社会科学论纲》，指出全书贯彻三个重点，即"实践的，批判的，中国的"。我感到非常兴奋，倒不是因为他讲了恭维话，而是因为我由是得知，我的研究尚未太脱离现实；而且这三点，也确是我的全部经济理论所企图实现的目标。我是乐于以此来勉励大家的。

最后盼望你们当作我还在学校里一样，有什么问题和疑难，随时写信告知我。因为我不但有这种道义上的义务，并且还从内心有这种要求！质疑和论难，并不仅在你们的学习上是必要的，在我的学习上也是必要的。当作一个永远的学习者，我始终在精神上同大家聚在一块。

愿大家向着学习的光明前途迈进！①

王亚南在这封长信中，对经济系的同学们谆谆嘱咐，语重心长。他特别强调了三点：一是到了中大之后，才建立起自己的理论体系，并扩展自己的研究领域；二是希望同学们发挥自学的精神，自己去找门径，自己去探索；三是不管世人如何评论，在他眼里，中山大学的同学们都是很棒的，但也需要冷静的态度。

这些看法并非王亚南的"客气话"，而是他的"真心话"，这从他平时的谈话和著作中也可以看得出来。在一次闲谈中，他曾对中大和厦大的学生进行比较，他说："厦大的学生不管怎样忙于参加政治活动，铃声一响就回到教室；中山大学的学生则不然。我倾向于认为应当回到教室，因为需要抑压感情。"

在《中国经济原论》一书"序言"中，王亚南回顾了自己写作这部著作的过程，他说："国立中山大学经济系及至全校有志于中国社会经济的科学研究的同仁与同学，他们每有机会，就提出有关方面的问题来同我商讨，这样，我便经常像是处于被考试者地位。中国商品与商品价值的研究，刚刚研讨出一个头绪，他们又要求我依次说明中国的货币、资本……。不管我的考试是否及格，而我像经常被安置在被考试的地位，却是一个事实。我在这当中，才比较理解到所谓'教育者不断被教育'的意义，亦就因此之故，不管国家怎样理解中山大学，我总觉得那是一个有生气，有活力，特别富于时代感的学校，只要稍加绳墨，领导有方，那是格外显出学术研究的展望的。"②

这段写于1946年元旦的话，除了表达对中大师生的感激之情外，也希望对同学们"稍加绳墨"，使他们"铃声一响，就回到教室"，与老师共同切磋学问，提高认识水平。后来，在《中国官僚政治研究》一书的"自序"中，王亚南进一步指出："过分渲染一种急于除去的东西的丑恶和过分渲染一种急于实现的东西的美好，也许在宣传上是非常必要的，但同样会妨碍科学上的认识。"③这段话对青年学生无疑

---

① 王亚南：《致中山大学经济系同学的一封公开信》，《每日论坛》1946年11月。
② 王亚南：《中国经济原论》序言，神州国光社1946年版。
③ 王亚南：《中国官僚政治研究》序言，时代文化出版社1948年版。

是非常重要的,因为感情的冲动虽然能够写出热情的诗篇,却写不出冷静的科学论文。

中山大学同事欢送王亚南(前排中)合影

"公开信"发表后,王亚南就告别了中山大学,告别了梅龚彬及中大经济学系的师生们,踏上归程,回到东海之滨的厦门大学,继续他的教书生涯。

第六章 二次入闽

> 国破山河在，城春草木深。
>
> 感时花溅泪，恨别鸟惊心。
>
> 烽火连三月，家书抵万金。
>
> 白头搔更短，浑欲不胜簪。
>
> ——杜甫《春望》①

1943年冬，中国远征军厉兵秣马，反攻滇缅，展开了第二次滇缅战役。在人迹罕绝的异域丛莽中，远征军官兵以同仇敌忾之心，精忠报国之志，将竭其智，兵尽其勇，克服重重困难，一路攻城拔寨，重创日军。

"古来能战始能和，喋血江山是止戈。"1944年，在豫湘桂战役中，日军八个师团十余万人猛攻桂林。时任31军131师师长的阚维雍将军指挥部队沉着应战，打退了日军多次疯狂进攻，双方损失惨重。他以"千万头颅共一心，岂肯苟全惜此身，人死留名豹留皮，断头不做降将军！"之诗激励全师官兵。主阵地被日军突破后，他亲自指挥敢死队，奋勇逆袭夺回阵地。桂林陷落后自杀殉国，年仅44岁。

1944年夏季至1945年夏季，在抗日战争进入最后决战的艰难时刻，王亚南应福建省政府主席刘建绪之邀，从地处粤北坪石的中山大学来到地处闽西北山区的永安，出任福建省研究院社会科学研究所所长。这是他第二次"入闽"，他与家人及研究所的同仁们，在永安这个"战时省会"度过了一段激情燃烧的岁月。

一、战时省会

地处燕江之滨的永安是闽西北的一座美丽山城，也是抗战时期的福建省"省会"。

1938年初，日寇南侵，福州屡遭轰炸。福建省政府于5月内迁永安，直至抗战胜利后才于1945年底回迁福州。在长达七年半的时间里，永安作为福建省"战

---

① 唐至德二年（757年）春，身处沦陷区的杜甫目睹长安城一片萧条零落的景象，百感交集，写下了这首传诵千古的名作。它抒发了作者思念亲人、为国家时局而悲愤感伤的心情，反映出广大民众反对战争、期望和平的美好愿望。全诗触景生情，沉着蕴藉，真挚自然。

时省会"，不仅集中了许多机关、学校和文化出版单位，而且聚集了大批来自全国各地的爱国知识分子和进步青年，推动了永安抗战文化的繁荣，使永安成为国统区著名的文化堡垒，与地处西南的重庆、桂林、昆明遥相呼应，成为东南"抗战文化名城"。

当时，随福建省政府内迁永安的政府机关、军警机构、金融单位、大中专学校以及学术研究机构和团体多达一百多个。仅新闻出版领域，战时永安就有39家出版社、19个印刷所、15家书店，先后出版了13种报纸、129种期刊、700多种图书。

王亚南是经福建省政府秘书长程星龄介绍、受福建省政府主席刘建绪邀请来到永安的。当时，豫湘桂战役正在粤汉、湘桂沿线惨烈地展开，地处粤北的中山大学也将面临紧急疏散。已先期转移到赣州的王亚南，考虑到去福建永安，虽然道路崎岖艰险，但比到人员拥挤的大后方可能会有较大的发展余地，支援抗战的意义也更大一些。因此，便毅然接受福建省政府主席刘建绪的邀请，携夫人和子女踏上了赴闽的旅程。这是继1933年"闽变"之后他第二次入闽。

刘建绪①和程星龄②都是湖南醴陵人。刘建绪就任福建省主席之初，曾引入湖南省财政厅长、以廉洁理财著称的张开琏任省府秘书长。但张整天埋头文牍事务，未能发挥幕僚长的全面作用。于是，刘建绪便改任程星龄为省府秘书长。1942年2月，程星龄就任秘书长后，帮助刘建绪实施了一些较为开明的政策，并向他推荐了一批中共地下党员和进步人士，加强了战时永安的进步力量。正是在这样的背景下，程星龄将中山大学的进步教授王亚南推荐给刘建绪，请王亚南出任福建省研究院社会科学研究所所长。

福建省研究院原为福建省研究所，成立于1939年4月，其宗旨是"提倡高深学术研究，培植科学人才"。时任福建省政府主席陈仪认为："学术是推进国家文化经济的原动力"，一个国家如果没有学术研究作为基础，现代化的经济建设、国防

---

① 刘建绪，湖南醴陵人，清光绪十八年（1892年）出生。1916年在保定军官学校第三期炮科毕业后，分发到湘军第一师赵恒惕部任职。一路从湘军排、连、营、团长升任国民革命军的旅长、师长、纵队司令、第四路军总指挥，曾多次参与"围剿"红军。抗战爆发后出任第十集团军总司令、第三战区副司令长官。1941年接替陈仪出任福建省主席，成为战时的封疆大吏。
② 程星龄，湖南醴陵人，1900年出生，系国民党高级将领程潜的族弟。1916年入湖南省立第一师范学习，受进步师生影响，投身五四爱国运动。1926年毕业于北京大学教育系，后参加北伐，担任宣传科长。大革命失败后在上海劳动大学、北平故宫博物院等处任职。1936年后，相继任福建省安溪、福安、莆田等县县长、福建省行政干部训练团教育长及广西省政府顾问。

建设就无从谈起。福建省研究所成立之初，由厦门大学校长、物理学家萨本栋兼任所长，办公地点暂设在长汀厦大校内。"草创之初，经费至微，赖其悉心擘画，惨淡经营，先后成立自然科学、医药卫生及农林三部。"① 同时，萨本栋也积极筹划成立工业部和社会科学部。

1940年，抗战进入十分艰难的时刻，萨本栋因厦大校务日益繁重，于是向省政府请辞所长一职。9月，省政府改聘省府顾问沈铭训兼任代所长。沈铭训上任后，增辟工业部和社会科学部，使全所扩大为五个研究部。为方便与各方联系，他将研究所的总办公处迁至永安。自然科学和社会科学两部因人才和设备与厦大关系密切，仍暂留长汀。

同年11月，根据省政府决定，福建省研究所扩充为福建省研究院，"俾在专门技术上适应本省经济建设之需要"。沈铭训辞去代所长职务，由留法归来的细胞学家汪德耀接任院长。总办公处及从长汀迁来的社会科学部随后都搬至永安文庙办公。

福建省研究院标志

汪德耀在任两年内，虽然创业维艰，仍然克服种种困难，使研究院初步奠定了各方面的研究基础，研究工作逐步走上正轨，并取得一些科研成果。1943年春，汪德耀赴厦门大学主持理工学院工作，遂辞去福建省研究院院长一职。此后，省立医学院院长侯宗濂、地质学家周昌芸先后担任研究院院长。

在王亚南到来之前，社会科学研究所主要研究人事行政、本省土地问题及农民问题，大家各干各的，既缺乏整体研究计划，工作效率也很低。王亚南来之后，调整了研究机构，设立了政治、经济和文史三个研究组。原政治经济组扩大为政治组和经济组，政治组由杨潮（羊枣）任组长，经济组由章振乾任组长；历史组也扩大为文史组，原拟请张铁生任组长，后因交通阻隔未能到任，由王亚南自行兼任组长。

经济组以土地问题为主要研究方向，配合福建省产业经济研究；政治组侧重于

---

① 《福建研究院社会科学研究所概况》（内部资料），1947年12月。

国际问题研究；文史组则以社会经济史研究为主。在扩大机构的同时，王亚南增聘了一批中青年研究人员，包括章振乾及余志宏、谢怀丹、李达仁、胡瑞梁等，使研究所充满了活跃的气氛。

经济组组长章振乾是王亚南在中山大学任教时的老同事。抗战初期曾在永安办过抗日小报《老百姓》，是战时省会的第一份抗战报纸，很受百姓欢迎。后因发表主张联合共产党抗战的文章，被勒令停刊。章振乾几经辗转，回到母校中山大学任教，与经济学系主任王亚南颇为交契。豫湘桂战役开始后，章振乾出于安全考虑，准备把太太和孩子送回福建连江老家。得知王亚南即将接任福建研究院社科所所长并力邀他加盟时，他几经考虑，并为时局所迫，决定到永安和王亚南一起奋斗。两人不仅成为研究所的亲密同僚，还成为朝夕相处的邻居。

研究所新来的几位中青年研究人员，个个也均非等闲之辈。年轻的助理研究员余志宏[①]是王亚南在中山大学的学生，入学前就是中共党员。入学后，在经济系主任王亚南指导下，刻苦学习马克思经济学理论，与李达、卓炯等进步学者也来往甚密。1943年大学毕业后，他回家乡当了一年乡村教师，后应王亚南邀请来到福建社科所担任助理研究员。

经济组的另一位助理研究员胡瑞梁，也是王亚南在中山大学时的学生。他是江西新余县人，1938年毕业于中山大学经济系，1941年回校读研究生，后追随王亚南来到永安。

在政治组中，女助理研究员谢怀丹[②]的经历更是非同寻常。1942年夏天她辗转来到永安后，先后在《民主报》《建设导报》和《民意》杂志社任编辑和撰稿人。1944年8月经羊枣介绍，到社会科学研究所任助理研究员。其夫赵家欣则应永安改进出版社社长黎烈文之邀，出任《现代青年》月刊主编。

---

① 余志宏，1916年出生于湖南醴陵，自幼父母双亡，由伯父余湘三抚养长大。曾就读于长沙广雅中学和湖南省立第一中学，1937年秋考入广州国立中山大学经济系。通过阅读《共产党宣言》等进步书刊，思想进步很快，后暂停学业，投身抗日救亡运动。1938年春，他到湖南桂阳从事民众训练工作，同年5月加入中国共产党。不久回到醴陵，以小学教师身份为掩护，开展秘密工作，并利用伯父余湘三存放在家的30条步枪，组织抗日自卫队，开展抗日武装斗争。同年冬，因醴陵党组织遭破坏，他离开家乡回到中山大学复学。

② 谢怀丹，山东济南人（祖籍浙江绍兴），1908年出生。早在济南女子中学读书时，就担任学校团支部书记，积极带领同学参加"五卅"罢课、游行、演讲、募捐活动。1926年冬被党组织派往苏联莫斯科中山大学学习，1930年7月转为中共正式党员。回国后先后在上海、厦门、福州等地从事地下工作，还一度被派往印尼开展海外革命活动。"七七"事变后，她积极从事抗日救亡活动，并与香港《星岛日报》进步记者赵家欣结为伉俪。

政治组的李达仁①也是一位中共党员。他是1943年经省政府秘书谌震推荐来到永安的,担任省政府机关报《建设导报》主笔,并兼任东南出版社经理。后加入社科所,和羊枣、谢怀丹等人合编《国际时事研究周刊》。

可以说,研究所新来的这些中青年骨干几乎个个都有一番不平凡的人生经历,和共产党也都有着千丝万缕的联系,社科所的进步色彩由此也就可想而知了。

其时,由于地方当局较为开明,程星龄、王亚南、黎烈文、施蛰存、靳以、许钦文、王西彦、邵荃麟、羊枣、章振乾、谌震、刘子崧、董秋芳等进步人士和学者名流云集永安,形成了广泛的抗战文化统一战线。他们以笔作武器,以刊物为阵地,忘我地工作,把自己的聪明、智慧乃至热血与生命,毫不吝啬地献给民族解放的伟大事业,在战时省会永安谱写了一曲"血与火的战歌"。

二、潜心研究

王亚南在永安虽然只生活了大约一年时间,却宵旰勤劳,兢兢业业,在搞好研究所管理工作的同时,倡导开展对国际时局和地方经济的研究,并取得了许多科研成果,不仅表现出很强的组织管理能力,而且体现了他渊博的学识水平和高尚的思想情操。

在王亚南的主持下,无论是研究所的研究方向、研究项目,还是研究工作的立场、观点和方法,都有了很大的改变。王亚南除了日常工作外,还集中时间和精力撰写了一部以阐述社会科学新见解为主旨的《社会科学论纲》。

在该书序言中,王亚南指出:"如其说,我们近数十年的科学教育是失败了,我敢说,在社会科学方面失败的程度,比之在自然科学方面失败的程度也许还要厉害得多。"他认为,科学教育失败的基本原因,当然应求之于科学教育展开所需的社会条件、所需的促进诱因没有形成;但单就社会科学研究本身来说,其失败的症结却不能不归之于学用的脱节。"大家只知道注意某门社会科学的入门知识或基础知识,而不肯注意学得那些知识的人,对于现实有关的问题,应作如何的理解。这也许是研究社会科学的人,连自己也不知道社会科学的重要性的许多原因之一。"②

---

① 李达仁,原名李品珍(笔名史任远),1911年出生于湖南宁乡。1926年加入共青团,曾和同学一起创办《沩风》半月刊,发表各种政论、杂文。抗战爆发后积极投身抗日救亡活动,1937年10月加入中国共产党,翌年担任中共宁乡县工委书记。因遭到国民党特务追捕,流亡至衡阳、桂林、香港等地,继续从事革命活动。
② 王亚南:《社会科学论纲》序言,东南出版社1945年版。

有感于此，王亚南说，"为了使理论不避开实践，同时还为不使社会科学的研究，一直逗留在入门的阶段，我以《社会科学论纲》这本书向我们科学界贡献出来"。全书包括四个部分，即社会科学认识论、社会科学的文化论、社会科学的战争论和社会科学的建设论。除第一部分为三篇、围绕社会科学本身的认识问题进行论述外，其余三个部分均为四篇。在他看来，既然一切社会科学都是在应用过程中产生的，就更当在应用过程中去理解。所以，就当前论坛上谈论得最热闹的文化、战争及建设三种社会事业，分别应用社会科学的基本理论加以研究。

《社会科学论纲》一书的出版，对提高人们对社会科学重要性的认识，加强社会科学的研究以及运用社会科学的理论指导社会经济的发展，无疑具有重要的意义。在该书"序言"中，王亚南明确说："这部书主要是在福建写成，且多半在报章杂志分别发表过。它的出版，希望能多少有助于一般社会人士，特别是一般青年研究者对于时代，对于科学的明确认识。"①

王亚南不仅重视理论研究，而且十分关注现实经济问题，包括地方经济的研究，并在《福建省银行季刊》发表了《福建经济总论》专题文章。在分析福建经济的特异性的基础上，他强调要从福建实际出发，从福建地处海洋之滨，与台湾隔海相望，接近菲律宾，对外流通活跃的实际出发，努力发展地方经济。

王亚南认为，福建经济对于全中国一般经济显示出的特殊，当从其所具的较特异的自然条件，特别是与那些自然条件相关联的社会历史条件而得到理解。"这种自然条件的梗阻，论者往往以此为福建较迟接受中原封建文化的原因，但他们还不曾注意到，一旦中原封建文化在这种环境下生起根来，这同一自然条件的梗阻，却又会成为那种文化顽执的陷在锢弊状态中，使它不容易振拔起来，洗脱蜕出来的一个相当有力的原因。"②

他指出："单就福建一省来考察，它的沿海东南诸地区，毕竟因为位置在海洋之滨，接近台湾、菲律宾……赖有这些对外流通活动，一方面使福建仍得在海洋商业文化系统中保有一个地位（虽然是最弱的落后的），另一方面，也使福建全省东南沿海诸地区的经济状况，对其西北部的经济状况，发生相当大的差异，即对于中国中原的封建文化传统，对于原有的封建关系，前者已经表现出了较大的修正和变形。"

王亚南强调，在研究福建经济时，把福建经济的特异性指明出来，"不但有理

---

① 王亚南：《社会科学论纲》序言，东南出版社 1945 年版。
② 王亚南：《福建经济总论》，《福建省银行季刊》1945 年第 1 卷创刊号。

论上的必要,且更有实践上的必要"。他根据福建省的自然条件、经济基础和社会历史状况,具体分析了福建的工业、农业、商贸、金融等行业的发展,展望战后的发展前景,提出发展福建经济,要改进自然条件,改良技术条件,改革社会条件,尤其要重视变革社会生产关系;要更多地研究讨论发展经济的社会条件的配合,"使我们的对外贸易,不再具有买办特质;使我们侨胞回国投资,不怀有戒心;使我们的特产不完全依赖国外不易竞争和不易捉摸的市场;使我们的交通网金融网,不成为流通外货外资的工具;使我们已开辟或新开辟的土地不再荒置;使我们已经大量培养出来了的科学技术人才,不再挤塞在教育界和仕途"。①

与此同时,王亚南还在《改进》《新建设》《社会科学》等杂志上发表了《研究社会科学应有的几个基本认识》《论东西文化与东西经济》《文化与经济》《关于中国经济学之研究对象与研究方法的问题》《中国社会经济史的法则问题》《混合制度经济批判》等10多篇论文,涉及社会科学与自然科学、文化与经济、中国经济与福建经济等领域。

在研究工作上,王亚南一向强调开展调查研究的重要性。他认为中国农村经济问题之症结,在于土地问题的解决。如果封建土地关系不铲除,农村生产力就无从发展。因此,在研究所经费十分紧张的情况下,他委派章振乾带领余志宏、胡瑞梁、钟其生等人组成一个经济调查团,对闽西土地情况进行调查。

福建西部的龙岩、上杭、永定等县,在第二次国内革命战争时期是老革命根据地,1920年代末至30年代初,进行过多次声势浩大的土地革命,苏维埃政权废除了地主的土地所有制,农民按人口分得了土地。红军被迫撤离苏区进行长征后,大部分地区被"还乡团"夺回了土地,但因农民开展"保田斗争",或得到十九路军的承认,尚有约15万人口的地区、约20万亩土地依然保留在农民手中,保留着苏维埃时期的分田状态,史称"分田保留区"或"土地改革区"。

1944年冬,余志宏了解到,"土地改革区内出现了五花八门的土地关系,有私有制、村所有制、乡所有制乃至所谓'国有制'。可以说,中国其他地方所未有的土地关系的类型,在这个区域基本上都具备;而邻近的未经改革的地方,则又是封建堡垒。因此,各种势力错综复杂的斗争都在改革区内集中表现出来,构成中国近代土地关系史上一个特殊的篇章"。土地改革区内生产关系的改变,使农民生活有所改善,这是福建省独有的社会经济现象。

---

① 王亚南:《福建经济总论》,《福建省银行季刊》1945年第1卷创刊号。

余志宏把了解到的情况向社科所做了反映，引起王亚南所长和章振乾等同事的关注。王亚南一面交由经济组拟订调查纲要，进行调查准备；一面开列预算，向研究院和省政府两级申请项目和经费。

1945年4月，调查团到闽西的龙岩、上杭、武平、连城、宁洋等五县进行了为期三个月的关于土地问题和经济状况的调查，共调查了1800多家农户，访问了各阶层人士150多人。调查团每到一地，都商请当地中学借用人员若干人协助调查。到达上杭后，中山大学法学院社会学系助教覃正光、经济系助教涂西畴也赶来参加和协助调查工作。为了全力支持这项工作，王亚南在调查团出发后，对他们的家属关心备至，他说这是照顾"出征人的家属"。

在调查过程中，由于工作上的需要，不得不一再追加预算，王亚南每次都尽量满足他们的要求。后来他甚至表示，只要是工作需要，举凡调查对象、项目和地点，调查团可以自行决定，不必一一请示。这给调查团以极大的信任，使大家干劲倍增。为此，王亚南自己还遭受了不小的委屈。因为调查时间较长，原有费用不足，而增加费用不仅研究所做不了主，就连研究院也无法决定，要报省财政厅乃至省政府批准才行。

通过深入调查，调查团对当地的土地分配、租佃关系、农民负担、各种农业生产关系，以及土地改革对农村生产力发展的影响等问题，都收集、掌握了大量的第一手资料。这次调查最后形成的研究报告——《闽西土地改革区公田经营方式研究》和《闽西土地改革区新租佃问题研究》，不仅成为研究所的一项重要研究成果，而且有力支持了闽西的土地改革，并倡导、推动了研究院理论联系实际的好学风。

王亚南到永安不久，就开始筹办研究所的学报《社会科学》（季刊），仅用三四个月就完成了第一期研究论文的集稿工作。他还亲自动手，帮助修改、订正中青年作者的文章，并协助编排。1945年3月，《社会科学》创刊号正式与读者见面了。创刊号发表了章振乾的《佃租制度原论》、郑书祥的《明末国变之史的研究》、谢怀丹的《国际问题研究方法简论》、李达仁的《论时文之病》、余志宏的《论农业文化系统与商业文化系统》等。

王亚南在题为《社会科学与自然科学》的"代发刊词"中写道："科学不受到尊重的社会，研究科学的自由也横遭限制与剥夺的社会，乃表示它在衰落式微中，在向后发展中。"他强调，"在这个科学的时代，我们不仅要理解科学是关系国运的东西，丝毫大意不得；我们同时还要理解科学中自然科学与社会科学，原是一体的东西,丝毫歧视不得"①。

《社会科学》创办后,研究院的不少专家、学者包括院长周昌芸均在刊物上发表了颇有学术价值的论文,在省内外产生了一定的影响,对所里的中青年研究人员来说,也是一个很好的锻炼。如政治组的谢怀丹,短短一年间,就为《社会科学》杂志撰写了七篇研究东南亚各国经济、政治且颇有分量的文章,受到大家的好评。章振乾表扬谢怀丹是一个勤勤恳恳的工作者,他说:"王亚南来到研究所创办《社会科学》季刊,发表研究人员的著作,按期征稿,出版发行。在他任内,每期头一个交稿的几乎全是谢怀丹。"②

与此同时,王亚南还在所里创办了另一份学术刊物——《福建省研究院社会科学研究所研究汇报》,虽然办刊时间不长,同样产生了很好的影响。王亚南撰写的《中国公经济研究》一文,就是在这份刊物上发表的③,后来被收入《中国经济原论》作为附论。

此外,王亚南还大力支持政治组组长杨潮与省政府公报室合编《国际时事研究》周刊。该刊由于取材丰富,立论精辟,消息快捷,受到社会各界的高度重视和欢迎,增强了广大读者抗战必胜的信心。

三、润物无声

"春雨潜入夜,润物细无声。"

抗战时期,永安作为福建省战时省会所在地,成为福建省政治、经济、文化中心。尽管战时条件十分艰苦,燕江之滨却聚集了一大批共产党人和爱国知识分子,他们向社会各阶层人民和海外侨胞宣传抗日主张,在永安形成了抗日情绪高涨、进步文化活跃的新局面,为争取抗日战争的最后胜利做出了积极的贡献。

虽说是在这穷乡僻壤的山区,来自全国各地的文化人却"穷且益坚,不坠青云之志",安之若素,自得其乐。客居永安的南社诗人、书法家罗丹,与朋友在燕尾楼诗酒修禊时,俯望灯火万家的山城,写下了一首七言律诗,表达了自己在战乱岁月中苦中作乐的心情。

---

① 王亚南:《社会科学与自然科学》,《社会科学》1945年第1卷创刊号。
② 章振乾、张来仪:《王亚南与福建省研究院社会科学研究所》,《章振乾百岁文集》,(香港)天马图书有限公司2004年版,第173页。
③ 《福建省研究院社会科学研究所汇报》1945年12月(第1号)。

忧患如灭岁月更，行吟犹复一书生。
良朋望断青山色，禊事重温旧日情。
诗思几人楼阁外，笑谈是处夜风清。
滔滔不尽当门水，极目明河万籁声。

王亚南、章振乾以及社科所的同仁们，不也是怀着同样的苦乐心情吗？对那些战时来到永安参加文化教育活动的知识分子，王亚南都尽力给予他们支持和帮助。章振乾回忆说：

> 我的老友唐仲璋、傅家麟都是协和大学的教师，前者教寄生虫学，后者教历史学，他们都有较高的学术造诣（唐仲璋后来当了中科院院士，傅家麟也应请到美、日等国讲学）。但协大当局有个自身的规定，除非留学欧美、得博士学位的，都不给教授头衔。因此二人长期处于老副教授的职称上，我们都感到不平。
>
> 有一次我和亚南谈及此事，他表示要看看他俩的著作，我让他看了。他看后说：傅家麟确实学有造诣的人，可以先让他担任社科所特约研究员；寄生虫学我不懂，但从论文中可以窥见唐仲璋的高造诣，想和院长及动植物研究所所长商量，把他请来当研究员，要我向他俩征求意见，结果他俩都被聘任研究员。①

章振乾

社科所的政治组组长杨潮，笔名羊枣，是1933年经周扬介绍、在上海加入中国共产党的老党员。他加盟社科所后，还被聘为福建省政府参事、美国新闻处东南分处顾问兼中文部主任，负责主编《国际时事研究》（周刊）。

《国际时事研究》是一份评论国际时事和军事动态的政治性刊物，从1944年9月1日出刊，到1945年6月26日停刊，共刊出39期。由于报道的材料新颖、快捷及时，而且观点鲜明、分析深刻，成为当时东南地区具有较大影响力且十分畅销的进步读物。羊枣既是主编，又是主要撰稿人，他前后发表了59篇文章，40多万

---

① 章振乾：《与王亚南相处的日子里》，《章振乾百岁文集》，（香港）天马图书有限公司2004年版，第87页。

字，超过编发文章总数的三分之一。

政治组的谢怀丹、李达仁也是《国际时事研究》的编辑，他们积极协助羊枣工作，对羊枣的政治军事论文也十分钦佩。谢怀丹回忆说：

> 《国际时事研究》是当时国内著名的期刊之一，杨潮的军事评论尤受读者欢迎。每星期出一期，办了将近一年。杨潮全力投入编写工作。他每天阅览美新处送来的英文电讯、报刊和参考书籍，利用这些"情报"和资料，放眼世界，以他卓越的军事政治学识，每周为期刊撰写一篇（有时两篇）论文。这个刊物就以杨的军事评论闻名于世。我们对他的才华十分佩服，据说刘建绪对他的军事评论也很欣赏。①

谢怀丹虽然是编辑，也为该刊撰写了不少国际评论，包括《一九四四年的太平洋战场》《一九四四年的欧洲战场》《旧金山会议纪要》等。同时，她还积极收集资料，每期编辑约 1800 字的《世界大事记》（登该刊第 12 版），资料取舍严谨，编辑独出心裁，成为第二次世界大战的编年史料，极具参考价值。此外，她还为《建设导报》《民主报》《联合周报》撰写论文，广受称赞。②

李达仁对羊枣的军事评论同样赞赏有加，他说："羊枣的军事评论的杰出，表现在他对每一次军事局势重大发展的前因和各种可能的后果分析得那么透彻，敌对的双方战斗的结果往往恰如他所分析。他不但熟悉战斗双方的历史和地理，甚至对双方指挥人员的战斗性格和其指挥才能的特点都力求作尽可能多的了解，因而更有利于判断双方在战场上角逐的必然结果。……连那些精心绘制的战地形势图，也无不出自羊枣一人手笔。"③

强将手下无弱兵。作为社会科学研究所的带头人，王亚南发扬民主，提倡百家争鸣，求同存异，重视培养新人。余志宏是王亚南的随行学生，也是中共地下党员。他不仅经常为永安当地出版的《民主报》《国际时事研究》（周刊）、《社会科学》（季刊）撰写社论、专论，而且积极支持东南出版社的编印发各项工作。

在学术上，王亚南大力宣传社会科学研究的新观点新方法，主张"以中国人的

---

① 谢怀丹：《在白色恐怖的日子里》，邱文生主编：《永安抗战进步文化活动》，海峡文艺出版社 1994 年版，第 500 页。
② 林洪通：《永远怀着对党的一片丹心——纪念谢怀丹同志逝世 20 周年》，《炎黄纵横》月刊 2012 年第 8 期。
③ 李达仁（任远）：《羊枣与〈国际时事研究〉》，中共永安市委党史研究室编：《羊枣事件》，厦门大学出版社 1992 年版，第 76～78 页。

资格来研究政治经济学"，倡导用《资本论》的观点、方法、体系来研究中国经济问题，并强调调查研究、理论联系实践的重要性，把政治经济学研究的出发点和归宿点都提高到一个崭新的高度。他的代表作——《中国经济原论》，就是站在中国人立场研究分析中国经济问题的典范。

这部著作原拟在桂林出版，但因日军侵陷桂林而未能实现。来到永安后，王亚南补充和重写了其中一些重要篇章，并审定了全稿。福建省研究院众多同仁对该书出版给予了支持和帮助，正如王亚南在《序言》中所说，周昌芸院长"直接间接给予莫大助力"；章振乾所长始终是"一切研究努力方面的助成者和鞭策者"；余志宏、张来仪两位助手不仅"担负起了印刷上的校订责任"，而且是"这部书从速问世的策动者"。

《中国经济原论》一书由福州经济科学出版社出版发行；由书法家罗丹在永安西门开办的长风印刷所印刷，其中土纸本印二千部、报纸本印二百部；全书为大32开本，共280页；封面设计简朴大方，书名白底套红、十分醒目。在交通、文化两不发达的东南一隅，当时预约者人数就已达到总印刷量的一半，这确实是很不容易的。在该书扉页上，王亚南题写了一段献词：

> 敬以此书纪念在中国文化运动中留下了光辉业绩，但不幸都在抗战过程中先后与世长辞了的几位朋友：
>
> 　　王礼锡先生　　钱亦石先生
>
> 　　熊得山先生　　张栗原先生

王礼锡、钱亦石、熊得山、张栗原四位先生均为王亚南学术和事业上的好友，不幸都在抗战的烽火岁月中离开人世，注重友情的王亚南以此缅怀和纪念故友。

王礼锡即王抟今，是著名作家、学者和社会活动家，1939年带领战地作家访问团在中条山前线采访时不幸在洛阳病故；钱亦石[①]也是著名的作家和革命家，与王亚南"亦师亦友"，1938年1月带领抗战服务队赴浦东前线时，因身患疟疾、伤寒不幸在沪病逝；熊得山[②]是一位学识渊博、著作等身的学者，1939年2月不幸在

---

① 钱亦石，湖北咸宁人，1889年出生。1920年毕业于湖北武昌高师（武汉大学前身），1924年4月经董必武、陈潭秋介绍加入中国共产党。大革命时期协助董必武筹建国民党湖北省党部，负责宣传工作，并兼任中华大学教师。

② 熊得山，湖北江陵人，1891年出生。1907年赴日本留学，并参加共进会、同盟会，辛亥革命时曾参与发动滦州起义。1920年与胡鄂公等在北京组织马克思主义研究会，1922年加入中国共产党。后脱党并在武昌法科大学、国立中山大学、上海法政学院、暨南大学及广西大学担任教授。

桂林病逝；张栗原①也是国内知名的教育学者，1942年不幸病逝于连县东陂。

在《中国经济原论》一书序言中，王亚南还特地向郭大力致以谢意。他说："我的朋友郭大力先生，我们在战争的过程中，虽只有一两次短暂的共处，我们分别的研究，虽大体达成了共同的结论，但不仅他的《我们的农村生产》那部精辟论著，是在我研究《原论》过程中出版，给予了我不少的启示，并且我的全部研究，直接间接负于他的地方是很多的。这部书在出版前未得到他的全面校正，应是一个大的缺陷。"②字里行间，展现出这两位老搭档的深厚情谊和胸怀气度。

《中国经济原论》一书在永安的定稿和印行，是王亚南留给战时省会永安的一份厚重的礼物。尽管该书初版的纸质和印刷、装帧，都显得十分原始、简朴，但却是来之不易的。在经济落后而又处于"白色恐怖"笼罩下的永安，能将它及时印制出来奉献给读者，无疑倾注了许多排版、校对、印刷、装帧人员的心血。

战时永安齐集了近40家出版社，成为中国东南半壁的出版中心。其出版物之多，作者阵容之强，作品影响力之广，在当时国统区仅次于重庆和桂林。在这些出版社中，以黎烈文为首的改进出版社，在抗战前期（1938—1942）执战时省会出版业之牛耳；到抗战后期（1943—1945），随着环境和人事的变迁，则由东南出版社取而代之了。

时任东南出版社社长谌震③是福建省政府主席刘建绪的秘书，也是一位倾向革命的进步青年，深得刘建绪的信任和器重。刘建绪不是蒋介石的嫡系，身边又有程星龄秘书长和谌震秘书这两位进步人士，不时向他灌输团结抗日、实行开明政治的思想，因此，他也愿意接纳一些进步文化人士，并采取了一些较为开明的政策措施。《建设导报》和东南出版社都是在这一背景下创办起来的。两社均由谌震担任社长，并吸纳了不少进步人士和共产党人，为抗日救亡和地方自治发挥了积极作用。

东南出版社利用闽西出产道林纸的优势，在短短时间里就印行了30余种、七八万册进步书籍，引起了海内外的广泛关注和重视。王亚南也将他的《社会科学论纲》一书交给东南出版社印行。他的经济学力作——《中国经济原论》，原先也

---

① 张栗原是"五四"之后研究马克思主义的第一代学者，曾任广州中山大学、广东文理学院教授。曾与杨东莼、冯汉冀合译摩尔根的《古代社会》，著有《教育哲学》、《教育生物学》、《社会科学理论之体系》及《地质学》等书。抗战期间，随广东文理学院内迁梧州、乳源、连县等地。
② 王亚南：《中国经济原论》序言，经济科学出版社1946年版。
③ 谌震，湖南长沙人，1919年出生。17岁到南京读中学，19岁进入新闻界，先后任《湖南观察日报》《国民日报》《开明日报》及桂林国际新闻社编辑、衡阳《开明日报》代总编辑。1941年底，经国民党左派刘岳厚和黎澍推荐，到福建担任省政府主席刘建绪的秘书，时年22岁。

准备交由东南出版社作为"大学学术丛书"之一出版，却因交通阻隔、原在桂林打印的纸版未能及时返回，重新整理旧稿又有部分章节遗失等种种原因而未能如愿。

改进出版社此时风头虽然已不如从前，但也稳扎稳打，致力于出版各种丛书，如"改进文库"就有45种，包括王亚南的《中国经济思想评论》、高时良的《第二次世界大战中的近东与远东》、陈范予的《科学与人生》等。该社出版的《改进》杂志也经常发表进步文章，如王亚南撰写的《研究社会科学应有的几个基本认识》《论文化与经济》等。

除文化出版机构外，战时永安还聚集着许多教育机构，包括多所大中专院校，如福建大学、福建农学院、福建师专、福建音专等。不少国统区的青年跋山涉水到这里读书，使这座抗战文化名城书声琅琅，弦歌不辍。其中国立福建音专是抗战时期国统区的3所高等音乐学府之一，以音专创始人蔡继琨为首的教师们谱写了大量抗日歌曲，如《保卫福建》《我是中国人》《抗战的旗影在飘》等，在民众中广为流传，极大地鼓舞了人们的抗战斗志。音专校长卢前谱写的那首悲壮的抗战歌曲——《永安之夜》更是感人肺腑、催人泪下：

> 燕溪水，缓缓流，
>
> 永安城外十分秋。
>
> 月如钩，钩起心头多少愁……

四、"羊枣事件"

在永安生活的一年中，王亚南与研究院的同事、出版界的同仁建立了良好的关系，结下了深厚的情谊。他严肃、正直、宽厚、慷慨的性格，关心同事、平易近人的作风，给同事和同仁们留下了很深的印象。

正是在王亚南的主持下，社会科学研究所成为国统区宣传、研究马克思主义的一个重要阵地。加之东南出版社、《民主报》、《国际时事评论》的影响日益扩大，自然引起了国民党CC派和军统特务以及国民党《中央日报》的注意。他们认为共产党人正在打入上层政治组织，深入文化团体，滥用公私报纸、杂志发表评论，因此，要求地方各级领导"先行肃清自己周围的左派人士，大刀阔斧地把那些混进本党的首要奸伪份子一并清除"。

特务们暗中窥测、监视着永安文化界，终于在抗战胜利前夕找到了机会。他们把魔爪伸进省社科所和东南出版社,对永安的共产党人和进步人士进行了大搜捕,酿成了震惊中外的"羊枣事件"(又称"永安大狱")。

羊枣[①]又名杨潮,虽然出生于封建官僚家庭,但从青年时代起就倾向革命。1933年经周扬介绍加入中国左翼作家联盟,半年后加入中国共产党。此后执掌"左联"宣传部,发表了大量杂文、随笔和报告文学,还翻译了《今日苏联国》一书,全面介绍了第一个社会主义国家的发展现状。

1935年秋,羊枣和夏征农一起南下,在陈望道主持的广西师专任教。后奉派到苏联塔斯社上海分社工作,任电讯翻译,并开始撰写军事评论和国际政治论文。上海沦陷后,他仍和夏衍、夏征农、艾思奇等在租界内坚持抗日救亡活动。1939年底到香港,担任《星岛日报》军事记者,撰写军事评论;香港失陷后,他辗转到达桂林,出任《大刚报》总编辑,以其"独家新闻"吸引了大后方许多读者,一时名声大震。

羊枣(原名杨潮)

1944年6月,经黎澍(金仲华)介绍,羊枣来到战时福建省会永安,任省社会科学研究所研究员,还挂了省政府参事的名义,与省政府编译室合办《国际时事研究》,并兼任美国驻华大使馆新闻处东南分处中文部主任。为了避免书报审查的麻烦,他特地请刘建绪为《国际时事研究》题签,并以社科所的名义与省政府编译室共同编发。章振乾回忆说:

> 他为编辑周刊,日夜在自己家里工作,有时一日工作达十小时以上,写出上万字的文章。他平日在所里说话不多,有时向我们透露一些较为重大的国际新闻,还对照国民党中央社发表的消息,骂他们愚蠢……他的文章,在风雨如晦、乌烟弥漫的福建省会山城永安,起了很大的澄清作用,仿佛是黑暗中的一盏明灯。他的言论,在当地上层人士中,影响很大,有助于人们了解形势,考虑动

---

① 羊枣原名杨廉政,后改名杨潮,发表新闻、评论和译著时多以"羊枣"为笔名。1900年出生于湖北沔阳县(今仙桃市)一个官僚家庭,伯父是光绪十八年的进士,父亲也以科举入仕,清末民初曾任九江道台、湖北省财政厅长、省政府代主席等职。14岁考入清华预备学校,1919年因参加五四运动被学校开除。后转入唐山工业专门学校(今西南交通大学)和交通大学上海学校机械系就读,毕业后供职于上海铁路局达10余年。其六妹杨刚系中共党员、北方左翼作家联盟发起人之一。

向，得到人们的尊重。①

1945年7月，就在抗日战争即将取得最后胜利的前夕，国民党顽固势力终于对永安文化界伸出了罪恶之手。7月11日，驻永安的国民党军统少将俞嘉庸接到第三战区司令长官顾祝同的密电，下令逮捕重要"共党分子"——福建省主席刘建绪的随从秘书谌震、福建省政府参事杨潮（羊枣）。特务头子俞嘉庸立即召集省政府调查统计室（军统）和省党部调查室（中统）负责人开会，制定行动计划。

12日清早，负责执行抓捕任务的中统永安区的大小特务全部出动，俞嘉庸带着武装特务到吉山省主席官邸，向刘建绪出示了顾祝同的密电，向他要人。刘建绪迫不得已，通知谌震、杨潮到省政府开会，谌震当场被捕，杨潮则见机逃往美国新闻处。特务包围了美新处，逼其交人。相持两天后，顾祝同通过外交途径与美国驻华使馆交涉，美国大使馆遂以"不干涉中国内政"为由，命令美新处将杨潮引渡给第三战区。

从7月12日到8月初，军统、中统特务在福建各地进行了大搜捕，除谌震、杨潮外，在永安先后被捕者有李达仁、王石林、董秋芳、叶康参、贵畹兰等17人，在连城、福安、龙岩、南安、顺昌等地被捕者有钟尚文、林子力等12人，加上先期被捕的周碧、彭传玺共31人，时称"永安大狱"。积极支持永安进步文化活动的省政府秘书长程星龄则被蒋介石召往重庆软禁起来。一时间，战时省会永安乃至福建各地都笼罩在一片"白色恐怖"中。

王亚南得知"永安大逮捕"的消息后十分气愤，他告诉所内的同仁，时局已发生变化，国民党开始抓人了。他估计自己也不能幸免，并指着一个手提包说："我一切准备好了，这里衣服和书籍全有，要我走，我是随时可以走的。"

在研究所的会议上，他向大家通报了眼前发生的突发事件，义愤填膺地说："他们可以抓走我们的人，但他们绝不可能叫我们干他们所要干的事！"研究所的余志宏、谢怀丹等人，当时也做了最坏的打算，"随时准备入狱"。谢怀丹回忆说：

> 7月12日清晨，李达仁突然来我家，说东南出版社被抄，经理王石林被捕了，他赶去省政府打听情况，要我去远就远看看。我顾不得吃饭，就往东坡跑。半

---

① 章振乾：《羊枣和福建社会科学研究所》，《章振乾百岁文集》，天马图书有限公司2004年版，第87页。

路上碰着一个研究所的工友，他拉着我说："办公室里坐着几个特务，你别去上班！"又说杨先生的家也给抄了，现在特务在研究院查问李达仁，可能要抓他。

情况危急，得赶快通知李达仁！我急步走过第一桥，赶入城中。可巧，在省政府外面碰着了李达仁，我就叫他："快躲，快躲起来，特务在办公室找你！"说了这一句，就匆匆分手了。……我们希望美新处能成为杨潮的庇护所，遗憾的是，美新处未能提供这种庇护，杨潮也被捕。躲躲闪闪地过了几天深居简出的生活，一天，我又到研究所去坐坐。杨潮、李达仁被捕后，《国际时事研究》已人去楼空……①

后来才知道，这次"永安大逮捕"的导火索是1945年初，驻永安的美国新闻处东南分处主任兰德与谌震联络，希望派人前往浙江与新四军浙东游击纵队联系，探讨有关美军计划在浙东沿海登陆、与新四军共同配合作战的问题。于是，谌震便派周碧等三人赴浙江四明山，向浙东区党委汇报，但未得到明确回复。返程中行至浙江龙泉时，因所带美新处证件引起特务怀疑，随身携带的延安《整风文献》和《新浙东报》等又被抄出，遂被当作"共党分子"押送到江西铅山第三战区长官部的特务机关秘密监禁审讯。

"永安大逮捕"事件后，王亚南气愤地离开了永安，离开了社会科学研究所。在离开永安之前，他知道羊枣的夫人沈强已经转移到其他地方，就给她汇去一笔钱，并附去一信表示慰问。

"永安大逮捕"后仅仅一个月，1945年8月15日，日本宣布无条件投降，八年艰苦卓绝的抗战终于胜利结束了。著名学者陈寅恪在激动之余，写下了《抗战胜利有感》一诗，表达了经历抗战的广大知识分子的共同心声。

> 降书夕到醒方知，何幸今生见此时。
> 闻讯杜陵欢至泣，还家贺监病弥衰。
> 国仇已雪南迁耻，家祭难忘北定时。
> 念往忧来无限感，喜心题句又成悲。

---

① 谢怀丹：《在白色恐怖的日子里》，邱文生主编：《永安抗战进步文化活动》，海峡文艺出版社1994年版，第500页。

1945年11月，王亚南（前左三）与福建省研究院社科所同仁合影

抗战胜利后不久，福建省政府及各省级机关陆续迁回福州。为了营救"永安大狱"被捕认识，社科所全体同仁联名向省政府要求保释李达仁，《民主报》总编辑颜学回也提出保释董秋芳和叶康参的要求，赵家欣则化名给上海进步刊物投稿，呼吁释放永安被捕人员。

然而，令人难以置信的是，1946年1月11日，被押赴杭州监狱半年之久的羊枣竟被虐死狱中，年仅46岁。消息传出，举国震惊。延安《解放日报》连续发表新闻、通讯和悼念文章。上海文化界、新闻界为羊枣举行了公祭，由郭沫若主持，马叙伦致悼词。出殡时羊枣生前友好数百人为其执绋，柳亚子为墓碑题字。

羊枣被虐死狱中的噩耗引发了全国知识界和广大民众的强烈抗议，要求国民党当局释放政治犯的呼声达到了高潮。尚在狱中的李达仁联合狱中难友，向全国披露"永安大逮捕"的情况，并通过友人向冯玉祥、宋庆龄、罗隆基等民主人士求援，罗隆基为此当面质问蒋介石。狱内狱外的持续斗争，终于使蒋介石有所顾忌，不得不在1946年4月8日电令顾祝同和福建当局，将"永安大狱"中被捕的政治犯全部无条件释放。

"永安大狱"虽然使进步文化力量受到了一次严重的挫折，但反动当局企图将共产党人和进步知识分子"一网打尽"的目的并没能实现。李达仁出狱后到湘中参加了游击队，钟尚文到上海继续从事革命文化活动；董秋芳、叶康参回到福州，继续宣传民主进步。程星龄则直到1947年才经程潜、刘斐保释而返回家中。

已离开永安到长汀厦门大学任教的王亚南，在《改进》杂志发表《抗战结束有

感》一文,纵谈抗战带来的收获,表达了自己对一个"允许并奖励科学研究的自由"的合理的社会环境的憧憬。他说:

> 作为一个社会科学研究者,抗战的客观现实,却大大地造就了我,使我对中国社会的认识,在广度和深度上,都有很大的增进。弥漫澎湃于全国的抗战的浪潮,把几千年来累积而沉淀在社会里层的一切传统的阻碍着进步的种种因素或种种非现代的残滓,都给胶冻起来,做了一个明显的曝露。现实原本是比科学法则还要丰富得多的。这种震动整个社会,震动整个历史传统的现实,当然比之读破万卷书,还要有益而有启示作用得多。这是我特别要感谢这伟大的神圣的战争的地方。
>
> 最后,战争结束了,似乎每个人都有他新的打算和新的希望。当作一个科学的自由的研究者,我的打算自然是非常明白的,继续我的科学研究;我的希望自然亦是非常明白的,衷心企望有一个允许并奖励科学研究的自由而合理的社会环境。这当然不是出于我的自私,我相信,理性与自由,不但能够推动社会进步,且还是社会进步的显明征候。①

---

① 王亚南:《抗战结束有感》,《改进》1945年第11卷第5~6期。

第七章 执教厦大

还我河山百二城，阴霾扫尽睹光明。
半生颠沛肠犹热，廿载艰虞志竟成。
团结和平群力瘁，富强康乐兆民荣。
嘤鸣求友真堪喜，抵掌雄谈意态京。

——柳亚子《一九四五年九月三日为庆祝胜利日有作》

1945年8月15日，日本天皇向全体国民发布《停战诏书》，宣布接受《波茨坦公告》，无条件投降。当夜，重庆、成都、西安、昆明，以及延安和各解放区全都沸腾起来了，人们敲锣打鼓，燃放鞭炮，庆祝抗战取得最后胜利。

9月2日，在停泊于东京湾的美国"密苏里号"巡洋舰上，日本政府代表和美、中、英、苏四国及其他五个盟国代表依序在日本投降书上签字。中国政府随即将9月3日确定为抗战胜利纪念日，柳亚子先生在激动、兴奋之余，挥毫写下了《为庆祝胜利日有作》的七言律诗，表达"还我河山百二城，阴霾扫尽睹光明"的喜悦心情。

值此抗战胜利之际，王亚南马不停蹄地来到闽西长汀，出任厦门大学经济系教授，后又兼任经济系主任。不久，随着战后厦大的复员，他来到东南海滨的厦门，担任厦大法学院院长，从此与这座美丽的海滨城市结下了不解之缘。

一、任教汀州

"一川远汇三溪水，千嶂深围四面城。"

位于福建西部的长汀，地处汀江上游，四面环山，峰峦叠嶂，是一座有着悠久历史和文化底蕴的千年古城。盛唐至清一直为汀州府、郡驻地，民国时期为福建第七行政公署所在地。由于居闽赣边陲要冲，物产丰盛，人杰地灵，成为闽西的政治、经济和文化中心。

1937年7月7日卢沟桥事变爆发，9月日军袭击厦门，位于鹭岛东南的厦门大学遭到战火威胁。为师生安全起见，学校决定内迁。刚刚接任厦门大学校长的萨

本栋,在征求各方意见后,力排远迁大西南之议,以高远的战略眼光和不畏艰险的魄力,决定内迁闽西山城长汀。

1937年底,全校师生跨海渡江,跋山涉水,长途步行八百里,于1938年1月12日安全抵达长汀,开始了在这里长达八年的烽火校园生活。在极端艰苦的条件下,学校筚路蓝缕,惨淡经营。校长萨本栋精心擘画,以身作则;全校师生自强不息,砥砺前行,使这所当时最逼近战区的国立大学弦歌不辍,声誉日隆,在连续两届全国大学生学业竞赛中蝉联第一,赢得"南方之强"的美誉,被海外学者赞为"加尔各答以东之第一大学"。

内迁长汀的厦门大学校门

1941年,曾获法国巴黎大学博士学位的细胞生物学家汪德耀赴战时省会永安,出任福建省研究院院长。途经长汀时,恰逢厦大举办建校二十周年大庆,他荣幸参观了这所远近闻名的大学并结识了萨本栋校长。1943年,应萨本栋校长之请,汪德耀出任厦大生物系教授兼理工学院院长。1944年5月因萨校长赴美讲学,由他代理校长,并由教务长谢玉铭、训导长陈德恒、总务长彭传珍、人文学院院长周辨明、法学院院长黄开禄、商学院院长郑建峰和理工学院院长黄苍林等七人组成行政会议襄助之。

其时,厦大已经颇具规模和实力,每年前来投考的学生数和经严格考试录取的在校生数不断增加。1938年1月学校迁汀复课时学生仅195人,至1944年第一学期增至926人。校园规模也不断扩大,数年间兴建了各类教室、实验室、实习工厂、教员宿舍、学生宿舍等大批校舍和生活设施。与此同时，学校还积极延聘名师，打造了一支优秀的师资队伍。尤其是基础课的师资阵容非常强大，如普通物理课由谢玉铭教务长讲授，普通化学课由傅鹰教授讲授，英文课由周辨明、李庆云、林玉霖三位教授共同担任，深受学生欢迎。

1944年8月，王亚南到永安出任福建省研究院社会科学研究所所长。永安虽为战时省会，却与长汀同属第七行政公署管辖，两地又均处武夷山脉东麓，因此人员交往和物资流通较为密切。

王亚南此前与厦门大学虽然没有交集，但经济系的同行对这位国内知名的进步学者却早有耳闻，学生们对这位《资本论》的翻译者之一更是仰慕已久。1945年2月15日，王亚南到访长汀厦门大学，时任法学院院长兼经济系主任黄开禄接待了他。在当天的日记上黄开禄写道：

> 年初三，雨湿路滑，王亚南教授来访，乃自广东中山大学匆匆逃来闽省研究所者。我告以："兄若不嫌，可到厦大讲课。因赣省中正大学陈清华教授已答应来此，则厦大经济系将包罗东南一带各学派经济系人才，岂不盛哉。"①

黄开禄祖籍广东，系印尼归侨，回国后就读于清华大学；毕业后赴美留学，获威斯康星大学经济学博士学位。1939年在陪都重庆执教时，经萨本栋校长大力延揽，遂到长汀任教。当时他年方29岁，是厦大最年轻的院长，也是经济系成立以来最年轻的系主任。

在院方的盛情邀请下，王亚南兼任了厦门大学法学院客座教授。不久，他前来长汀讲学。当时还在商学院会计系高年级读书的葛家澍，在讲座上第一次见到了王亚南。他记得，王亚南的第一讲就是"马克思主义政治经济学"，不仅深刻解读了《资本论》，阐述了商品的价值和使用价值二重性、价值与剩余价值的关系；而且从商品出发，分析了半封建半殖民地社会的经济现象，剖析了资本主义商品中包含的剥削与被剥削的关系。他觉得，自己"被王亚南教授渊博的学识、独到的见解和无畏的精神所感染了"②。

---

① 苏林华：《公忠爱国 公忠爱校——忆我的老师黄开禄教授》，林东伟主编：《我的厦大老师》，厦门大学出版社2015年版，第14～15页。
② 黄开禄：《风声鹤唳忆厦大》（1945.1.1—1945.2.17），厦大台湾校友会：《厦门大学六十周年纪念特刊》，1981年。

虽然战时交通不便、路途颠簸，但当王亚南看到厦大学子们求知的热情和在艰苦环境中奋斗的精神状态，不禁对这里的学生和这座汀江之畔的小城充满了许多好感。他来厦大讲课的日子，也成了蛰居在这座宁静而闭塞的山城的经济学子们欢快的日子。为了占到一个座位，有的学生大清早就等候在教室门外。"站在中国人的立场来研究经济学"的鲜明观点，像磁石一样吸引着渴望真知、渴望报国的爱国青年。

在为期一个月的讲学中，课堂场场爆满。许多外系的学生和青年教师也蜂拥前来听讲。一个经济系的学生听完课后，激动地说："我读了几年经济学，只知道亚当·斯密和李嘉图很伟大，现在才知道有一位更伟大的马克思。"[1]

王亚南除了给厦大学生讲学外，还应内迁闽北的暨南大学的邀请，到建阳去给暨南大学商学院的学生开设专题讲座。早年王亚南曾担任过暨南大学的兼职教授，他的许多良师益友包括李石岑、钱亦石、梅龚彬、胡秋原等人都先后在暨大任过教，因此他对暨南大学怀有一份特殊的感情。

1941年底太平洋战争爆发后，暨大师生从上海出发，经长途跋涉，于1942年6月抵达建阳，并将分校改为校本部。建阳地处山区，物资匮乏，条件艰苦。暨大师生不怕困难，因陋就简，坚持办学。周宪文、许杰、周予同、方光焘、沈炼之、潘天寿、吴大昆、盛叙功、卓如、俞剑华、孙怀仁等大批专家学者先后到暨大任教，使我国华侨高等教育阵地屹立不倒。

时任暨南大学商学院院长周宪文曾担任《新中华》杂志主编，是王亚南多年的好朋友。正是在何炳松校长和他的盛情邀请下，王亚南不顾路途遥远，道路崎岖，坚持到暨大来讲学。讲课地点就设在紧邻建溪边的文庙大殿里，讲课内容是《中国经济改造问题》。选课者不仅有商学院的高年级学生，还有各个年级的同学。由于涉及面较广，要安排共同的上课时间较难，于是学校干脆把讲座安排在早晨，7点就开讲，每次上两节，用3个星期把讲座讲完。当年在暨大读书的学生吴达人回忆说：

> 1945年初，何校长聘请到厦门大学经济学教授王亚南先生来担任《中国经济改造问题》专题讲座课。王亚南是民主人士，进步教授，这门经济专题讲座课程

---

[1] 华莹等：《葛家澍教授：翘楚风影 踏歌而行》，洪永淼、雷根强主编：《学科之魂 异代重光》，厦门大学出版社2011年版，第49页。

对当时社会又非常切题，所以听讲者不仅有选修听课的商学院同学，还有文学院或理学院的同学，甚至也有不少教师，自动去听王亚南教授的经济学专题讲座课。因此，每天天尚未明，人们尚在睡梦中，整个文庙大殿人声鼎沸，这群好学的同学便摸黑赶来，争先占坐前排听讲席位，把大殿挤得满满的，真是济济一堂，盛况空前。一俟王教授进入大殿，刹时安静无声。片刻之间王教授即发出铜钟般洪亮的讲课声，吸引住了广大的同学。几个星期的盛况，自开讲到结束始终如一。①

许多年后，曾在暨大读书的胡士璋同学也还记得当时王亚南教授讲课的情景：

> 闽北的早春，还有寒意，王亚南先生身穿人字呢大衣，健步登上讲台。他那微凸的前额，中等偏高的个儿，黄黄的脸，一双和蔼闪光的眼睛，讲的一口地地道道的湖北黄冈话，乡音虽重，但抑扬顿挫，时而高，时而低，加上必要的手势表情，一开始就引起大伙儿强烈的反响。整个文庙大礼堂座无虚席，连两旁也还加添了座位，听课者全神贯注，聚精会神，秩序井然。
>
> 他谦逊地表示，试图用《资本论》的体系、结构、范畴系统地研究中国经济。他的讲课条理清晰，逻辑性强，以其深厚的功力和理论修养，鞭辟入里地剖析了中国半封建半殖民地的经济形态，卓有成效地引导学生去掌握和运用马克思政治经济学的理论观点，去认识旧社会这具尸体的症结所在。他的讲课，点燃了革命理论的火种，推动了当时暨大学生私下主动学习《资本论》。在闽北山村学习马列主义，桐油灯下啃《资本论》，成为当时同学们的自觉行动，其影响无疑是深远的。②

在给暨大学生开讲座的同时，王亚南对这所大学的同学们读书不忘救国，成立进步社团和剧社、歌咏团，创办刊物和壁报，积极宣传群众，为抗日救亡服务留下了很深的印象。

1945年8月15日，日本宣布无条件投降，中国人民取得了抗日战争和反法西斯战争的最后胜利。当天傍晚，日本投降的消息传到长汀，全城鞭炮声、锣鼓声顿时响成一片，位于北山上的厦门大学校钟也响个不停，师生们喜极而泣，欢呼雀

---

① 吴达人：《记王亚南教授讲授〈中国经济改造问题〉课的盛况》，录自暨南大学档案馆。
② 胡士璋：《回忆王亚南》（1982年6月8日），录自暨南大学档案馆。

跃,放声歌唱。厦大经济系学生郑道传在长汀《民治日报》发表长诗《胜利、和平,我拥抱你》:

> 多少次日落日出,多少次风风雨雨,
> 多少人流离失所,多少家子散妻离,
> 多少场枪林弹雨,多少人血肉横飞,
> 多少回英勇出击,多少回战略转移,
> 中国军民用鲜血与生命赢得和平,
> 中华儿女用死亡和牺牲夺取胜利,
> 呵,胜利和平来之不易,我拥抱你!

在战时省会永安,这一夜,是"用火把照亮着的夜,用爆竹惊碎的夜,用歌声缀成的银色的夜"。王亚南置身于欢天喜地的人群中,也受到了深深的感染。虽然一个月前,国民党当局刚刚导演了"永安大狱",使得全城内外风声鹤唳。但随着抗战的胜利,王亚南相信,这一切很快会有转机。

"八载终看此一天,花灯彻夜照无眠。多少艰辛赢胜利,中华何以写新篇?"王亚南读着当地报纸上发表的庆贺抗战胜利的诗词,认真思考着自己的前途和国家的未来。

1945年9月,由于从英美讲学归来的萨本栋校长已出任中央研究院总干事,国民政府行政院遂委任代校长汪德耀为厦门大学校长。随后汪德耀赴渝出席全国教育善后复员会议,并取道上海、杭州返校,途中为学校新聘了一批急需的师资。

随着抗战的胜利,为战后国家培养更多建设人才的需要也显得更加迫切。厦大求贤若渴,而永安又面临着"白色恐怖",原先担任厦大经济系兼职教授的王亚南索性朝前迈了一步,变成了经济系的专职教授。当年10月,他来到长汀,开始了在厦大的教书生涯。长汀这座偏僻的闽西山城,这座闻名遐迩的客家首府,也因此在他的人生旅程中留下了难忘的一页。

"天下水流皆向东,唯有汀水独往南。"发源于武夷山脉南段的汀江,是闽西最大的河流,因流向从北向南,按八卦方位,称为"丁水",汀江因此而得名。其干流长约285千米,有濯田河、桃澜溪、旧县河、黄潭河、永定河、金丰溪等六大

---

① 郑道传:《艰难岁月:厦门大学师生长汀抗日纪事》,《厦门日报》1995年8月13日。

支流。汀江两岸居住着众多由中原移居到这里的客家人,因此被称为"客家人的母亲河"。

位于汀江边的汀州古城建于唐宋时期。唐大历四年修建的古城墙,宋明时期进行了大规模扩建,从卧龙山顶分东西蜿蜒而下,合抱于汀江之滨,素有"观音挂珠"之称。巍峨耸立的唐代古城楼三元阁,风格独特的汀州府城隍庙,以及府文庙、云骧阁、南禅寺、刘氏家庙、李氏家庙等众多文物古迹,见证了这座历史文化名城的变迁。

唐代宰相张九龄、法医鼻祖宋慈、民族英雄文天祥、宋代大诗人陆游、《天工开物》作者宋应星、《四库全书》总纂官纪晓岚和清代著名画家上官周等一大批文人墨客、志士仁人都曾在长汀留下自己的足迹,为这座千年古城增添了浓郁的文化色彩。

长汀不仅是一座风景优美的山区小城,也是土地革命战争时期中央苏区的重要根据地,因商贸繁华而有"苏区小上海"之称。1932 年,福建省第一个苏维埃政府就在长汀成立,中共福建省委、福建省军区等机构也先后在这里设立。1934 年10 月,中央红军主力长征后,苏区遭到国民党反动派的"洗劫",许多地方"间阎不见炊烟,田野但闻鬼哭"。

1938 年 1 月,厦大师生初到长汀时,只见这里"举目凄凉无故物",各种生产、建设、文化设施都非常落后,甚至连庙宇都剥落、破败了。但是短短几年间,随着厦大师生的到来,长汀完全改变了模样。

在教育上,全县原来只有一所省立初级中学,连初小都极少;如今不仅有大学,还新办了省立高中和县立初中。厦大各学系的学术演讲会、辩论会或展览会、演艺会更是吸引了许多民众的目光。在出版上,长汀原本既没有出版物,也没有报纸;厦大迁入后,出版了《唯力》和《厦大通讯》月刊。 在经济上,厦大每年几十万的经常费和全校师生的生活费,全都花在了长汀,使市场日趋繁荣,城乡面貌也为之一变。古老荒凉的长汀,开始具备新兴都市的气象了。"其他如迷信风俗的革除,社会风气之改过,民众对抗战意识之唤起,工人待遇之提高,书局之增设等在在都是母校迁汀后所影响的。"①

王亚南来到长汀后,对这里的人文和自然环境都十分满意。而最让他感到宽慰

① 《母校迁汀后对于长汀社会之影响》,《厦大通讯》第二卷第 3 ~ 4 期,1940 年 4 月 20 日。

的，是这里的政治氛围比较宽松，远没在永安时的压抑。学校从上到下，都专心致志于教学，努力为战后国家的重建培养人才。学校对抱有不同政治观点的学生也一视同仁，加以爱护和保护。

当时厦大经济学科和中大一样，在课堂上占据主导地位的是英美派的政治经济学。王亚南新来乍到，不得不讲求一些策略，在介绍马克思主义政治经济学的同时，也介绍古典主义和主观主义的政治经济学。他主讲的"高级经济学"课程，既有深奥的经济学理论，更有对中国经济形态和经济现实的剖析，因此很受同学们欢迎。

为了促进师生之间的交流，培养学生的学习兴趣，学校鼓励教师和学生多交流、多互动，努力营造教师自由教、学生自由学的良好氛围，激发师生自主开展科学研究的兴趣。黄开禄教授在校园里创设"木屋学社"，从经济系各年级学生中选择优秀者为社员，学社定期聚会，开课外研究经济学风气之先。一位当时参加活动的学生回忆说："大部分时间由黄师主持讨论大家所学课业，大家轮流提出对所学之见解与心得，彼此切磋砥砺。"① 同时，大家也互相交流各自的生活起居及课外活动等话题，以增进彼此了解，加强同学情谊。

王亚南觉得这种类似沙龙的学术活动有助于增进师生的情感交流和生命体验，因此，在课余时间里，他也会带着同学们去郊外活动，一边亲近大自然，欣赏汀江两岸的美丽田园风光；一边接近同学们，和大家一起交流学习、生活和读书的体会。通过聚餐，大家也顺便改善一下生活。

有一次，王亚南给大家出了一个题目——"究竟是资本主义好，还是社会主义好"，让大家自由讨论。同学们刚开始有些发怵，不知自己要站在哪一边。于是，一个个面面相觑，一时气氛显得有些尴尬。王亚南"眉头一皱，计上心来"，他把在场的同学随意分成两组，一组主张"资本主义好"，另一组主张"社会主义好"，互相展开攻防辩论。于是同学们都放下思想包袱，大胆而踊跃地展开论辩，甚至争得面红耳赤。

在当时特定的环境条件下，王亚南积极引导同学们通过自由、公开的讨论，加深对马克思主义和社会主义的理解。讨论结束时，王亚南从提倡学术自由、开展学术研究的角度，肯定了大家的交流和讨论。他说，"理性和自由永远是社会进步的

---

① 石慧霞：《萨本栋传——民族危机中的大学校长》，厦门大学出版社2015年版，第154页。

原动力,我希望大家记住黑格尔这句名言。至于谁是谁非,我相信大家会在中国未来的现实中得到证实的"。

到长汀不久,王亚南就在学生的陪同下,走进赫赫有名的汀州试院。这座庭院式结构的试院始建于宋代,占地面积万余平方米,由门楼、空坪、大堂、后厅、厢房和数幢平房相接组成。原址宋代为汀州禁军署地,元代为汀州卫署址,明、清两代辟为试院,是汀属八县八邑科举应试秀才的场所。清代大学者、《四库全书》总纂纪晓岚来汀州主考时曾下榻于此。院子里两株珍稀罕见的唐代柏树,繁茂参天,蔚为奇观。

1935 年春,中共早期领导人瞿秋白在从江西转移福建途中,行经长汀水口小迳村时遭敌包围不幸被捕,随后被押进城里,囚禁于汀州试院。同年 6 月 18 日,在罗汉岭英勇就义,年仅 36 岁。

王亚南默然伫立在庭院中,伴着萧瑟的秋风,回想这位比自己大两岁的江南才子走过的人生道路,不禁有些戚戚然。瞿秋白生前著有《赤都心史》,并翻译过《论列宁主义基础》,是一位著名的马克思主义理论家、翻译家。作为《资本论》的翻译者,自己应当如何继承瞿秋白未竟的事业呢?

坐落于城北的卧龙山,又称北山。因"四面平田,一山突起,不与群峰相属,如龙盘屈而卧,中分九支,故名卧龙"。"龙山白云"是著名的汀州八景之一。卧龙山巅的北极楼、金沙寺始建于宋代,楼内保存着"雄镇闽西"四字大匾额。汀州古城也因此形成"枕山临溪""山中有城,城中有水"的建筑风水格局。

厦大校园的建筑就散落在北山脚下。一位当年在厦大读书的同学回忆说:"北山顶上的旭日与鹰飞,北极阁的钟声,中山公园一排排整齐的木屋——求是斋与勤业斋,木屋后面长长的跑道,被炸毁的水力实验室,星星点点地散布在山坡上一座座的木屋教室,至今仍历历在目。晚饭后,众多同学在跑道与山路上漫步徘徊,夜月笼罩着跑道尽头的那株参天大树。图书室的点灯亮了,三三两两夹着书记和笔记本、阅书板静坐在长长的书桌前抄写阅读,直到十点关灯。这样宁静的学习气氛,在当时,真是世外桃源。"①

---

① 沈根才:《长汀精神与萨本栋的教育思想》,陈武元主编:《萨本栋博士百年诞辰纪念文集》,厦门大学出版社 2004 年版,第 70 页。

尽管身在这"世外桃源",王亚南仍不时会想起在永安的日子,思念那些在"永安大狱"中被捕的同事和朋友们。他们何时才能获得自由、重返自己的工作岗位呢?他在心里时时挂念着。

王亚南还在永安时,就筹划着要创办一家同仁出版社,由于种种原因而未能如愿。1945年10月社科所回迁福州后,他便和郭大力、章振乾等人商议,决定发起设立"经济科学出版社",社址就放在福州,由章振乾负责,具体工作由社科所的余志宏、张来仪等承担。

经济科学出版社成立后,开始着手征集"中国学术丛书"和"社会科学丛书"的书稿。王亚南为了打响"第一炮",首先把自己那部饱经磨难的书稿——《中国经济原论》贡献给出版社。后来,他又对自己在永安东南出版社出版的《社会科学论纲》一书进行增订,改名为《社会科学新论》,交由经济科学出版社出版。郭大力作为出版社的发起人之一,也将自己的《生产经济学》书稿交给出版社,作为"中国学术丛书"之一出版。

抗战胜利后,学校的复员工作成为广大师生密切关注的事情。1945年11月,汪德耀校长赴渝参加全国教育善后复员会议。返校后他立即召开校务会,传达全国教育善后复员会议精神,筹划和部署复员事宜。据介绍,这次会议就内迁教育机关的复原以及教育秩序整顿等问题进行了讨论和议决,共审议通过了126项提案。会议期间,蒋介石在军委大礼堂设宴招待了与会代表,并提出"抗战时期,军事第一;建国时期,教育第一"的口号①。

由于抗战期间内迁高校共有83所,因此复员任务非常繁重。会议对内迁教育机关复员预算的标准、迁移的时间等进行了讨论,要求除特殊情况外,"一律于明年暑假后迁移"。根据全国教育善后复员会议精神,厦大决定从学校实际情况出发,采取分步走的办法。

首先,在厦门鼓浪屿设立厦门复员处,并征用鼓浪屿部分敌产、借用英华等学校部分校舍,使1945年度招收的一年级新生得以在鼓浪屿上课。厦大因此成为全国最早在收复的沦陷区复课的国立大学。后来学校又专门设立了新生院,由周辨明教授任院长,负责一年级348位新生的教学及生活安排。

---

① 《蒋主席训词》,教育部教育年间编纂委员会编:《第二次中国教育年鉴》,商务印书馆1948年版,第74页。

1946年，王亚南（右三）与校、系负责人在鼓浪屿新生院合影

其次，学校现有的二、三、四年级学生仍继续留在长汀校区，争取1946年寒假、最迟暑假前回迁厦门。为此学校专门成立了驻厦复员办事处，由彭传珍总务长任主任，负责统筹复员厦门的有关工作。

王亚南和经济系的老师们坚守在长汀校区，不仅认认真真地上好每一堂课，而且积极做好学生的课业辅导。一些四年级的毕业生还在王亚南指导下学习《资本论》，大家都觉得很有收获。

抗战时期大学物质条件很差，学生大多离乡背井来学校读书，还有不少学生来自战区，依靠政府发放的战区学生甲种贷学金生活。尽管生活十分清苦，但同学们年纪轻，思想活跃，好学敏思，关心时事。大家都知道，抗战胜利后国家对建设人才的需求必定更加殷切，因此自觉刻苦学习，校园里的学习风气十分浓厚。

没想到，厦大复员厦门的工作却遇到了重重困难：一是交通不便。从长汀到厦门只有一条公路，而且只通到南靖龙山镇，龙山到漳州的公路因抗战毁坏尚未修复；二是校舍被占。抗战期间厦大校舍损毁严重，抗战胜利后又被驻军占用，作为第三战区的日军战俘集中营，尚不知何时可以迁走；三是资金不足。被损毁校舍的维修、重建资金尚无着落,巧妇也难为无米之炊。因此,厦大复员工作的任务十分艰巨。

1946年12月,汪德耀校长赶抵厦门,拜访了厦门市政府有关官员和第三战区厦门接管组负责人,现场查勘了演武场校址,查明生物院、化学院大楼等几十幢建筑被悉数夷为平地,许多梁木墙石也被日军运去修筑海防工事,预计损失达国币四十亿元以上。经过多方努力,第三战区司令长官顾祝同总算复电同意将日俘迁出校舍,有关当局也应允将敌伪海港检疫所、油库、小型发电厂、神风快艇,以及大南新村、大生里部分楼房拨给厦大使用。复员工作出现了转机和良好的势头。

就在这时,已在厦大工作七年之久的法学院院长兼经济系主任黄开禄,因赴联合国"善后救济总署"工作而离职。学校经过认真考虑,决定由王亚南教授接替其系主任职务。不久,王亚南正式走马上任,担任了厦大经济系主任。这也是继中山大学之后,他第二次担任国立大学的经济系主任。

随着国民政府即将还都南京,抗战时内迁的各高校早日复员的呼声更加高涨,蛰伏在长汀的厦大留守师生,也热切盼望着早日离开这里,回到梦牵魂绕的都市。一些家在沿海的师生由于心神不定,导致工作懈怠,教学纪律也涣散了起来。王亚南和各位院系负责人在教学和行政管理工作之外,还要花费不少时间和精力做教师和学生的思想工作,促使大家站好"最后一班岗"。

在长汀的岁月里,厦大深得当地政府和民众的支持。1946年4月6日,正值厦大建校25周年之际,学校举行了隆重的庆祝大会。校庆的主题就是"把学校建成文理工综合的大学",学校的生物、化学、物理等实验室全部向当地民众开放,并进行了各种科普表演。许多老百姓扶老携幼入校参观,盛况空前。学生会也举办了以"厦大生活"为主题的庆祝25周年校庆论文比赛。这些活动既宣传了学校校史,普及了科学知识,活跃了校园文化,同时也是对长汀人民长期支持的答谢。

正如校刊记者在《国立厦门大学廿五周年校庆纪念特刊》中所说的:"回溯八年前本校初迁长汀时,校舍狭隘,因陋就简,历年来荷蒙地方贤明行政长官及士绅之鼎力相助,使本校校舍日益扩大,始有今日之规模,心中至为感激!今者本校复员在即,行将离汀返厦,对于与本校甘苦与共患难相助之长汀地方长官士绅,更觉特别亲切。"[①] 字里行间,充满了对长汀各界民众的感激之情。

1946年6月1日,内迁长汀八年多的厦门大学开始返迁厦门。长汀各界在南寨广场举行了隆重的欢送仪式,并向厦大师生赠送了"南方之强"的匾额。散会后

---

① 《廿五周年校庆纪念典礼盛况》,《国立厦门大学廿五周年校庆纪念特刊》,1946年4月。

沿途各处燃放爆竹,表达了长汀人民对相处八年之久的厦大师生的离别之情、欢送之意。

"别了,长汀!别了,善良朴实的长汀人民!"王亚南和师生们坐在卡车上,挥着手告别了这座汀江之滨的美丽山城。

二、复员厦门

"厦庇五洲客,门泊万里船。"

厦门别称鹭岛,是中国近代"五口通商"口岸之一,也是东南沿海的著名侨乡和东西文化的荟萃之地。1938年5月13日,抗战爆发后不到一年,厦门岛就沦陷了。日寇登陆后烧杀抢掠,无恶不作,导致大量市民逃亡。至厦门光复时,全市人口已由抗战之初的26万人减少到10余万人。

厦大师生虽然已内迁闽西山区,但校园在战争中仍遭到了严重破坏。四层的生物院大楼、三层的化学院大楼,以及笃行楼女生宿舍、兼爱楼教工宿舍、白城教工宿舍,还有发电厂、植物园、医院、餐厅等建筑悉数被拆,只剩断垣残壁,荒草遍地,许多建筑伤痕累累。抗战胜利后,校园又被第七战区的军队占用,作为日军战俘集中营。

为了尽快复员,学校经多方交涉,促使第七战区将日军战俘营及时撤退。接收校园后,学校立即进行了清理,对被损坏而尚能修复的建筑分门别类,加以修复。对破坏较严重的,如博学楼、映雪楼等进行大修,用作男生宿舍;对破坏较轻的,如群贤楼、集美楼、同安楼、囊萤楼等,则稍加修葺,添补门窗;此外,学校还新建了一批学生宿舍和教工宿舍,使校舍基本能够满足教学、生活之必需。

1946年7月,除少部分师生留守长汀校区外,绝大部分厦大师生员工经过舟车劳顿和长途跋涉,都安全抵达了厦门。图书、设备及其他公物,则一直延到11月初才运完。鉴于学校经费困难,学校把当年在长汀制作的课桌椅、床铺也全部运回了厦门。

返厦之前,汪德耀校长在学校二十五周年校庆纪念会上就提出,"将来迁厦之后,因校舍遭敌人破坏颇剧,及物质设备的一时未周,这还要依赖全校师生的忍耐撑持。预料在短期渡过难关之后,即可渐进于整顿建设的新境域"[①]。对此,王亚南和全校师生们都深表理解,并做好了应对的思想准备。

---

① 厦门大学校史编委会:《厦大校史资料》(第二辑),厦门大学出版社1988年版,第217页。

由于上学年学生人数已超过千人，学校预计本年度必再有增加。因此，学校势必也要增聘教员，加强院系领导。由于王亚南学识渊博，颇孚众望，因此厦大复员之后他便被提升为法学院院长。其时，法学院设有法学、政治、经济三系，分别由陈朝璧、陈烈甫、王亚南（兼）任主任。此外，还设有司法组，学生全部享有甲级公费，毕业后不需参加司法人员统一考试即可出任司法官，后来独立成为法学院的一个热门专业。

抗战胜利后，许多原先内迁大后方的国立大学纷纷复员，厦大有不少教授因此转到上海、南京等大城市的知名大学任教。聘请名教授成为学校生存与发展的头等大事，汪德耀校长为此东奔西走，先后延聘了一批知名学者、教授到校任教，包括外文系的洪深，教育系的林励儒，化学系的钱人元，数学系的陈世昌，航空系丁履德、林士谔，法律系的陆季藩、胡正谒，历史系的林惠祥、熊德基等等，使厦大教授的阵容大大增强。

在延聘师资方面，汪德耀主张"兼收并蓄"，左、中、右各派学者都请。他公开宣称："抱蔡孑民先生办理北京大学之态度，取兼容并包主义，聚各方人才，谋各系充实；凡学有所长，课有所需，咸加礼聘罗致。至于学术思想，则依自由原则，无论何种学派，悉听其自然发展，务希我民族精神能发扬，固有文化能持续，勠力研究高深学术，理论与实用相系并重，期能完成本大学教育之使命焉。"①

正是在这种方针指导下，加之学校当局多方延聘，使各路专家学者云集厦大。例如法学院政治学系，系主任陈烈甫为留美硕士，曾任江苏省高淳县县长、中央政治学校训导，学校复员后，他在任教的同时还兼任厦门市参议长，成为厦门市国民党政府的要员。在他举荐下，早年毕业于巴黎政治大学外交系和巴黎大学国际学研究院，曾任军委会战干训练团上校政治教官、国民党西康省党部书记长的张延蛟，也来到政治学系担任教授；与此同时，学校也聘请了著名的左派政治学者杨东莼②为政治学系教授。杨东莼早在1923年就加入了中国共产党，来校前曾任国立武汉大学、四川大学教授，因支持学生"反内战"被当局解聘。学校从"人才难得"的

---

① 洪永宏编著：《厦门大学校史》（第一卷），厦门大学出版社1990年版，第249页。
② 杨东莼，湖南醴陵人，1900年出生。青年时代就参加五四运动，1920年参与组织北京大学马克思学说研究会，1923年加入中国共产党，1926年任湖南省总工会宣传部长兼工人日报社社长，是湖南工人运动的领导者之一。大革命失败后到日本从事翻译工作，译有恩格斯的《费尔巴哈论》、摩尔根的《古代社会》等著作。1930年回国后曾任中山大学教授、广西师专校长、广西地方建设干部学校校长，抗战初期还曾担任湖南省政府高级参议，是一位著作等身的学者和社会活动家。

角度出发,聘请他到厦大任教,讲授"中国政治史""中国政治思想史"等课程。

经济系的情况则有所不同,由于王亚南兼任系主任,他在保留原有师资的基础上,着重聘请了一些学养丰富的进步教授,包括郭大力、石兆棠、王守礼等人。郭大力是王亚南的老搭档了,两人先后合译过马克思的《资本论》全三卷和李嘉图的《经济学及赋税之原理》、亚当·斯密的《国富论》等;抗战期间又在讲坛上讲授马克思政治经济学原理,共同深化对马克思主义中国化的研究,无论在教学还是科研上,都是王亚南的好伙伴。石兆棠①曾长期在中山大学任教,经历也十分丰富,1946年8月来到厦大后担任经济系教授,主讲辩证唯物论课程。王守礼也是一位进步学者,原为西北大学教授,对经济地理学颇有造诣,所译《经济空间秩序》一书,是商务印书馆的"汉译世界学术名著丛书"之一。到厦大后王守礼承担了经济地理学等课程。

除法学院外,厦大其他学院也聘请了一些进步教授,如教育学系的林砺儒、历史系的熊德基等人。林砺儒②是一位老资格的教育家,因积极参加抗日民主运动而受到排挤。到厦大后主要讲授"西洋教育史""国民教育"等课程,在讲坛上积极宣传新哲学和辩证唯物主义原理。熊德基③早年在大学读书期间就曾因宣传抗日而被捕,1946年受聘于厦门大学,担任历史系副教授。

常言说,"物以类聚,人以群分"。虽然同为进步教授,熊德基和郭大力的交往却是从"不打不相识"开始的。许多年后,熊德基还清楚地记得:1947年初,有一天他正和一个同事在散步,迎面走来一个四十岁左右的中年人,身穿学生装,理着平头,气呼呼地提着一个行李袋,劈头就问:"嘿,王亚南住哪里?"熊德基看他既不像工人,也不像教师,却这么没礼貌,便不高兴地回答说:"不知道。"④

后来熊德基去王亚南家,想了解这是个什么样的人。不料刚进门,却见王亚南

---

① 石兆棠,广西柳江人,1909年出生。1932年毕业于中山大学哲学系并留校任助教。1934年赴日本东京帝国大学留学;"七七"事变后回国,任中山大学讲师、副教授;后任广西大学教授、图书馆主任、总务长,《广西日报》社社长,桂林师院教授。
② 林砺儒,广东信宜人,1889年出生于一个书香世家,曾留学日本。1918年回国后任国立北京高等师范学校教授,并兼任北高师附中校长,是我国试行"六三三学制"的最早倡导者和实行者之一。1931年出任国立中山大学教务长及教育系教授,并兼广东省立广州师范学校校长。后参与创办广东省立勷勤大学,先后任该校教务长兼教育学院院长、广东省教育学院院长、广东文理学院院长及桂林师范学院教务长。
③ 熊德基,江西新建人,1913年出生。曾就读于中国大学文史系和西南联大史地系,读书期间因参加学生抗日活动被国民党当局逮捕,后由校方保释出狱。1937年加入中国共产党,后两次与党组织中断关系。1946年受聘于厦门大学,担任历史系副教授。
④ 熊德基:《忆郭大力同志》,《江西社会科学》1983年第1期。

和那个人正谈得兴高采烈。他不禁愕然，王亚南即为他们做了介绍。当熊德基听说他就是郭大力时，不禁十分尴尬。幸而王亚南别有风趣地说："都不要客气，反正你们江西老表都是憨直的！"这才为熊德基解了围。随即大家坐下来聊天，熊德基才知道，原来郭大力是王亚南邀请来经济系任教的，刚刚赶到。好在郭大力是个心胸坦荡的人，在谈天之后，这个小小的误会就算冰释了。

不久开学了，熊德基和郭大力都搬到新建的单身教师宿舍"敬贤楼"居住，两人成了邻居，又同在教师食堂吃饭，得以朝夕相见。熊德基回忆说："我当然知道他是左派，生活也十分简朴，对人亲切而自然，毫无世俗的客套。"①

汪德耀接掌厦大后，大力提倡学术自由，政治上左、中、右的各派学者，都允许在讲坛上阐述他们的学术主张与见解，使全校的学术空气活跃，教学科研均有所进步。

为了推动经济学研究，促进教学相长，王亚南牵头成立了经济研究所，主要从事资料采集、调查统计、研究出版等事项。下设南洋经济和中国经济史两个研究学部，并拟定出具体研究课题。南洋经济学部侧重研究南洋经济地理、华侨与南洋经济的关系以及南洋华侨与祖国的经济关系；中国经济史学部则侧重明清经济史及中国地主经济形态、手工业经济形态、商业形态、利息利润形态的形成、发展与特征的研究。

王亚南还征得厦门《江声报》同意，将该报第四版作为经济系师生的教学园地，出刊"经济论坛"，暂定双周刊。创刊号于1947年元旦出刊。同时，他还利用《厦大学报》改由各院系分别自行出版学术期刊的机会，确定由经济系编辑出版"经济研究"期刊。

1947年1月1日，恰逢新年元旦，王亚南在厦门《江声报》发表《展望民国三十六年的中国经济界与中国经济学界》的专题评论，作为"经济论坛"的发刊词。他表示："我以极大的热忱，极兴奋的情绪，对这正待开始的一年的中国经济界与中国经济学界，寄予无限的期待。"

他回顾一年前，那时政协会议刚刚结束，大家"亦曾充满了迎接新的未来的无限希望"，但无奈，"中国社会原本是踯躅在历史的过渡阶段，新旧交替中必然出现的各种矛盾，以及由是导来的一连串的不和谐的破裂的政治局面，把我们从一年开头时的希望点点，逐渐转落到对一切都像无可救药的绝望深渊。面对着经济全面破

---

① 熊德基：《忆郭大力同志》，《江西社会科学》1983年第1期。

产的现实，试问全国举朝上下，究还有多少人抬得起头来，张得开笑脸？"①

尽管现实是残酷的，但王亚南仍乐观地宣称，自己是一个敢于希望者。他认为，中国经济作为世界经济的一环，已成为世界经济的一个有机的关节，以美国为首的资本主义各国与以苏联为首的社会主义各国，正在各个领域进行或明或暗的斗争。因此，"在'和平不可分'与我们日益增大其对外依存性的种种限制情形下，大家也许不久就要深切体认到'和为贵'的道理，而相互显示出'相忍为国'的精神"。

王亚南认为，假使国内和平局面真的能出现，经济界将很快地展示出一个不同的形相。首先，稳定的货币的程序，将很快提到改组后的新政府的议事日程中，一种新的货币将接替早已不成其为法币的货币。长期磨折一般公教人员和生产大众的通货膨胀，也将很快地收敛起它的魔影。其次，新政府应依据中山先生"节制资本"的原则，明确决定国营事业与民营事业的范围，并连带着使当前任何人都弄不清的"官产""国营事业"，真正变为国家的，而不是被把持操纵在任何派系、任何个人手中的东西。再次，在明确规定公司经营之范围与属性的同时，新政府定然要把宣传了几十年而从未见诸施行的平均地权问题，搬到议事日程上。这是一个更基本的社会大问题，不但是保证商业不官僚化、不买办化所必要，且尤为保证政治团结不再分裂所必要。再其次，面对外货外资所给予我们的威胁，一个保护政策的纲领，理应以解决资本问题土地问题一样坚决的勇气来推行。

王亚南指出，"这些措施是和平团结最必要而又是最起码的经济措施，他们相互密切关联着，和平实现得愈快，它们将愈快见诸实施"。我们的经济景象，将在这诸般经济措施的进程中，表现出充分的活力与生气。"这一切变化，将使我们的经济学专家或学者们发生一种'新感觉'，知道从外国经济学教科书里习得的一些概念或原则，并不能无鉴别地含混地套用到中国社会，更当然不能无批判地据以处理中国经济上的立法或行政问题。"王亚南表示，"我们屡次失望，屡次希望，也不失为'志士'罢！每个关心中国前途的人，都应当敢于希望，应当把希望的主体，悬为努力促其实现的目标。"②

和王亚南一样，对新的一年寄予美好希望的还有学校的广大师生们。在《回到厦门的厦大——寄给在汀毕业的校友》一信中，校刊的学生记者热情洋溢地写道：

---

① 王亚南：《展望民国三十六年的中国经济界与中国经济学界》，《江声报》1947年1月1日。
② 王亚南：《展望民国三十六年的中国经济界与中国经济学界》，《江声报》1947年1月1日。

亲爱的校友们：

在荔枝变红的时节，你们离开了栖息已四年的母校，离开了你们熟悉的长汀，似每个出嫁的女儿一样走向各人的新目标去，数月来生活在新的环境中，该周旋得很安好吧！

就当你们离开后不久，厦大也在复员中重新回到厦门来了！厦门不仅是厦大的诞生地，而且还是他早年的摇篮，在这里，学校有他自己的教室、宿舍、运动场、游泳池。

也像在长汀一样，在这里我们有以"映雪""囊萤""同安""集美"来命名的建筑物，然而这四座并峙的花岗岩大楼，并不像从前那样木板泥墙的平屋。屹立在四座大楼中间的宫殿式的那座巨厦"群贤楼"，因为他建筑雄伟，范围广大，不仅成为学校行政机构的中心，同时还具有"万寿宫""集思堂""大阅览厅"的任务。

"群贤楼"的前面，是那阔大的广场，其中大部分已整理出来作为运动场。由于校舍之广大，路面之平阔，汽车在这里已成为代步的工具了，同样脚踏车也是极普遍的使用者。"仓颉村"对于厦大已成了历史上的名词，现在教授们的住宅即在于校本部有公路相通的大南新村，这是一片红墙灰瓦新式永久性之建筑物，与闽南有名的南普陀寺院相距极近。厦大的体育设备也已回复到战前的水准，四百米长的跑道，宽大的足球场，以及在战时所阙如的网球场，现在都已齐全了。

现成的大海，不仅是同学们充实知识的对象，而且还是锻炼体魄的所在。每当盛夏，白浪里，沙滩上，到处都成了水的俱乐部，同时在陆地上，我们仍然保留着淡水池。新的厦大医院，独立在农田的旁边，绿荫把它涂染得更美丽了……假使你是搭轮船从海上来厦的时候，还未进港，就早已望见厦大工厂庞大的建筑了，"工学馆"这是我们给他的新名称。

回到厦门后的厦大，继承了以往淳朴的校风，浓厚的研究风气，在师友们殷勤的披推下，同学们砥砺的切磋中，配合上环境的优越，时代之需要，社会之护持，今后厦大，必能保持向来辉煌的声誉，而且还在迈步前进中！她不仅是福建全省的最高的学府，且将成为国内与世界上著名的大学。①

确实，抗战的胜利，学校的复员，为厦大展现了一幅美好的发展前景。复员之

---

① 《厦大通讯》，第二卷第一期，1947年2月28日。

初,在各方面的共同努力下,厦大先后设立了航空工程学系、海洋学系、国际贸易系,号称"海阔天空"。此外,学校对一些院系也进行了分拆。经过这一番调整,厦大变成一所由五个学院、十九个学系组成的综合性大学。

汪德耀校长认为:"如果厦大在复员以后,设立研究院,增聘专门学者,不但教学优良,而尤擅长于学术研究;不但传授知识,且能增进知识,而能不断地创造新学术。"①厦大就有可能成为全国理想完善的大学,将来更进而成为世界有名的完善大学。他强调:"厦大的前途,即如此之光明远大,则今后工作之艰巨,亦自不待言。我们必须克服一切的艰难困苦,才能到达光明远大的理想。"看来,全校的师生员工们将面临一场新的挑战和考验。

三、独树一帜

地处鹭岛东南海滨的厦门大学,面对波涛汹涌的大海,那奔腾的浪花,陡峭的巉岩,那银白色的沙滩和带着咸味的海风,无不让人充满遐思,充满欢乐。每当清晨,旭日初升,王亚南总喜欢到海边走一走,呼吸呼吸新鲜的空气,感受一下大海活跃的气息。

他多么希望,厦大复员后,一切都能重新开始,新的教师,新的教材,新的教学方法。然而,现实却并不令人乐观。经济学教坛依然是沉闷的、古板的,那些留洋回来的教授们手中拿的仍然是早就被"嚼烂"了的英美学派的经济学讲义,一学期一学期地"炒冷饭"。而王亚南开设的"高等经济学"和"经济政策"课程,以及郭大力、吴兆莘、安明波、石兆棠、王守礼等进步教授开设的"现代经济学说""西洋经济史""财政学""农业经济学""经济地理"等课程,则构成了以马克思主义经济学派为主干的课程体系,在当时的国立大学中可以说独树一帜。

英美学派的教授们在课堂上讲授的结论始终是:中国应该实行自由贸易,门户开放;而王亚南则反其道而行之,明确主张中国应当实行保护关税和发展民族工业。英美学派的教授们喜欢照本宣科,拿着"舶来品"教材当"令箭",似乎中国只要照搬照套就可以了;王亚南则围绕着"中国社会向何处去"以及货币、物价等人们普遍关心的问题,讲中国特殊的社会经济形态,讲官僚资本是怎么形成的,讲都市与农村的经济关系,讲市民最关心的通货膨胀问题和农民最关心的土地问题,公开与英美学派"唱反调"。

---
① 厦门大学校史编委会:《厦大校史资料》(第二辑),厦门大学出版社1988年版,第217页。

在教学风格上，王亚南也一扫陈规陋习。他粗犷而有力的板书，鲜明而生动的语言，慷慨激昂的声调，与那些身穿西装、依样画葫芦的洋教授们形成了极大的反差。他在讲台上声音洪亮，诙谐幽默，说到马克思时常用"卡尔"来代替，讲到列宁时则称之为"伊里奇"，谈到唯物辩证法就用"运动"和"发展"来表达，用"矛和盾"来阐释。同学们听着老师机智的话语，望着他狡黠的眼神，都禁不住发出会心乃至开心的微笑。

王亚南不仅讲课的内容"接地气"，而且注重"启发式教学"。他常用庄子的寓言"庖丁解牛"为例，教导学生们治学要下基本功。他告诉大家，任何事物不管它有多么复杂，只要深入钻研，就能认识并掌握其内在机理和客观规律。"庖丁解牛"就是因为深知牛的肌理，因此能迎刃而解，说明其功夫到家。研究学问、研究经济学也是如此，对中国社会现实经济形态的解剖，与"庖丁解牛"可以说"同出一辙"。他的话言简意赅，却启迪人们的心智，令人深思，使人信服。

王亚南在课堂上经常批评经济学界盲目照抄照搬外国经济理论的"愚昧无知"，主张中国经济学家应该自主地进行研究，应当站在中国人的立场、以中国人的资格来研究经济学，这样才能实现经济学的"中国化"，建立起中国自己的经济学。他认为，科学是没有国界的，不应该人为地筑起民族的藩篱；同时他强调，每一种科学都是实践的产物，它的产生和应用都离不开实践，都有自己的时间、空间适用性，因此，绝不能盲目照抄照搬，以免误人误己。

后来在《自述》中他回忆说："当时整个蒋管区的经济学界，无论是在大学讲坛，还是报刊论坛，全是在传授和宣扬极端庸俗和浅薄的资产阶级主观主义经济学。那种反科学的说教，一般地讲，是把青年知识分子引向脱离中国经济现实的泥潭，而在骨子里，则包含有反马克思主义经济科学的阴险目的。如何用马克思主义观点，来彻底批判揭露那种反科学的实质，当时在我看来，是我们一般进步经济学人应当承担起来的迫切责任。"[①]

茶余饭后，王亚南也喜欢和同学们拉呱聊天，用现身说法谈自己治学的经验体会。在他看来，"读书，就是要钻进书本里去，进入角色；但随后，你又得从书本里跳出来，认真思考问题，在你脑子里'过电影'，然后才能理出头绪，闪出火花，才能豁然开朗，融会贯通"。他反对读书死记硬背，但不反对在理解基础上的记忆。

---

① 刘家利等：《罗郁聪教授：漫漫求真路　晨昏未敢眠》，洪永淼、雷根强主编：《学科之魂　异代重光》，厦门大学出版社2011年版，第80～85页。

他经常和学生打成一片,丝毫也没有名教授的架子。有一次,他对同学说,自己一不会抽烟,二不会饮酒,几乎没有什么生活嗜好,除了读书、散步,还有偶尔看看电影。散步就是自己思索问题的最佳时刻,也是自己精神空间的延伸与扩大。有时说着说着,他会发出爽朗的笑声;有时又会严肃地扫视着听讲者,看他们听讲的表情和神态。他那切身体验而毫无保留的治学体会,常常让学生们感到扣人心扉,心驰神往。像王亚南这样的老师,又有哪位学生会不喜欢、不把他视为"良师益友"呢?

其时,有一位同学在参加"经济学史"考试时,把王亚南讲过的马克思的经济学观点写进了考卷,结果被一位英美学派教授判了零分。这位同学拿着考卷去找王亚南,王亚南看了不禁摇起头来,并问他:"你后悔吗?"这位同学回答说:"王老师,我不后悔!因为它不代表我的无知,而恰恰是别人的无知造成的。感谢王老师让我懂得真理的来之不易!"

王亚南知道,这种"判罚"针对的绝不是个别学生,而是冲着进步教授们来的。校园里就有人直接攻击他发表"异端邪说",国民党系的报纸甚至不点名地说他"戴着'红帽子',给政府'使绊子'"。

好在公道自在人心,广大师生是明理的,全校文法理工各个学院的上千名学生中,竟有四分之一的学生选修和旁听他的课程,这难道还不说明问题吗? 悄然之间,厦大经济学讲坛上,长期由英美学派的庸俗经济学"统治"的地位开始动摇了。经济系1943级的学生罗郁聪,对此就深有体会。①

早在一年级读书时,由于系里的教师多数是英美学派(又称奥地利学派)的学者,因此讲授的课程几乎都是西方庸俗经济学的理论。求知欲旺盛的罗郁聪学了一年多,不但没有感受到遨游知识海洋的快乐和探索经济理论的愉悦,反而觉得十分枯燥无味。他日渐感到自己所学理论与现实存在着严重的脱节,对学业的前途也产生了疑问。

好在他的苦恼没有持续多久。1945年初,王亚南兼任了厦大经济系客座教授,给学生们开设《中国经济改造问题》的学术讲座,罗郁聪听了觉得耳目一新。这是一个完全不同于西方庸俗经济学理论的崭新世界,它如同一扇敞亮的窗户,打开了同学们的视野:战后通货膨胀是如何愈演愈烈的?战后的中国究竟向何处去?一个

---

① 刘家利等:《罗郁聪教授:漫漫求真路 晨昏未敢眠》,洪永淼、雷根强主编:《学科之魂 异代重光》,厦门大学出版社2011年版,第80-85页。

个尖锐的问题，犹如一枚枚石子，激起了同学们思想的浪花，使大家的学习兴趣一下子提了上来。罗郁聪觉得，这才是真正适合中国实际的经济学，其他同学也抱有同样的看法。因此，王亚南的讲座几乎场场爆满，连许多外系的学生也跑来听讲。有时没有椅子坐，大家也宁愿坐在地板上听。

1945年秋天，王亚南正式到厦大任教后，罗郁聪有了更多的机会听他讲课，也得以更加深入地学习和了解马克思的经济理论。当时，学校为了加强师生之间的交流，建立了导师制，罗郁聪毫不犹豫就选择了王亚南作为自己的导师。在师生交流时，王亚南强调："搞研究、做学问，一定要有定见，但切忌有成见。"所谓"定见"就是对自己经过研究、认为正确的学术观点要坚定不移，不为外界的因素而轻易改变，不做墙头草，不人云亦云；所谓"成见"则是对某一事物或学术观点带有偏见，即认死理，或叫死板、呆板、古板。

罗郁聪听了觉得颇有道理，也非常辩证。因为一个人如果没有定见，就没有主心骨，就站不稳脚跟；而凡事如果抱有"成见"，则听不进不同意见，处事僵化、教条，就难以进步。从此，他把导师的这句话作为自己生活、学习和工作的座右铭，深感获益匪浅。

到大四时，同学们开始做毕业论文设计，罗郁聪选择的论文题目是《计划经济研究》，论文指导教师就是王亚南。在当时的政治氛围下，写这样的论文殊为不易，不仅政治上比较敏感，材料也不容易找。王亚南听完罗郁聪的论文题目和思路，便问他：

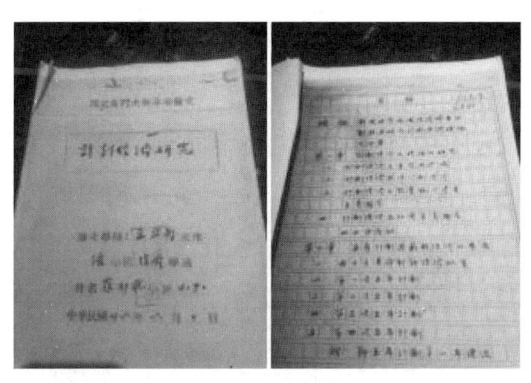

罗郁聪毕业论文《计划经济研究》（指导教师王亚南）

"你就不怕找麻烦？"罗郁聪回答说："我一个学生，无党无派，只是做论文，有什么好怕的呢？"

王亚南听了点点头，又关切地问："材料收集了吗？""有收集了一些，但可能还不够，还得多下一些功夫。"罗郁聪实话实说。王亚南听了，便爽快地说："我倒是可以提供一些材料给你。"罗郁聪听了，心中暗喜，真是"踏破铁鞋无觅处，得来全不费工夫"啊！就这样，在王亚南的帮助和指导下，他顺利完成了毕业论文，并经王亚南推荐，到章振乾主持的福建省社会科学研究所从事经济理论研究。

比罗郁聪低一届的孙越生同学，也是王亚南十分欣赏的一位学生。这位1944年从九江一中考来的经济系学生，不仅书读得好，而且精通金石、绘画，可以说才华横溢、前途远大。

这天傍晚，王亚南信步来到昔日郑成功操练水师的演武场前面的海边，站在沙滩上眺望远处的南太武山。头上是一轮璀璨的明月，脚下是正在涨潮的大海，翻滚的海浪发出阵阵喧哗。"王先生！"一声轻轻的呼唤从不远处传来。王亚南回头一看，正是孙越生。前些天他让这位学生帮他刻一枚书房的印章，上面是"野马轩"的落款。孙越生轻声问王先生对那个"野马轩"的印章是否满意？王亚南赞赏地说："刻得很好，神采飘逸，是我想要的样子。"

"您用'野马轩'来命名书房，是什么用意呢？"孙越生有些不解地问。望着瞬息变幻的大海，王亚南对学生解释说："你还记得马克思引用但丁的那句名言——'走自己的路，让人们去说吧'？"看学生有些困惑，他便指着眼前汹涌而来的海浪说："你看，波浪在海洋里激荡，它与野马在原野中奔驰，不是很像吗？它们都是自由的，而每个人的自由发展，不正是马克思对于未来的憧憬吗？"孙越生听了，顿觉其中饱含的深意，他觉得自己也应当像王先生那样，坚定目标，勇往直前。

这一时期，在紧张的教学和工作间隙，王亚南对中国的城乡经济关系进行了深入研究。1947年6月，他在《论中国都市与农村的社会经济关系》一文中，对古今中外的都市、乡村关系进行了分析、比较。他指出，从一般社会历史发展阶段看，由奴隶社会的都市支配农村，到封建制下的农村支配都市，再到资本主义社会的都市支配农村，是各个文化国家所经历过来的。但是，"就中国都市对农村的关系言，却不像是'钟摆式的'，而是'一面倒的'，即无论在这当中的哪一社会阶段，仿佛都是都市在对农村行使着剥削和支配"①。我们的王权，我们的官僚政治形态，我们的专制主义，始终都在行使着都市对农村的支配关系。

王亚南把批判的矛头指向那些极皮相的、似是而非的观察家们，认为他们"装着知道中国农村"，事实上对农村更形隔膜。他指出，任何一个畸形发展的国度，"都市方面的每一脉络，都贯注着农村的血液；它的病症，它的危机，不是离开农村经济实现而单独发生的"，"它在都市上露出的破绽，正是整个农村经济危机在都市方面的集中表现"。②

---

① 王亚南：《论中国都市与农村的社会经济关系》，《时与文》1947年第1卷第15期。
② 王亚南：《论中国都市与农村的社会经济关系》，《时与文》1947年第1卷第15期。

王亚南认为，中国是一个有集权封建传统的国家，中国都市具有"政治的、消费的、商业的"三个特征。"结局，这样的都市，就不能不由农村取得其营养。不能不寄生于农村，依赖于农村。"尤其是，"自廉价舶来品把旧式手工业和家内工业逐渐予以摧毁后，一方面，农村的那种有限的自给自足的独立性，更加不能维持了；农村的生产来源减少了，农村对于货币，从而对于商业高利贷的要求，却加大了。农村对于都市的隶属亦因此强化"。

他一针见血地说："我们对农村虽然用原始的半原始的蓄积方式，曲尽了竭泽而渔的搜刮本领，但仍不足以填补大量的入超。农村经常处在慢性的然而是深刻的危机中。"他愤怒地问道："整个长江流域乃至珠江流域，谁能发现有多少没有破产的农村，谁能发现有多少不患着营养不良症，而展得开笑颜的农民？除了要钱要命的征粮征兵外，其他各种新旧花头的原始勒索方式，都是直接间接把他们作为敲诈对象。他们挤出了可能挤出的每一滴血，但仍无补于都市即维持都市全部政治文化军事机构所急需的营养。"

王亚南最后得出的结论是，"没有现代性的农村，根本就不会有现代性的都市。中国都市之非生产性的、政治的、消费的、商业的性格，是充分的为我们证示了这个命题的"[①]。字里行间，充满了对农民的同情、悲悯和对农村与城市共同发展的渴望。

抗战期间曾蛰伏于赣南农村的郭大力，对农村、农业和农民的艰难处境同样感同身受，他根据自己对农村经济的观察，运用马克思主义唯物辩证法观点，撰写了一部剖析当前农村经济问题的著作——《我们的农村生产》，1942年由赣州中华正气出版社出版，这部著作对王亚南后来撰写《中国经济原论》也有一定的启示作用。

在厦大任教期间，郭大力主要讲授政治经济学，同时还开设了"世界经济学名著选读"、"货币学"和"评讲凯恩斯的《就业利息和货币通论》"等三门课。在讲课时，他巧妙地运用比较方法，不仅讲马克思主义理论，而且把古典政治经济学以及各种反对马克思主义的理论观点都摆出来，进行深入的分析比较，启发学生辨别真理和谬误，自觉接受马克思主义。由于郭大力学识渊博，治学严谨，讲课深入浅出，旁征博引，讲究教学方法，因此他的课和王亚南一样都很受学生欢迎。

---

① 王亚南：《论中国都市与农村的社会经济关系》，《时与文》1947年第1卷第15期。

在厦大相对安定的生活环境中，郭大力依然保持着自己一贯的工作作风，刻苦、拼命，一丝不苟。教学之余，他对一百多万字的《剩余价值学说史》译稿进行了认真的校订，并撰写了《西洋经济思想》和《凯恩斯批判》两部学术专著。其中，《西洋经济思想》一书以价值学说和剩余价值学说为中心，对从古希腊的亚里士多德到近代资产阶级经济学主要流派的理论观点，作了提纲挈领的介绍和评论，并用专门一章介绍了马克思经济思想的精髓。全书篇幅虽然不大，总共只有20万字左右，但内容丰富，观点明确，文字简洁，有史有论，是一本很有特色的西方经济思想史论的好教材。《凯恩斯批判》一书则是郭大力根据在厦大的讲课提纲写成的，全书以凯恩斯最有影响的著作《就业利息和货币通论》为对象，运用马克思主义观点，对风靡一时、被垄断资产阶级视为"救命药方"的凯恩斯主义的整个经济理论体系进行了系统的分析批判，是国内较早的一部系统批判凯恩斯主义的学术专著。

由于王亚南、郭大力等众多进步学者的到来，使偏居东南一隅的国立厦门大学，不经意间成了蒋管区研究马克思主义及各种学说、思想交锋的一个重要阵地。主张学术自由、民主办校的汪德耀校长，对各种不同学术观点的争鸣持较为包容的态度。他推崇北大校长蔡元培，也希望能移植蔡元培"兼容并包"的民主办学思想。一位法国哲学家曾说："从论辩中放出光辉"，而"真理愈辩愈明"，他认为这两个原则就是"蔡元培精神"。也正因此，他敢于冲破阻力，延聘《资本论》的译者王亚南和郭大力，以及当年被教育部解聘的"民主教授"林砺儒、洪深等人。

厦门大学这所具有革命传统的学府，在新的历史条件下焕发出了战斗的光芒。1947年5月4日，适逢五四运动28周年。当晚厦大"实践""新曙""钟士"三个壁报团体在新落成的厦大学生公社联合举办了一场纪念"五四"文艺晚会。这是厦大复员后举办的第一次五四晚会，因此备受各方关注，会场进出口和窗外都挤满了人。会场墙壁上挂着托尔斯泰、高尔基、普希金和罗曼·罗兰的画像，曾在厦大任教的鲁迅先生的彩色画像也被高高挂在墙上，以表达青年学生对他的崇敬和向往。

在两位教授发言后，王亚南用他独到的经济学观点，阐释了西洋文艺复兴继之以启蒙运动而获得成功的发展过程；对中国在新文化运动之后却没有一个彻底的启蒙运动的展开，使科学与民主至今还可望而不可即的历史原因进行了分析。最后，他用自己习用的话语总结说："文艺复兴和启蒙运动在本质上是代表新兴资产阶级的利益和要求的，我们中国则始终没有一个强有力的资产阶级的出现。今天产业资本被歪曲成买办资本和官僚资本，民族资产阶级始终建立不起来，代表这个阶级利

益的两大要求——文艺复兴、启蒙运动——怎么会被实现呢?"①

在座的郭大力、欧阳琛老师等一直聚精会神地倾听着演讲,却谦让着没有发言。演讲结束后举行了文娱晚会,表演的节目以口琴合奏《马赛曲》为前导,紧接着诗朗诵和歌舞、游艺节目等依次进行。学生们表演的独唱《茶馆小调》秧歌和男女轮唱《兄妹开荒》,由于曲调的通俗化和内容的现实化,不仅道出了人民的声音,而且暴露了现实中的美和丑,因此受到了广大师生的欢迎。

"时间是最真实的考验。以往的一切,证实了我们不管是用文字、用线条与用声音或是用刻刀,每个人一点一滴的力量都将汇成民主的巨流……今后让我们拉得更紧,靠得更拢,发扬新五四精神!"②晚会在主持人简短有力的话语中结束了。人们走出礼堂,仍在回味着刚才的剧情和主持人的结束语。

夜深了。铺洒满地的月光伴送着人们归去,阴暗的身影给抛在了后面。

王亚南(前左五)与厦大经济系1947届毕业生合影

四、"洛阳纸贵"

"日之将夕,悲风骤至。"谁也没有想到,抗战胜利后短短两年,时局竟变得越来越让人忧心,"专制""训政"似乎已走到了日落西山的"穷途末路"。

五四新文化运动以来,关于中国历史重大问题的讨论层出不穷,沿袭两千年的

---

① 厦门大学校史编委会:《厦大校史资料》(第二辑),厦门大学出版社1988年版,第341~342页。
② 厦门大学校史编委会:《厦大校史资料》(第二辑),厦门大学出版社1988年版,第343~343页。

封建官僚政治也是讨论的热点之一。日本侵华期间,秋泽修二等日本学者极力鼓吹"亚细亚社会停滞论",把"农村共同体的存续或残存"视为中国社会的父系家长制和中央集权专制的基础;进而断言中国社会的根本性格是停滞、循环、倒退的,必须靠外力才能突破。其目的显然是要为侵略中国"张本"。它理所当然地遭到了李达、吕振羽、华岗、王亚南等中国经济史学者的群起批判。

抗战结束后,依靠国家政权发展起来的官僚资本日益膨胀,对民族工商业的发展产生了巨大的挤压作用,对国计民生的危害也日益增大。于是,人们普遍将官僚资本与官僚政治联系起来,分析其产生的原因和对国计民生的危害作用。作为一个正直的学者,王亚南对这一问题的认识同样十分敏锐。日益庞大的官僚资本,无可救药的官僚政治,使他愤而深思。夜深人静之际,回想起几年前在粤北坪石与李约瑟博士关于官僚政治的谈话,更使他辗转难眠。现实的丑恶和对国际友人的承诺,都驱动着他对官僚资本和官僚政治问题进行深入的探讨。

1946年4月及6月,王亚南在国立厦门大学和国立中山大学的学术讲演会中,就"官僚资本"问题做了研究性的讲演。演讲稿后来被若干杂志报纸节载过,但太简略,且与原意也颇有出入。经过一年来"官僚资本"事实上的演变,王亚南觉得自己的意见,还大体不失为正确,因此依原稿的论点,加入新增的事实,写成《中国官僚资本之理论分析》的专论,于1947年3月在上海《文汇报》发表。在文中,他对当时已成为全国"祸害"和"众矢之的"的官僚资本,从理论上进行了深刻的概括和分析,剖析了官僚资本的三种形态,包括"官僚所有资本、官僚使用资本和官僚支配资本"形态以及它们之间的内在联系。①

王亚南指出,所谓官僚所有资本就是指官僚自己举办的某种企业和经营的资本,无论他曾是官僚或已经不是官僚,其所得者必尚有官僚。他的资本来源,他的资本活动,统统与它的官职发生密切联系。他强调,并不是资本由公家所运用、为官方所经营便变为官僚资本,而是公家的企业经营被掌握在官僚私人手中,由其任意处置、运用,并使其对官僚所有资本形态发生或明或暗的内在联系,不断地化公为私、损公肥私而膨大起来,才变成官僚资本,即官僚使用资本。那些既非为官僚直接保有,又非为官僚所直接运用但却多方面受其支配控制的私人企业,往往变成官僚所有资本形态扩大汇集的又一来源,即官僚支配资本。他认为,与原始官僚资本借高利贷扩大商业与兼并土地来保障政治地位不同,这种新的官僚资本一开始就

① 王亚南:《中国官僚资本之理论分析》,《文汇报》1947年3月25日。

是畸形的银行资本与买办商业资本的结合,是半封建半殖民地社会的特殊产物。

在详尽分析了官僚资本从现代以前到现代、从战时到战后的发展过程之后,王亚南进一步论证了官僚资本的作用及其后果。他指出,大大小小的官僚都不期然而然地把金融事业作为其经济事业展开的出发点,"结局就使官僚金融活动,变成整个官僚资本活动的重心。往往一个人兼为官、金融家、企业家,而政治巨头、银行董事、公司后台老板,事实上早为大家熟知的'三位一体'了。"他认为,官僚资本作用的后果,必然带来"独占资本化、政治资本化、买办资本化"的弊端,"而官僚资本之所以成为众矢之的,乃在它自始至终,都必然招致祸国殃民和妨碍社会经济发达的不利影响"。

那么,应当如何来对付和惩治官僚资本呢?王亚南附带提出了自己的补充意见:一是禁止官僚从事商业活动;二是厉行自由经济政策,缩小管制经济范围;三是登记官僚财产。在他看来,从根本上杜绝官僚资本的必由之路,则是铲除官僚资本所赖以存在的社会生产关系。因为"我们社会的半封建与半殖民地性,一直都潜存着我们那种官僚资本形态形成的诸般条件,只要一有诱发的因素作用着,那种资本活动就猖獗起来了"。

王亚南认为我们有理由相信:"一个社会如其很顺利地完成了它的过渡阶段,即是说,它的封建生产关系,如已被扬弃了,它的政治性质与政治机械,就将成为便利新兴产业资本家活动的东西。新兴产业资本家要求的社会秩序法律秩序,以及表现在那些秩序中的法治精神,就将限制官僚主义,尤其会妨碍从政者假借政权,假借政治力量来成就其私人利益的官僚资本活动。"①

一个月后,王亚南又在《时与文》杂志发表了一篇探讨官僚资本的文章——《中国官僚资本与国家资本》。他尖锐地指出,"在中国目前,正存在着一种非常矛盾的现象:一方面,官僚资本尽管被大家,被朝野上下骂不绝口;另方面,官僚资本自身,却还在继续膨大中,而不少放言官僚资本祸国殃民的人,自己像在行所无事的唯恐不得变为官僚资本家,并多方设法挤进官僚资本家阵营里"。他认为,这与人们对官僚资本认识不清,把官僚资本与国家资本混为一谈,从而使国家资本变成"逃罪"的口实有关。

在文中,王亚南对"国家资本在不同社会的不同内容"、"什么是国家资本主

---

① 王亚南:《中国官僚资本之理论分析》,《文汇报》1947年3月25日。
② 王亚南:《官僚资本与国家资本》,《时与文》1947年第1卷第4期。

义"以及"中国社会是否能允许国家资本存在"等三个问题进行了深入的分析。在他看来,"如其我们还承认中国未完全脱却初期的过渡的社会形态,如其我们还无法否认中国私人资本尚在开始形成的期间,中国政治上还是表现为专断主义、官僚主义、封建主义的混合的形态,那我们在土地方面,在流动资本方面,乃至在其他现代性产业方面,凡以公家名义从事的经营,甚至最大一部分以私人名义从事的经营,那不免与官的特权发生关系"。在官僚资本的三种形态中,由官僚直接运用的资本,才算是官僚口头上所宣扬的"国家资本"。这种以国家名义装饰的资本,在当前这种政治形态下,显然曾是并将是官僚所有资本形态的大源泉。

王亚南强调说:"我们今日以国家名义,或以国民名义装饰着的一切官僚资本,它不但与苏联的'国家资本',是风马牛不相及的东西,也绝不可能是发达了的国家资本主义经济形态下的'国家资本'。"他表示:"我相信,任何稍有民族观念现代思想的人,都希望中国今日为大家诅骂的官僚资本,特别是其中以公家或国家名义经营的那一部分资本,能如实的成为'国家资本',但依据我们上面的分析,国家资本不是存在于真空中的东西,它必定有一定的社会基础。"由此王亚南得出结论,"假使我们落后的社会生产关系,能相当的予以变革,假使今日存在于经济上的专断主义、官僚主义与封建主义,能相当的受到限制,则任何形态的社会化国有化的事业,倒毋宁是可以鼓励的"①。

不久,《现代经济文摘》分别以"我们应如何理解官僚资本"和"官僚资本是怎样形成的"为题,转载了王亚南在《文汇报》发表的《中国官僚资本之理论分析》一文。该刊在"编者按"中指出,"王亚南先生是国内知名的经济学者,现执教国立厦门大学,对于中国经济问题有特殊的见解,曾著有《中国经济原论》等书。最近他在《文汇报》发表《官僚资本之理论分析》,可以说是经济学界解剖官僚资本的第一篇力作"。②

王亚南连续发表的关于官僚资本的系列文章,在论坛上引起了很大的反响。随后,他把研究的触角由经济领域引向政治领域,他清醒地说:"近年以来,官僚资本问题已被一般论坛所热烈讨论着,官僚资本与官僚政治的密切关系是非常明白的。有关官僚资本的研究,处处都要求我进一步对中国官僚政治作一科学的说明。"③

---

① 王亚南:《官僚资本与国家资本》,《时与文》1947年第1卷第4期。
② 王亚南:《中国官僚资本之理论分析》编者按,《文汇报》1947年3月25日。
③ 王亚南:《中国官僚政治研究》序言,神州国光社1946年版。

1947年9月，王亚南在《时与文》杂志发表首篇关于中国官僚政治的文章——《论所谓官僚政治》。之后一发而不可收，至1948年6月，他先后在《时与文》杂志刊发了17篇专论。涉及的内容包括：官僚政治在世界各国，中国官僚政治的诸特殊表象及其社会基础，官僚、官僚阶层内部利害关系及一般官制的精神，官僚政治与儒家思想，官僚贵族化与门阀；支持官僚政治高度发展的第一大杠杆——两税制、第二大杠杆——科举制，士宦的政治生活与经济生活，农民在官僚政治下的社会经济生活；官僚政治对于中国社会长期停滞的影响，中国官僚政治在现代的转型，传统的旧官僚政治的覆败，新旧官僚政治的推移与转化，新官僚政治的成长及中国官僚政治的前途等等。

《时与文》杂志是解放战争时期创办于国民党统治区的一份进步刊物。发行人程博洪①系国民党元老程潜的长子，毕业于西南联合大学；主编汤德明和负责发行的经理周天行也是西南联大的毕业生，还是未公开身份的中共地下党员。该杂志以"进步、独立、理性、坚定"为宗旨，以社会时评类的专论为主，辟有政论、时评、学术论文、人物评介、通讯、杂感、漫画等栏目。虽然杂志高举"中间路线"的大旗，号称"自由知识分子的园地"，其进步性却是不言而喻的。主要撰稿人包括周谷城、施复亮、张东荪、王亚南、林焕平等知名学者。由于紧扣社会现实，围绕"国家出路"这一主题，积极参与当时社会热点问题的讨论，因此受到广大知识分子和普通民众的关注和好评。

《时与文》杂志于3月14日在上海创刊后，每周出版一期。王亚南关于官僚政治的17篇文章全部是在《时与文》杂志发表的。其时，中国政局正处于急剧变化的历史关头，该杂志由于发表支持学潮、抨击国民党、如实报道前线实况的政论文章和通讯，而成为国民党当局的眼中钉。1948年9月24日，国民党当局以"言论偏激"等罪名勒令杂志"自动停刊"。

《时与文》杂志被"查封"后，程博洪原想以周刊社的名义继续出版"时与文系列丛书"，却因被当局"严密监视"而未能实现。于是，他另行成立了"上海时代文化出版社"，以完成《时与文》未竟之使命。王亚南的《中国官僚政治研究》一书，就是1948年10月在时代文化出版社结集出版的。

---

① 程博洪，湖南醴陵人，1917年出生。1943年毕业于西南联大政治系。1947年创办《时与文》杂志，任发行人兼主编。1955年后历任复旦大学历史系副教授、教授。著有《拉丁美洲史》（校订）及《里约热内卢条约的签订与美洲国家组织的成立》等。

该书以历史与逻辑相结合的手法，环环相扣，层层深入，由抽象及具体，由局部到全貌，对中国自秦汉迄于民国的官僚政治形态做了深刻的系统分析，揭示其运动规律及与中国封建社会长期停滞的关联，新知卓见跃然纸上。

在该书《序言》中，王亚南谈及自己的研究动机。他说："中国社会经济之历史演变过程，有许多是不能由硬套刻板公式去说明的，提出任何特殊发展规律固然很难，应用那种作为社会基础的规律，去解释历史上的一种突出的社会文化现象，更属不易。中国官僚政治形态，是属于那些社会文化现象之一，它将和中国社会突出的宗法组织、伦理传统、儒家思想等等，同样成为我们所提出的中国社会经济的特殊发展规律是否正确的证明。中国官僚政治的研究，必然要成为我关于中国经济史研究的副产物。"①

显然，这是王亚南研究官僚政治的历史动机，那么他的现实动机呢？王亚南进一步指出，"官僚政治或官僚制度，还在继续发生反时代的破坏作用。在中国当前社会改造的时间上，也是一个非常重要的课题。俨然和中国政治同样悠久的官僚政治，像斩除了随即又新生出来的九头蛇似的怪物，长久以来就在不绝地'复活'，我希望我的研究，在某种程度，让其'原形'显现出来"②。

作为一个严谨的经济学者，王亚南始终抱着清醒和理智的研究态度。他告诫自己："我需要抑止住感情上的冲动。因为，过分渲染一种急待除去的东西的丑恶，和过分渲染一种急待实现的东西的美好，也许在宣传上是非常必要的，但同样会妨碍科学上的认识。"③

正是抱着战士的热情和学者的冷静相结合的态度，王亚南用历史叙述与逻辑推演相结合的手法，探索了中国乃至世界官僚政治演变的规律和共性，分析了中国官僚政治的特殊性以及对中国封建生产方式和经济形态所起的巩固作用，并对官僚政治包含的基本矛盾——官民对立关系，做了精辟的分析。

此前，在一般政治理论著作中，不乏关于贵族政治、专制政治、民主政治的论著，而把官僚政治当作一个特定的形态来加以论述，却几乎没有。王亚南从世界政治史的范围和中国社会经济史的视角，对官僚政治这一官僚主义发展最成熟的形态，对官僚政治的产生及其特征，对中国官僚政治的长期性以及对社会发展的阻碍

---

① 王亚南:《中国官僚政治研究》序言，神州国光社 1946 年版。
② 王亚南:《中国官僚政治研究》序言，神州国光社 1946 年版。
③ 王亚南:《中国官僚政治研究》序言，神州国光社 1946 年版。

作用进行了严肃、认真的探讨。

在王亚南看来，所谓"官僚政治"是作为封建专制政体的配合物和补充物而必然产生的。从社会角度看，官僚政治就是政治权力全把握于官僚手中，官僚有权侵夺普通百姓的自由；从群体角度看，官僚具有奴仆和主子的两重性，对上负责与对下欺凌，忽视现实与专讲形式，机构膨胀与冗员充斥，利益之争与朋党之争是同时并存的。

《中国官僚政治研究》（1948年初版）

王亚南认为，建立在中国封建地主经济基础上的官僚政体具有三大特征，即延续性、包容性和贯彻性。所谓"延续性"是指中国官僚政治几乎与中国文化史一样悠久，中国两千年历史一直受着专制政体——官僚政治的支配，所谓"二千年之政，秦政也，皆大盗也"。

包容性是指中国官僚政治在长期发展过程中，与中国传统的伦理、道德、宗法等上层建筑的观念和体制，互为依附，从而使官僚政体得以巩固。所谓"二千年之学，荀学也"，中国文化中的每一个因素，在历史的长期浸润中与官僚政治几乎达到了"水乳交融"的程度，学术、思想、教育完全变成了政治工具，政治几乎渗透到一切领域，并使人治、礼治代替了法治。

而贯彻性与包容性密切相关。中国官僚政治自秦代以来，就动员和利用了各种社会文化因素，逐渐造成一种思想、观念和行为上的天罗地网，使在这"天罗地网"中的统治者和被统治者，都不知不觉地把这种政治形态看成是最自然和最合理的。一个"明君、贤臣、顺民"组成的社会，就成为一般中国人心目中的理想社会和最高目标。

为了巩固官僚政治的统治，封建统治者一方面通过田制税法等杠杆扩大经济权力，不断加固其经济基础；另一方面通过科举制和儒家纲常等不断加强思想控制，使百姓敬畏自卑、安分守己。官僚阶层内壁则形成"一荣俱荣，一损俱损"的命运共同体，既"官官相护"，又鱼肉百姓。

这种政治、经济、文化"三位一体"的社会结构正是中国官僚政治得以长期延续且顽固不化的根本原因。它不仅严重侵蚀和消融了工商资本，阻碍了现代工业的发展；而且造成争权夺利、徇私舞弊、贪污成风的社会恶习。愈到晚近，其危害便愈加酷烈，愈加严重。

然而，把改造中国、改革社会的希望，寄托于官僚统治集团自身，甚至寄托于"政府中那些政治弊害的制造者，不是'对牛弹琴'，就是'与虎谋皮'。"漫漫长夜，何时破晓？王亚南几经删改，在全书最后一篇《中国官僚政治的前途》中，写下两段振聋发聩的结论：

> 在科学的时代不相信科学，在人民的时代不信赖人民，必定会在历史的顽执性面前讨到一些没趣，或导演出一些令人啼笑皆非的悲喜滑稽剧……直到把那类戏看完了，看腻了，看到太没有出息了，到头逼着大家改变一个想法，改变一个做法，而恍然悟到二十世纪五十年代，不是一个可以要政治魔术的时代，而是一个科学的、人民的时代！
>
> 一句话，中国的官僚政治，必得在作为其社会基础的封建体制消除了，必得在作为其官与民对立的社会关系洗脱了，从而必得让人民，让一般工农大众普遍地自觉自动起来，参加并主导着政治革新运动了，那才是官僚政治寿终正寝的时候。①

真是一针见血、痛快淋漓！其矛头所向，不仅是建立在封建地主经济基础上的传统官僚政治，而且直指建立在买办金融资本即官僚资本基础上的新官僚政治。该书一出版，就在社会上引起了极大的反响，一时"洛阳纸贵"。虽然在"白色恐怖"的淫威下，只发行了3500册，却是王亚南以一个中国人的资格，向李约瑟博士交出的一份出色的答卷。

王亚南谦称自己在中国官僚政治领域的研究，只是"关于中国经济史研究的副产物"，而且是"对于非所专习的政治制度加以研究的僭越"。但他发现，自己从来的写作，没有像这次研究这样受到普遍的注意，从中也可看出官僚资本的猖獗横行和官僚政治的为祸之烈。

在王亚南看来，中国官僚政治研究已成为解剖中国社会一个不可或缺的环节。但"官僚政治究竟是如何存在，究竟是如何取得存在，最后，它将如何始能丧失其存在，那才是我们研究的真正目标"。他清醒地看到，辛亥革命的伟大成就，不仅

---

① 王亚南：《中国官僚政治的前途》，《中国官僚政治研究》，中国社会科学出版社1981年版，第194～195页。

在于它推翻了满族统治，而且在于它形式上推翻了数千年的专制统治。可惜它不曾彻底破除专制官僚统治所由建立的封建经济基础，更未彻底改变其赖以生存的社会结构和文化意识。因此，官僚统治随时都有借尸还魂的可能。旧的官僚政治刚刚解体，新的官僚政治很快就又粉墨登场了。

官僚政治的这种顽强存续性，已越来越明显地成为中国社会进步的阻力，成为中国社会转型的巨大障碍。正因此，王亚南毫不犹豫地把对中国古代官僚政治的批判引向新官僚政治，揭露出这种官僚政治的虚伪本质，使广大民众提高认识，进一步明确革命的对象和目标以及变革的必要性和迫切性。

1948 年底，在解放大军南下的隆隆炮声中，《中国官僚政治研究》一书的出版，不仅是王亚南掷向国民党反动统治的一支投枪，而且成为新时代即将到来的一声春雷。

五、刚直不阿

1946 年 6 月，国民党当局撕毁《停战协定》，以 30 万大军向中原解放区发动进攻，全面内战由此爆发。国民党制定了"全面进攻、速战速决"的战略方针，投入 193 个旅、158 万兵力，企图在 3 到 6 个月内解决关内问题，然后再攻占东北全境。

饱受战争灾难的广大知识分子和人民群众发出了抗议的呼声。1946 年 6 月 23 日，以著名民主人士马叙伦为首的上海人民和平请愿团赴南京请愿时，在下关火车站遭到国民党特务、暴徒的围攻、殴打，酿成震惊全国的"下关惨案"；7 月 11 日，著名民主人士李公朴和夫人外出返家时被国民党特务枪击，次日不治而逝；7 月 15 日，民盟中央执行委员、著名文学家闻一多在云南大学举行的李公朴追悼大会上，激愤地说："你们杀死一个李公朴，会有千百万个李公朴站起来！你们将失去千百万的人民！"当天下午，他在从记者招待会返家途中遭到国民党特务的枪击，当场死亡，其子受重伤。"李闻惨案"发生后，全国各界立即掀起了追悼死难者和抗议国民党屠杀政策的斗争浪潮。

从 1947 年到 1948 年，国民党统治区学生运动风起云涌，汹涌澎湃，厦门大学也不例外。这是黎明前最黑暗的时刻，号称东南学运"民主堡垒"的厦大显得更不平静了。

1947 年 5 月，全国掀起"反饥饿、反内战、反迫害"的学生运动高潮。为了破坏厦大学生预定的示威游行，反动当局于6月1日突然派出军警包围了厦门大学，逮捕了三名进步学生。一时间，学生们群情激愤，蜂拥到校长办公楼前的广场上集会声援。

训导长、校长先后出面讲话，然而，学生们依然越聚越多。混杂其间的可疑分子乘机以极左姿态高呼"打倒反动派"的口号，以煽动学生、扩大事态。面对一触即发的形势，王亚南毅然登上广场前的台阶，挥着手大声说："同学们千万不要乱，事情一定要解决，被抓走的同学一定要放回来。我坚决支持同学们的正当要求，建议大家派代表去和市政府谈判，争取尽快解决问题。"于是，广场上逐渐地平静了下来。

然而，一波未平，一波又起。当晚，地下党为避免无谓牺牲决定暂缓游行，3位同学在校园敲钟准备召集学生大会时，却被学校当局扣留，并宣布予以开除。于是，全校师生紧急声援这三位同学。王亚南闻讯，在全系教师紧急会议上，痛斥校方的愚蠢行为，并决定以自己的去留与三位同学共进退！王亚南的带头鼓舞了全系教师，大家一致表示"若开除三同学，教师全体辞职"，并在请愿书上签下自己的名字。校方最后无奈，只好收回成命。三位被抓走的同学释放后，向王先生表示真诚的感谢，王亚南感慨万端地说："真正有力量的是人心啊！"

事后，王亚南收到一封没有署名的"好心人"的来信，提醒他当局已将其列入黑名单，"务必慎之，慎之！"。妻子劝他是否要暂时离开学校，到上海或湖南乡下避避风头。王亚南摇摇头："叫我装聋作哑，我办不到。我做的事光明正大，半夜不怕鬼敲门，谅他们也不敢！"

由于国民党当局发动内战，四大家族巧取豪夺以至物价飞涨，民不聊生。1947年9月，新学年开始，不少录取的新生来函表示无力求学，请求保留学籍，勉强注册的新生和二、三、四年级旧生中，也有不少人由于生活无着面临失学的威胁。厦大学生与京、沪、杭各大学一起，以"反内战、反饥饿、反迫害"为主题，开展了声势浩大的学生运动。学运组织者急电教育部当局，提出扩大公费学生名额、提高公费标准和教职工待遇等要求。

在迟迟未获解决的情况下，厦大地下党组织助学运动，向社会发出"救救穷苦学生"的呼吁。同学们纷纷制作助学花、助学章，到厦门各街道、商店义卖劝募，或由学生会组织演出音乐会、进步话剧和体育竞赛等，把门票收入分给生活困难的同学。厦大学生的"助学自救"运动得到了广大同学的热烈响应，王亚南和郭大

力、卢嘉锡、熊德基等进步教授也积极参与,给予同学们以有力的支持。

1947年11月,浙江大学学生自治会主席于子三被特务杀害,厦大学生举行了声援追悼大会,并发出《罢课抗议宣言》:

> 在战鼓与弦歌交杂的当儿,在一连串非法捕人的事件之后,忽然传来了浙大自治会主席于子三同学惨死的噩耗。
>
> 我们抛下书本,哀悼,沉痛,愤怒!
>
> 用什么来表示我们的哀悼?用什么来表示我们的愤怒和沉痛?罢课,忍痛的罢课!
>
> 抗战胜利以后,我们在内战中讨生活,总动员令公布以后,我们又在戡乱中讨生活。今天,我们更在非法而无理的政治恐怖中讨生活,过了今天,保不住明天。
>
> 于同学的受害,象征着全中国青年的受害,象征着全中国善良人们的受害,象征着人权民主的受害。
>
> 既云民主宪政,为什么有人无故失踪?既云实行法治,为什么不依法移送法院?既云爱护青年,为什么迫害青年而至于死?[①]

《罢课抗议宣言》义正辞严,铿锵有力,像一把匕首刺进专制统治者的心脏。王亚南也亲自撰写了一副挽联,对于子三的受害表示悼念,对国民党的黑暗统治表示强烈的抗议!王亚南不仅和学校许多进步教授及中共地下党员保持着密切联系,而且多次配合、发表声援学生运动的文章和题词。1947年台湾人民举行"二二八"起义,遭到国民党反动派的血腥镇压之后,厦大一些同学连夜奋战,在进步刊物《实践社》组织、发表"二二八"特刊,王亚南和郭大力、熊德基、林惠祥、罗志甫等教授悲愤题词,声援台湾人民的英勇抗争。

这一时期,厦大民主风气甚浓,诸多进步教授挺身而出,指斥国民党弊政。学校师生经常聚集在大操场上开"夕阳会",听王亚南、林砺儒等民主人士演讲,诉民生之苦,揭露黑暗现实。王亚南兼任厦门《民钟报》副刊编辑,刊登了不少揭露弊政的文章,如《秦始皇焚书坑儒》等,讽刺国民党的专制独裁。

其时,王亚南和郭大力、林砺儒、熊德基等几位著名的新派教授来往十分密

---

① 洪永宏编著:《厦门大学校史》(第一卷),厦门大学出版社1990年版,第273页。

切，但对其他教师也不疏远。由于国民党政府濒临崩溃，学生运动接连发生，特务四处横行。但王亚南毫不畏惧，在学生们召开的"五四"运动纪念会上，他和熊德基等人一起出席发言。只是当时他并不知道，熊德基是厦大地下党的领导人之一，平常很少公开出面参加活动，"他可算得一个出色的党的地下工作者，能严守纪律，相机行事，绝不轻易暴露自己"①。

1948年元旦来临了。王亚南在《江声报》上发表《迎1948年》的专题文章。他开门见山地说："一九四八年的一切，还是一个未知数，还是一个大问号。它可能是平平常常地过去，也可能表演出几件出色的历史故事。短视的历史学家经常在为一些零碎的偶然的事故，冲昏自己的脑袋；而短视的政治舞台的人物，则又在经常为一切近功浅利的打算，困扰或播弄着自己的历史命运。历史像是一直在不受人类意志支配而独立发展着。但建立在这种事实上的历史科学，却证示最大多数人的期待，终是最有力的，是不可侮的。"②

"不为君王唱赞歌，只为苍生说人话。"这就是王亚南，他没有丝毫的媚骨，也绝不愿意去粉饰太平。他尖锐地指出："整整一个世纪过去了，曾经是革新原动体的资本主义体制，早已经验到了它的前身——封建体制所曾惨痛遭遇的历史命运。两次的世界大战，从它自己的体制中爆发出来，一方面把它的本体损弱了，同时却把它的对立物加强了。"③

王亚南强调，第二次世界大战造出了一个"人民世纪"，人民的觉醒、人民的力量已变成限制一切野心的和平的力量。不明了现实的这种变化，而把思想仍停滞在十年前二十年前的人，将对世界大局发生一些误计错觉。

对美国企图实行扶植日本、危害中国的政策，王亚南和广大师生都表示出极大的愤慨。1948年5月28日，国立厦门大学向全国发出《反对美国扶植日本、抢救民族危机宣言》，呼吁全国同胞行动起来，用自己的力量粉碎美帝国主义的扶日政策。在5月30日的《星光日报》上，王亚南还和厦大多位进步教授发表"反对美帝扶日教授笔谈"。

王亚南指出："对于日本财阀军阀，中国人有半世纪以上被侮辱与被损害的积恨，有八年以上被宰割被屠杀的血的教训。媚帝国主义者不顾本国人民的利益，尤

---

① 郑朝宗：《忆熊德基》，《海夫文存》，厦门大学出版社1994年版，第314页。
② 王亚南：《迎一九四八年》，《江声报》1948年1月1日。
③ 王亚南：《迎一九四八年》，《江声报》1948年1月1日。

其不顾中国人民的利益与情绪，焕然推行扶持日本财阀、武装日本军阀政策，凡有血气，凡有心肝，莫不切齿，全国各界正奔走呼号，声罪致讨。"①

吴兆莘教授也指出："美国扶日政策是美国独占资本在远东之一手法，也即为美国世界政策直接在远东之一露骨的表现。此一政策，扶植日本法西斯之再起，则最先受其害者，无疑为我中华民族。于是几十年来之屈辱以及八年之抗战，皆属徒劳，此为我有血气之中国人所不能忍者。"②

地处东南一隅的厦门，由于离国民党统治中心较远，民主空气相对比较浓厚，进步力量的势力也比较强。尤其是厦门大学，集中了不少爱国民主人士和进步知识分子。在地下党和进步教授的影响、帮助下，不少青年教师和学生潜往闽粤赣边区参加革命活动，师生们在校内也不断开展斗争。

王亚南不仅同情和支持学生的爱国行动，而且在进步学生被捕时敢于挺身而出，伸张正义。有一次，厦门反动军警抓走了两位进步的女学生，王亚南随即找卢嘉锡、郭大力等教授，一起商量营救办法。经过大家的共同努力，终于迫使反动当局释放了这两位女学生。

然而，反动派决不甘心他们的失败。不久，厦大的进步壁报《实践》突然被勒令停刊了。接着，传播进步思想的阵地"嘉庚阅览室"也被查封了。

一天，王亚南的儿子放学回来，带来了一封信。王亚南撕开信封，"啷啷"一声，竟然掉出一颗亮铮铮的子弹。一张便笺上写着几行字："你今后注意，再如此下去，就拿这东西对付你！"王亚南满腔愤怒，气得骂出声来："真是卑鄙！无耻！"妻子忧心忡忡地

王亚南与家人合影

望着丈夫，丈夫却毫无惧色："不要怕，这是他们虚弱的表现！"王亚南把信一撕为二，扔进了废纸篓。

随着解放战争的节节胜利，国民党反动统治摇摇欲坠，福建被蒋介石选为逃往

---

① 厦门大学校史编委会：《厦大校史资料》（第二辑），厦门大学出版社 1988 年版，第 378 页。
② 厦门大学校史编委会：《厦大校史资料》（第二辑），厦门大学出版社 1988 年版，第 378 页。

台湾之前的最后固守阵地，厦门市内布满了国民党的军警、宪兵，厦门大学也是特务麇集的地方。王亚南和郭大力等进步教授因此经常遭到国民党特务的骚扰、威胁。在这种环境下，王亚南仍然大胆地坚持宣传和讲授马克思主义政治经济学，确实很不容易。这不仅需要有相当大的胆量，还需要讲究策略。

而这决不是当局所希望看到的，时任教育部长朱家骅曾先后三次给厦大校长汪德耀下达"亲启密令"，要他开除进步学生，并限期解聘法学院院长王亚南。汪德耀则多方为王亚南和进步学生开脱、辩护，他说，"王院长为唯物论经济学者，他在讲述'西洋经济思想史'时，必须提及马克思一派学说，如同必须介绍'奥地利学派经济学'和'古典学派、历史学派经济学'一样"①。

当王亚南在厦大为民主、进步而奋力抗争时，当年和他一起在永安共事的朋友们也在不同战线上进行着殊死的斗争。他的学生余志宏随省社科所迁回福州后，和福州地下党城工部接上了组织关系。不久，他回到湖南，担任省政府主席王东原的秘书，并和湖南地下党组织接上了关系。后来到湖南大学任教，并担任湖南省工委策反小组组长，战斗在龙潭虎穴里，为湖南"和平解放"而四处奔走。福建省政府原秘书长程星龄因"羊枣事件"受到牵连，并以"包庇共党罪"被捕，关押在台湾行政长官公署特务团。后经刘斐、许孝炎联名担保才获释而幸免于难。返湘后和余志宏一起秘密参与策动湖南"和平解放"的工作。社科所代所长章振乾也参加了福建省民盟，并担任临时工委委员，和傅家麟及新加入研究所的几位地下盟员一起，留下来坚持斗争，参加民主运动，迎接新的曙光。

1948年12月初，应台湾大学校长庄长恭邀请，王亚南到台大法学院讲学半个多月，把马克思主义理论带到刚从日本侵略者手里收回的祖国宝岛台湾，给台大师生留下了深刻的印象。

1948年底，正值国民党反动派崩溃前夕，"白色恐怖"笼罩着整个厦门岛，形势极为紧张。中共地下党组织十分关心王亚南和郭大力等进步教授的安全。一天，厦门知名人士、有"谍报怪杰"之誉的张圣才先生②派人给王亚南带来一封"香港来信"。王亚南一看，这信是刚从厦大政治系离任、赴香港不久的老朋友杨东莼写来的，信上说"这边的许多朋友都希望你能过来"。王亚南心领神会，他知道是老

---

① 余峥、王瑛慧：《老校长汪德耀解放前夕阻止厦大迁台》，《厦门日报》2006年3月29日。
② 张圣才，厦门集美人，1903年出生。早年毕业于福建协和大学，曾任厦门《思明日报》总编、双十中学副校长。抗战爆发后加入军统，后被派往菲律宾从事谍报工作，为盟军对日作战做出了重要贡献。抗战胜利后他脱离军统、回到厦门，以实业为掩护，从事中共地下情报工作。

朋友根据上级指示，劝说他从速转移到香港去。

基于对时局的判断和对"老朋友"的信任，王亚南毫不犹豫地接受了地下党组织让他尽快转移到香港的意见。在地下党组织和张圣才先生的安排下，王亚南以到湖南大学讲学的名义向校方请假，随后孤身一人，于1949年元旦从厦门禾山机场搭乘赴香港的飞机，悄然离开了厦门。临上飞机前，他还受托带走了一张厦门城防地图，交给香港的地下党交通站。

这是王亚南一生中十分难忘的一个元旦。在并不陌生的香港，等待他的将是什么呢？

六、香江情深

香港是著名的"东方之珠"，也是中西文化的交融之地。1842年清政府和英国人签订《南京条约》后，被割让给英国。对这个英国管辖下的港口城市，王亚南并不陌生。当年"闽变"失败后，他就曾带着妻子"逃亡"香港，在这里度过了一段短暂而又惊心动魄的时光。后来他从上海回内地时，也曾多次出入香港。

1949年1月1日，在王亚南飞离厦门、前往香港途中，毛泽东在《新华日报》发表了《将革命进行到底》的新年献词。毛泽东在文中提出："我们必须用革命的方法，坚决、彻底、干净、全部地消灭一切反动势力，在全国范围内推翻国民党的反动统治，建立一个新中国。"他告诫广大人民，"我们决不能怜惜敌人，为坚持和维护中国人民的根本利益，决不能使革命半途而废"。他代表中共向海内外郑重宣布，"1949年中国人民解放军将向长江以南进军，坚决消灭反动派，将革命进行到底"。

王亚南听着毛泽东的《新年献词》，对即将到来的革命胜利和新中国的诞生充满了信心。抵达香港后，他见到了老朋友、时任香港达德学院文史哲系主任的杨东莼教授，组织上暂时也安排他在香港达德学院讲授经济学。

香港达德学院是著名教育家、原广东国民大学校长陈其瑗由美国回到香港后，在中共广东区委、港粤工委及在港的民主党派和进步人士支持下创办的一所大专院校，经港英政府批准立案。校名取自《礼记》中庸篇："智、仁、勇三者，天下之达德也。"德高望重的国民党元老李济深被选为达德学院董事长，陈其瑗任院长，原十九路军军长蔡廷锴等23人为学院董事。校舍就设在蔡廷锴将军在香港青山湾的泷江别墅。为了维持学院的办学费用，李济深还卖掉了自己在桂林的私人房产。

达德学院于 1946 年 10 月 20 日正式开学，共设置政治、经济、文哲 3 个系。1947 年秋，增设新闻专修班、预备班。学生主要来自南方各省，其中海外华侨子弟占 10%。从 1946 年到 1948 年，先后三届共招生 700 余人，加上旁听生、预备班，全院学生约有近千人。其中，有相当数量的中共党员和各民主党派的成员。

学院名师荟萃，聚集了一大批高层次的文化界进步人士，何香凝、郭沫若、茅盾、曹禺、侯外庐、千家驹、乔冠华、钟敬文等先后在学院担任教授或客座教授。学生大多数也都是思想活跃、追求进步的青年，因此，学校的风气很好，教学水平也很高，师生的精神面貌及整体素质都堪称一流。

让王亚南意想不到的是，他在这里见到了不少"老相识"，如曾在军委会政治部三厅工作的历史学者杜国庠，曾在中山大学任教的老同事梅龚彬、陶大镛教授，厦门大学的老同事石兆棠教授等等。这使他减少了不少离家的孤单，品尝到"他乡遇故知"的快乐。

初到香港，王亚南对这里的一切都感到新鲜。原先虽然多次到过香港，但都是匆匆而过。而这回住了下来，还将在这里呆上一段时间，因此他也乐得到处走走，拜访新老朋友。陶大镛刚从英国携眷归来，意气风发。故友重逢，格外欣喜。这天晚上，两人在一家小餐馆里相聚，互诉衷肠，谈论着别后的遭遇，传递着百万雄师过大江的喜讯。

此时，在中共的邀请和安排下，许多知名民主人士和进步教授云集香港。由于香港的政治气候日益恶化，中共在香港的活动受到港英当局和国民党特务的严密监视。为了将这些民主人士转移到解放区，中共香港分局做了许多细致的工作，专门成立了以潘汉年、许涤新、饶彰风、夏衍、乔冠华等为主的专门小组，以便按照中央统一安排，及时把这些知名民主人士和进步教授安全护送往解放区，为参加新政协会议和组建联合政府做准备。

到达香港后，王亚南有幸结识了中共香港分局的负责人潘汉年，见到了亦师亦友的林砺儒教授。此外，还见到了著名教育家叶圣陶，两人虽是初次相识，见面后却相谈甚欢。叶圣陶在当天的日记中记载："午后三时许，至云彬家闲谈。初识王亚南，方自厦门来此。"①

1 月 22 日，先期到达解放区的李济深、沈钧儒、马叙伦、郭沫若、谭平山等 55 人代表各民主党派、人民团体及无党派民主人士，联合发表《我们对于时局的

---

① 叶圣陶：《叶圣陶日记》(1949 年 2 月 4 日)，商务印书馆 2018 年版。

意见》，明确表示"在人民解放战争进行中，愿在中共领导下，献其绵薄，贯彻始终，以冀中国人民民主革命之迅速成功，独立、自由、和平、幸福的新中国之早日实现"。

南社诗人柳亚子在奔赴解放区途中，更是无比兴奋地在海轮上题写了一首七言绝句："六十三龄万里程，前途真喜向光明。乘风破浪平生意，席卷南溟下北溟。"王亚南没有料到，曙光这么快就照亮了中国大地。1月31日，傅作义将军弃暗投明，使北平获得和平解放。这座千年古都重新回到了人民的怀抱，同时也为新政协会议的召开提供了一个更广阔的舞台。

2月1日，李济深、沈钧儒、马叙伦、郭沫若等56人致电中共领导人毛泽东、朱德，庆祝北平和平解放和人民解放军的伟大胜利，明确表示愿意追随中共，加紧团结，为实现最后的胜利和中国的建设奋斗到底。鉴于形势已发生重大的变化，中共中央决定新政协会议由原定在东北解放区召开改在北平召开。

此时，王亚南到香港刚好一个月。由于李济深已赴京，杨东莼便接替他担任了达德学院代理院长。为了使学生尽快了解国内革命斗争的形势及民主运动的情况，学院多次请王亚南等著名学者以及由内地来香港的著名民主人士，给学生作形势报告或讲学，以提高学生的政治思想觉悟。然而，学院却因此被视为"中共在香港的桥头堡"，遭到港英当局的打击。

1949年3月，达德学院被港英当局强行关闭。杨东莼根据党组织的安排，担任《大公报》顾问；王亚南也离开达德学院，转而为香港《大公报》《文汇报》等进步报刊撰写社论、专论，以启迪港人的思想觉悟。王亚南《论社会转型中的科学研究者》《论社会转型中的商工业者》等一篇篇文章先后在《大公报》、《经济导报》（周刊）问世。

在地下党组织的精心安排下，王亚南的夫人李文泉带着儿子王洛林、女儿王岱平也乘船离开厦门来到香港。为了安顿家小，王亚南和陶大镛在香港仔合租了几间房子。王亚南一家四口住楼上，陶大镛一家住楼下。不久，郭大力一家也来到香港。王亚南和郭大力这两位多年的老搭档，一边交流研究心得，一边为《大公报》《新中华》等报刊撰写文章，度过了一段清贫而又充满希望的日子。

为了迎接新政协会议的召开，中共中央决定尽快将已转移到香港的民主人士及文化界朋友接到解放区。当时从香港到华北解放区，中间隔着大片蒋管区，被国民党严密封锁，陆上交通极不安全，因此只能冒着被港英政府和美蒋海空军干扰、破坏的风险走海路。中共香港分局经再三考虑，决定租用外国轮船，设法穿过敌人的海上封锁线，分期分批护送民主人士秘密北上。

早春二月，太平山下草长莺飞，鲜花盛开。陈叔通、马寅初、叶圣陶、郑振铎等于3月14日乘"华中号"货轮由香港赴天津，随后转赴北平。3月27日，严济慈、黄鼎臣、史东山、白杨、张瑞芳、臧克家等文化教育界人士以及香港达德学院部分师生和华侨乘坐"宝通号"外轮北上，经天津转赴北平。

暮春四月，维多利亚海湾阳光明媚，波平浪静。地下党租用英商太古轮船公司的"岳州号"货轮，挂挪威国旗。在地下党人员的护送下，王亚南一家和李达、郭大力、姜椿芳、陈迩冬、傅天仇、舒绣文、于立群及五个子女，钟敬文夫妻、黄药眠夫妇、鲍方夫妇等100多名爱国人士，于1949年5月5日乘"岳州号"离开香港。

登船前，领队周而复等事先和大家联系，要大家及时做好离港准备，分组在指定路线和时间，在夜色苍茫中乘小汽艇分别登上"岳州号"货轮。停泊在波涛滚滚的维多利亚湾的货轮，在夜半时分驶离香港，向公海北面驶去，把大家送往他们几十年来一直梦寐以求的新世界。

"岳州号"轮船满载着希望穿过台湾海峡，向着北方驶去。途中，王亚南和郭大力不时在一起切磋交流，欣喜之情溢于言表。想起两人在西子湖畔的邂逅相遇，想起二十年前只身赴日本的情景，想起"闽变"后流亡异邦的岁月，王亚南不禁感慨万千。

天津港在望了！王亚南和郭大力走出船舱，并肩倚在船舷旁，眺望着前方依稀可辨的城市轮廓。他们似乎听到了解放区人民欢迎的锣鼓声。"到家了！"王亚南感慨地对身边的郭大力说。他们刚下船，欢迎人群便迎了上来，抢过他们手中的行李。看见人们把他们当作凯旋的勇士来欢迎，王亚南不觉心头泛起一股热流。

在天津短暂停留后，他们来到了古都北京。王亚南一家被暂时安排在前门附近的永安招待所。随后，董必武和林伯渠同志亲自到招待所来看望他。大家热情地握着手，林伯渠亲切地慰问说："途中辛苦了！"

董必武和蔼地望着王亚南："老夫子，咱们武汉一别，有十多年没见面了吧？今天是党中央让我们来看望你，周恩来同志也让我代向你问好！"王亚南连声说："谢谢，谢谢！不敢当！"林伯渠点点头说："早就知道你和郭大力先生翻译了《资本论》，这是巨大的贡献啊！"

1949年6月,新政协筹备会第一次全体会议在北平胜利召开,成立了以毛泽东为主任的政协筹备会常务委员会,负责起草《共同纲领》,拟定政府方案,全面开展筹建新中国政权的工作。

此时,王亚南虽然暂住在招待所里,但他并没有停下手中的笔。他撰写的《由半封建半殖民地经济到新民主主义经济》《三大经济纲领与社会生产力的解放与发展》等文章先后在《新中华》杂志发表,为新民主主义社会的到来鸣锣开道。他认为,"不管我们怎样理解新民主主义经济,当作一个过渡性的社会阶段,它恰好是半封建半殖民地社会经济最可能的、最顺理成章的、最符合历史发展规律的转形形态"[①]。

1949年9月21日,由中国共产党、各民主党派、无党派民主人士、各人民团体、各地区、人民解放军、少数民族、宗教界、海外华侨及其他爱国民主人士代表组成的中国人民政治协商会议第一届全体会议在北平隆重开幕。

新政协的召开,标志着中国共产党领导的多党合作和政治协商制度的正式确立,标志着中国人民统一战线最终在全国范围内建立起统一的组织。这次会议宣告了新中国的成立和人民民主制度的建立,中国历史开辟了一个伟大的新纪元。

乾坤初定,一切还处在热烈的忙乱中。王亚南怀着极其兴奋的心情,等候党和人民政府的安排。有关领导同志征求王亚南对工作的意见,王亚南选择到清华大学讲授政治经济学,这是他毕生为之奋斗的传播马克思主义政治经济学的教育事业。

王亚南生命中的一个崭新航程开始了。

---

① 王亚南:《由半封建半殖民地经济到新民主主义经济》,《新中华》1949年第12卷第15期。

第八章

主政厦大

>　　江山如此多娇，引无数英雄竞折腰。
>
>　　惜秦皇汉武，略输文采；唐宗宋祖，稍逊风骚。
>
>　　一代天骄，成吉思汗，只识弯弓射大雕。
>
>　　俱往矣，数风流人物，还看今朝。
>
>　　　　　　　　　　　　　　——毛泽东《沁园春·雪》①

"数风流人物，还看今朝。"1949年，中国人民在经历了漫长的革命斗争后，迎来了解放战争的胜利。10月1日，中华人民共和国中央人民政府在北京成立，中国人民从此站起来了！新中国的诞生，开辟了中国历史的新纪元，改变了亿万中国人的命运。

1950年5月，中央人民政府政务院正式任命王亚南为厦门大学校长。7月，王亚南从北京抵达厦门，与全校师生员工见面，并与原校长汪德耀进行了工作交接，已创办近30年的厦门大学的历史由此掀开了崭新的一页。

一、南下福建

"一唱雄鸡天下白"，沉睡多少个世纪的东方巨狮终于苏醒了！

1949年10月17日，在新中国成立后仅仅17天，厦门也获得了解放，这座美丽的海滨城市回到了人民的手中。10月20日，厦门市军管会主任叶飞、副主任黄火星以"教字第一号令"发布对厦门大学实行军管的命令，并委派吴强、肖枫为正、副军事代表，负责进行接管事宜。

此时，厦门大学校长汪德耀正应邀在英国参观、考察和讲学，校务由陈朝璧教务长代理。学校实行军管后不久，军代表就给汪德耀发去电报，希望他尽快返校，处理校务相关事宜。汪德耀接到电报后调整了自己的讲学计划，于1950年3月回到厦门。

---

① 1936年初春，毛泽东亲率红一方面军抗日先锋军来到陕西清涧，准备东渡黄河，赴华北前线对日作战。当部队秣马厉兵、在黄河沿岸休整待命时，毛泽东望着漫天飞舞的鹅毛大雪和雄浑壮观的北国雪景，以革命必胜的坚定信念挥笔疾书，写下了这首气吞山河的词作。

厦大军管会随即成立学校临时校务委员会，任命汪德耀、余謇、黄苍林、熊德基、卢嘉锡、陆季藩、林惠祥、李兆源、陈朝璧等11人为临时校务委员，以汪德耀为临时校务会主任委员，对外仍用"校长"名义。临时校务会成立后，全校师生积极响应党的号召，努力投身到建设新中国的洪流中去。

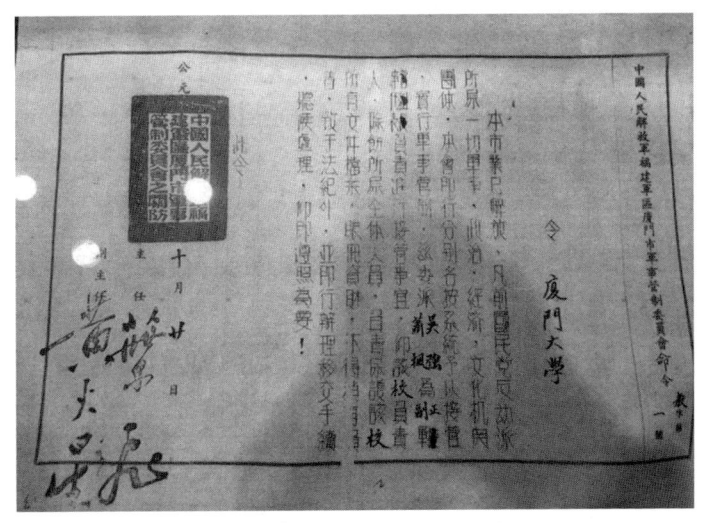

厦门军管会对厦门大学实行军管的命令

几个月前从香港抵达北京的王亚南，此时也正以极其兴奋的心情，迎接新中国的诞生和新时代的到来。按照中央的统一安排，他来到清华大学担任政治经济学教授。由于他讲课深入浅出，通俗易懂，很受学生欢迎。

然而，此时刚刚获得新生的清华大学，还没有完全摆脱旧大学的窠臼。由于王亚南在讲台上大力宣传马克思主义理论，主张精简那些美式主观主义经济学课程，加之"与党内同志过从甚密"，于是被戴上"政治色彩较浓"的帽子，甚至受到某些"冷嘲热讽"。

可是，"天"已经变了，形势比人强。整个清华乃至全国教育界很快就掀起了学习马克思主义读物的热潮，连那些研究自然科学的学者们也纷纷组成各种学习小组。王亚南作为马克思《资本论》的翻译者之一，自然被看作是"响当当"的马克思主义理论家。他除了给经济系的学生讲授政治经济学课程外，还担任了全校教职工政治课的授课教师，并被许多教师学习小组请去做辅导，一时邀约不断，乃至"门庭若市"。

王亚南觉得自己在大学任教以来，似乎从来没有这么忙碌过，也从来没有感觉到这么兴奋和愉快。特别是党内同志对他的关心、帮助，不时提醒、勉励他，争取早日入党，做一个合格的共产党员。他因此写了自己平生第一份入党申请书，虽然觉得自己尚不够条件，但同志们的关心和帮助，却使他感到异常温暖和感激。

1949年12月31日，恰逢辞旧迎新，清华大学食堂加餐。解放之初大学生们的生活仍比较艰苦，遇上加餐大家自然十分高兴。王亚南带着11岁的儿子一起去食堂看望学生，学生们都感到非常高兴，甚至激动地把王亚南高高地抬了起来。在晚餐后的文艺晚会上，学生们在表演节目时，还特地把"进步教授王亚南，带头看望学生来"编入快板夸了一通。

1950年初，身为清华大学教授的王亚南先后在《新中华》《观察》等杂志发表了一系列理论文章，如《在人民政权范围下的新经济诸范畴及其法则》《论革命与科学的统一》《马列主义与新民主主义社会经济形态》等，为全国教育界正在广泛开展的政治学习，为全国人民正在迈步跨入的新民主主义社会"鸣锣开道"。

让王亚南意想不到的是，到清华刚刚教了几个月书，他便迎来了人生的又一次大转折。中央教育部领导找他谈话，希望他能到厦大去从事行政领导工作。当时王亚南刚到北京不久，对首都的良好环境和崭新气象，对清华大学有利的教学科研条件自然有些留恋，何况担任行政领导工作后，自己擅长的经济理论研究就可能要放在一边，因此难免有些犹豫。

可是，他回头一想，厦门是自己工作、生活过多年的地方，那里有许多熟悉的同事和学生；厦大作为地处海防前线的一所大学，面临着比国内其他大学更加艰巨繁重的任务。在党的召唤面前，自己怎么能知难而退呢？于是，他决定听从党组织的安排，到党最需要的工作岗位上去。

1950年5月24日，中央人民政府教育部发出"厅秘字第881号"通知："奉政务院五月十日令，'政务院第三十次政务会议通过任命王亚南为厦门大学校长，除提请中央人民政府任命外，希转知先行到职视事'，特此通知。"①

1950年初夏，在新中国凯歌行进声中，王亚南依依不舍地告别北京，告别美丽的清华园，只身一人踏上南下的旅途。一路上，望着车窗外的华北平原、齐鲁大地、江南水乡，他不时陷入回忆与沉思。

5月下旬，他接到中央人民政府政务院的委任状，任命他为新中国成立后的厦门大学首任校长。临行前，政务院总理周恩来专门把他请去。总理亲切地握着他的

① 《王亚南校长任职通知》，录自厦门大学校办档50-17。

手,向他表示祝贺,还对他说:"我们知道你想搞学术研究,搞经济理论,不想当官,是吗?"王亚南有些腼腆地笑了。总理直视着他,神色凝重地说:"中央考虑再三,觉得你是最合适的人选,希望你这个老厦大去把厦门大学管起来,好吗?"亲切的话语中包含着对他的充分信任。

早在1946年,王亚南就担任了厦门大学法学院院长兼经济系主任。他一边在讲台上讲授马克思主义政治经济学理论,一边积极支持广大学生的爱国民主运动,受到全校教师的敬重和学生的爱戴。1949年1月,在中共地下党组织的安排下,王亚南前往香港;5月和一些民主人士一起乘海轮从香港奔赴刚刚获得解放的北平,后担任清华大学教授。正是由于他学术贡献突出,对党忠心耿耿,加之熟悉高等教育,了解厦大校情,因此,中央人民政府决定让他去解放后的厦门大学担任首任校长。

听着周总理发自肺腑的心声,看着他因日理万机而有些憔悴的脸庞,王亚南还有什么好说的呢?他坚定地点点头:"好的!总理,我一定尽自己最大的努力!"

接到中央人民政府教育部的通知后,他便开始考虑自己应当如何接管这所已实行军管的旧大学,考虑学校在师资、教材、校舍、设备等各可能碰到的困难。6月15日,他乘火车离开北京,经津浦线、沪宁线、浙赣线踏上赴闽的路程。途中在上海做了短暂停留,以听取华东局高教部的指示及为厦大物色优秀的师资。

由于当时整个沿海被封锁,鹰厦铁路又尚未建设,福建的陆路交通极不方便。从上海乘火车抵达上饶后,王亚南就搭乘军用卡车,颠簸在武夷山南北两侧崎岖的公路上。从分水关翻越武夷山后,汽车经崇安、建阳、建瓯一路到达南平;之后沿着八闽最大的河流闽江前往福建省会福州。

抵达福州后,他听取了福建省委、省政府领导的指示,看望了福建研究院社会科学研究所的老同事、老部下,借机"招贤纳士",为厦大未来的发展储备人才。随后,他继续乘坐汽车前往厦门。一路上,到处是红色的标语和涌动的民工、支前的车辆,还有公路两旁翠绿的田野和茂盛的果树。

7月6日晚,经过三个星期的辗转跋涉,王亚南终于从首都北京抵达厦门,受到厦大师生员工们的热烈欢迎。王亚南带着中央领导的关怀,带着华东局和福建省委、省政府领导的期盼,走进了五老峰下这座熟悉而美丽的校园。

数百名同学列队在校门口,高唱"厦大青年进行曲",欢迎王校长的到来。一路风尘仆仆的王亚南下车时,举起手热情地和欢迎者打招呼;大家把他团团围住,向他表示问候,并请他发表讲话。王亚南答应同学们的要求,随即在法商阅览厅向同学们做了简短的讲话。大家热烈鼓掌,向这位北京来的新校长表示由衷的敬意和支持。①

王亚南讲话后,欢迎的人群簇拥着他走出法商阅览厅。他发现,虽然校园草木依旧,而景象已经全非了。他还清楚地记得,两年前自己曾在那座飞檐翘角的办公楼里,为三位进步同学被扣押拍案而起,并准备与他们共去留;在集美楼那间宽大的教室里,他曾大胆地介绍过马克思的经济学理论,也曾和同学们一起讨论过民生主义和新民主主义。如今,一切已时过境迁,厦大回到了人民的手中,一个新的时代来临了。

7月12日,新任校长王亚南正式到校视事,并与军代表及前任校长汪德耀正式办理了移接手续,厦大军事代表室及临时校务委员会也随之宣告结束。厦门市军管会文教部部长许彧青及师生员工代表三百多人参加了交接仪式,厦大军代表肖枫、前校长汪德耀在讲话中对王亚南校长南来主持校政均表示欢迎和支持。王亚南校长在热烈的掌声中起立致辞,他表示:"这次出任新职,任务非常艰巨,希望在全国高教会议所决定的教育方针下,与全体师生共同协力,使厦大逐步走上人民大学的道路。"②

1950年7月王亚南(前左五)就任厦大校长时,与军代表、师生代表合影

上任后,王亚南按照中央教育部关于"稳定现状,徐图改造"和"把教职工全部包下来"的指示,以饱满的革命热情,团结全校师生员工,为把厦大建设成为人民的新大学做出了巨大的努力。

稳定现状首先是稳定人心。王亚南上任时,正值1949—1950学年即将结束,为了尽快稳定人心,王亚南按照中央教育部和省委的指示精神,号召全校师生暑期

---

① 《王亚南接长本校,军事代表室宣告结束》,《新厦大》1950年7月23日,第5期。
② 《王亚南接长本校,军事代表室宣告结束》,《新厦大》1950年7月23日,第5期。

留校,开展政治学习。这一号召得到广大师生的积极响应,除小部分教师确因有事返乡外,大部分教师都自觉留了下来;学生中除毕业离校、出发支前及参加夏令营外,在校的百余人也都参加了学习。

在为期6周的暑期学习中,王亚南不仅亲自做动员报告,而且主讲了《政治学习的目的与方法》、《土地改革的意义与工商业的关系》和《土改法学习补充报告及学习总结》;章振乾、陆季藩两位教授和厦门市委副书记林修德也分别做了《中共土改政策之史的发展》、《关于土地改革法》和《怎样准备土改,怎样进行土改》三场报告。

在动员报告中,王亚南指出,思想总是落在现实的后面,就必然成为现实发展的障碍。因此,旧有的、传统的思想及一切不合理的、错误的理论,必须首先通过政治学习而予以否定。他强调:"在当前的国际形势下,去掉旧染永污、旧的思想残渣,并不是一件简单的事。因为我们今日还是处在两大体系——资本主义与社会主义——斗争的世界中,新中国的存在与发展,是随时随地都与世界关联着的,糅杂在独占资本体系中的封建的资本主义势力及其影响,还在有力地左右一般不明世界大势、不了解人民力量的人们的意识。在两大敌对阵营壁垒分明的今天,从政治学习分清敌友,分辨是非,分辨新兴的与走向死亡的力量的对比,分辨奴役国内外劳动人民的强暴世界主义和联合团结一切劳动人民的有爱的国际主义的区别,是非常必要的。"①

通过王亚南的动员报告和各位主讲人的启发报告,以及阅读参考材料、进行小组讨论,参加暑期政治学习的师生们学习热情越来越高,听讲时认真记笔记的也愈来愈多,大家对新来的校长和新的领导班子,对学校未来的发展充满了信心;对土改的重要性、必要性和意义、方法有了正确的认识,对新民主主义理论也有了进一步的了解。

稳定现状必须稳定办学机构。解放初,厦门大学共设有"五院十八系",包括文学院的中文、外文、历史、教育四系;理学院的数理、化学、生物、海洋四系;工学院的土木、电机、机械、航空四系;法学院的法律、政治、经济三系;商学院的银行、会计、国际贸易三系。王亚南上任后,在保持整体稳定的前提下,着手对院、系两级建制进行了初步调整。

---

① 厦门大学档案馆、厦门大学校史研究室编:《厦门大学校史》(第二卷),厦门大学出版社2006年版,第15页。

一是撤销商学院，成立经济学院。将商学院原有三系与法学院经济学系合并，经济学院下设财政金融、会计工商管理、统计和国际贸易等四个系，将经济学系改设经济研究所，内分理论经济组和计划经济组，使经济学科成为理论与应用相结合的综合学科。

二是将教学内容拟作重大调整的政治系与法律系合并为政法系，并与文学院下属的四个系重组，成立文法学院。不久，原私立福建学院的经济、法律、政治三系也并入厦大，其中法律、政治两系直接并入政法系。

三是理、工两学院下属各系分设专业组，数理系分数学、物理两组；化学系分纯粹化学、工业化学、有机化学三组；生物系分动物、植物两组；海洋系分海洋、水产两组；机械工程系分机械制造、动力两组；电机工程系分电力、电讯两组；同时恢复海洋与化学两个研究所。

四是将海洋系航海组扩展，设立三年制的航海专修科；将新接收的厦门私立海疆学术资料馆改为南洋研究资料馆，后来在该馆基础上设立了南洋研究所。

院系机构调整进行得十分顺利，王亚南高兴地向省政府报告说："为适应新中国教育的要求，乃将院系组织做新的调整，并已在未受任何阻碍情况下，顺利改制成功，原有五个学院现已改为四个院。"①

"稳定现状"必须稳定招生规模。在抓好学校暑期政治学习的同时，王亚南着力组织1950年度的招生工作。学校分别在厦门、福州、上海、长汀、广州等地设立考区，招收经济、文法、理、工四学院的一年级本科新生。其中，上海考区录取了170名，其他考区录取了579名（包括正取483名，备取96名）。在录取的本科新生中，来校报道者639名，还有从各地转学、寄读的本科生91名；航海专修科虽然只在厦门、福州两地招生，也招收了44名三年制专科新生。这一年学校的总招生数突破了厦大建校以来历年招生规模的记录。②

与此同时，学校还招收了10名具有本科毕业学历的研究生，其中经济研究所8名，化学研究所2名，学制为2～3年。这是厦大历史上首批招收的正规研究生，标志着学校对人才的培养提高到一个新的层次。

"稳定现状"必须稳定教学秩序。9月23日，新学期一开始，教学计划研究部

---

① 《关于国立厦门大学校务工作进行情况的报告》（1950年7月16日），福建省档案馆0178-005-0011-0019。
② 厦门大学档案馆、厦门大学校史研究室编：《厦门大学校史》（第二卷），厦门大学出版社2006年版，第16页。

就在王亚南直接指导下,针对解放后两学期教学工作中存在的问题,拟定了《教学改进计划草案》,并提出以下建议:一是教材方面,尽量采用中文,外文教科书应尽快翻译成中文;参考书应明确指定某章某节,免得卷帙浩繁,使同学们无从看起;二是教学组织方面,各系应根据高等学校暂行规程,更好地引导学生的学习和实习;三是教学计划方面,要求各学科教师应分别拟出每周的教学内容、讨论内容、实验(实习)内容及各学期进行考察、考试的时间,由教务处及校部审定后综合公布施行。

新学期开学第一天,王亚南在校刊《新厦大》发表了《愿大家为端正学风、加强学习而努力》的署名文章。他指出:"我们学校所在地的厦门,是解放较迟的,我们接受先进的学习经验,也是较为缓慢的。加上逼处前线的特殊情况和要求,遂使我们在新教学运动过程中,错综的形成了急性病与慢性病的偏差,形成了不务正课的事务主义,和不重视政治课的纯技术主义的偏差。不重视具体条件的急躁改进,定然要把学习运动导向脱离实际脱离群众的极端,使惮于改进的另一极端,得到更多的抗拒口实。这种缺欠团结精神和统一步调的凌散现象,显然违反了我们新民主主义的大学教育的方针和任务,违反了'学生的基本任务在学习'的原则。"

他号召全校师生,在新学期开始的时候,为了即时纠正这一类的偏向,为了使全校师生员工有一个相互督励检讨的机会,大家应当发挥批评与自我批评的精神,共同来开展端正学风、加强学习的运动。结合我们已有的学习经验,正视我们尚存的缺点,对最近政府颁布的高等教育政策,对全国教育工会颁布的法令,对各种新民主主义的学习文献,分别展开一次较深入的学习与讨论,以便为我们将要实行的新教学计划做好充分的思想准备。他表示相信,我们的同仁和同学一定会发挥高度的爱国家爱人民爱学校的精神以及相互团结友爱的热忱,响应这一"端正整风,加强学习"的号召,为学校的发展做出更多、更大的贡献!

二、广纳贤才

"稳定现状"同样必须稳定教师队伍,扩大师资力量。王亚南为此排兵布阵,广纳贤才,努力做到人尽其才,才尽其用。

厦大早在建校之初,校方就充分认识到"独是师资一项,最为无上第一要切",因此,不惜重金礼聘名师来校执鞭授业。王亚南莅校之初,解放战争刚刚结束,新

---

① 王亚南:《愿大家为端正学风、加强学习而努力》,《新厦大》1950年9月23日,第6期。

旧政权交替，学校也出现了师资流失的现象。考虑到一些教师对党的政策尚不太了解，因此，王亚南积极通过各种方式，宣传党中央、政务院对厦门大学的关心，宣传党的各项方针政策，特别是对旧知识分子"各尽所能，量才使用"的原则，殷切希望大家发挥自己的"一技之长"，共同为新中国添砖加瓦。

他采取积极有效的措施，做好原校聘教师的安抚工作，鼓励他们在新的历史时期追求进步，切实完成教学、科研任务，不断提升教学、研究水平；以宽厚的胸怀，留用原厦大一些曾为旧政权服务的知名人士和高级职员。如汪德耀先生，虽是国民党时代的校长，但在生物学方面颇有造诣。王亚南便亲自登门拜访，热情邀请他担任生物系主任，以发挥他的特长。

系一级的主任中，大部分也都是原厦大的教授，如中文系主任余謇、外文系主任周辨明、历史系主任林惠祥、机械系主任朱家炘、会计系主任肖贞昌等。他们不仅学有专长，而且在厦大任职时间较长，对学校感情较深。因此，王亚南尽可能把他们放在合适的岗位上，以发挥他们的专长。

与此同时，他把广罗人才作为办学的一个重要措施来抓。在征得省委、省政府的同意后，他把福建省研究院社会科学研究所合并到厦门大学。这一要求不仅符合社科所同仁的愿望，也使厦大得以补充一批新生力量和图书资料，可谓两全其美。

王亚南在赴任途中路经福州时，就和省社科所所长章振乾、副研究员郑道传等三人谈好赴厦工作的条件，他们随后就跟随王亚南到校。7月16日，王亚南在向省政府汇报厦大校务工作时，特地说明："福建省研究院社会科学研究所归并本校已顺利完成，所有研究人员的聘书亦已发出。此次改并，得贵省府协助者特多，谨深致谢意。"①

在接到厦大发出的聘书后，尚在福州的社科所其他同仁，包括傅家麟、张来仪、刘熙钧、罗郁聪等便悉数南下。有的拖家带口，有的独自一人，大家分别乘坐长途汽车，一路风尘仆仆赶往厦门。由于当时福建处于海防前线，从福州到厦门沿途均有部队或民兵盘查。因此，旅客和货物运输必须办理通行证方能通行。为了顺利通行，省社科所特地呈报福建省研究院，并转报福建省教育厅，请有关机关发给通行证。

呈报函称："查本所前经奉令归并厦大，办理所有图书资料移接手续，业经双

---

① 《关于国立厦门大学校务工作进行情况的报告》（1950年7月16日），福建省档案馆0178-005-0011-0019。

方洽妥,并已办理完竣。兹定于月底包车运厦大,计共图书资料一百陆拾包,随行人员暨眷属等计共壹拾叁人,拟请由院转呈教厅函请有关机关准予发给通行证及证明文件,以便启行,至为感荷。"该函落款为社会科学研究所傅家麟,时间为八月二十六日,随函还附上了随行人员及眷属表。①

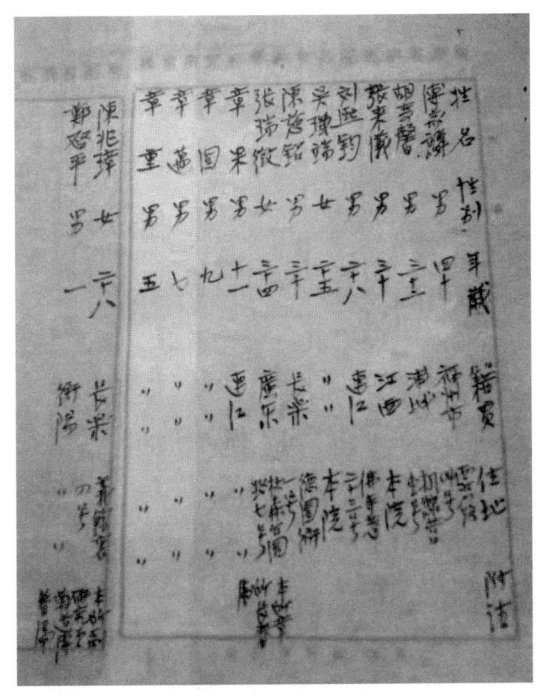

社科所随行人员及眷属名单

8月底,傅家麟、张来仪、刘熙钧等一行十三人安全抵达厦门后,与老所长王亚南在厦门大学会合了。大家额手同庆,心心相印,开始了一段和共和国一起成长的不平凡的岁月。而他们同车带来的160包图书资料,也成了厦大图书馆的珍贵资料。

为了加强学校的教学工作和科研工作,王亚南在新学期一开始,就任命了一个精干的学校领导班子,由章振乾教授任教务长,熊德基副教授任副教务长兼教育计划研究部主任,吴兆莘教授任总务长②,朱宝训教授任图书馆馆长。

教务长的职责是抓教学和科研,处于学校教学管理的中枢位置,其重要性不言

---

① 《福建省社会科学研究所呈福建省研究院的报告函》(1950年8月26日),福建省档案馆存档。
② 吴兆莘,浙江东阳人,1901年出生。早年就读于上海震旦大学,1926年加入共产党,曾担任中共东阳县委书记。后东渡日本,入东京法政大学和仙台东北帝国大学学习。回国后曾在多所大学任教。

自明。章振乾既是资深的农业经济专家，又在中山大学经济系和福建省社科所从事过教学、科研工作，且都在王亚南领导下工作，两人亦师亦友，配合默契；熊德基解放前就是厦大进步教授和地下党负责人，王亚南对他也比较熟悉和了解。由他们两人分别担任正、副教务长，自然可以为王亚南分担教学管理事务，使王亚南能够集中精力抓好学校的行政领导工作。

总务长是学校的后勤总管，事无巨细都要管。在高校管理后勤，既要懂得教学和科研，又要懂得教师和学生的需要。吴兆莘到厦大之前，就担任过系主任和图书馆馆长，有丰富的教学管理经验。担任总务长后，他不仅以身作则，而且工作十分出色。当时学校经费并不宽裕，教师住房十分紧张。引进人才时遇有住房困难，他总是先把自家的住房让出来。一让再让，最后一家人退到旧教室，大家知道后都深为感动。

大学图书馆是学生浸淫书海、培养自学能力和独立钻研精神的重要场所，许多大学都由一流的学者担任图书馆馆长。厦大图书馆原隶属于教务处，因事权不统一，以致采购无计划、典藏无专责、管理欠周密。鉴于此，王亚南决定将图书馆独立出来，改为校部直属机构，设馆长一人，主持馆务。朱宝训原任厦大商学院院长兼银行系主任，调任图书馆馆长后，立即着手整顿工作机构、藏书布局与服务体系，废除和改革不合理的管理规章制度，为读者提供了许多方便。

在搭好行政班子的同时，王亚南着手对行政组织机构进行微调。为了加强人事管理以提高工作效率，严密对物品的管理以求精简节约、爱护公物，分别于校长室下设人事室，在总务处下添设一保管组，图书馆之下并设馆务、编目两组。"但所有行政上的人事变动，皆就现有人员调整升充，并未增加人员。"① 对各院系的领导班子，除个别"略有更动"外，也基本保持了稳定。各院系领导名单如下：②

> 文法学院院长陆季藩。中文系主任余謇；外文系主任周辨明；历史系主任林惠祥；政法系代主任陆季藩。
>
> 理学院院长卢嘉锡。生物系主任汪德耀；海洋系主任郑重；化学系主任卢嘉锡；数理系主任卢嘉锡暂兼。
>
> 工学院院长黄苍林。土木系主任黄中；电机系主任寿俊良；机械系主任朱家

---

① 《关于国立厦门大学校务工作进行情况的报告》（1950 年 7 月 16 日），福建省档案馆 0178-005-0011-0019。
② 《新厦大》，1950 年 7 月 23 日，第 5 期。

炘；航空系主任林士谔暂兼。

经济学院院长王亚南兼，胡体乾代理院务。财政金融系主任吴兆莘；贸易系主任归鉴明；统计系主任胡体乾；会计工商管理系主任肖贞昌。

为了配合新中国建设的要求，培养高深专门人才，王亚南提议恢复和建立学校的研究机构，首先成立经济研究所，并恢复设立化学研究所和海洋研究所。经济研究所由王亚南兼任所长，主要任务是培养新中国需要的高级经济建设理论与计划人才。当年暑期就招收了8名研究生，他们是黄良文、邓子基、刘清汉、谢佑权、陈可焜、陈肇育、陈延炮、许如奎。省社科研究所并入厦大后，进一步充实了经济研究所的科研力量和图书资料。化学研究所由卢嘉锡教授兼任所长，当年就招收了郑作光、胡玉才两名物理化学研究方向的研究生。海洋研究所由唐世凤教授担任所长。此外，还设立了南洋研究馆（1952年改为南洋研究所）以及人类博物馆。文科和理科各系则普遍设立了研究室。

为了推动全校师生的政治学习，学校成立了"大课教学工作委员会"，由熊德基任主委。下设社会发展史、政治经济学和中心工作三个教学组，分别由黄厚哲、袁振岳和郑道传任组长。① 当时他们三人都刚过而立之年，风华正茂，充满活力，让他们协助熊德基开展工作，组织全校政治学习，既有利于工作开展，也有助于培养人才。

临近学期末，在谈到学校对人才的使用时，王亚南指出：近几个月来，行政部门许多方面有极大的改进，就是由于我们有一部分先生或同事，被安置在适合他们才能与积极性发挥的位置，担负起了一部分组织领导工作。同时我们也应注意到，还有一些被埋没着的干练领导人物还没被发现出来。②

他认为，"领导人物的基本要求不单在他自己能匹马单枪干什么工作，而尤在他能团结所属部门的同人，一同努力完成一定的任务。如其我们不能以新的作风，以认真踏实的精神，去感动、去影响自己所属部门的同仁，这个部门就会像一盘散沙，自己即使有多大本领也是枉然的"。在他看来，"我们所要为新中国培育的建设干部，一定要有专门学识，组织才能和政治头脑。这三者缺少一样，不能算是一个

---

① 黄厚哲是厦大生物系1942年的毕业生，后留校任教，解放前夕参加了闽中游击队，担任过区队长；袁振岳是王亚南的学生，1946年毕业于中山大学经济系，随后到厦大统计系任教；郑道传是厦门大学经济系1945年毕业生，1950年随省社科所并入厦大。

② 王亚南：《我们今年努力的方向》，《新厦大》1951年1月1日。

理想的干部"①。

新中国成立不到一年,一场战争又强加到中国人民的头上。1950年6月,侵朝美军越过三八线,把战火烧到了鸭绿江畔。10月25日,中国人民志愿军"雄赳赳、气昂昂"地跨过鸭绿江,与朝鲜人民军一起抗击美帝侵略者。厦大师生员工群情激昂,于11月15日致电毛泽东主席,坚决拥护抗美援朝。

12月初,厦大41名学生获准加入军事院校,以实际行动服务国防建设,支援抗

王亚南给抗美援朝宣传队送行

美援朝。12月22日,王亚南在《厦门日报》发表署名文章——《教育工作者在抗美援朝运动中应当做些什么?》。他指出,在美帝国主义处心积虑要阻扰中国革命事业、妨害中国和平建设事业的情势下,"我们如要和平,要建设,要卫国保家,就只有坚决勇敢地起来反抗美帝侵略,并用各种可能有效的方式,支援我们的友邦朝鲜"。

他强调,"一切软弱的退让的表示,都只能收到鼓励美帝加强侵略的后果。面对着豺狼猛兽,讲理是不成的,逃避也是困难的,坚强地予以反扑的打击,是促使野兽知难而退的唯一有效办法。你要示弱,就显得它坚强;你要坚强,就立刻会暴露出它的虚弱"②。最后他告诫全体教育工作者:要随时对帝国主义的侵扰提高警惕,随时对建设研究工作保持镇定,这是时代对于我们教育工作者的要求,我们要自觉地坚强地接受这个要求。

新中国成立之初,国家面临着许多严峻的考验,百废待兴,百业待举。在党和人民政府领导下,在王亚南校长和全校师生员工的共同努力下,厦门大学从1950学年度开始,出现了一派团结向上、奋发有为的新气象。正如《新厦大》所报道的:

> 王亚南校长接任以来,全校师生对未来新厦大的建设更具有高度的信心,改制已经实现了,打破历年记录的大群新同学即将进来了,新的教授,新的设

---

① 王亚南:《我们今年努力的方向》,《新厦大》1951年1月1日。
② 王亚南:《教育工作者在抗美援朝中应当做些什么?》,《厦门日报》1950年12月22日。

备……使同学们充满了对学校前途无限的希望。

在这里,业务学习是紧张的,同学分散在实验室、工厂、图书馆、系阅览室……孜孜不倦地研究探索着,大家都急切地要把自己造成为可以为人民服务的人。

在这里,生活是活跃的、丰富的。课外的生产垦荒,使学校的旷地逐渐变绿,同学在山上、沙滩、海里,在祖国宽广的土地上,呼吸自由的空气。

三、"徐图改造"

1951年来临了。新生的厦大,春风吹拂,万象更新。王亚南无时不在思考着,如何恢复整顿教学秩序,使学生安心读书?如何贯彻上级"徐图改造"的方针,使学校在"稳定现状"的前提下焕发生机与活力?如何荡涤旧社会留下的"污泥浊水",建设一所新型的人民大学?

新中国成立前,厦门大学作为国内第一所由华侨创办的大学,虽然只是一所中型大学,却是福建的最高学府。从1921年成立到1937年,学校由陈嘉庚私人创办,各方面相对"独立";加之地处东南一隅,所受国内政治风波的惊扰和激荡较少,但受西方经济文化的影响较深;招收的学生有不少是华侨子弟,毕业后多到南洋工作,成为祖国与海外侨胞之间的桥梁与纽带。

1937年全面抗战开始时,学校改为国立。抗战时期内迁长汀的战时生活,使学校的风气变得较为朴实;解放战争时期,由于官僚专制统治造成的广大师生普遍朝不保夕的状况,也使学校表现出一些革命的战斗气氛。但由于国民党的长期把持,直到学校回归到人民手中时,仍是一所买办资产阶级意识较为浓厚的旧大学。

新中国成立以来,在上级"维持原状,逐步改进"的原则下,学校团结广大师生员工,开展了新民主主义的学习,使大家的思想认识有了一定的提高。同学们积极参加抗美援朝宣传活动、踊跃支前、积极帮助办夜校……大家都努力抓住为人民服务的机会。同时,在实际工作中也暴露出知识分子的一些弱点,如不能吃苦耐劳、自高自大等。因此,大家也深深感觉到,确实有进行思想改造的必要性和迫切性。

1951年元月1日,王亚南在《新厦大》发表《我们今年努力的方向》,提出在

---

① 《新厦大》,1950年7月23日,第5期。

新的一年里，要根据学校现有的条件和存在的缺点，着重抓好以下几方面工作：一是坚决贯彻和执行新的教学原则和办法；二是强化工作检查制度；三是健全人事组织领导。

王亚南认为，新教学的基本精神，就是要在现有的师资和设备条件下，尽可能提高教学效率，使学生所学的每一学科、每一课程，每一讲授和实习，都符合国家各种建设（经济、文教、国防）的实际要求。他强调，大家不应囿于传统的想法与做法，而应建立新的工作态度与作风，建立新的教学研究组织。要依靠教师之间、师生之间的相互帮助、相互协作，有目的、有计划、有步骤地完成各项教学工作，这是我们改造旧教学、实行新教学的理想的有效方式。

他觉得，学校虽然已初步建立起工作检查制度，但做得还不够好、不够彻底，且没有重心。在新的学年里，必须把工作检查制度的重心放在教学工作上，对每个科系、每门课程都定出一些可行的办法，作定期的汇报检查；再从中看其他方面的工作能否配合教学上的要求。

他希望在新旧制度的交替过程中，进一步健全人事组织领导。他说："我相信在我们同人中，有许多先生的才能和积极性，还不曾充分发挥出来，也就是说，'人尽其用'的现象，在我们学校中，还是非常值得重视的。"与此同时，他强调应多方重视学生的健康问题，除了在有关课外活动、生活、例行或突击工作等方面注意学生健康外，要用最大努力，依照部令进一步精简课程及课程内容，以减轻大家不必要的或有害的负担。

王亚南充满信心地说："近几个月，学校设备费用的不绝增加，同仁生活的不绝改善，以及各级教师的连续聘定，已经为我们进一步努力创造了一些前提条件，而陈嘉庚先生秉承其一向爱护厦大及为国家人民服务的精神，为我们募建校舍，在学校大兴土木，更给予了我们无上的便利与鼓励。我们大踏步面向着我们应当努力的方向前进罢！"①

进军的号角吹响了！1月28日，在学校召开的教学工作总结座谈会上，王亚南专门就本学期教学上存在的一些问题和精简课程做了总结发言。在指出成绩的同时，他着重谈了存在的缺点，如各个院系和教师之间"各自为政，各行其是"，造成教学上重复、不衔接的现象；有些教师不是因"才"而教（没有考虑学生的接受

---

① 王亚南：《从本学期教学上存在的一些问题说到精简课程》，《新厦大》1951年2月17日，第10期。

程度），而是因"教材"而教（填鸭式的教法）；重量不重质，精简课程时"明简暗不简"，或形式上改而实际内容改进不多，造成学生学习时数大幅增加，或为赶课而偏科或偏废（索性不管某一学科）的现象。

在分析造成这些现象的原因后，王亚南着重对学校精简课程的意图做了说明。他强调："当前的问题在求精，不在求简；在去其重复，求其衔接；关键不在减去谁担任的课程，而在充实精化课程的内容；这种做法不但不妨碍团结，而且要在加强团结的原则下进行，大家以求进步的精神，以商量的态度求团结；它不但不会降低学生的程度，而且会确保和提高学生的程度；它不是为了应付教育部的命令，而是我们要以认真负责的态度来为人民的教育事业服务。"①

为此，他要求大家端正办学态度，发扬"三不怕"的精神，即不怕困难、不怕麻烦和不怕挨骂。他举例说，学校教务处负有改进全校教学、科研的责任，但有些同志并不很理解，甚至有些埋怨，认为教务处喜欢找麻烦。教务处责任所在，就必须面对困难，克服麻烦，忍受暂时不被谅解的埋怨。他希望大家从头学起、重新做人，即要善于学习新思维、新知识，学习共产党员那种不计较个人得失、不怕困难的精神，那种雷厉风行的工作作风。

"时间不等人，一个人停滞不前便要落后，一个学校不求进步则必遭淘汰。"王亚南谆谆告诫大家。他认为，"不管是学社会科学还是学自然科学，如其不理解科学与革命统一的道理，如其不理解当前革命的政治经济性质，就不会关心科学技术与现实结合的要求。所以，在今天提高业务水平和提高政治水平是分不开的"。

1951年10月，随着全国轰轰烈烈的土地改革运动的开展，学校也成立了土改学习委员会，由王亚南担任主任；副教务长薛祀光和文法学院院长陆季藩为副主任。全校还专门停课三天，集中进行土地改革意义和政策的学习。王亚南身先士卒，带领师生深入农村了解和调查土地改革情况。

根据华东教育部的部署，厦大文法学院二、三、四年级的200多名师生，由陆季藩院长带队，前往福建省晋江专区，参加为期一个半月至两个月的土地改革工作；一年级的100多位学生和留校的6位教师组成土改工作队，由会计系主任萧贞昌带队，到厦门郊区禾山参加土改工作。出发前，王亚南校长亲自把土改工作队的队旗授予萧贞昌教授。

---

① 王亚南：《为实现精品课外活动，改进教学，提高政治业务水平的政令而奋斗》，《新厦大》1951年9月22日，第24期。

全校参加土改的 400 名师生,在土改工作中经历了划分阶级成分、斗争恶霸地主、丈量分配土地、建设民主政权等阶段,深切认识了土改的意义,培养了吃苦耐劳的作风,不但顺利完成了土改任务,而且经受了锻炼,在政治上获得了很大的进步。

时任福建省人民政府主席张鼎丞特地给文法学院师生来电,对他们"积极支持本省广大农村土地改革运动的爱国主义精神"感到欣慰,并表示敬意,祝大家在土改和学习岗位上获得胜利。王亚南也两次发电给张鼎丞主席,汇报厦大学生参加土改的工作。电文如下:①

(一)

省府张主席:

　　本校文法学院师生 270 人日前出发往惠安、安溪二地区参加土改,情绪高涨,出发前举行誓师大会,保证坚决在共产党与人民政府领导下,跟工作干部、农民兄弟一道胜利完成土改任务,留校师生以搞好教学来全力支援,特此电告。

王亚南
1951 年 10 月 14 日

(二)

张主席:

　　我校文法学院二、三、四年级师生,参加晋江专区土地改革,历时两个半月,胜利地完成了任务,上月廿九、三十分别由安溪、惠安两地返校。工作过程中一般均表现良好,有工作积极性,能刻苦耐劳,群众干部关系均很密切,参加土改师生都得到不同程度的锻炼及改造,他们能取得这些成绩,跟当地党委直接领导与帮助是分不开的,跟您的领导与关心也是分不开的,我代表全校师生向您表示谢意。

　　参加土改师生今日起已转入学习,相信在今后学习与思想改造运动中他们均将发挥积极作用。

　　此致

敬礼!

王亚南
1952 年 1 月 7 日

---

① 《王亚南、张鼎丞往来函电》,录自厦门大学党委档 51-6。

1951年岁末，王亚南当选为福建省人民代表，出席了福建省第一次人民代表会议，并在会上做了精彩的发言。会议一结束，他就在《厦门日报》发表《省人民代表会议与1952年福建的新展望》，抒写了自己的激动心情和深刻感受，对新的一年寄予美好的希望，他说："通过这次人民代表会议，全省人民对于福建发展的前途，更具有信心了。以往一般人把福建看成没有多大经济价值的省份，山多而落后，又因备受国内外反动势力的压迫与摧残，而弄得破碎支离。但两年来的改造工作，不仅把它的面貌改变了，也把一般人的观感改变了。它是富有森林矿藏及鱼盐之利的山海之区，它有两千万亩以上的可耕土地，它有极大发展前途的水动力，特别是它在数量上突然增加和在质量上大大改变提高了的一千数百万的劳动人民。当张主席在会议上把这种改变加以说明的时候，每个代表就像对福建的发展平添了无限信心。事实上福建已经在一步一趋的跟着全国走向充满了希望光明的道路。"①

随着国民经济的恢复与发展，厦大和全国其他高校一样，教学秩序得到恢复整顿，办学规模也不断扩大。1950年厦大共招收本科生784人，研究生10人；1951年招收本科生增加到924人，研究生7人；1952年招收本科生突破1000人。三年下来，全校共招收本科生2718人，研究生17人，招生规模呈不断扩大之势。②

为了加强高等学校的思想政治工作，1952年6月，中共福建省委决定调派张玉麟等15名政工干部到厦大。学校专门设立了政治辅导处，由张玉麟③任政治辅导长，下设政治教学工作室、组织科、宣传科、青年科及校刊室，负责全校的思想政治工作。张玉麟是1949年随人民解放军南下福建的，有着丰富的革命经历和政治经验。他和十几位政工干部的到来，大大加强了厦大的党组织力量，有力地促进了厦大的政治思想工作。

不久，省委决定成立厦大临时党委会，由张玉麟同志任书记；10月正式成立了厦门大学党委会，张玉麟同志任校党委书记。为了更好地改造和建设厦门大学，校党委全力配合王亚南校长：在全局工作上，坚持政治与业务一起抓，理论与实际

---

① 王亚南：《省人民代表会议与1952年福建的新展望》，《厦门日报》1952年1月1日。
② 厦门大学档案馆、厦门大学校史研究室编：《厦门大学校史》（第二卷），厦门大学出版社2006年版，第32页。
③ 张玉麟，广东省广州市人，1910年出生，曾就读于河北省立水产专科学校。抗战爆发后在太原加入山西牺盟会，后到太行山区从事抗日斗争，1937年入党。曾担任晋冀特委机关报和晋冀豫区委机关报《胜利报》社社长、太行第八专区副专员、长治市委书记等职。1949年随人民解放军南下福建，历任南下服务团第一大队政治委员、福建省政府水利处处长，共青团福建省工委书记。

并重；在业务工作上，坚持教学与科研一起抓，自然科学与社会科学并重。

在政治学习方面，王亚南着重抓时事政治学习和几门大课的教学，他亲自兼任马列教研室主任，亲自主讲"政治经济学"，其他政治课则由专任教师授课并采用集体备课形式。

在教学、科研工作方面，王亚南根据第一次全国高教会议的精神，着重抓建立教学检查制度，恢复教学秩序，精简课程，提高教学质量。对因政治运动影响而缺漏的课程，组织教师利用假期给学生补课。同时，抓教师队伍的建设、学风的培养及复办《厦门大学学报》。

针对一些同志存在的"重理轻文"的思想，王亚南在教师中组织了关于这个问题的讨论。他再三强调，自然科学和社会科学是相依为命相互影响的；自然科学在其发展过程中，必须有社会科学帮同作"清道的启蒙的工作"；"切莫重理轻文，破坏高等教育合乎规律的成比例的发展"。

新中国建立初期，大学里的旧知识分子占有相当大的比重，旧社会遗留下来的各种传统思想和习俗还司空见惯，教职员中的"小圈子"现象也仍然相当严重。为了帮助广大教师树立正确的世界观、人生观和教育观，学校按照中央指示精神，先后开展了"三反"运动和思想改造运动。

1952年新年伊始，王亚南在《新厦大》发表署名文章——《一九五二年是我们的思想改造年》。他指出，由于围绕我们的社会变动太大、太迅速，也由于时代的鞭锤还不曾怎样强有力地敲击到我们身上，使得我们并不怎么急于改革，而显得有些落在社会后面，表现出三种态度：应付、怀疑和抗拒。这使我们无法跟上时代的发展，而时代是毫不容情的。

因此，王亚南希望大家痛下决心，下大力气，真正改造自己的人生观和思想。他表示，"在时代的鞭策及中国共产党的领导和教育下，只要我们下大决心，团结互助地努力工作，我们是定能改造过来的"。

思想改造运动是在"三反"运动①的基础上开展起来的。为了领导"三反"运动，学校成立了学习委员会，由王亚南兼主任。从4月3日开始，王亚南校长和章振乾教务长、卢嘉锡、薛祀光副教务长及吴兆莘总务长带头在全校大会上检查，受到师生们的热烈欢迎。

---

① "三反"即反对贪污、反对浪费和反对官僚主义。

运动全面展开后,教职工中出现了"个个下水,人人洗澡"的局面。大家结合自身问题,对各种自私自利、浪费公物、损人利己和唯利是图的思想和行为进行了检查、批判,提高了思想认识。通过"三反"运动,学校出现了新的面貌,工作效率、教学效果普遍提高,学习态度、劳动态度也有很大改进。师生们主动靠拢党组织,积极要求进步。

在"三反"斗争胜利的基础上,自6月份起,学校转入全面的思想改造运动。王亚南先后在校刊上发表《厦大在思想改造前的实弹演习》《坚决彻底地开展三反斗争——在三反学习动员大会上的报告》《第二次三反学习动员报告》《以热烈参加"三反"革命斗争为实际行动来庆祝三十一周年校庆》《我们是怎样对资产阶级思想作坚决斗争——本校三反阶段的教师思想批判总结》和《以正确的立场、观点、方法分析问题——思想改造学习第一单元问题解答报告》等一系列文章、报告,指导学校思想改造运动的开展。

通过学习、总结和民主鉴定,广大教师进一步认清了自己肩负的责任,清除了头脑中的不良思想意识,向组织上交清了历史,放下了包袱。大家心情愉快,思想意识和工作态度发生了明显的变化,纷纷表示要发扬优点,克服缺点,全心全意为人民服务,为祖国建设贡献更多的力量。

王亚南欣喜地看到,在"三反"运动和思想改造运动后,学校的房屋、图书、仪器设备虽然还是那样,但使用者的思想变化了,从而使其发挥出更大的力量和收到更大的效果。例如,"以前大家差不多都反对仪器设备统一管理调配,并认为那样做有不可克服的困难;以前对于房屋的分配和图书的采购、借用,也较多有个人主义和本位主义思想,现在完全两样了;以前学校师生员工间,同事同学间,因等级思想、宗派主义、地方观念,存在着不易接近的距离,现在大家都公认那是落后意识作祟;现在有谁对承担的任务(无论是教学还是其他方面)不肯认真实行,有谁为了个人便利损及公共利益,有谁自高自大,目无旁人,不是很快受到指责,就是很快受到帮助或劝告。所有这些事实,说明大家的人生观,大家的工作作风和态度开始从根本上发生了变化"。

而人的改变是一切变化的前提条件,经过"三反"及思想改造运动,广大师生员工初步树立起革命的人生观,厦门大学逐渐开始变成一所人民的新型大学。

---

① 王亚南:《厦大三年来的成就及今后的展望》,《厦门日报》1952年10月1日。

为了贯彻党和政府提出的学校"向工农开门"的方针，厦大于1952年8月设立了工农速成中学，学制三年，兼有大学预科与重点中学特点。其任务是"对工农干部施以中等程度的文化科学基本知识的教育，使其升入高等学校继续深造，培养成为新中国各种建设人才"。与此同时，学校还逐年接收、培养由机关、部队调派来学习的干部，并针对这些调干生"年龄较大，学习基础较差"的特点，采取得力措施，帮助其解决学习中的具体困难，使他们在读完四年本科课程、走上工作岗位后，在国家建设各条战线发挥了较大的作用。

1952年9月和1953年2月，为适应福建省扩大工农教育对师资的要求，厦大接受省教育厅委托，举办了两期数理化师资轮训班。尽管当时教学任务十分繁重，师资力量十分紧张，但学校仍克服种种困难，调派优秀师资，由化学系主任陈国珍教授带队，在轮训时间短、内容多、任务重，学员文化程度参差不齐的情况下，采取"边讲边学边巩固"的方法开展教学，圆满完成了上级交给的任务。

回顾新中国成立三年来厦大发生的变化，王亚南感到十分欣慰：在创办工农速成中学和举办数理化师资训练班过程中，各个单位的"本位主义不存在了，怕困难怕麻烦的个人打算也不考虑了，不论是速成中学的教师，还是轮训班的教师，都负责认真地把教学行政工作，作为人民付托他们的严肃任务来进行"；从这次厦大380多个毕业生百分之百地服从统一分配所表现出来的高度爱国主义精神和组织性纪律性看，不仅"充分说明解放三年来厦门大学在党和人民政府督促下的成就，也说明解放以来厦门大学作为一个人民的大学，会有怎样光明的发展前途"①。

新中国成立初期，由于西方帝国主义对中国的封锁，中国采取了"一边倒"的对外政策，"苏联老大哥"成为中国的学习榜样，《喀秋莎》的歌声在中国的大街小巷里飘荡着。1952年11月7日，为庆祝十月社会主义革命胜利35周年，厦大和全国各地一样，举行了盛况空前的"中苏友好月"活动。

虽然时令已是冬季，厦大校园却装扮得像春天似的。从校门口到群贤楼及各幢教学楼、宿舍楼，到处张灯结彩，红旗飘扬，贴满了庆祝的标语、海报。学校先后举办了一系列庆祝活动，从11月7日召开的庆祝大会到王亚南校长"加强中苏友好与学习苏联先进教学经验"的专题报告会，从厦大中苏友协编辑的《中苏友好特刊》及各院系的墙报、黑板报，到苏联图书画片展、苏联电影展、音乐晚会和国际舞会。师生们把参加"中苏友好月"活动当作学习苏联、认识苏联、吸取苏联先进

---

① 王亚南：《厦大三年来的成就及今后的展望》，《厦门日报》1952年10月1日。

经验的好机会。

11月15日,王亚南赴京参加全国教育工会二次会议返校后,向全校师生员工传达了会议的精神,他号召大家,为了彻底改革教育制度,实行专业化和新的教学方法,应该增进对苏联的认识,了解苏联的立国精神和建国经验,以便更好地向"苏联老大哥"学习,把我们国家建设得更加美好!

四、调整改革

1952年,为了适应国家大规模工业化建设对人才的需要,我国高等教育面临着调整改革的重大使命。其目的是彻底改造旧大学,学习苏联的先进教育经验,移植苏联先进的大学制度,这与当时我国对外关系"一边倒",以及在政治、经济、文化乃至社会生活各个方面以"苏联老大哥"为榜样,是一脉相承、相互配套的。

为了根本改变我国高等教育布局不合理、学科庞杂、专业设置过多过散的状态,克服理论脱离实际的现象,中央提出高等教育"应以培养工业建设人才和学校师资为重点,发展专门学院和专科学校,整顿和加强综合大学"的方针,开展以东北、华北、华东为重点的全国高等教育院系调整。

1952年8月2日,华东高教局召开高等教育调整会议,王亚南校长代表学校到上海参加了会议。其时,华东地区共有16所综合大学,每一所都是院系庞杂、博而不精,人力、物力、财力配备很不合理。同时,许多大学又存在教育与国家建设脱节、理论与实际分离的现象,不彻底改革确实无法适应国家大规模经济建设的需要。厦门大学在这次会议上被确定为华东地区保留的四所综合性大学之一,确实很不容易。

回到厦门后,王亚南于8月17日在全校师生大会上,向大家传达了华东高等教育调整会议的精神。他明确表示厦大今后将向新型的综合性大学发展,而福建省内的其他高校则将向多科性的工业大学和独立的专门学院(学校)发展。

从1952年8月开始,厦大根据中央"院系调整"计划的统一安排,着手进行较大范围的院系调整。此前,厦大航空系已于1951年3月奉命与清华大学、西北工学院、北洋大学等院校的航空系合并,组建北京航空学院;省立福建农学院于1951年6月并入厦大后,改称"厦门大学农学院",在这次院系调整中又奉命与福州大学农学院(原协和大学农学院)合并,成立福建农学院。

1952年8月,福州大学财经学院的会计、贸易、财金、统计、企业管理等5

系并入厦大财经学院，并增设贸易专修科；9月，厦大海洋系的航海专修科与集美水产专科学校合并为独立的福建航海专科学校，后又分别并入大连海运学院和上海海运学院；海洋系的海洋物理组（包括教学研究人员、仪器设备和图书资料）调整至山东大学，后发展成为山东海洋学院。与此同时，厦大外文系增设了俄文专修科，土木系增设了土木专修科（水利工程建筑专业）。

1953年5月，国家对高等学校院系调整作出新的部署，教育部发布了该年度的《高等学校院系调整计划》。为贯彻执行中央的院系调整方案，厦大于7月15日成立了院系调整委员会，由王亚南校长任主任委员，下设办公室。办公室设秘书、教务、仪器物资、总务、组织宣传、检查工作等六个小组，负责推进各项具体工作。

为了更好地总结经验，推进新一轮院系调整，王亚南在校刊上发表《坚决执行政府的院系调整方案，确立学校今后的发展前途》的署名文章。他指出："去年的院系调整，已经由高等学校容纳更大量更多种专业的大学生，已经由人才设备的集中合理使用，已经由提高教学质量的教学改革得以实现，特别是已经由调整过院系的许多学校及其教师，能达到更好地专一地发展其所专长的事实，充分证示了它的正确性和极大的效果。"[①] 对广大教职员工在院系调整中，支持和拥护改革，服从国家需要、克服个人困难所表现出来的立场、态度和精神，王亚南给予了高度肯定。他强调，由于厦大去年的调整范围还十分有限，因此今年将进一步进行调整，以符合国家对综合大学的要求。

1953年暑期，厦大按照国家的统一部署和教育部发布的《高等学校院系调整计划》，将工学院的土木、电机、机械三系及土木专修科调整到浙江大学、南京工学院和华东水利学院；将财经学院的企业管理系并入上海财经学院；将法学院的法律系并入华东政法学院。与此同时，福州大学文理两院的中文、外文、历史、数学、物理、化学、生物等7系奉命并入厦大。此后，教育系与外文系俄语专修科也相继被调整到福建师范学院和南京大学。

经过两年的院系调整，厦大的院级建制被撤销，工科的各个专业及航海、企业管理、法律、教育等专业被调整出去。到1953年底院系调整工作基本完成时，全校仅剩中文、外文、历史、数学、物理、化学、生物、经济等八个系13个专业。

---

① 王亚南：《坚决执行政府的院系调整方案，确立学校今后的发展前途》，《新厦大》1953年8月1日，第69期。

大规模的院系调整，是新中国建立后改造旧教育制度、建立新教育制度的战略措施，涉及各个学校各个院系及教职工个人的利益，任务十分复杂也十分艰巨。全校师生员工在以王亚南校长为主任的院系调整委员会的领导下，识大体，顾大局，讲团结，讲协作，一切以国家经济建设和高等教育事业的发展为重，克服了本位主义、个人主义、分散主义，在短短的时间里，出色地完成了院系调整的繁重任务。

虽然这次院系调整取得了很大的成绩，但由于种种客观原因，一些办学多年并具有厦大特色的院系与专业，尤其是工科专业和法律、教育专业的调出，削弱了厦大作为综合大学的实力，造成了基础学科与应用学科的脱节，对福建乃至东南沿海的工业发展和人才培养，无疑也是一个重大的损失。

伴随着院系调整工作的开展，高等学校的教学改革工作也在紧锣密鼓地进行着。为了有组织、有领导、有步骤地开展教学改革工作，学校成立了教学改革委员会（简称教改会）。由王亚南校长担任教改会主任，章振乾教务长和张玉麟训导长任副主任，卢嘉锡、薛祀光副教务长、吴兆莘总务长及学校工会主席、团委书记、学生会主席为教改会委员。

教改会下设政治学习、基本建设和速成俄语三个委员会，要求全校师生把协助教学改革作为政治学习的中心任务；把专业设置作为教学改革的重要环节，连带配备必需的仪器、设备、图书、房屋等基本建设；把吸收苏联先进经验、接受苏联先进教学知识作为重要工作，并催生了速成俄语的要求。潘懋元、邹永贤、邓子基三位老师分别担任教改会的秘书、宣传、资料三个科的科长。

为了推动教学改革工作的开展，王亚南校长在校刊上发表署名文章——《有组织有领导有步骤地开展教学改革工作》。他指出："目前正在全国各地展开的高等学校的教学改革运动，就它在准备彻底铲除资产阶级的旧教育制度及其教学方法这一面讲，是革命的；就它在大力吸收苏联先进经验来确立我们的教育制度这一面讲，则是建设的。"[1]他认为，这是一个革命与建设统一的伟大工作，是要在整个教育思想生活上起着根本变革的复杂而艰巨的工作。

在1953年新年到来时，王亚南在《新厦大》发表的《一九五三年摆在我们面前的任务》一文中，再次强调了教学改革工作的重要性和紧迫性。他说，我们的中心工作当然还是教学工作，在一定时期内，并还是教学改革工作。"由于客观上经济国防文化建设的紧迫需要，不可能不要求我们把'慢慢来''慢慢变''慢慢改'

---

[1] 王亚南：《有组织有领导有步骤地开展教学改革工作》，《新厦大》1952年12月8日，第46期。

的思想包袱丢开,而加紧担当起改革教学,同时在改革教学中改造自己的任务。我们在教学改革学习中,已分明认识到了,不论是在教的方面,还是在学的方面,阻碍我们改革,阻碍我们前进的,是个人主义,是保守思想。"他强调1953年摆在我们面前的是做好教学改革工作的任务,并呼吁全校师生"为了国家美好将来,为了人民对我们的期待,大家团结起来,沿着一九五二年思想改造的道路奋勉前进吧!"。①

在经历了三年国民经济恢复之后,全国工农业生产得到了恢复和发展,国家税收和财经状况也有了明显的好转。从1953年起,国家将开始实施第一个五年计划,由苏联援建的156个重大项目也将付诸实施,它对改变我国工业落后局面、建立独立完整的工业体系具有重要的意义。一个崭新的、宏伟的工业化前景正展现在中国人民面前。

1953年1月,按照政务院《关于修订高等学校领导关系的决定》,厦门大学正式成立了校务委员会,由王亚南校长担任校务委员会主席,章振乾、卢嘉锡、薛祀光、张玉麟、吴兆莘、傅衣凌、陈厦山、张帆等8人任常委。校务委员会实行民主集中制和集体领导,校长在其职权范围内有独立职责。在校务委员会闭会期间,校长通过定期召集行政例会和不定期的全校性或分科性的系主任联席会议,实行日常

王亚南校长(左四)与校领导及有关处室负责人合影

---

① 王亚南:《一九五三年摆在我们面前的任务》,《新厦大》1953年1月1日,第48期。

工作的组织领导。

为了更好地推进教学改革,根据华东大专院校教学改革工作座谈会的精神,学校专门组织了一周的学习。其目的就是要以专业设置来联系国家经济建设的实际,以苏联大学的教学计划、教学制度和教学方法来改造我们的教学体系。例如,学习苏联教学制度的系统性、整体性、科学性与计划性,以及教学方法的优越性和教师负责制的精神,克服我们的不足;依据苏联教学计划来制定我们各学科的教学计划;充分认识集体教学的优越性,普遍组织教研组及教学小组等。总之,就是要扫除旧的教育制度、教学方法,吸收苏联的先进教育经验,建立新的教学制度和方法。王亚南强调,任何教学方法都是整体教育制度的一个环节,因此,学习苏联教学制度和教学方法,必须同时学习苏联教师的优秀品质——负责到底的精神。

通过一周的学习,不仅使大家基本达到"了解责任,明确方向,端正态度,增加信心"的目的,而且初步完成了教学改革工作的几项具体任务:一是依照教学改革设置专业的规定和精神,拟定及修订各系科的专业设置教学计划,并适当修正二、三年级的教学计划;二是依据专业教学计划所定课程及本校现有师资条件,普遍组织了教研组和教学小组,研究并提出实现集体教学的具体意见;三是认真体会苏联教学方法的优越性,研究了教学方法的具体运用;四是提出并初步确定了教师分工和今后培养师资的具体意见。王亚南认为,这几项任务都是教改工作最起码的要求,需要大家在具体工作中严肃认真对待,团结协力把它做好。

在改革旧的教学制度、教学方法的过程中,学校逐步建立起完整的教学环节,包括审稿、试讲、课堂讨论、习题课、辅导、考试考查及五分评卷、实验、实习、毕业设计(毕业论文)等各个方面。虽然其中不少是模仿苏联的教学模式,但各院系和教研组也进行了许多摸索探讨,创造了不少新鲜经验,在实施中总的效果是好的。

在新中国成立初期,我国高等学校通过院系调整和教学改革,铲除了旧教育制度的弊端,建立起新教育制度的"四梁八柱",堪称新中国教育史上的一个奇迹。厦门大学和全国其他高校一样,教育的面貌、师生的面貌焕然一新,为学校向高水平的综合性大学发展奠定了坚实的基础。

五、远见卓识

1953年6月,毛泽东在中共中央政治局会议上发表讲话,提出了党在过渡时期的总路线和总任务,即"要在10年到15年或者更多一些时间内,基本完成国家工业化和对农业、手工业、资本主义工商业的社会主义改造"。毛泽东强调,"这条总路线是照耀我们各项工作的灯塔"。①

党在过渡时期的总路线成为共和国最早的国家现代化纲领。它包括两方面内容:一是社会主义工业化,即通过迅速发展重工业来实现国家的工业化;二是对农业、手工业、资本主义工商业的社会主义改造,即通过合作化道路,实现对个体农业和个体手工业的社会主义改造;通过国家资本主义道路,实现对资本主义工商业的社会主义改造。毛泽东表示:我们有充分的信心,克服一切艰难困苦,将我国建设成一个伟大的社会主义共和国。我们正在前进。我们正在做我们的前人从来没有做过的极其光荣伟大的事业。

随后,全国各地掀起了学习党在过渡时期的总路线的热潮。王亚南在《新厦大》发表署名文章,宣传、介绍党在过渡时期的总路线和全国社会各阶层的社会主义改造。他指出,这条总路线不仅范围着我们的工作,而且范围着我们的生活和思想,"全国人民都要同心协力,把全部思想和精力集中在这方面来,要把国家实现社会主义工业化和社会主义改造的计划和办法作为每个人的思想内容,即如何更好地帮助这个任务的完成,每个人都要在这上面多思考,想办法"。②

在学习、贯彻党在过渡时期总路线的热潮中,王亚南和学校广大师生围绕着厦门大学如何办好综合大学,也进行了认真的摸索和探讨。

1953年10月初,教育部在北京召开全国综合大学会议,王亚南校长赴京参加了会议。会议明确我国综合大学的任务,是培养在理论科学和基础科学方面从事理论研究的专门人才,这和工、农、医等专科性高等学校培养技术科学方面从事实际工作的专门人才有所不同,它是由国家建设的实际需要确定的。

10月7日,《光明日报》以《参加全国综合大学会议的收获》为题,刊载了吕振羽、王亚南、陆侃如、侯外庐、陈望道等5位著名学者参加这次会议的感想和收获。

10月9日,刚从北京参加全国综合大学会议返回厦门的王亚南,向全校师生传达了这次会议的精神。他指出,综合大学培养的是具有广博知识和理论科学基础

---

① 毛泽东:《在中央政治局扩大会议上的讲话》,中共中央党史研究室:《中国共产党历史大事记》(1953年),中共党史出版社2014年版。
② 王亚南:《华东文教会议传达报告》,《新厦大》1953年11月13日,第75期。

的研究人才，这种人才自然可以担任高等学校的教学工作。在当前我国中学教师十分缺乏、需求量很大、水平又不高的情况下，综合大学也有协助师范院校培养师资，提高水平的任务。①

王亚南强调：综合大学既是教学机构，又是研究机构，但首先是教学机构。不搞好教学，就谈不上科学研究。不在满足教学需要、提高教学质量当中，同时注意到为科学研究工作创造条件，打下基础，那也不符合综合性大学的基本精神。教研组就是结合教学工作和科研工作的基本组织。

他认为，"综合大学的教学工作，建立在教学研究工作的基础之上，它是其他各种专科性高等学校和研究机构的基础，是国家科学文化发达的标志"。因此，综合大学"要着重自然科学和社会科学的基础理论研究，要使学生运用马列主义的思想方法，解决所学专业方面的理论和实际问题，要对其他专科性高等学校和研究机构提供具有基础理论学科和马列主义修养的专门研究人才"②。就综合性大学目前情况看，理科的不足是师资不够、质量不齐、设备不全，文科则不仅具有理科这些缺点，文艺乃至社会科学等一些学科专业受过去影响较深，非得好好改造不可。

按照综合大学既是教学机构又是研究机构的精神，厦大切实加强了教学和科研两个中心的建设，使两者互为作用，互相配合，互相提高。王亚南发挥自己的表率作用，主持并参加编写《政治经济学》讲义的专题研究，并撰写了《马克思主义政治经济学说的发展——由马克思到斯大林》的理论文章。

1953年10月26日至30日，王亚南和学校工程部主任方虞田、财务科长刘春徵赴上海参加了华东文教计划会议。11月10日，返校后仅仅三天，他就不顾旅途的疲劳向全校师生传达了这次会议的精神，并结合本校实际情况，提出了具体实施意见。

王亚南开诚布公地告诉大家，学校的经费由四个部分组成：一是工资，虽然是按人头拨的，但有总额控制；二是助学金，明年维持今年的标准，厦大维持每生12.3万元（旧币）；三是基本建设投资，即新建房子计划，厦大因为靠近前线，国家没有投资，因此与厦大没有太大关系；四是行政教学费：按每生文科94万元、理科135万元计算，新生另加设备费。学校的经费由校长根据"少用钱，多做事，做好事"的原则统筹支配，除助学金、工资、基建外，行政教学费可以移用，设在

① 王亚南：《全国综合大学会议精神传达报告》，《新厦大》1953年10月17日。
② 王亚南：《全国综合大学会议精神传达报告》，《新厦大》1953年10月17日。

高等学校的速成中学的经费也可以和大学流用。

王亚南强调，学校的经费要把它用在最需要的地方；虽然有重点，但重点也要使用得合理；要充分发挥人力、物力的潜在力量，在人力方面要增进团结，提高工作效率，提高教学质量；在财力方面，要提高仪器、机具、图画、家具尤其是房屋的使用率。有的学校已采用轮班上课、分批吃饭的办法，来解决房荒，鼓励同学走读，动员教职工在市内自觅房屋，或婉劝肺病同学回家休养。用这些精打细算、因陋就简的办法来完成上面交下的任务。①

在谈到明年厦大的任务和编制预算的困难时，王亚南说，学校现有学生1900余人，明年净增700人（毕业200人，入学900人），实际学生数将达到2600多人。房子等问题明年还容易解决，后年学生人数依此比例增加，就有些紧；工农速中扩大招生任务的困难主要在师资，学校准备从教职员及其眷属中挖掘潜在力量；设备问题，包括国外购置图书杂志等设备费，中央也已另拨。因此，明年财务收支尚不难维持。

王亚南认为，明年学校经费开支面临的主要问题，在于如何使精简节约和保证质量不相矛盾，即如何使各单位所订立的计划、所开出的预算，不致违反重点合理使用的原则。他希望各单位负责同志以对人民事业高度负责精神，好好检查过去特别是今年的经费开支，是否有不合理不妥当的地方，是否有只顾本单位便利、不肯全盘考虑学校实际经费开支困难的地方，与头脑中的本位思想、排场思想和官僚主义思想开展斗争，保证精简节约精神的贯彻。②

在火热的革命和建设中，王亚南筹划着未来学校的发展蓝图。他制定了明确的"十六字"办学方针："一抓教学，二抓科研；发挥优势，扬长避短。"在抓好教学、科研的同时，他反复强调要从学校的校情出发，因势利导，因地制宜，调动一切积极因素，把厦大办成一个富有特色的大学。

由于历史和地理的原因，厦大长期以来与海外华侨有着深厚的感情和密切的联系。当年陈嘉庚先生选址厦门、创办厦大，既是出于爱国爱乡、兴学救国的愿望，与福建是著名侨乡、厦门是华侨进出国的重要口岸也有很大的关系。正如陈嘉庚所说："大学设此，可以便利华侨子弟回国求学"。因此，学校自创办之日起，就"尽量吸收侨生"，并以多种方式鼓励侨生报考就学。

---

① 王亚南：《华东文教会议传达报告》，《新厦大》1953年11月13日，第75期。
② 王亚南：《华东文教会议传达报告》，《新厦大》1953年11月13日，第75期。

新中国成立后,学校在继承侨办大学的特色和传统方面迈开了新的步伐。不少侨生怀着"学好本领,建设祖国"的美好愿望来到厦大学习深造,学校本着"一视同仁,适当照顾"的原则,在学习和生活上给予侨生各种关怀,使他们将回到祖国的激情转化为在新环境中学习的动力。

1950年12月,中央教育部为了解各高校基本情况,通知各大学呈报发展计划和研究机构的情况。在王亚南校长指导下制定的《厦门大学发展计划》明确提出,根据厦门的地理优势,厦大发展的重点应为"面向海洋,面向华侨,面向本省经济建设"。① 具体发展内容除开办医学院、农学院外,还应增设化学工程系、地质学系,充实南洋研究馆设备等。

1951年4月6日,在庆祝厦大建校三十周年时,王亚南在《新厦大》发表题为《厦大诞生三十年》的纪念文章。他指出,厦大地处中国东南海滨,它从一开始就是由华侨设立的,并且大体是为华侨设立的。"在国家今后极显明的要同南洋各地发生更密切的经济、政治、文化关系的展望下,要同我们在这个地区的千千万万侨胞发生更密切联系的要求的展望下,厦大就显然会担负着国内其他任何一个大学所不能承担的任务。因此,它的发展,就不但不是出于我们主观的愿望,也不单是由于配合国家很快就要展开的建设高潮,同时是由于我们不断升高增大起来的国力——国家地位,必然要与南洋各地民族及华侨发生紧密联系的要求所引起所决定的。"②

1952年8月12日,经王亚南校长审定后向教育部报送的《厦门大学关于专业设置与发展重点的意见》明确提出:"我校专业发展系以理科为重点,根据国家建设需要及师资设备历史地理等本身条件,确定物理化学专业及其物质结构的专门化,动物学专业及海洋动物学的专门化,以及政治经济学专业为发展重点,并确定历史学专业及其南洋史专门化为发展重点。"③

理由是:第一,厦大在物理化学专业方面,较有基础,历史也较久,特别在物质结构方面,师资条件较充足,卢嘉锡教授对物构卓有研究。分析化学和物理学两专业的师资,也可在理论和试验上协助其发展。第二,在动物学专业尤其是海洋动

---

① 厦门大学档案馆、厦门大学校史研究室编:《厦门大学校史》(第二卷),厦门大学出版社2006年版,第64页。
② 王亚南:《厦大诞生三十年》,《新厦大》1951年4月6日。
③ 《厦门大学关于专业设置与发展重点的意见》,厦门大学校史编委会:《厦大校史资料》(第三辑),厦门大学出版社1989年版,第94~95页。

物学方面，厦大地处海边，具有地理环境的优越条件，温、热带动物出产甚多，新鲜研究材料极易搜集。目前海洋动物标本丰富，为国内其他学校所罕见。郑重教授对浮游生物甚有研究。第三，在政治经济学方面，厦大经济系向以马列主义观点进行教学与研究。王亚南教授曾主持系务多年，郭大力教授亦曾在系内讲学多年，研究进步理论的风气为厦大经济系的传统。如果将财经科四系（财金、统计、贸易、会计）并入经济系后，师资队伍将更大。第四，在历史学方面，厦大地处侨乡厦门，面向南洋。对于南洋史地及华侨活动历时的研究实有不可推卸的责任，现设有南洋研究室和人类博物馆，搜集和藏有南洋各地资料不少，将南洋史研究作为重点可获得不少资料上的便利。①

厦大上报的《关于专业设置与发展重点的意见》得到了教育部的重视，全校师生对办好一所屹立在国防线上的综合性大学充满了信心。鉴于厦大既要在前线坚持教学工作，又要加快重点学科、专业的发展，任务十分艰巨，为此，教育部商请福建省委、省政府调配一位能力较强的干部到厦大，以加强学校的领导力量。1954年9月，中共福建省委任命陆维特同志为中共厦门大学党委书记②，后兼任厦门大学副校长。

1955年1月，陆维特书记正式到任。5月在出席全国高教工作会议时，他强调厦大是由华侨创办、为华侨所需要的大学；面临东海和太平洋，既有经济价值又有科学研究和教学价值，因此建议把"面向东南亚华侨，面向海洋"作为厦大的发展方向，得到了高教部的肯定。

1955年12月，高教部在《关于厦门大学发展方向的决定》中指出："厦大地处海边，面向海岸，又在国防前线，情况特殊。该校今后的教学和科研工作必须针对这两个特点来决定发展方向。由于厦大这些历史条件和地区特点，兹决定厦门大学应以面向东南亚华侨，面向海洋为今后发展方向。"③

根据高教部《高等教育十二年规划（1956—1967）》和《关于厦门大学发展方向的决定》，厦大先后召开行政扩大会议、系主任联席会议及校务委员会会议，逐

---

① 《厦门大学关于专业设置与发展重点的意见》，厦门大学校史编委会：《厦大校史资料》（第三辑），厦门大学出版社1989年版，第95～96页。
② 陆维特，福建长汀人，原名赖成聪，出生于1909年。1929年就读于南京晓庄学校文学艺术部，同年9月加入中国共产党。后到上海参加"左联"活动。新中国成立后任华东局宣传部宣传局局长、福建省政府文教委员会主任、福建人民革命大学党委书记兼副校长、福建师范学院党委书记、院长等职。
③ 《高教部颁发关于厦门大学发展方向的决定》，录自厦门大学党委档156-16。

一部署落实任务,并成立了专门工作组,由王亚南校长和陆维特副校长主持,下设秘书、教学、科学研究、政治思想、总务行政、人事组织6个小组,分片与各系联系、负责搜集材料,修订和完善《厦门大学12年发展规划》和《厦门大学五年规划》,为贯彻"面向东南亚华侨,面向海洋"的发展方向提供了全面、切实的保障。

王亚南始终认为,要办好厦大这所历史悠久的综合性大学,必须充分发挥两个有利条件:一是厦大的地理优势;二是传统的学科优势。以地理优势而言,厦大地处东南沿海和著名侨乡,自然应当面向海洋,面向东南亚与华侨,为千百万华侨服务。在这方面,学校已设立了南洋研究所和华侨函授部(后改为海外函授学院),并在相关系科设立了海洋化学、海洋物理、海洋生物专业;筹备成立东南亚历史、东南亚经济等专业,使东南亚研究、海洋研究成为厦门大学的特色。以学科优势而言,解放前,厦大的师资力量就以化学系和经济系较为雄厚,化学系有胶体化学家傅鹰和物理化学家卢嘉锡等;经济系有王亚南、郭大力、石兆棠等马克思主义经济学家。学校每年招生,报考这两个系的人数都是最多的,先后培育了不少人才。王亚南担任校长后,继续把经济系和化学系作为重点发展,率先成立了经济研究所和化学研究所。因此,应当继续保持和发扬这一学科优势,使其"更上一层楼"。

1956年4月,在庆祝厦大35周年校庆之际,王亚南在校刊发表署名文章,他说:"在我们学校的全面规划中,中央已明确指出了我们厦门大学的发展方向,是在作为一个综合大学的一般要求下,结合我们学校的历史地理条件,充分发挥我们面向海洋、面向南洋,更好为千百万华侨服务的特点。厦门大学原来就是由华侨巨子陈嘉庚先生创办的,解放以来,陈嘉庚先生及海外爱国主义华侨还继续不断地给予我们以大力的支持。我们学校的这个发展方向明确了,我们将会更多地得到国内外侨胞的指示和赞助。"①

厦大确定"面向东南亚华侨,面向海洋"的发展方向后,在海内外华侨中引起了热烈的反响。在厦大学习的归侨、侨眷怀着激动的心情,纷纷将这一消息传递给海外的亲友。一封封海外飞鸿飞至厦大,表达对厦大的支持,查询南洋研究所和华侨函授部的信件也逐日增多。

为了贯彻厦大发展方向的要求和《高等教育十二年规划(1956—1967)》的文件精神,在王亚南校长的领导和主持下,学校先后召开了行政扩大会议、系主任联

---

① 王亚南:《祝三十五周年校庆》,《新厦大》1956年4月4日,第122期。

席会议和校务委员会会议，逐一部署落实任务，并组织了专门工作组，由王亚南校长、陆维特副校长亲自主持，下设秘书、教学、科学研究、政治思想、总务行政、人事组织六个小组，分片与各系联系，不断修订、完善《厦门大学 12 年发展规划（1956—1967）》和《厦门大学五年规划（1956—1960）》，为厦大贯彻落实"面向东南亚华侨，面向海洋"的发展方向，提供了更加全面、切实、有力的保障。

高教部的高瞻远瞩，王亚南等校领导的远见卓识，海内外华侨的大力支持，全校师生员工的共同努力，使厦大的"两个面向"行稳致远，一个崭新而富有特色、面向东南亚华侨、面向海洋的新厦大正徐徐展现在人们面前，并在海内外树立起厦门大学的良好形象。

第九章

前线办学

> 晃崖磅礴沐天风，屹立鹭江第一峰。
> 音乐名区联蜃市，英雄故垒看艨艟。
> 金门锁定瓮中鳖，铁轨飞驰海上龙。
> 昨日荷夷今日美，驱除待命有先锋。

——郭沫若《登日光岩》

1962年冬，中国科学院院长郭沫若到福建视察工作。来到厦门的第二天，他兴致勃勃地登上日光岩，观看郑成功的龙头山寨、水操台及历史名人摩崖题刻，缅怀民族英雄郑成功的丰功伟绩。面对波涛汹涌的大海，他不禁心潮澎湃，写下了《登日光岩》一诗，赞颂厦门的壮美风光和建设新貌，表达了对祖国统一的热切期盼。

20世纪五六十年代，台湾海峡局势处于高度紧张状态，地处东南沿海的福建成为海防前线。身为厦门大学校长的王亚南一手抓教学，一手抓战备，和广大师生一起坚守在海防线上，反空袭，反登陆，使厦门大学书声琅琅，弦歌不辍，成为驰名国内外的"英雄大学"。

一、海防前线

中华人民共和国成立后，败退到台湾的国民党政权不甘心于他们的失败，经常对大陆进行各种骚扰破坏；盘踞在大、小金门等岛屿的国民党军，更是经常对闽南沿海城乡进行袭击、窜犯。1950年朝鲜战争爆发后，美国第七舰队进入台湾海峡，把两岸隔绝开来。国民党军因此有恃无恐，经常对我沿海城乡进行空袭、炮击，并以我沿海岛屿作为窜犯重点，厦门前线军民为此展开了反空袭、反登陆的斗争。

地处厦门岛前沿的厦门大学，与国民党军占领的金门岛相距不到5000米，与大担、二担距离更近，处于敌军的大炮射程之内，是全国独一无二的处于海防前线的大学。为了坚持对敌斗争，学校一边加强防空设施，一边坚持教学工作。

1951年2月，学校成立防空指挥处，由王亚南校长兼任处长，下设秘书、组

训、工程、纠察、救护、消防、支前、储备、疏散等科,并确立了"在非常状态下进行常态工作,在正常状态下作非常准备"等斗争原则,积极投入战备工作。在短短时间里,就修整了学校原有的防空洞、防空壕,并增开了近千米新防空壕;组织了救护队、担架队,开办了救护、消防训练班。

同年3月,国民党军为配合美军在朝鲜战场发动的攻势,积极策划对厦门、汕头等沿海地区大举进犯,厦门前线的对敌形势更加紧张。为了保证教学工作不致中断,学校奉命将理、工两个学院疏散到闽西山区。在学校统一部署下,理、工两院干部职工进行了紧急动员,首先将主要实验仪器设备及图书资料装箱内运;从3月15日开始,两院523名学生分批从厦门徒步出发,克服重重困难,翻山越岭,跋涉数百里,于3月下旬安全抵达龙岩,受到时任龙岩行署专员伍洪祥和老区人民的热情欢迎。师生们再接再厉、排除万难,于4月1日如期在龙岩白土乡和城关正式上课。

时任中央教育部部长马叙伦特地来电给予表扬和嘉勉,电文如下:①

> 厦门大学:
>
> 你校的《疏散工作第一期总结报告》收悉。你校这一疏散工作做得很好,很有成绩,你们能积极响应政府的号召,在短促的期间内完成了防空疏散的任务,教师、同学、职工们都在各个不同的岗位上表现了应有积极性与忘我的工作精神,是值得表扬的,特别是徒步赴龙岩的学生,尤其值得嘉勉。这个工作之所以做得有成绩,是与你校整个领导和觉悟了的全体师生员工努力分不开的。希望你校全体师生员工不因此而自满,要将已收到的成果巩固下来,并为将来在教学工作上获得更大的成就而努力。关于教学工作检查制度可先试行,并将试行的结果与经验报部。
>
> 部长:马叙伦

理、工两院内迁后,留在厦门前线的文法商科师生,在蒋军的空袭、炮击下,掀起了保卫厦门、保卫厦大的热潮。他们提出"在任何情况下,克服困难,争取时间,坚持学习"的口号,王亚南以身作则,带领师生披荆斩棘,修筑防空壕,师生

---

① 厦门大学档案馆、厦门大学校史研究室编:《厦门大学校史》(第二卷),厦门大学出版社2006年版,第84~85页。

员工们在实际工作中身体力行，做出了可喜的成绩。

理、工两院内迁龙岩期间，王亚南校长不仅经常听取他们的工作汇报，关心师生们的学习、生活情况，还专程到龙岩城关和白土乡看望他们，帮助大家解决一些实际困难。章振乾教务长受学校委托，负责理工两院内迁和在龙岩的工作，经常往返于厦门、龙岩两地，风尘仆仆，连续作战。理学院院长卢嘉锡更是一头扎在白土乡，奔波于白土与城关之间，不怕疲劳，不惧艰苦，亲力亲为，为稳定师生情绪、因地制宜开展教学、安顿好大家的生活后勤等做了许多工作，发挥了重要作用。

内迁龙岩期间，卢嘉锡一边承担着繁重的教学任务，包括本科教学和指导研究生的任务；一边又要负责两院的日常管理工作，包括政治学习、经费开支、教学安排，乃至协调教师之间的工作关系，活跃校园文化氛围等等。好在他早年就养成了多面作战的能力和习惯，在教学与行政之间总能兼顾得恰到好处。当时他连家属、孩子都搬了下去，与两院的师生和当地的老乡们打成了一片。自然，他也有焦虑、困惑乃至"无力"的时候，于是，他也经常写信向自己视为兄长的王亚南校长汇报工作，以求得领导的理解与支持。

1951 年 9 月，新学期开学不久，卢嘉锡在致王亚南的信中写道：①

> 亚南校长我兄：
>
> 　　教务长章振乾兄于十九日午后抵岩，经即邀其参加学习周会议，现学习周已正式于二十一、二十二日分别在工、理两院开始。"大学和大学生的历史任务"由振乾兄主持报告，"教学上措施与本年度教学工作计划"则由弟负责，系座谈会与联欢会亦分别邀请各系主任方代通知注意各点，预算二十六、二十七两日理、工二院新生可开始上课。一俟总结后当详函报告振乾兄带下。
>
> 　　各系一切自当遵照办理，惟弟一身兼三职，至此开学伊始，实在忙得不可开交。一切教务旧账确有重新整理之必要，化研所教学计划经此次在京与各方面商谈，亦已有初步方案。理学院内只能先就一些迫切问题解决。一候开学忙过一段时间后，拟分别轻重缓急依次解决，但望到一个时期后，准予放弃一些行政职务，俾不致因个人能力之所限误及全校大局也。
>
> 　　增加设备预算问题：生物、化学实验室两所所费约一千五百万元，其他修建亦尽量从省，惟年底新生报到，成数极高，超过原定，预算后做之双架床、自修

---

① 卢嘉锡：《致王亚南校长》，厦门大学校办档 50-15。

桌、膳所椅桌等项均不敷应用,为使同学安心学习,经电请另拨六万万元预算至岩处。

……

领导机构问题,拟候下周与章兄详谈,龙岩、白土相隔十五华里,一星期来往四次,的确吃不消,兼以工学院缺强有力领导人物,更使弟十分焦心。章兄在此正可帮忙解决问题。至岩处是否保留群众组织,如何联系,当与章兄会商解决也。

专此顺颂

钧安!

弟 卢嘉锡手书
九月二十三日晚

抗战胜利后,王亚南就和刚从海外回国不久的卢嘉锡同在厦大任教。因同为学校进步教授,因此两人素有过从,交谊甚笃。在王亚南印象中,比自己小 14 岁的卢嘉锡是一位学识渊博、教学能力很强的教授。出任厦大校长后,尤其是理工两院内迁龙岩期间,王亚南通过实地考察以及与卢嘉锡的交往和通信联系,发现这位年富力强的化学家具有很强的组织管理才能。于是,便任命他为学校副教务长。卢嘉锡由此进入了学校领导班子(当时学校只设校长、正副教务长、总务长等职)。

两院内迁龙岩期间,不仅老师、同学们克服种种困难,坚持教学工作,就连学校员工眷属也积极行动起来,通过办托儿所、参加化装游行、热情捐款等,增强大家的团结和凝聚力,保证师生员工在龙岩能安下心来。王亚南校长闻讯后,特地致函在龙岩的员工眷属,予以表扬。他在信中说:"本校理工两院及员工家属自奉令迁岩以后,由于山地气候水土不合,环境卫生较差,生活确实遭遇到不少困难,但是大部分眷属都能明了此次疏散意义,坚决拥护政府既定政策,互勉互助,克服困难,保证在岩安居乐业,此种精神特函表扬。"[①]

直到 1952 年 2 月,随着厦门海防日益巩固,疏散到龙岩的理、工两院师生才奉中央教育部令,复员回到厦门。两院师生返厦后,全校师生员工仍生活、工作在前线紧张的气氛中。由于驻守大、小金门的国民党军始终对厦门虎视眈眈,先后多次骚扰、轰炸厦门,地处前沿的厦门大学也遭受了一定损失,但师生们毫不畏惧,

---

① 王亚南:《致在岩员工眷属》,《新厦大》1951 年。

始终坚持在海防最前线。

1954年初,《朝鲜停战协定》签字后不久,参战的中国人民志愿军官兵分批返回祖国。"最可爱的人"胜利归来了！全国人民掀起了慰问英勇作战、光荣回国的志愿军官兵和人民解放军的热潮。

3月24日,全国人民慰问人民解放军代表团的代表及文工团员一百多人,在何长工(副总团长)、郑振铎(总团代表)、张秀川(志愿军总分团副团长)、陈同生(第四总分团副团长)、陈绍宽(第五总分团副团长)等带领下,莅临厦门大学。全校师生员工夹道欢迎,随后,在丰庭广场与慰问团代表和文工团员们举行了联欢大会。

3月26日,全国人民慰问人民解放军代表团志愿军总分团在群贤楼前,向厦门大学赠送大幅锦旗一面,锦旗上写着:"为祖国社会主义建设培养优秀人才。"章振乾教务长代表王亚南校长在赠旗仪式上致答谢词,他指出这是本校最大的荣誉,我们会永远记住这种光荣,我们坚决保证好好地学习和工作,以报答"最可爱的人"。

同日,志愿军总分团张秀川副团长给王亚南校长及全体师生员工发来热情洋溢的感谢信,信中说:"志愿军代表团在厦门进行慰问工作中,受到你们的热烈欢迎、热情关怀和帮助,给我们很大的教育和鼓舞。当我们就要告别的时候,谨向你们致以最衷心的感谢。为表达我们对你们的敬意,特献上锦旗一面。最后祝你们身体健康,在教学上取得新的成绩。"①

王亚南校长在复张秀川副团长及志愿军代表团全体同志的信中写道:"你们奉了毛主席及全国人民的嘱托,来厦门慰问解放军。在慰问工作万分紧张的当中,分出极宝贵时间到厦门大学参观、联欢、演出,并赠给我们锦旗一面,我代表全校三千教职员工及同学们向您及全体同志们表示衷心的感激！"

"我们一定按照锦旗上的指示,好好为祖国努力培养社会主义建设人才,以报答你们的盛意；我们一定要以你们在朝鲜前线杀敌报国的精神,在祖国海防前线坚持教学,并于必要时协同解放军,给敢来侵犯的敌人以无情的打击。望向代表团全体同志们转达我们热烈的谢忱；望向朝鲜前线的全体志愿军同志们,代致我们无限的敬意！"

1954年8月,朝鲜停战后不久,美国政府为阻挠中国人民解放台湾,加紧与

---

① 张秀川:《致王亚南校长》；王亚南:《致张秀川团长》,厦门大学校办档50-15。

台湾国民党当局策划,准备签订"美台共同防御条约",激起了全国人民的无比义愤。中央军委命令福建前线部队对金门国民党军进行大规模的惩罚性炮击。

9月3日下午,福建前线司令部一声令下,我军百余门重炮对准大小金门、大担、二担岛上的国民党军阵地和停泊在海面上的敌军舰猛烈开火,摧毁敌阵地、观察所、指挥所多处,击沉敌军舰3艘,击伤4艘,给国民党军以沉重的打击,史称"九三"炮战。

从9月4日起,国民党军连续数日派遣战机301架次,窜入厦门地区上空进行报复性空袭,最严重时一次空袭达一百六七十架次,共毁民屋48间,炸死炸伤居民近百名。其中9月11日在厦大范围内投弹,造成重轻伤各三人。面对敌机的狂轰滥炸,我高炮部队进行了英勇反击,共击落敌机11架,击伤40架。

在"九三"炮战期间,厦大师生坚持在防空洞里上课。全校28个新旧防空洞,可容纳约两千名师生上课。虽然防空洞里比较潮湿,坐久了腰酸背痛,但为了对敌斗争,大家都以顽强的毅力去适应战斗环境,慢慢也就习惯了。

一位新闻记者就此报道说:"在这战斗环境中,厦大采用疏散上课地点的方式坚持教学,使教室的容量配合防空壕的容量,提出'有课上课,无课进壕进洞'以减少人员的密集。""学校把白天的课移在防空洞去,采用'三部四节制',即三部轮换,每部四节一贯制的办法。在保证安全和照顾健康的原则下坚持教学。"①

敌人的空袭时紧时松。紧时整夜必须在防空洞壕中不能睡眠;松时则必须抓紧工作与学习,这就是"敌紧我松,敌松我紧"。在紧张的斗争中,厦大师生也有轻松的时刻,文娱组织流动地到各个防空洞去演唱,收音机播送音乐,国庆日还组织文艺晚会、舞会。这就是厦大师生反空袭和坚持教学中既紧张又愉快的生活。

此时,王亚南校长虽然在北京参加全国人代会,但他的心却和前线师生们紧紧联系在一起。全国人代会的喜讯和周总理的工作报告,极大地增强了全校师生的斗志,鼓舞大家在对敌斗争中坚持做好各项工作。

可以说,在厦门大学的教学研究生活中,对敌斗争一直是一个非常突出的因素。正如王亚南校长在庆祝校庆34周年时所说:"五年多以来,在美帝国主义支持下的蒋介石卖国集团,一直在从海上从天空对大陆沿海进行海盗式的侵扰,一直使我们不能在完全安定和和平的环境中进行教学研究工作。但尽管如此,由于在党及政府的特别关怀下,在我们全体教职员工及同学的努力下,我们学校在各方面有

---
① 《在反空袭斗争中坚持教学的厦大》(通讯),厦门大学教务档54-9。

了极大的变革和发展,我们确实在战斗中成长起来了。"[①]

1958年中东危机发生后,国民党军频繁出动战机对福建和厦门沿海地区进行空袭、轰炸,使台海地区再次进入战争状态。为了打击美蒋集团的嚣张气焰,1958年8月23日,人民解放军福建前线部队对国民党盘踞的大、小金门等岛屿实施猛烈炮击,连续85分钟,发射各类炮弹5万余发,史称"八二三"炮战。

在这场激烈的炮战中,厦大师生再次经受了空前规模的炮战洗礼。全校师生积极支前参战,有的给部队运送炮弹,有的到军营为战士洗衣做饭,有的组织演出队上阵地慰问演出。9月4日,金门国民党军有恃无恐地对厦门地区进行了大规模炮击,杀伤郊区江头居民和禾山中学师生多人。9月6日,驻金门国民党军炮击厦门大学及厦门第三中学,师生共死伤30多人,建筑物多处毁坏,激起了厦大师生和全市人民的极大愤慨。

9月8日,我前线部队集中火力,对停泊在料罗湾内的国民党军舰艇和大小金门岛上的敌炮兵阵地猛烈开火,击中或击沉国民党军登陆舰和登陆艇多艘。当天晚上,在严惩蒋军的炮声轰鸣中,厦大民兵师在坑道里宣布成立。校长王亚南、副校长张玉麟分别担任民兵师正副师长,吴立奇、未力工分别任正副政委,范公荣、白世林分别任正副参谋长。民兵师下设理科、文财科、工科三个团,并举行了庄严的宣誓和授旗、授枪仪式。

王亚南师长从市兵役局负责人手上接过那面印着"厦门大学民兵师"的鲜艳的红旗,成千双眼睛注视着这面红旗,表达了全体指战员坚强的战斗意志。紧接着,王师长把数百支枪授给新战士。战士们拿到枪,肩膀上担负起神圣的使命:"只要祖国一声令下,我们便带着枪奔向战场,为解放台澎金马,为保卫世界和平而战!"

从9月8日到9日,被我军炮火打得狼狈不堪的国民党军,竟丧心病狂地把厦门大学

王亚南(左)在厦大民兵师成立大会上

---

① 王亚南:《厦门大学在战斗中成长——三十四周年校庆》,《新厦大》1955年4月2日第105期。

作为重点军事目标进行猛烈炮击。先后有60枚炮弹击中校园，使校园的建筑遭到严重破坏，化学系学生谢坚固受重伤，师生们的学习、生活和工作受到严重威胁。9月10日，厦门大学校长王亚南、厦门三中校长周行钊分别在报上对国民党军的暴行提出了严正抗议。

国民党军炮击厦大的罪恶行径也在国内外引起了极大的愤怒和强烈的抗议，全国各地和各友好国家的政府、社会知名人士纷纷来电向厦大师生表示慰问，称赞厦门大学是"在炮火袭击下坚持斗争、学习的英雄大学"，赞扬厦大学生是"挺立在海防前线的不屈战士"。

9月10日，中央侨委主任何香凝致电王亚南校长和全体师生，表示亲切慰问。电文说："阅报忽悉美帝国主义支持下的金门蒋贼军在九日上午疯狂地炮击我厦门大学，有三十多发炮弹在校舍周围爆炸，致使校舍遭到严重破坏，化学系四年级同学谢坚固负重伤，这是蒋贼军继炮击厦门江头镇和平居民和侨眷及厦门市第三中学师生后的又一祸国殃民破坏教育事业的严重罪行，全体华侨、归侨、侨眷和归国华侨学生对蒋贼军所犯下的滔天罪恶万分愤恨，决心用实际行动支援福建前线的人民解放军，给卖国的蒋贼军以严重惩罚。兹特电向你们及受伤同学表示深切的慰问。"[①]

9月27日，首都文艺界慰问团在文化部艺术局长周巍峙的率领下来厦门前线慰问演出。随后陆续前来厦门前线慰问演出的有中央和各省市慰问团19个。作家田汉、京剧表演艺术家梅兰芳等人也积极参加了慰问活动。已40年没有作诗的王亚南校长热情奔放地写了一首《欢迎文艺界福建前线慰问团》的新诗，向代表着我们全国文艺界的慰问团的亲人们表示热烈的欢迎，诗中写道：

厦大师生欢迎全国文艺界福建前线慰问团来校慰问
（前左二为王亚南）

---

① 何香凝：《致厦门大学王亚南校长暨全体师生》，厦门大学校史编委会：《厦大校史资料》（第三辑），厦门大学出版社1989年版。

你们是全国人民中的艺术旗手/你们的歌唱，你们的舞蹈/你们的创作，你们的绘画和音乐/体现了千千万万人的喜怒哀乐。

你们带来了全国人民对美帝及蒋介石集团的愤怒/你们带来了全国人民对前线三军的慰勉/你们带来了伟大领袖毛主席对前线军民的希望和鼓舞！

你们是人民的使者/你们是文艺界的光辉！①

这一年国庆节，王亚南对"前线大学"的体会更深了。在《国庆献词》中他勉励师生们："特别是我们学习和工作在对敌斗争第一线的特殊环境下面；在日夜不停的炮火下坚持教学，坚持科学研究，坚持农业生产劳动和大办工厂，我们对于祖国的强大，我们对于六亿人民的欢乐的国庆，该有多么深切的体会，该有多么说不出的内心感召啊！"他坚定地表示："我们要继续在敌人的炮火下大踏步前进，要继续在敌人的炮火下，锻炼我们的斗志，改进我们的工作，加速我们的改造。"②

从"八二三"开始到10月6日，人民解放军福建前线部队先后发炮数十万发，对金门国民党军阵地和机场进行了大规模炮击，不仅给国民党军以沉重打击，而且全面封锁了金门海面。直至10月25日，福建前线部队才宣布今后逢单日打炮，逢双日不打炮。海峡两岸局势由此进入了一个互相拉锯而相对平静的时期。

这年国庆节，王亚南在《十年前线大学教育生活的体验》一文中，回顾了自己在这所"前线大学"走过的历程。他说，临到这个伟大的日子，我们每个人都是无限的兴奋，也都有无限的感想。"我是1950年上半年到厦门大学搞行政工作和教学工作的。到现在，也是十个年头了。厦门市是在前线，我们厦门大学住在市郊，更逼近前线。我们学校沿海一带的建筑物，离蒋介石集团的前哨阵地，只有几千米的距离，在天朗气清的时候，敌人阵地是隐约可见的。我们厦门大学可算是一个名符其实的前线大学。"

王亚南回忆说："我们学校从解放的那一天（1949年10月17日）起，就是在敌人的飞机炮舰及前沿阵地的炮火骚扰破坏下进行工作的。尽管如此，在党的英明领导和前线国防部队的关怀保卫下，我们学校十年来的发展变化，也和全国其他兄弟大学一样迅速，一样巨大。……学校的各种改革运动，也和全国各地的高等学校一样，在一个紧接着一个地进行着，从这些方面都像看不出前线大学有什么特点。

---

① 王亚南：《欢迎文艺界福建前线慰问团》，《新厦大》1958年11月7日第247期。
② 王亚南：《一九五八年国庆献词》，《新厦大》1958年9月30日第239期。

不少从后方各地到我们学校参观的人士,想不到'大敌当前'的学校,竟表现出这样宁静的气氛;苏联及其他社会主义国家的国际友人到前线参观,看到我们学校的几十座大建筑物屹立在东海之滨,和美蒋占据的岛屿隔海相望,总是惊异不置,想象不到前线竟有这样规模的大学。"

王亚南告诉大家,我们的口号是"边学习、边战斗","把无事当作有事","化不利条件为有利条件"。"我们全校都经常演练战斗的组织和部署,在时紧时松的前线局面下,我们时刻也没有松懈我们的战备,我们时刻也没有忘记这是锻炼我们学生、锻炼我们教职工的有利条件。敌人从空中、从海上、从前线岛屿向我们侵扰的时候,每年十次、百次,有时日日夜夜炮火喧天。无论怎样,始终都证明我们经得起考验。在我们学校不时召开的积极分子大会中,许多教学和科学研究方面的成绩优异者,不仅是生产劳动模范,而且还是战斗英雄。在这里,我们学校的特征和特色,就充分表现出来了。"①

他举例说:"在更逼近敌人的前沿,有我校一直在那里参加生产劳动的60多位男女教职员,他们不仅没有因为发生大规模炮战而离开前线,反之,却在炮火空隙从事生产劳动之余,奋勇协助部队运送炮弹及其他军务工作,坚持了一个多月之久,没有一个人脱离队伍。后来大家在慰劳大会中讲述感想,都认为不实际参加生产劳动,就不可能在那样艰险的前线,坚持对敌斗争。"

王亚南说,在这个不太复杂的事件中,却包含着深刻的教育意义,它是我们在前线大学的教育工作者的特有体验。有这样的教职员,王亚南校长自然是十分欣慰的。正如《厦门大学战歌》所唱的:"海潮汹涌浪花翻,耳边炮声隆隆响,战斗的厦门大学,挺立在炮火线上……",那激昂雄浑的旋律,激励着厦门大学的广大师生员工们,在炮火纷飞的年代,顽强地坚守在祖国的海防线上。

二、广厦簧宇

1927年1月,著名教育家蔡元培和马叙伦因躲避军阀迫害,"买舟南下",游历厦门。在鼓浪屿参观时蔡元培写下《题日光岩》一诗,表达了他对厦门这座沐浴着天风海涛的英雄城市的赞美:"叱咤天风镇海涛,指挥若定阵云高。虫沙猿鹤有时尽,正气觥觥不可淘。"厦门大学筹建时,陈嘉庚先生就曾专门去函向曾任南京临时政府教育总长的蔡元培请教;而时为民主人士的马叙伦后来成为新中国的首任

---

① 王亚南:《十年前线大学教育生活的体验》,《新厦大》1959年9月30日第296期。

教育部长。

1950年5月，王亚南奉命南下执长厦门大学。离京赴任前，恰好陈嘉庚先生由新加坡飞抵北京参加全国政协第一届二次会议。于是，王亚南特地前往陈嘉庚在京住处拜访，请他指示学校发展的意见。当谈到学校校舍抗战时期遭日寇破坏，解放初又遭国民党军炮击，影响到学校发展时，陈嘉庚沉默良久。

送别王亚南后，陈嘉庚即写信到新加坡，委托女婿李光前先生将自己在新加坡的余产拍卖，又动员李光前捐资，以筹款修复、扩建厦门大学及集美学校。李光前是一位热心公益事业、爱国爱乡的华侨企业家，早在1930年代私立厦大财政困难时，就曾捐款资助厦大。接到陈嘉庚先生的来信后，他慷慨允诺为厦大扩建捐资六百万港元。

1950年6月，王亚南抵达厦门、就任厦大校长后，一边主持学校正常的教学工作，一边开始筹划校园未来的发展蓝图。当时新中国刚成立不久，国家百废待兴、财政十分困难；而朝鲜战争又一触即发，国家没有更多的资金可用于学校建设。因此，如何利用福建侨乡优势，多方筹集资金来发展教育，就成为厦门大学乃至福建省主政者的当务之急。

这年9月5日，陈嘉庚先生从北京回到厦门集美定居。他对厦门大学和集美学村的发展一直萦系在心，有了向李光前募集的六百万元扩建经费，陈嘉庚立即行动起来，亲自主持厦大的扩建工作。从资金筹集到勘定地基，从校舍设计到雇工备料乃至建筑施工，他都亲自筹划，事必躬亲，精打细算，一丝不苟。10月13日，他给王亚南校长写了一封长信，详述加快厦大校园建设之缘由及规划设想。全信如下：①

> 亚南校长台鉴：
>
> 　　日前台从过集，谈及厦大修建事，尊意对于图书馆之建筑，以为必待觅聘建筑专家设计绘图，并经集体再审议，认为适当，然后举行，为万全妥慎计，固应如是。但庚以为此项设计工作，当以最短时间迅速完成为切要。如手续迂回转折，恐时间失之太久。
>
> 　　昔在林校长任内，即有建馆之议，所以未克实现，正坐纡徐失机之故，此过去可得之明验也。庚今在此，虽不急于南渡，而于国内各地身以未历者于多，如

---

① 陈嘉庚：《致王亚南校长》，厦门大学校办档50-15。

时间许可，尚拟摒挡旅行，恐一出门动须数月，建筑之事，如未具体解决，势将更被展期，致多延误。倘修复之费出自政府，则缓急于庚无关，如系由庚劝募，则庚当负全责，应按实际之需要，依兴作之先后，陆续向南洋调款支应，非若公家之款可以一次核发，除报销外他非可问也。

庚回来已月余矣，关于修建事，自前月赴厦面谈后，值禾山、马巷两机场征工紧急，工人缺乏，尤以石工难于招致，又市政府计划大生里归我修葺使用，不得不稍待其究竟，有此二因，故至今尚未准备兴工。兹机场工程经已陆续结束，大生里之议亦既作罢，则此事即当进行，不宜再缓。

前晤谈时，尊意以学生宿舍楼将仿照博学楼建筑，庚又问如照被日寇折毁之生物学院式样，一切间格依旧，能否适用，卢教授以为可，先生亦无异议。庚谓如是则甚简便，故即面承负责。兹将仍照过去建筑群贤映雪囊萤等楼办法，石土木等料概由自办，工程方面，只以范围狭小，容易按核者，局部分别出包，而不予概括总包，以杜绝过去独占剥削，以及偷工减料诸弊。

目下南洋汇款英印禁令最严，每人只许月汇币四十五元，暹罗虽可通汇，然亦有相当限度。捐款人因在暹有商业机构，故尚可设法汇出，否则爱莫能助矣。此庚所以急待早定建筑方针，勿误工程进展，籍便源源划汇款项者也。

现石工已雇定三家，每家各按三四十人，土木工各二家，每家二三十人。近将开始起盖工人宿舍及工场。下月半即可兴工建筑学生宿舍及生物学院两校舍。生物学院比博学楼约大一倍，此楼建设，一切仪器图书及办公室等均可移入权用。学生宿舍问题亦可连带解决。

又厦大尚缺农医两科，如开办农科，庚愿将集美农场全部无条件献赠，前已言之；至于医科，首两年似无须多大设备，开办靡难。希先生速与华东当局或中央教育部商决，切盼明秋可以实现。世界各国从未有拥有人口千余万而无一规模完备之医科大学，如吾闽者也。自有史以来，人类屡演战争惨剧，无非为生存竞争之故。至于卫生乃生存之根本问题，反多而不论，医学教育又为讲求卫生之基础，过去反动政府事事舍本逐末，医校寥寥，不足深责。今新政府一反其道行之，对于设置医科，谅可重视。校舍既无问题，如极力陈请，当获邀准，不致空此一行也。专此奉达，并致

敬礼！

陈嘉庚

一九五〇年十月十三日

再者，关于学生宿舍事，庚昨赴厦勘察，以博学楼面积近一万尺，墙壁多曲折，虽略美观而工费加多，且间格大小不一，将来分配住宿亦有不便。房间以外只有屋内通巷，无其他疏散呼吸及暴晒阳光余地，囊萤、映雪两楼第三层尚有露天晒台，博学楼则全无之，于卫生上不无缺憾，一误不容再误。

鄙意学生宿舍，须建单行式，门前有骑楼数尺宽，略如同安、集美两楼之构造，集美学校学生宿舍亦多如是。按建单行式，每房住四人，全座三十间。三层共九十间，中央及左右共设梯位三个，其建筑费比双行式须加百分之十左右，但为注重卫生，万不可省。盖大学生每日大半在室内伏案工作，每届毕业不知费政府几许金钱，如卫生有缺，为害匪浅。庚去年回国，参观大学多所，大都对学生住宿处所不甚讲究，我校宜注意改正。

陈嘉庚
十月十三日又及

10月22日上午，陈嘉庚先生偕集美学校校董陈村牧等十数人来到厦大，查勘新校舍建筑地址。经实地察看，"决定在博学楼东西空场建筑一座学生宿舍，在生物馆旧址建科学楼，学生公社后面建图书馆及礼堂……"。其时王亚南正在上海开会，未能陪同陈嘉庚先生一行查勘学校，他不觉感到有些遗憾，而只能向嘉庚先生遥致歉意了。

10月25日晚，陈村牧先生又应邀与卢嘉锡等人见面，商讨厦大校舍建筑问题。翌日，时任校办主任秘书林莺在给王亚南校长的信中，专门汇报了此事，并摘要胪述了陈村牧先生转达嘉庚先生的意见数点：

一、所以急于建筑、不能等待修建委会详细讨论计划的原因：一是目前树胶涨价，捐钱较易，不可错过良机；二是现在暹罗尚可通汇，不久恐亦将实行限制；三是科学馆决定就生物院原地基建筑，学生宿舍建筑亦甚简单，故不必请建筑师设计绘图，即时可以兴工。

二、所以由彼亲自主持建筑的原因：一是彼除向李光前捐建三座楼屋外，尚拟向其他华侨继续募捐。建筑由彼主持可以得到华侨十足信任，打消不必要的顾虑；二是建筑中途万一树胶价跌或发生其他变化，他们不便就此弃之不顾，总会勉强设法使老先生所主持的建筑工程底于完成。

三、楼板所以不能用钢骨水泥的原因：生物院楼板如用钢骨水泥，单水泥一

项即须五万美元（约水泥一万包，每包以五美元计算），钢骨价恐怕亦须相同价目，共计十万美元。如用木板铺砖，全楼建筑费约需七万美元即足。水泥楼板一项超过全楼建筑费三万美元之多，似太不合算，不如暂用木板铺砖，待将来海运畅通后，水泥价贱，再来另建新屋。

四、学生宿舍不拟采用博学楼或映雪楼的形式，因为那样的建筑，光线空气稍嫌不够，故拟按照集美学生宿舍式样建筑。建筑费用约需多耗十分之一，现在决定建筑于博学楼之东广场上，长四百尺，宽三十尺，三层，每层宿舍三十间，每间住四人，房间大小约与映雪楼相等（映雪楼房间为21.5尺×12尺，住六人），新屋拟定为20尺×10尺，住四人。

五、图书馆、礼堂请学校设计，至于建筑进行应用何种方式，由谁负责主持，容后另商。

六、彼已专函寄上海向校长说知此事，日内有正式函件给厦大。另有给教职员同学公开信。①

从以上两封信中可以看出，陈嘉庚先生为厦大的发展苦心孤诣、竭尽全力，他因此受到全校师生的爱戴和教育部的赞许。1951年6月29日，中央人民政府教育部部长马叙伦特地来函向陈嘉庚先生致谢，称许他"热心祖国教育事业始终不渝，前既独捐巨款创建厦门大学，现又独力负责募款为该校增设校舍，欣闻之下，不胜钦佩"。

在厦大校舍扩建的数年间，年逾八十的陈嘉庚每星期从集美渡海来厦大工地训示两次（后减为一次），风雨无阻，学校要为他造一艘小汽艇，他坚辞不受；每次到工地来，午饭也坚持在食堂与建筑部办事人员同吃，从不允许特殊招待。

在他的亲自督建指导下，厦大四个基建工场千余名技术人员和工人日夜加紧施工，工程进展迅速。在此期间，蒋军飞机时常飞临厦门上空轰炸，有些人担心在离前哨这么近的地方修建高楼大厦，易遭破坏，建议以后再行修建。但陈嘉庚先生对新校园建设充满信心，他坚定地回答说："敌人一边炸，我们一边建；今天被炸毁了，明天再建起来。"

有一次，校领导带着几位远涉重洋回厦大求学的侨生到工地，陈嘉庚先生见了十分高兴。他将手杖指点着三面环山、一面临海、方圆五公里的厦大校址说："你们看，这里还有好多空地，四周还可以建筑几万平方米的校舍，中间盆地可以建一

---

① 林莺：《致王亚南校长》，厦门大学校办档50-15。

座美丽的校园。"他神情庄重地说:"我要完成这个大业,我完成不了,有我的儿女,有我海外的亲友,更重要的还有我们强大的新中国。"

从 1950 年到 1955 年,陈嘉庚为修复、建设厦大和集美学村,共筹集 2000 多万元港币,其中除他在新加坡的余产拍卖 800 万元、李光前捐资 600 万元外,还有南安其他华侨捐赠的款项。

1953 年冬天,被称为"闽西二老"的邓子恢和张鼎丞到厦门视察工作。邓子恢时任中央农村工作部部长,张鼎丞时任最高人民检察院检察长。王亚南陪同他们参观了正在兴建中的建南楼群,并和他们亲切合影留念。两位福建籍的老一辈革命家对陈嘉庚、李光前先生热爱祖国、捐巨资修建厦大新校舍的壮举赞不绝口。

1953 年冬,邓子恢(中)、张鼎丞(左一)视察厦门大学,与王亚南校长合影

在校园建设过程中,王亚南非常尊重陈老先生的意见;但在原则问题上也敢于坚持自己的正确意见。1954 年 4 月 20 日和 5 月 3 日,他接连给陈嘉庚先生写了两封信,就大礼堂采用木结构大梁或钢结构大梁以及校园规划等问题,与陈嘉庚先生进行了商讨。两信全文如下:①

(一)

嘉庚先生:

兹有二事,向先生请示:

一、关于厦大礼堂木架问题,自前次趋前经先生详细分释后,已增加极大信心。惟近月来厨大参观各方人士,他们对全国最大规模之礼堂,均特别表示景

---

① 王亚南:《致陈嘉庚先生》,厦门大学校办档 50-15。

慕。惟全部花岗石钢骨礼堂用木架作为顶盖,暗感美中不足。此点,先生早深感切,感到以限制采购钢铁困难,故权用之耳。

前此中央高教部及华东高教局索取厦大礼堂建筑图样,此次学校党(委)书记张玉麟在北京开会,中央又复垂询,经张书记详述,厦门采购钢铁困难以及以铁加固木架情形,中央高教部责难厦大此前未及时反映并予协助,嘱张书记告学校,如陈先生同意,高教部拟设法商请有关部门调拨不够部分之钢铁,全用铁架,以策万全。

此事多费先生精神,实感不安,惟考虑给予指示。"如觉可行,现已裁用之木架材料,可移作两校大操场之用",亦不致太多损费。如先生觉有未妥,可作罢,如何,敬请指示。

二、学校校园设计委员会正进行全校整理设计工作。对于拟建中之雨盖操场或体育馆,不知安置何所为宜。一部分人意见,以位置在芙蓉第一、第二、第三之半圆形制稻田地带中,建筑为圆形,对该三楼分别操练相同之半径距离,既使学生雨天会操,又颇美观,但另一部分人认为如此将使该三楼风采为之掩遮。迄未决定,盼先生给予指示。为此,特请林主任秘书前来请示。

敬礼!

王亚南

四月二十日

(二)

嘉庚先生:

上次偕林主任秘书来集美谒见以后,返校即与学校有关负责同志一再集议商定解决办法。答以铁架所需经费如达九亿十亿之多,要教育部调拨,确不是没有困难,且购买钢铁如需时太长,旷日持久,不独影响建筑部计划,亦无以应学校迫切需要。当即由学校修建工程部连日连夜将十三列铁架及做工全部经费,按厦市交电公司开列价格再加上铁工工资约数,计共不超过六亿四千万元。如建筑部拨给厦大铁一百担,高等教育部只筹拨六亿,即无问题。

又钢铁由上海拨运,交电公司保证目前签订合同,下月初可运到全部三分之二,其余亦准在七月初以前运到。至若铁工所需时间共约四十日至四十五日,约在九月底前可以铺瓦,赶上下学期初步使用需要,一号林主任秘书及方工程部主任来集美请示铁架新图样,云先生对建筑刘工程师已作新的指示,二号卢副教务长由集美归来,今日上午正同刘工程师商洽时,虞愚教授又来传达先生意旨。具见先生对厦大礼堂盖架问题,曾多方予以考虑。惟厦大礼堂,为国内不可多得之建筑,为求万全,为求经济,为求不虞白蚁蛀蚀,如趁此钢铁价廉(比前两年降落百分之三四十)及颇易到手之便利,将木架改作他用,亦不致太多损费。至高教部拨款,估计将钢铁架尺寸大小标准图样寄至华东文委会基建部门审查批定,即示拨下,而厦市交电公司购铁,且无需现款,通过拨划手续即行。先生所关心考虑之问题,如此解决,未审能邀同意否?

　　专此敬复,顺请

福安!

王亚南　拜上
一九五四年五月三日

　　在信中,王亚南校长与陈嘉庚先生就大礼堂的建设经费和设计问题进行了反复商讨。刚开始,陈老先生强调民族形式,坚持用木结构大梁;王校长则觉得用木结构大梁不妥,便向陈老先生和高教部力陈采用钢结构大梁的必要,最终说服了陈老,并由高教部申请到换用钢架的费用。①

　　尽管厦门前线形势时紧时松,学校建设依然有条不紊地向前推进。1954年10月,校园建设已初具规模,学校专门绘制了一幅油画——《厦门大学全景图》,送给陈嘉庚先生。

厦门大学全景图(油画)

---

① 卢嘉锡:《尊敬的师长》,王岱平、蒋夷牧编:《王亚南与教育》,福建教育出版社1981年版,第94页。

《厦门全景图》绘好后，王亚南亲自代学校起草了"致陈嘉庚先生的致敬信"：①

陈嘉庚先生：

　　厦门解放五年来，本校在党和人民政府的正确领导下，和全国其他大学一样，有了显著的进展。我们认为，在海防前哨的厦门大学能够有今天的规模，是和先生给我们精神上的鼓励和物质上的帮助分不开的。几年来先生不辞辛劳，亲自擘划、主持厦大的建筑，现在巍峨楼舍，次第落成，爰特绘就厦门大学全景图一幅，送请惠存，留为纪念，并藉以表达全校师生员工对先生的敬意和谢忱！

　　此致

敬礼！

厦门大学
一九五四年十月二十五日

　　至1955年6月，厦大先后兴建了建南大会堂、成智楼（图书馆）、成义楼（生物馆）、南安楼（化学馆）、南光楼（数学馆）、成伟楼（厦大医院），以及国光楼3座（教工宿舍）、芙蓉楼4座（男生宿舍）、丰庭楼3座（女生宿舍），总共31幢大楼，面积达64364平方米；还有可容纳2万名观众的上弦场（体育场），其石阶座位总长9170米，面积达19400平方米。这些宏伟的建筑在厦大校园建设史上竖起了一座新的丰碑，对厦大办学规模的扩大具有重大意义。

　　1955年6月11日，厦门大学隆重举行了新校舍落成庆祝典礼。陈嘉庚先生激动地向全校师生讲述了他兴学报国、创办厦大的艰辛经历，对解放后获得新生的厦门大学的发展充满着无限希望。他兴致勃勃地陪同前来参加落成仪式的领导和嘉宾一起走到建南大会堂门前，欣赏壮丽的新建筑，畅谈美好的夙愿。他说："台湾统一后，将有万吨十万吨的外国和本国的轮船从东海进入厦门，让他们一进厦门港就能看到新建的厦门大学，不，看到新中国的新气象。那巨大的客轮将载来许多来厦门大学、集美学校学习的华侨子女。"②大家听了都报以热烈的掌声，共同沉浸在对厦大未来发展的憧憬之中。

　　以建南大会堂为中心的五幢大楼，依山俯海，气势宏大，独具风格。高26米、

---

① 厦门大学：《致陈嘉庚先生的致敬信》，录自厦门大学校办档54-15。
② 厦门大学档案馆、厦门大学校史研究室编：《厦门大学校史》（第二卷），厦门大学出版社2006年版，第72页。

建筑面积4048平方米的建南大会堂居中,共设有5000余座位,是当时福建省最大的会堂。其前部采用中式绿色琉璃瓦、宫殿式大屋面与西式墙体、中式砌筑相结合形式,并通过大小形式不同的门和窗洞的台、楣、柱线的细加工、巧砌筑,使造型和谐,潇洒大方,富于现代意识。靠东是南光、成智两楼,靠西是南安、成义两楼,五幢楼排列成弧形,巍然矗立在山坡上,正面向南俯瞰大海,形成了"一主四从"的建筑格局。楼体皆采用特殊规格的白色花岗岩,与釉面红砖犬牙交错密砌各式阳角彩角,更显得缤纷绚丽,光彩夺目。

紧靠大楼的山坡巧妙削砌成25级的大看台,俯视着32200平方米的大运动场。由于运动场与看台都呈弧形,恰似上弦月,故称之为"上弦场"。绿色的操场,白色的看台,与五幢大楼交相辉映,高耸低托,无比壮观美丽,充分体现出陈嘉庚爱国爱乡的建筑艺术意境。

从群贤楼群到建南楼群,同样的中西合璧,同样的"一主四从",它奠定了厦大校园的基本格局和建筑风格,展现了陈嘉庚、李光前先生始终如一的爱国情怀。

20世纪90年代,台湾著名诗人余光中回到厦大时,曾写下一首脍炙人口的诗歌,表达了他对母校的一往情深:

母校的钟声悠悠,隔着/一排相思树,淡定的雨雾/从四十年代的尽头传来/恍惚在唤我,逃学的旧生/骑着当日年少的跑车/去白墙红瓦的囊萤楼上课……

那一幢幢中西合璧的嘉庚式建筑,那白墙红瓦的囊萤楼,那雨雾中的相思树,那悠悠的母校钟声,给无数厦大学子留下了多少难忘的记忆!

三、驰驱京闽

王亚南是一位著名的经济学家和教育家,同时又是一位出色的社会活动家。

20世纪50年代初,中国大学实行的是"校长负责制"。身为一校之长,日常繁重的校政工作就已够他忙的了;与此同时,由于他身兼众多社会职务,因此他经常驰驱于京闽之间,到省会福州、到华东局所在地上海、到首都北京,参加各种教育工作会议、学部会议、人代会、政协会乃至各种学术讨论会,活跃在中国的政治舞台和学术舞台上。

1953年9月22日，王亚南（前左三）出席全国综合大学会议

1950年9月29日，中央人民政府政务院公布第五十二次政务会议通过提请中央人民政府批准任命张鼎丞为福建省人民政府主席、叶飞等四人为副主席、王亚南等三十六人为委员的福建省人民政府委员会名单。早在1930年代初爆发的反蒋抗日的"闽变"期间，王亚南就曾出任在福州设立的中华共和国人民革命政府文化委员会委员。时隔17年，他再次担任福建省人民政府委员会"文教委员"，不禁让他有"恍如隔世"之感。

1951年12月15日至25日，王亚南作为福建省人民代表，参加了在福州举行的福建省首届各界人民代表会议，并当选为福建省首届各界人民代表会议协商委员会副主席。其时担任省协商委员会主席的是福建省省长张鼎丞，担任副主席的有曾镜冰、林植夫、黄长水；彭冲担任秘书长，倪松茂为副秘书长；委员共48人。这是新中国成立后，王亚南首次作为人民代表"参政议政"。

省协商委员会是福建省首届各界人民代表会议休会期间的常设机构，也是代行中国人民政治协商会议福建省委员会职权的人民民主统一战线组织。首届协商委员会历时3年多，先后举行过7次协商委员会会议和11次常委会议，对动员和团结全省人民积极开展波澜壮阔的抗美援朝、保卫世界和平运动，反对美蒋《共同防御条约》，保卫祖国安全，协助政府组织各阶层人民参加以恢复和发展生产为中心的各种革命运动，组织推动各界人士进行经常性学习和思想改造，协助和联系各民主党派、各人民团体以及联系、指导市县协商机构开展工作等方面，做了许多工作，发挥了作为民主统一战线地方组织的应有作用。

1953年,随着国家大规模经济建设的进行,民主政治建设和法制建设方面迈出了新的步伐。《中华人民共和国全国人民代表大会及地方各级人民代表大会选举法》制定并颁布后,全国各地先后完成了基层普选工作,并召开了地方各级人民代表大会。1954年8月2日至11日,福建省人民代表大会第一届一次会议在福州召开,王亚南在会上光荣地被选为第一届全国人大代表。

1954年,王亚南(右二)等在省人代会上当选为第一届全国人大代表

1954年8月中旬,王亚南离开福建,北上京都,参加第一届全国人大会议。8月26日和9月3日,他先后给章振乾、张玉麟等同志写了两封信,告知他们自己在北京的情况。

在第一封信中,他告知振乾、玉麟、兆莘、林莺诸同志:"我在上海西站仓促写回的信谅早收到了。火车由陇海路转京汉路,以加倍的时间到达北京。到北京的当天(十七日),就参加会议。从二十五日起,留北京的和在北京的代表,开始分组讨论各种组织条例(如国务院组织条例、法院组织条例等等)。到下月五号正式报到以后,再讨论宪法草案。到十五日以后,才是进入正式会议。会议的规模是大的,时间是长的。我因为住在家里不便,到北京后的第三天,就搬进了华北招待所(新的)。"

在信中,他强调,我们所应特别注意的,就是"在战斗过程中,除了加紧岗位工作外,每个人每个单位都得做好提防暗藏分子的工作,这在我们学校将要成为一项需要重视的任务(希望到时,把这项工作加强起来,并和市里党政军警方面取得密切联系)。至于这以外的事情,中央是会随时有指示的"。他表示,"希望知道大礼堂铁架工作的进程,也希望知道学校新近的一些动态,林莺同志抽得出时间,望告知一二"。虽然人在北京,他仍惦记着"教师困难补助不知已采取新的步骤否?"。

在信中,他也不忘告诉大家:"这次开会的招待是特别好的。隔两三天有一次晚会,虽然没有印度尼西亚的歌舞和侯宝林的相声那样有趣,但演出当时的场面和气氛,是同样值得欣赏的。"①

在第二封信中,他告知振乾、玉麟、嘉锡、兆莘、林莺诸同志:"我们从明后天开始就讨论宪法草案,作为最后的审核。这次人代大会将是空前的热闹,据说将有一千五到两千个外宾参加,其中可能有非常显赫的人物。"他提醒大家:"高教部列别捷夫专家考察山西三个高等学校提出的意见,有许多是非常中肯的。高教部印送我校,要我提出我的看法。我今天已经写好了意见。"

对学校的工作,他提出:"研究部工作暂照上学期方针进行。由卢先生、郑先生照管理科方面,由胡先生照管文经科方面。联络计划室当然仍请黄、韩、刘三位分途做一些具体工作。如卢先生有时间,就请召集一次谈话,当然要请林惠祥先生参加。"同时,他希望对学校的防空设施作一些修缮,"请总务长、方虞田先生不大着痕迹地安排修缮一下,防空壕、防空洞在三亿范围内(大南新村一带似可利用沿马路的长壕),在必要场所新建防空洞(如白城一带)也请考虑考虑"。他强调,割盲肠是会有些痛的,但时间短而容易康复。②

从以上两封信中可以看出,即使在北京参加全国人大这样重要的会议,王亚南仍时时牵挂着学校的大小事务,从防范敌特分子的破坏到防空设施的建设,从大礼堂的铁架工程到研究部工作的安排,从教师的困难补助到教育部专家的考察意见,他都一一详细交代清楚。这也说明,当时学校领导班子中,章振乾、张玉麟、卢嘉锡、吴兆莘、林莺等同志,平常和他的沟通、交流及工作上的配合是十分默契、顺畅的。

9月5日,第一届全国人民代表大会第一次会议在北京隆重举行。王亚南及福建代表团的代表们,和来自全国各地的代表共1211人,齐集中南海怀仁堂,参加了大会开幕式。毛泽东在开幕词中指出:"我们这次会议具有伟大的历史意义。这次会议是标志着我国人民建国以来的新胜利和新发展的里程碑,这次会议所制定的宪法将大大地促进我国的社会主义事业。"

置身在这个庄严肃穆的殿堂里,王亚南的心情无比激动,他深深感到,虽然这

---

① 王亚南:《致章振乾、张玉麟等》,厦门大学校办档 50-15。
② 王亚南:《致章振乾、张玉麟、卢嘉锡等》,厦门大学校办档 50-15。

1200多位代表的性别不同，年龄参差不齐，服装颇不一样，他们的皮肤和语言，他们的风俗习惯，特别是他们的社会阶级意识都有很大的差异，但这一切，并没有妨碍他们怀着爱国主义的心情，瞻望着社会主义的前景，一同比着肩，凝着神，聆听着毛主席的"语短而心长""言近而旨远"的开幕致辞。那一阵阵经久不息的雷雨般的热烈掌声所表现的共同一致的愿望，把这些差别全部消泯于无形中了。而这1200多人的心，就是全国六万万人的心。

9月20日，经过全国各阶层各民族人民广泛讨论了几个月，并由大会分组仔细修订补充过的《中华人民共和国宪法》草案，被严肃而郑重地提交到大会代表们面前。王亚南和每位代表投下了神圣的一票，《宪法》草案经全体代表一致通过了。大家热烈鼓掌继以起立欢呼，表示中国人民斗争的胜利历史，在这里树立了一面标志着新发展的里程碑，标志中国人民的政治生活将由此跨进一个新的阶段。

9月27日下午，大会根据《宪法》，选举新的国家领导人。当大会执行主席宣布毛泽东主席、朱德总司令分别当选为国家主席、副主席的时候，暴风雨般的掌声和起立欢呼声经历了七八分钟之久。王亚南注意到，坐在自己席位侧廊的外宾中，身体壮健、精神饱满的金日成元帅和笑容满面、气象轩昂的波兰部长会议主席贝鲁特的鼓掌声，尤其引人注目。

王亚南的脑海里，不禁浮现起俄国著名作家别林斯基那句意味深长的名言——"中国是一个伟大的现象！"9月28日，第一届全国人民代表大会第一次会议完成了全部议程，胜利闭幕了！王亚南和人大代表们一起被留在北京，参加国庆5周年的庆祝活动。

9月30日晚，他和全体人大代表及首都各界代表，与党和国家领导人及来自苏联、东欧等11个国家的代表团成员、各国驻华使节，一起参加了在中南海怀仁堂举行的国庆五周年庆祝大会。这是一个外国贵宾云集的盛大集会，在新中国历史上是空前的，王亚南自然也大开了眼界。

10月1日是国庆五周年。北京秋高气爽，晴空万里，风和日丽。王亚南和全国人大代表及各界英雄模范人物、各国观礼嘉宾站在观礼台上，观看了盛大的阅兵式和50万群众参加的盛大游行。他觉得，所有参加观礼的外宾们一定都能深切体会到：中国作为一个伟大的现象，是当之无愧的，也是令人骄傲和自豪的！

10月17日，王亚南校长从北京返回到厦门后，在竞丰餐厅向全校1100多名学生及新教职员工做了参加全国人代会及国庆活动的报告。他一走上讲台，掌声就

在餐厅里沸腾起来了,学校有线广播连接的各个餐厅也沸腾起来了!

王亚南首先向包括全校师生员工在内的福建人民给予自己参加全国人民代表大会的信任和支持表示衷心的感谢;同时他也向在开展反空袭斗争中坚持教学、工作和学习的全体师生员工表示衷心的感谢,向新到校的教职员工和同学表示热烈的欢迎!①

热烈的掌声过后,王亚南向大家介绍了这次全国人民代表大会的盛况,谈了自己参加大会的感想。他感慨地说:"仅仅在短短五年之内,我们在社会、政治、经济、文化各方面的伟大成就,已经向世界清楚明白地证明了,我们的人民该是如何和善、勤勉而聪明;我们的地下地面的资源,该是如何丰富;我们的文化遗产该是如何优美、多彩和朴实。不论是自然的宝藏还是冬眠着的万物,由春天赋予了新的生命。"

他强调,人民的财富只有掌握在人民的手中,才能充分地发挥作用;人民的力量只有在创造他们繁荣幸福生活的场合,才能充分表现出来。这是马克思列宁主义的简单真理,中国共产党就是运用这个简单真理来教育团结全国人民,全国人民也正是在理论和实践上逐渐体会了这个简单真理,才心悦诚服地团结在中国共产党的周围,在短短五年之内做出了这么多成绩,并准备在今后根据宪法赋予的权力和义务,做出更大更多的成绩。

王亚南激动地说:一切变得真快啊!一个被反动力量阻滞着的社会,二十年有如一日;而一个变革过来的新社会,一日有如二十年!他预计,《宪法》通过之后,中国几万万人民的政治生活政治认识,将跨进一大步,大家将更紧密地团结在中国共产党的周围,更好地利用我们丰富的天然资源和文化遗产来创造更大更多的成绩,几万万人团结起来向着一个目标——社会主义道路前进,该是如何"伟大的现象"啊!

在报告中,王亚南总结了学校五年来的成长,他说:"我们学校就是在对敌斗争的过程中成长起来的。在最近一个多月的反空袭斗争中,涌现了许多模范事迹,各部门工作的同志,都表现出了艰苦斗争的精神,这说明我们是经得起考验的。我们已经习惯了这种战斗生活,党和人民政府对我们的关心是无微不至的。我们要从各方面加强工作,从各方面锻炼自己,努力学习苏联人民和苏联青年保卫祖国、建

---

① 王亚南:《参加全国人民代表大会传达报告》,《新厦大》1954年10月29日第95期,11月12日第96期。

设祖国的忘我牺牲精神，大家一起战斗，一起行动！"①

王亚南的传达报告受到了广大师生的热情称赞，校刊分两期连载了他《参加全国人民代表大会传达报告》，他还以《中国是一个伟大的现象》为题，发表了《向全省人民汇报参加全国人民代表大会留下的深刻印象》的署名文章。

1955年1月，福建省政协一届一次会议在福州举行。王亚南宣布大会开幕，并发表了重要讲话。代行省政协职权的省协商委员会由此完成了它的历史使命，被宣布撤销。在省政协一届一次会议上，曾镜冰被选为第一届省政协主席，蓝荣玉、王亚南、林植夫、刘通被选为副主席，张兆汉继续担任秘书长。

随着国民经济建设第一个五年计划的实施，对科学技术研究提出了新的要求。然而，我国科学技术研究的现状与国家建设的要求仍存在较大的差距。正如王亚南所说：科学技术工作者不仅数量少，质量也有待提高；集中到科学院各部门的不过2000人，其余则分散在各产业部门和高等学校；研究工作还未脱离手工业式的、分散的、各人自搞一套的现象；科学工作的组织方式、领导方式也还不能很好地适应国家建设的迫切需要。

为此，中国科学院组织了访苏考察团，学习吸收苏联的先进经验，包括组织学部、以加强对科研工作的组织领导的经验。随后，中央决定设立中国科学院学部，并组织全国科学界对学部委员人选进行推荐。学部委员的入选资格主要有三条：一是学术成就；二是在推动中国科学事业方面的贡献；三是忠于人民的事业。

经过反复讨论和协商，中国科学院提出了第一批学部委员名单草案，1955年5月国务院第十次全体会议批准了中国科学院第一批学部委员的人选，共233人；其中哲学社会科学学部61人，王亚南和郭大力均名列哲学社会科学部学部委员；时任厦大副教务长、著名化学家卢嘉锡也成为物理学数学化学部学部委员。

1955年6月1日至10日，中国科学院学部成立大会在北京隆重召开。党和国家领导人周恩来、董必武、陈毅、陆定一、李济深等出席大会并讲话。王亚南和其他198名学部委员出席了大会（有34名学部委员请假）。周恩来总理在讲话中指出，中国科学院学部的成立"是我国科学事业发展中的一件大事"。他鼓励科学工作者团结起来，学习世界各国的先进科学技术，努力提高科学研究工作的水平，为实现国家在过渡时期的总任务而奋斗。

---

① 王亚南：《参加全国人民代表大会传达报告》，《新厦大》1954年10月29日第95期，11月12日第96期。

会议宣告正式成立中国科学院物理学数学化学部、生物学地学部、技术科学部、哲学社会科学部四个学部，并选出了各学部的常务委员会，王亚南当选为哲学社会科学部常委。此时，王亚南已被高教部评定为一级教授①。按调整后的工资标准，一级教授的工资为345元，而当时四级助教的工资仅为62元。

新中国成立后，厦门仍旧是一座孤岛，波涛汹涌的厦门海峡阻断了厦门与内陆的交通，成为厦门经济发展的一大障碍。马来亚与新加坡之间的石砌海堤给了时任厦门市长梁灵光和华侨领袖陈嘉庚以启发。1950年6月，在全国政协一届二次会议上，陈嘉庚向毛泽东主席提出修建高集海堤和鹰厦铁路的方案，因当时国家财政经济困难而未能实施。

此后1951年、1952年，时任华东局书记陈毅曾多次向毛主席汇报并建议："厦门海堤，迟建不如早建。"1952年，经毛主席亲自批准，国家从中央财政计划外拨款1323万元人民币，用于海堤建设。1953年6月17日，厦门高崎集美海堤建设工程正式拉开大幕；经过万人建设大军两年零三个月的艰苦努力，1955年10月，一座2212米的跨海长堤像彩虹般地飞架在高集海峡两岸。高集海堤建成后，厦门成为与大陆相连的半岛。

1953年2月，在高集海峡被批准建设后，陈嘉庚在全国政协一届四次会议上再次提出修建鹰厦铁路的建议。他认为，福建"全省十二万余平方公里，人民一千二百余万人，竟未有一寸铁路"。福建人民和海外华侨热切期盼着能有一条纵贯全省南北的铁路。1954年经中央批准，鹰厦铁路正式动工建设。1956年12月9日，全长690余公里的鹰厦铁路铺轨至厦门市。翌年1月6日首列货车由上海抵厦门，4月12日首列客车抵厦。4月21日厦门市民万余人在梧村火车站广场隆重举行了鹰厦铁路通车仪式。

置身在这座英雄的城市，目睹高集海堤建成和鹰厦铁路通车给厦门带来的巨大变化，王亚南情不自禁地为之欢呼。他说，厦门原来是一个海岛，解放以后，党及政府即考虑修建一条连接大陆的海堤。当时是抗美援朝期间，消息一传开来，大家都很兴奋。结果前后不到两年半时间，就用花岗石铺建起了十里长堤，使厦门成为了半岛；接着，又用不到两年的时间，建设了长达七百多公里的鹰厦铁路，通过千

---

① 一级教授系指科学水平较高，在教学工作和科学研究工作中有显著的成就和贡献，能指导科学研究工作，担任科学博士研究生的学术导师，或辛勤地从事高等教育工作和科学研究工作多年，有丰富的科学知识和教学工作经验，在培养科学技术和教学干部的工作中有显著的成绩，在全国范围内具有声望的老教授。

山万壑,把火车开到厦门市内和厦门大学旁边了。

王亚南举例说:"在举行通车典礼那天,一位平素不大讲话的教师对我说,共产党是要做什么就能做出什么的,他们并不是只会宣传而是会实干。诸如此类的新人新事,看起来像和我们的教学过程隔得很远,但实际上,却是在时刻发生非常深远的影响。我们如果不是每日每时在这里那里都有伟大的创举,不平凡的模范事迹鼓舞、激励、教育着人们,要在教学改革、思想改造、教育革命上那么快就收到那么大的效果,就将是不可想象的。"①

四、春风化雨

新中国的诞生,给长期致力于马克思主义经济理论的翻译与研究的王亚南,带来了前所未有的光明,也带来了新的政治生命。

1951年12月1日至18日,中共福建省第一次代表会议在福州召开。参加会议的正式代表有285人、列席代表51人,代表全省14301名党员。刚出任厦门大学校长6个月的王亚南作为大会特邀来宾出席了会议,这也是他第一次参加党的代表大会,对组织上给予的信任他自然感激在怀。

会上,张鼎丞代表中共福建省委作《两年来福建党的工作的基本总结及今后的任务》的报告,叶飞、方毅、陈辛仁、江一真、梁国斌分别做了《福建两年来军事工作与今后军事任务》《关于财政经济工作的报告》《两年来党的宣传教育工作报告》《福建省土地改革初步总结》《两年来镇压反革命工作总结》的专题报告。

在闭幕式上,王亚南代表来宾组发言。他说:"我们这次参加大会,都感到无限光荣,我非常地感谢大会邀请我来参加。这次参加大会,我们得到很多教育。从大会中体会到中国共产党的整个精神;更加明确认识到,共产党是怎样走向胜利的。"②

他认为:"我们的党是光明磊落、大公无私的,是全心全意为革命、为人民的,所以她在任何困难环境下能够坚持,及时调查研究,了解情况,决定对策。"而国民党反动派就是自私自利的,如抗战结束时,到处大发"接收财",忙着"五子登科",哪里还顾老百姓的死活。这是他们失败的根源,也是中国共产党胜利的基本原因。

---
① 王亚南:《十年前线大学教育生活的体验》,《新厦大》1959年9月30日第296期。
② 王亚南:《在闭幕会议上的发言》,福建省档案馆101-1-123-3。

王亚南在发言中还就加强党在城市中的工作、加强党的宣传教育工作、加强党对民主党派、民主团体、民主人士的工作提出了自己的意见和建议。他表示："我们愿意更好地靠近党，在各自工作岗位上，努力工作，争取做个党的助手，好好把党的方针政策贯彻下去。"

张鼎丞同志在王亚南先生发言后致答词说："我们这次大会得到来宾代表同志的参加，而且来宾们也组织起来讨论了我们的报告，并在今天闭幕的时候提出了对我们的指教，对我们的指示和对我们的希望：希望我们做出更多的事业，希望我们今后做得更好，这个精神、这个盼望是非常正确的。我代表我们大会全体代表同志和全省党员同志们表示感谢！我们全体同志们对全省人民和民主党派对我们所提出的意见都应该尊重，对于一切正确的，我们要坚决地立刻地接受，并使之完全地实现。"①

这次会议选举产生了新的福建省委，张鼎丞为省委书记，叶飞为第一副书记，方毅为第二副书记。1953 年 7 月，张鼎丞改任省委第一书记，叶飞任第二书记，曾镜冰、陈辛仁为副书记。

根据福建省委指示，1955 年 1 月 28 日至 30 日，召开了中共厦门大学第一次代表大会，总结了厦大党组织两年半来的政治工作情况，讨论了改进党的建设工作和继续深入进行教学改革、加强教学工作、进一步贯彻党的知识分子政策等重大问题，选举产生了新的领导机构，由陆维特任厦大党委书记，张玉麟、未力工任党委副书记。

随着国民经济第一个五年计划的实施和大规模建设的开展，全国各地都碰到了建设人才缺乏的问题。各项建设事业急需广大知识分子积极参与，可是许多地方知识分子的作用又得不到很好的发挥。问题的症结究竟在哪里呢？如何才能充分发挥知识分子的积极性、主动性、创造性，使他们更好地为社会主义建设服务呢？

1956 年 1 月，在深入调查研究和充分准备的基础上，中共中央在中南海怀仁堂召开了关于知识分子问题的大型会议，共有 1279 人参加了会议。大家济济一堂，就如何正确估计和对待知识分子、如何充分发挥知识分子的作用，进行了深入的讨论。周恩来总理代表中共中央作了《关于知识分子问题的报告》，第一次把知识分子问题和发展科学技术问题作为摆在全党面前的重大问题，进行了阐释和论证。

---

① 张鼎丞：《答词》，福建省档案馆 101-1-123-4。

周恩来列举大量事实说明，我国知识界的面貌在过去6年来已经发生了根本的变化，知识分子已经成为国家工作人员，已经为社会主义服务，已经是工人阶级的一部分。因此，应该和全心全意地依靠工人、农民一样，最充分地依靠广大知识分子，依靠这些更多地掌握人类智慧即科学技术的知识分子。

周恩来在《报告》中还对世界现代科学技术的特点以及在社会发展中的重要地位和作用进行了深刻、透彻的分析。他指出，人类正面临着一次新的科学技术和工业革命，我们已落在世界科学发展的后面很远，我们比任何时候都更加需要充分提高科学技术，更加需要充分地发展科学和利用科学知识，更加需要充分发挥知识分子的作用。他强调："只有掌握了最先进的科学，我们才能有巩固的国防，才能有强大先进的经济力量，才能有充分的条件……在和平的竞赛中或者在敌人所发动的侵略战争中，战胜帝国主义国家。"

在这一认识基础上，周总理提出了"科学是关系我们的国防、经济和文化各方面的有决定性的因素"的著名论断。他向全党和全国人民发出呼吁："我们必须急起直追"，必须"认真而不是空谈地向现代科学进军"。

为了最充分地动员和发挥知识分子的力量，周总理提出了3项政策措施：第一，应该改善对于知识分子的使用与安排，使他们能够发挥对国家有益的专长；第二，应该对所使用的知识分子有充分的了解，给他们以应有的信任，使他们能够积极地开展工作；第三，应该给知识分子以必要的工作条件和适当的待遇，包括改善生活待遇和政治待遇，确定和修改升级制度，拟定关于学位、学衔、发明创造和优秀著作奖励等制度。

"一石激起千层浪。"周总理的报告不仅在与会代表中引起了强烈的反响，而且得到了党中央领导集体和广大人民群众的一致拥护和支持。毛泽东在会议闭幕当天，称赞"这个会议开得很好"。

为贯彻执行中央知识分子问题会议的精神，中共中央于2月14日发出《关于知识分子问题的指示》，进一步确认了周恩来总理在《报告》中对知识分子问题的分析和有关政策，有力地推动了全国范围内全面解决知识分子问题工作的开展。此后，中央各部委、各省市纷纷召开各种会议，并成立相关办事机构，协调解决知识分子的工作条件、安排使用、政治和生活待遇以及入党等问题，广大知识分子为之欢欣鼓舞。

正是在这样的政治氛围中，被称为"马克思主义经济学家"的王亚南的入党问

题被提上了厦大党委的"议事日程",并引起中共福建省委和中央有关部门的高度重视。

早在1927年大革命时期,王亚南就在中共地下党员王仲友的介绍下加入了北伐军,担任政治教官;大革命失败后,王亚南流落到杭州,他没有消极、颓废、堕落,而是与郭大力一起制定了翻译马克思《资本论》及其他4部西方经济学名著的宏伟计划;1933年底,在十九路军发起反蒋抗日的"福建事变"时,他奔赴福州,担任中华共和国政府的文化委员兼《人民日报》社社长;"闽变"失败后,他先后流亡德国、日本,在马克思的故乡潜心研究马克思理论;1935年底回国后,他积极投身抗日救亡运动,担任上海抗战著作者协会执行理事,积极撰写文章,宣传抗日救国大义;1938年,他和郭大力耗费十年心血翻译的《资本论》全三卷由地下党办的读书生活出版社出版,受到中共领导人的赞许和《新华日报》的赞誉。抗战期间,无论是在国共合作的军委政治部设计委员会,还是在中山大学的讲坛上,抑或是在福建战时省会的社科研究机构,他都始终不渝地宣传抗日救国的道理,坚定不移地传播马克思主义真理;解放战争期间,在"白色恐怖"笼罩下,他依然在厦大的讲坛上传播马克思主义,积极支持学生的爱国民主运动,成为一位著名的"进步教授"。新中国成立后,他更是一心扑在党和人民的教育事业上,为厦大的恢复整顿、改造发展呕心沥血,辛勤操劳。

1950年和1954年,王亚南曾两次向党组织提出入党申请。对这样一位全国知名的进步学者的入党问题,党组织自然也十分重视。可是,由于种种历史的原因,在对待一些知名民主人士和高级知识分子入党问题上存在某些"保守"倾向,认为他们留在党外,作为非党的"布尔什维克"可能发挥的作用更大,从而使得王亚南这位早已在思想上入党的优秀知识分子依然没有加入党组织。

如今,随着党的知识分子问题会议的召开,这种状况改变了!在党的关怀下,1957年1月11日,中共中央组织部正式函复中共福建省委,"同意接收厦门大学校长王亚南同志加入中国共产党,预备期一年。预备期从批准入党之日算起"[①]。该文件同时抄送中共中央统战部和中共中央宣传部。

1957年5月23日,《人民日报》以《资本论译者王亚南入党》为题报道了这位著名学者入党的消息。报道称:"我国经济学家、《资本论》翻译人之一、厦门大

---

① 中共中央组织部:《同意接收王亚南同志入党的批复》(组字第12号),福建省档案馆。

学校长王亚南于23日被接收加入中国共产党,中共厦门大学党委会于24日将为他举行入党仪式。王亚南今年五十六岁,二十多年前,他就从事马克思列宁主义经济学的研究工作,和经济学家郭大力共同翻译了马克思的伟大著作《资本论》。他是一位马克思列宁主义的积极宣传者。解放前,他还积极支持地下党的斗争,同党建立了深厚的感情。解放后,他忠于党和社会主义事业,积极参加各项政治运动。"

1957年5月24日,厦门大学党委为王亚南举行了隆重的入党仪式,王亚南正式履行了入党手续,成为一名光荣的中国共产党党员。在《入党志愿书》中,年近花甲的王亚南写道:"我觉得我的许多缺点,是可以在党的直接教育下逐渐得到纠正,我的一点点力量可以在党的直接领导下得到较多的发挥。"在入党仪式上,王亚南向250多位党内外同志叙述了自己争取入党的过程,并对自己身上存在的缺点进行了自我批评,表示要坚决克服这些缺点,在经常的组织生活中,在群众的监督下改造自己。

应该说,成为中国共产党这个无产阶级先锋队的一员,这是王亚南作为马克思主义研究者的必然归宿,是他学习马克思主义并身体力行的必然结果。从此,他可以毫无保留地把自己的一切奉献给党,奉献给人民。

入党之后,王亚南才听到一则关于他入党的"故事"①:在一次华东区的省委书记座谈会上,毛泽东曾问福建来的同志:"王亚南入党了没有?"福建来的同志回答说"还没有"。毛泽东便说:"你们不敢介绍啊?我介绍!"王亚南听了既感到欣慰,也感到不安。他想起日理万机的人民领袖毛泽东,想起抗战年代和新中国成立前后周恩来和董必武、林伯渠等同志对他的关怀,一种知

1957年5月27日《厦门日报》报道王亚南入党消息

---

① 王岱平、蒋夷牧:《生命的辙印》,海峡文艺出版社1986年版,第129页。

遇之恩油然而生。

1957年10月，在王亚南入党五个月后，和他合作翻译《资本论》的著名经济学者、时任中央党校政治经济学教研室主任的郭大力，经杨献珍、龚士其同志介绍，也加入了中国共产党。王亚南得知老搭档入党的消息，从心底里为他感到高兴。两人遥隔千里相互祝贺，相互勉励，要用共产党员的标准严格要求自己，为党和人民的教育事业鞠躬尽瘁，死而后已！

1956年至1957年间，由于党在高等学校积极贯彻了知识分子的各项政策，广大教师的积极性有了很大提高，政治上更加靠拢党组织，与党的关系更加密切，相当数量的老教师和年轻教师为争取达到共产党员的标准而努力。厦大有100多名教师正式提出了入党要求，其中有一批教授、副教授和讲师加入了中国共产党，使党员教师的比例占全校教师总人数的15%。其中，中国科学院学部委员、著名化学家卢嘉锡教授就于1956年6月30日加入了中国共产党；著名人类学家、厦门大学副博士生导师林惠祥教授也于1957年9月加入了中国共产党。

在大力贯彻中央知识分子会议精神的过程中，全国各条战线掀起了"向科学进军"的热潮。1956年3月19日，厦门大学举行校务委员会第二十次会议，动员全体师生员工向科学进军，为继续贯彻党的全面发展教育方针、加强对学生全面负责作出更大的努力。4月6日，王亚南在校刊上发表《祝三十五周年校庆》的署名文章，号召全校教师在向科学进军的伟大行列中，进一步把自己的潜力发挥出来，使自己成为一名坚强的科学战士。

王亚南高兴地说："我们学校今年的校庆，比以往任何年度的校庆，都更有生气，都更表现了兴奋和欢悦的景象，这是不难理解的。去年下半年以来，我们的国家已经飞跃式地在社会主义的道路上前进。农业及私营工商业的全面改造，社会主义工业的迅速发展，向科学文化界提出了更多更高的要求，而就我们科学文化工作者、教育工作者来说，这更多更高的要求，就是我们的幸福的源泉，就是展开在我们每个人面前的广阔前途和光明前景。"

那么，应该怎样响应党的号召，把我们的潜在力量发挥出来呢？应该怎样在全国科学大进军的伟大行列中，把我们自己变成一个坚强的科学战士或勤勉的科学勤务员呢？应该怎样用我们的科学技术工作来为我们的工农兄弟服务，来加强我们知识分子和工农的大团结呢？应该怎样就所有这些方面提出的要求，来对我们学校、对我们个人今后若干年的努力方向和步骤认真进行规划呢？王亚南说，这是最近几个月期间在我们每个人头脑中酝酿的一系列问题。"这些问题，都是带有社会主义性质的，都是按照我们每个人对于党的号召，对于时代的召唤，对于进步环境的压力的反应向自己提出来的。这里也有不知道怎样才能搞得好，怎样才能把自己的全部力量贡献出来，怎样才能鼓起勇气冲上前去，不要做时代的落伍者的烦躁不安的焦急情绪，但这正是我们希望所在，正是我们发光生热的前进动力所在。我们大家正好是在不同程度上，用这样的心情，来迎接今年的校庆的。"①

校庆期间，为了推动全校教职员工积极投入"向科学进军"的浪潮，在王亚南直接指导下举行了厦门大学第一次科学讨论会。讨论会连续开了三天，并举行了25次分组会，在会上宣读或报告的科学论文达72篇，论文作者包括29位教授、副教授，31位讲师和10位助教。

王亚南在讨论会上带头作了自我批评，他说厦大虽然集中了大批科学工作者，但却只拿出这样量少而质不高的科学成品，"这是由于我们领导上以往存在有严重的保守思想，没有好好有组织有计划地把大家的力量发挥出来，并且这也是由于我们以往还存在有闭户读书，关起门来搞科学研究工作的旧作法，没有经常地及时地争取各有关部门的指导和支持"。他表示，我们有决心和信心改进缺点，争取各方帮助，在不久将来做出更大更多的贡献。②

在厦大的倡议下，经过各高校和有关部门的充分酝酿与商议，在科学讨论会闭幕前，厦门大学与福建师范学院、福建农学院、福建医学院、省工业厅、农业厅、卫生厅和福州科联等9个单位共同签订了科学、技术、教学互助协议书。包括在专家讲学、仪器图书互借流通、教学互相观摩、资料和科研情报彼此交流等方面开展全面合作，使省内科学研究的人力、物力得到充分利用，为今后更好地开展科研工作创造条件。

看到厦大在教学与科研、科技与生产、高校与地方的结合上迈出了可喜的一步，王亚南感到由衷的高兴和欣慰。

五、两度出访

"我住江之头，君住江之尾。彼此情无限，共饮一江水……"这是1957年12月陈毅元帅陪同周恩来总理访问缅甸时写下的一首五言长诗《赠缅甸友人》。这首

① 王亚南：《祝三十五周年校庆》，《新厦大》1956年4月4日。
② 《中国大学代表团访印工作总结》，厦门大学校办档57-1。

赞颂中缅两国人民"胞波"友谊的诗歌，不仅气魄宏大，而且饱含深情，很快就被谱成歌曲传唱开来，受到了中缅两国人民的喜爱。

1957年，在全国各地掀起"向科学进军"的热潮中，我国与亚非拉国家的教育、科技交流日益频繁。这一年，王亚南有幸两次受教育部委派，出访中国友好邻邦印度和缅甸，受到出访国教育官员和学校师生的赞誉，在自己的人生旅程中也写下了精彩的一页。

1957年1月，时值印度加尔各答大学百年校庆，王亚南率领中国大学代表团出访南亚文明古国印度，参加加尔各答大学的庆祝活动。这是他在新中国成立后第一次公务出国，也是他首次代表国家赴海外执行文化教育交流的使命。

中国大学代表团由北京大学、清华大学、北京师范大学、中山大学、厦门大学及云南大学等6所大学的校长、副校长及著名教授组成。王亚南作为厦门大学校长和著名经济学家，荣膺担任代表团团长。临行前，高教部部长杨秀峰特地到代表团驻地看望大家，并就此行出访应注意的问题做了指示。

1月14日，应印度政府教育部和加尔各答大学的邀请，中国大学代表团由北京启程飞赴仰光，1月16日转机抵达加尔各答。位于恒河三角洲下游东岸的加尔各答市，是印度最大的城市，也是东方最大的商业名城之一。1757年普拉西战役之后，加尔各答便成为英国东印度公司侵略南亚次大陆的大本营。1858年后，它又成为英属印度的首都。直到1931英国殖民当局把首都迁到新德里之前，它一直是英国在印度的统治中心，如今为西孟加拉邦首府，人口有近千万人。

新华社发布中国大学代表团访印消息

创建于1857年1月24日的加尔各答大学（University of Calcutta），是印度3所历史最悠久、规模最大的综合性大学之一，也是印度重要的教育和科学研究中心。它吸引了一批著名教授和学者到此任教，并培养了不少优秀人才。印度著名物理学家、诺贝尔物理学奖获得者C.凡卡塔·拉曼教授，著名数学家、被誉为"印度数学研究之父"的梅格纳德·N.鲍斯都曾在这里读书或任教。

1月20日上午，加尔各答大学创办百周年纪念仪式在印度总统普拉沙德主持下举行。成千上万的学生、校友、教授和学者们参加了这个仪式。王亚南率领的中国大学代表团和应邀前来的其他外国大学代表团也出席了纪念仪式。

加尔各答大学校友、时任印度总统普拉沙德首先致辞,他追述了这所古老大学的历史,对过去崇尚英语的风气和今天教育印度化的趋势进行了阐释,指出"由于民族的兴起和独立的共和国的建立,印度的语言即将恢复它们的本来面貌"。他希望在今后若干年中印度语言将会有巨大的复活;希望各大学以更多的力量改进教学,使将来毕业的学生具有担任各种职业的能力。

加尔各答大学校长、西孟加拉邦邦长奈都在致辞时对前来参加校庆活动的印度和外国的来宾均表示热烈的欢迎。厦门大学校长王亚南代表接受邀请的十四所中国大学的全体师生祝贺加尔各答大学创办一百周年。他说,加尔各答大学由于在科学和教育方面做出的贡献而闻名世界。在独立后,加尔各答大学在训练印度科学和文化建设人才方面取得了突出的成就。他希望同加尔各答大学共同努力,以促进兄弟般的友谊和更紧密的接触和合作。

随后,王亚南和中国大学代表团的全体成员参加了加尔各答大学新校舍的奠基典礼,并向加尔各答大学赠送了礼物。以代表团名义赠送的礼物是福建特色工艺品脱胎漆器和屏风;代表团各成员也分别赠送了有专业特色及地方特点的礼品。① 其中,厦门大学赠送了古代中印文化交流遗物图片、厦门文昌鱼等礼品。②

1月21日,新华社以"王亚南率中国大学代表团参加加尔各答大学百年校庆"为题对外发布了新闻通稿。

加尔各答大学作为印度规模最大和最古老的大学之一,由106所学院组成,有几万名学生。成立于1937年的阿修陀斯印度艺术博物馆,是为了纪念印度著名教育学家阿修陀斯·穆克觉而设立的。作为印度第一所大学博物馆,它收藏了印度艺术的各种代表作品,特别是孟加拉的艺术文物。班库拉、班加与唐路克所发现的石器时代的工具,如石斧等也都保存在这里。

王亚南对阿修陀斯博物馆表现出浓厚的兴趣。因为成立于1953年的厦门大学人类博物馆,也是中国的第一所大学博物馆,收藏着不少台湾新石器时代的文物珍品,包括圆山遗址出土的石锛、石斧等。虽然此行没有更多时间去参观这个博物

① 《中国大学代表团访印工作总结》,厦门大学校办档57-1。
② 厦门大学赠送的礼品包括:福建泉州古代中印文化交流遗物图片(开元寺东、西塔及前殿狮身天女像,出土石雕婆罗门教神像,石雕牛、象及石磨盘像等),球形分子模型全能钻孔器,厦门文昌鱼、全套十九本《厦门大学学报》及《厦门大学校景图》。

馆，但他觉得，应该增进这两个大学博物馆之间的交往，使它们成为各自所在大学的亮丽名片。

加尔各答是一个多样化的城市，东方文明和西方色彩、现代文明和古老文化在这里交相辉映。全市共有9所大学，以加尔各答大学为中心，大部分文化教育及科研机构都集中在北部文教和科研区。加尔各答南部则有国家图书馆、动物园、植物园、尼赫鲁儿童博物馆等。

在加尔各答期间，王亚南和代表团成员们参观了华侨中小学和牛奶厂，游览了这座美丽的城市。陪同的当地官员介绍说，加尔各答以达尔豪谢广场为中心，广场中央有一个四方形的水池，历代英国国王、总督的铜像都竖立在广场附近。市中心的乔林基广场一边，则竖立着高50米的萨希德柱，融汇了埃及、叙利亚和土耳其的建筑风格。王亚南对这个著名的广场及坐落在附近的维多利亚纪念馆留下了深刻的印象。

对世界经济史素有研究的王亚南知道，作为英国人在恒河边建立的贸易港口，加尔各答最初是由来自世界各地的移民组成的，后来成为"帝国的门户"和亚洲最大的城市、印度工业和文化发展中心。印度文学巨匠、桂冠诗人泰戈尔就是在这里出生的，他一生中的主要活动和创作也都在这里。这座城市就像泰戈尔的诗歌一样，既提倡东方的精神文明，也不排斥西方的物质文明，这让王亚南和同行的大学校长、教授们颇为欣赏。

王亚南同样没有忘记，在战火纷飞的抗日战争期间，内迁至长汀的厦门大学就曾被誉为"加尔各答以东第一大学"。这座城市的许多方面犹如陈年老酒，值得坐下来细细品味。可惜此行时间太短，没能让大家好好品味这座东西方文化融合的城市。随后，代表团便前往新德里和孟买，参观了德里大学和孟买大学以及巴克拉 – 南格尔水利工程。

在印度期间，代表团还与印度教育部座谈了印度高等教育问题，与印度一些学者、名流分别进行了交谈，与参加纪念活动的各国代表也进行了接触，包括美国普林斯顿大学校长、水牛城大学代理校长、英国伯明翰大学副校长、以色列耶路撒冷大学教授等。

在参观德里大学时，王亚南发现，作为印度四所国立大学之一、拥有12000名学生的德里大学，"教材基本上是采用英美的大学教本，脱离实际的现象当然非常严重。由于学费过重，就业太难，大学生的毕业数平均仅占其入学数的40%～

50%"。"大学所属的独立学院,绝大部分是属于文教商法科,理科较少,工农医科等专科尤少。"

让王亚南和代表团的同志们颇感幸运的是,此次出访是在不久前周恩来总理成功访印、给印度知识界留下深刻而良好印象的情况下进行的,无形中给大家增加了不少便利。回到国内后,经集体讨论,王亚南向高教部提交了代表团出访的"工作总结",并根据此行出访和考察的所见所闻,向中央提出以下建议:①

第一,中央可就经济和文教两大部门选定具有关键性的重要专题,分别派遣专门研究人才,在驻印使馆商务处和文化处协助下,进行为期半年左右的研究工作,一定能大有助于我们对印度的了解。

第二,要加强国外使领馆与国内文教科学部门的沟通、联系。国外使领馆有责任了解驻在国的学术文化活动,也有必要把国内的学术文化活动向驻在国宣传介绍。要改变原来形格势禁、互不通气的状况,做到内外通气、相互敦促,这对于交换留学生、交换短期讲学者乃至见机争取派出或邀请学术团体等活动,为迫切而必要的经常准备工作。

第三,我们文教部门应对国外在学的华侨子弟、留学生以及留在国外从事中国历史、文学传授的人士给予更多的重视和关怀教育。使领馆在华侨学校的经费补助上做了不少的事,但华侨中学的图书仪器标本仍然太少。

第四,应当更加积极地开展中印学术文化交流工作。我们对印度虽然缺乏了解,而印度对我们还要更加隔膜。为了增进中印的友好关系,高教部和文化部、科学院应有意识地鼓励研究、介绍、翻译有关印度的书刊,同时多多设法把国内的书刊译成英文向印度介绍。

王亚南带领中国大学代表团访印取得了圆满成功,代表团提出的建议也得到了高教部的充分肯定。1957年9月,王亚南从印度回国不久,又受高教部委派,作为中国教育专家组的专家赴缅甸,协助缅甸政府开展教育改进工作。

缅甸是中国的友好邻邦,与中国有着历史悠久的"胞波之谊"。缅甸独立后,两国人民的传统友谊得到了进一步发展,"中缅友谊似江水,万里长川紧相连",就是人们对中缅友谊的赞美。1957年9月,缅甸政府通过中国驻缅大使馆向中方表示,希望中国派一位大学教育专家和一位文化教育专家到缅甸协助教育改进工作,中国政府欣然同意。经多方物色人选,高教部决定派厦门大学校长、教育家王亚南

① 《中国大学代表团访印工作总结》,厦门大学校办档57-1。

和东北人民艺术剧院院长、音乐家安波等四人组成专家组，赴缅甸协助开展大学教育和文化教育方面的改进工作。

9月16日，王亚南等一行由北京出发。当天下午四点，顺利到达昆明机场。晚间当地文化局和交际处的同志向他们介绍了一些缅甸的情况。第二天早上，用过早点，大家就赶往飞机场，搭乘赴仰光的飞机。因天气不好，直到八点才起飞。仰光时间十一点半到达目的地，我国驻缅甸大使馆文化参赞程天平已在机场迎候。

王亚南一行到达大使馆后，姚仲明大使亲切会见了大家，并和大家进行了详谈。王亚南觉得"一见，就知道他是一个在认识和风度上都有修养的人。从倾谈中，已经给了我们一些在工作上非常有益的提示"。不久，缅甸教育改革委员会秘书吴巴敏也来了，他把大家带到由中国华侨建筑的一个大旅馆。

晚上，王亚南等来到同住该旅馆的苏联专家宿舍，和早来40天的三位苏联专家进行了倾心交谈。在当天的日记中王亚南写道："我们真是无所不谈地倾谈了两小时。我觉得，对于缅甸这样独立未久，一切尚待改进的国家，我们要有耐心的真诚帮助他们进行工作，不要计较他们在工作条件、生活条件上不关心也不周到的一些缺点。"

其时，缅甸刚从英国殖民统治下取得独立十年，正处在由一个殖民地变成一个民族独立国家的发展过程中。十年来，缅甸的社会、经济、文化、教育等各方面虽然发生了不少变化，教育方面也有了一些改进，但仍有不少问题亟待解决。为此，缅甸政府组织了一个以吴努总理为首的教育调查委员会，准备对缅甸的教育做一次全面的了解和调查，研究、借鉴世界各国的教育经验，制定一个适合缅甸教育的改革方案，使缅甸的教育能适应经济社会发展的需要。

王亚南一行及其他国家的教育专家就是因此应邀来到缅甸的。各国专家抵达缅甸后，缅甸教育调查委员会向大家提供了缅甸教育问题的材料和参观访问的机会，使专家们能在深入调查研究的基础上，贡献改进的建议，并对当前教育中存在的具体问题提出解决的方案。

由于各国的国情不同，经济、文化、教育发展的差异也很大，要让各国专家在短时间内提出切实可行的教育改革方案，无疑是一个极大的考验。王亚南此前没到过缅甸，对这个国家的历史、文化乃至风土人情也相当陌生，但他毕竟在大学里从事了近二十年的教学和行政工作，担任过系主任、院长和校长，有着丰富的教学和教育管理经验。因此，对此次赴缅甸协助开展教育改革工作，他还是充满信心并抱着乐观态度的。

在缅甸的三个月中,王亚南经常超负荷工作,赶写给缅甸方面的改进建议和方案。为了保持健康的体魄,他每天都坚持早锻炼;同时还坚持每天写日记,记录了在缅甸工作、生活的点点滴滴,为人们留下了他在缅甸的生活实录,也留下了一份珍贵的中缅教育交流史料。兹摘选三则,人们亦可管中窥豹,了解其在缅甸工作、生活的片段:①

9月23日(星期一)

早间完成了第二个有关高中毕业考试和大学入学考试合并举行的方案。当我讨论到这个问题的时候,觉得这也是我们自己应当好好考虑的问题。午间,开始三、四题有关考试应否多加限制或不及格学生如何淘汰的问题,直到晚间深夜,才把这两问题的全部答案完成。

下午一时三刻,到仰光大学去访谈。校务长、文学院长、理学院长陪同答问我们大家所提出的问题,苏、美、以三国专家也提出了问题,我因为事先做了充分准备(也为了翻译的同志好熟悉了解词汇),系统地提出了四个问题(结合他们教育调查委员会提给专家的问题):

一、仰光大学:仰大评议会和教育部的领导关系怎样——校务长答称仰大是独立的自治体,和教育部只有经费关系,招生的标准都由学校自行决定。我补问国家有所谓繁荣计划,仰大如何同国家的计划配合,他答得非常支吾。

二、教师职务没有吸引力(因为所提问题表中,有"如何能使教师职务成为大家愿意"的一条),原因何在?

1. 工薪待遇不够好(假期工资,欠薪)? 2. 社会政治评价不够高? 3. 工作条件(包括图书仪器、研究室、工时、助手)不够完备? 4. 生活条件有问题(住宿、膳食、疾病、交通)? 5. 年老退休、死亡抚恤?

校务长的答复,似乎有些慨然,他说都有问题,但没有详细分析解说,不知道是否因为政府有一位官员坐在旁边?

三、学生免收学费,不给法科学生原因何在?免了学费还要住宿费多少?助学金给予的原则,是倾重对贫困学生,还是倾重于对成绩优秀学生?

关于为什么不涉及法科学生,因为法科学生在外边兼职的多,且也很多人已是大学毕过业的,又来补学,答得很不明确。学生免了学费,宿费膳费每月还要

---

① 王亚南:《访缅日记》,存档。

六十元，除此以外书杂等费，还大约月需四十元。奖学金只给成绩好的，助学金给家境坏的。

四、大学入学考试和高中毕业考试合并举行的实况怎样，他只说了以前是分开的，由教育部和大学分途办理，现在又合起来了。没有讲出其中的详情。这四个问题除了第一个已大体明了外，第二题是了解全部问题的关键，下次还要提出。

今天写了一信由信使带北京给杨部长，汇报请示工作情况。

今晚实在太疲困了，靠在睡椅上就入睡了。

10月22日（星期二）

昨夜睡眠不见好，大概是吃药影响消化的关系。

早六时起，作日记。随后还在早餐后读了几节《斯大林时代》，在很多地方，我还真的为苏联建设社会主义过程中的那些英雄人物的言行感动得流泪。

从上午十时起参观曼德拉大学农工医各学院。总的印象是，一般基础设备还不算太差，但图书是非常贫弱的。有近两千学生的学校，不过两万册书，而书的内容，如社会科学方面说，又不过是那些庸俗的东西。医学院的房子不好，但那位院长的才力，也许不错，还弄得条理井然，只可惜师资太缺乏，对学生为1∶20。

午餐后，又参观了一个技术工程学院及一个技术训练班，都是新设立的。曼德拉大学校长吴哥哥里开了一个盛大的招待会，请了曼德拉文教界、社会贤达和该校的主要教师，许多新闻记者到了。在开始，由吴哥哥里讲话，介绍专家，把我放在最前面，我及各国专家分别讲了话，我讲得少，只着重提起两点：1.缅甸独立后，各级学校教育有长足的发展。2.许多学校都是依据勤俭建国、勤俭办校的精神。我举出了这两天见到的国立第三中学和曼大医学院作例子。

我讲完，学生会的几位代表选定坐在我对面，很单刀直入地要我表示中国方面对于学生会的看法和做法；对于这样尖锐的问题，我当表示说来话长，只讲到了我们国家学生会是合法的，中学的学生会也存在，但因学生年轻，他们一般是在教师指导下工作。我十分警惕着，就有一位记者在窃听我们的谈话，我走开了。碰见那位医学院院长，他表示：1.我们谈话对于他是一个大的安慰和鼓励；2.中国的存在，就是他们大家工作的希望和鼓励；3.中国在五年之内，就会变为世界领导的国家。

他还没有讲完，他的那个学院的一位有印度血统的系主任，非常尖锐地谈到学校里的不平情况，大意是：1. 他们没有民主，完全过的是奴隶般的被压迫生活；2. 每天工作十小时，还要受洋气，洋大人什么都是好的，土货什么都不行；3. 英美那一套民主，完全是骗人的，只有像中国一样，实行专制，然后才能民主。

他讲得那样激动，校长听了一些走开了，联络官也听了一点走开了。我正想把民主和专制的涵义和他谈一下，但他来势正盛，觉得讲也无益。在那种场合也不便，打过招呼和他们分手了。我这才完全明了主人怎么也不想我们接近教师和学生的原因，不说仰光，就连曼德拉，内部矛盾也这样尖锐。

时代毕竟是一个不容违反的力量。这从今天丹麦专家的即席讲话中，也得一个明确的印象。

1. 东方和西方有许多极不相同的特点。
2. 以往，西方的事，在世界看得重要；现在是东方的事，在世界看得重要。
3. 西方就斯堪的那维亚几个国家说，已经各方面显得停滞了，它的变动发展期早过去了，而东方则正在大动荡中。
4. 西方对东方，说能有什么帮助的话，只是在技术方面，——他表示，他看能否在这方面做一点贡献。

11月7日（星期五）

今天是苏联的十月革命节。因为有关教育调查委员会的工作已大体就绪了，按照我一向工作的习惯，是在工作告一段落时，阅读小说，写信。

小说看《平妖传》，是罗贯中、冯梦龙写的，文字写得似比《水浒》还要生动平易，但书是用六号字排印，看起来实太费眼力，打算不看下去。

晚七时，我们一同到苏联大使馆，参加庆祝。和十月一日在中国大使馆一样，来宾近千人，礼节非常简单，只讲了三句话，以后就是大家相互自找对象，饮酒，吃点心，谈天。吴努总理眼急，尽管只见过一次面，就问我到曼德拉看了什么地方，工作生活有没有困难，真是会应酬，但也实在表现得非常诚恳。后来我们和苏联两位专家一起，合了照。

会见仰大副校长，他一见，就表示对于我提出的文件，感到极大的兴趣和给予了高的评价。这和在国内不同，如果对于我们提出的东西受到重视，就算此行不虚，对缅甸也对国家尽了一点力量。安波同志的文件，也受到缅甸教育文化部长的重视，他的自卑感一扫而光了，这样大家一道欢欢喜喜的回去，该多么好！

在缅甸期间，王亚南在领事馆江秘书等陪同下，参观了仰光的几所华侨学校，包括中国女中、中正小学、华侨中学、新侨小学、华夏中学、南洋中学等，并与这些学校的校长们进行了亲切的交谈。王亚南觉得，总的说，国内翻天覆地的大变动，对于海外的侨胞，并不是换一下旗帜就表示一切顺利大吉的。每一个人对从小只在名义上接受而如今要在实质上接受的新转变，要经过一番深刻的思想斗争；每一个学校要把它变成真正人民的学校，也要有一段艰苦的斗争史。

王亚南举例说，华侨中学的李校长讲到这一点时泣不成声，从中可以看出她及她的学校经历了怎样的奋斗过程。特别是国民党分子的破坏捣乱，学校经费的异常困难等等；那些学校看到祖国来的人，所表示的热烈欢迎的态度，就代表了他们深深的爱国主义情绪。从交流中，王亚南了解到华侨中学已颇有规模，南洋中学则表现出更多的生气；而有的学校如新侨如华夏，还在极艰苦的挣扎中。这些学校的负责人及领馆同志在参观当中讲到的许多华侨的爱国故事，让王亚南深受感动。①

这一天（11月22日）成为王亚南来到缅甸后精神上最受感动的一天。而第二天（11月23日）则是他来到缅甸后最忙碌的一天。这从他的行程安排上就可以看出来：

上午十时半到十二点多，王亚南和生活在仰光的34位厦大函授生一起座谈函授中存在的问题。听完大家的意见，王亚南结合他们的思想、学习情况，讲了一个多小时，就函授学习的作用、意义和学习方法和同学们进行了平等的交流。

1957年12月，王亚南校长在缅甸与当地厦大函授生合影

---

① 王亚南：《访缅日记》，存档。

回到寓所用过午饭，他马上又到领事馆和教联负责人及各中小学负责人座谈，内容包括：国际局势对华侨的影响；缅甸教育改革的可能性及其对华侨教育的关系；华侨教育应当改革的地方；国内最近的情况等。王亚南分别就这几个问题作了说明，一口气讲了两个多钟头。

随后王亚南又赶到中央公立高中，参加全缅教师联合会举行的茶会。茶会参加者达近百人，被招待的对象是联合国文教组和各国教育专家。开会的时间不长，只有一个多钟头，分别由宾主三人讲话，印度的梅隆教授代表各国专家组作了发言。

开完茶会，王亚南赶回酒店吃晚餐，接着又赶去看作家协会举行的话剧、歌舞。话剧团演员虽然不懂缅甸话，但舞蹈确实精彩。王亚南说："我因太疲劳，演到十点半就回来了。"

12月14日上午，王亚南和安波一行在结束对缅甸三个月的访问、参观、考察和指导后，启程回国。中国使馆的同志以及侨领、侨校负责人和缅方人员专门前往机场送行。当天下午两点飞机抵达昆明。大家回到了祖国，心里都有说不出的高兴。当晚专家组集体住在翠湖宾馆，吃了一顿非常愉快的晚餐，并观看了云南艺术剧团的表演。王亚南认为，节目表演的水平虽不太高，但生动活泼，富有地方色彩，使人看了留下深刻的印象。12月15日，专家组一行从昆明飞抵北京。

新华社发布王亚南访缅归来消息

从9月16日离京到12月15日返回北京，王亚南此行出访了整整三个月。在缅期间，中国教育专家组的专家们既协助缅甸政府改进了教育工作，也向缅甸朋友们特别是缅甸文教界的朋友们学习了不少新的东西。王亚南深深感到，这是中缅文化交流与合作的好机会。回国之后，他在京向高教部详细汇报了在缅甸工作的情况。一个月后，他在《人民日报》发表《在缅甸工作三个月的观感》一文，抒发了自己赴缅参加教育改革工作的感受：

> 首先，我深切感到，缅甸是一个具有优良文化传统和无限发展前途的国家。应当坦率地说，在我这次去缅甸以前，我的这个认识还没有形成。我们的工作地点是缅甸的首都仰光，但不少的缅甸朋友告诉我："你不能从仰光来认识真正的缅甸，仰光的各方面都被西方文明涂抹得走了原样"。后来，我和各国专家一道参观了缅甸北部故都曼德勒及其附近的学校、工厂、农场，又访问了南部城市毛淡棉及其附近的学校、工厂和风景区，我才验证了那个缅甸朋友的话。
>
> 帝国主义者经常说，缅甸在变为大英帝国的殖民地以前，几乎是没有文化可言的，今日的缅甸文化是英国所给予的。这不只是谎话，而且是对缅甸人民的恶毒侮辱。缅甸是一个古老的佛教国家。从都市到农村，到处散布着建筑得非常壮观的寺院、佛塔和其他古代建筑。建筑结构是有特别风格的。此外，绘画、雕刻、塑像等等的艺术造诣也都是很高的。我们在曼德勒附近见到的一个重达九十吨的铜钟，还是在英国统治前一百多年铸成的，这有力地证明了缅甸在当时的生产技术水平。
>
> 在帝国主义者统治时期，不但没有发挥缅甸的民族文化遗产，反而把它埋没了，窒息了。同时，帝国主义传播了许多有利于殖民统治、有利于麻醉缅甸人民觉醒的思想毒素。因此，今日缅甸在发挥它的优良文化遗产、吸收世界先进的文化科学的同时，还要大力消除帝国主义百余年中的思想生活方面所散布的那些有害的东西。
>
> 其次，我在缅甸工作期间，更深切感到了中缅两国人民间的友谊。我们两国人民都乐于称道我们是邻居，是朋友，是亲戚。几年以来，我们两国人民频繁地互相来往，增进了亲密的友好情谊，并唤起了更多的相互了解和相互学习的要求。现在在我国北京大学东方语文系已经有了缅甸语文专业。我在缅甸非常高兴地听到，缅甸政府也计划建立一个包括中国语文系在内的外国语学院。我相信这个计划的实现，将会大大有助于中缅两国间的文化科学交流和合作。
>
> 再次，我深深体会到社会制度尽管不同，并不妨碍各国教育家、科学家、文化艺术家们共同讨论研究彼此都有益处的问题。缅甸政府这次同时邀请了不同制

度国家的专家一同工作,所以有关缅甸的大学教育问题,大家除了分别和缅甸教育调查委员会有所讨论外,在专家之间也分别交换了许多意见。虽然在有些问题上,例如大学体制等问题上,各国专家的意见是不同的,但在许多具体问题上,大家还是可以得出大体一致的合理结论,这对于彼此之间的了解是有好处的。①

出访缅甸的三个月,在王亚南的人生旅程中,是一段十分独特、精彩的经历,也是令他终生难忘的。

---

① 王亚南:《在缅甸工作三个月的观感》,《人民日报》1958年1月21日。

第十章 乐育英才

> 胜日寻芳泗水滨，无边光景一时新。
>
> 等闲识得东风面，万紫千红总是春。

——朱熹《春日》

这是一首著名的哲理诗，诗中的"泗水"暗喻孔门，"寻芳"暗喻求圣之道，"等闲识得东风面"则是指教化之不易。诗人把哲理融化在生动的形象中，令人耳目一新。仿佛是一夜东风，吹开了万紫千红；那百花争艳的景象，不正是生机勃勃的明媚春光吗？

在厦门大学校长任上，王亚南像一位运筹帷幄的指挥官，深谋远虑，引领厦大这艘航船劈波斩浪，扬帆远行；又像一位不知疲倦的老农，宵旰勤劳，耕耘在高等教育园地里，为国家培育了万千桃李，尝到了"得天下英才而育之"的无穷乐趣。许多学生对这位校长的办学理念和治学方法也十分认同，即使毕业多年之后对他讲课的情景仍记忆犹新；因为学贯中西，他讲课时经常引经据典，不时挥舞着手势，神采飞扬，不亦乐乎。

一、大学之道

《大学》一书开宗明义就提出："大学之道，在明明德，在新民，在止于至善。"说明教育的宗旨，就是要培养具有高尚品德和丰富知识，能够尊师重道、关爱社会，能够自强不息、追求至善的一代新人。①

从陈嘉庚先生创校之初起，厦门大学就以"自强不息，止于至善"作为学校的校训。林文庆校长制定的《厦门大学校旨》明确提出："本大学之主要目的，在博集东西各国之学术及其精神，以研究现象之底蕴及其功用，同时阐发中国固有之美质，使之融会贯通，成为一种最新最完善之文化。"②

---

① 《礼记·学记》云："九年知类通达，强立而不反，谓之大成；夫然后足以化民易俗，近者悦服，而远者怀之，此大学之道也。"
② 《厦门大学校旨》，洪永宏编著：《厦门大学校史》（第一卷），厦门大学出版社1990年版，第25页。

在抗日战争的烽火岁月中，萨本栋校长受命于危难之际，秉持自强不息的精神，忍辱负重，苦心经营，和全体师生共同努力，使偏居闽西山城的国立厦门大学的学生学业水准跃居全国大学前列，厦门大学也因此被誉为"东南最高学府"。

作为新中国成立后的厦门大学首任校长，王亚南面临着在新的历史条件下，如何传承厦大的悠久历史和精神文化，如何把一所旧大学改造成人民的新大学，如何培养出新一代有道德、有文化的社会主义建设者？简言之，就是要办什么样的大学、培养什么人的问题。

幸运的是，王亚南既是著名的经济学家，又是教育家，他对教育与经济社会发展的关系、对教育的本质与功能，对现代教育的科学内涵和合理结构有着超于常人的见识。早在抗战胜利前夕，他就在东南出版社出版的《社会科学论纲》一书中，对这些问题进行过深入的探讨。

他指出，在中世纪神权支配一切的时代，"教育被视为造就神的侍者"。随着社会经济的不断演变，即随着商工市民社会的发达，那种半神半人的教育已不符合实际需要，而逐渐变成强调"人"的教育。从十七世纪末至十九世纪初，许多教育学家都以"人"为其论著的中心话题。也就是说，教育已不再是为了培养"神的侍者"，而是为了培养人，造就人。

王亚南说，这些教育学家之所以特别强调"人"，就是为了把"人"由神完全解放出来。事实上，他们所理想的"人"，无非是一个好市民。这个好市民的培养，必须注重三种教育：一是科学教育，一是职业教育，一是公民教育。其中，科学教育和职业教育是为了达成市民社会的经济任务，公民教育则是为了达成市民社会的政治任务。①

由此可见，现代教育不仅应当注重科学教育和职业教育，培养有文化的劳动者；而且应当注重公民教育，培养有道德、有公民意识、遵纪守法的公民。尤其是随着脑力劳动在劳动力结构中的比重愈来愈大，科学技术在生产力中的主导作用愈来愈突出，对管理人才的需求将愈来愈多，培养具有集体主义精神的管理人才和建设人才就显得更加重要。

王亚南主张，对自然科学和社会科学的教育不能偏废，而应当并重。因为现代教育就是以能提供物质产品和精神产品的自然科学与社会科学专门人才为其主要职

---

① 王亚南：《社会科学新论》，经济科学出版社1946年版，第58～59页。

能的；自然科学要发挥其社会功能，同样需要一定的社会条件；如果我们以常识、以成见来代替社会科学，就表明我们对于自然科学的社会功能，仍缺欠理解。①

限制社会科学的发展，对自然科学乃至整个社会文化生活必将造成严重的后果。王亚南认为："一个社会如其真的提倡社会科学，它就没有理由妨碍自然科学；反之，如其认为它认真提倡自然科学，也同样没有理由限制社会科学。"因为科学是一体的，是休戚相关、相互影响的，如果我们大声疾呼自然科学的重要，并用各种方式奖助自然科学，却对社会科学采用非科学的、教条主义的作风和态度来加以妨害，"结局，在学校中，在一般社会中，随在只有窒息和令人不朝大处深处想的浅薄主义与功利主义的氛围"。② 在这种氛围下，不但自然科学的研究不能令人提起神来，而且由这种作风和态度造成的社会后果，也定然不会给自然科学研究以有益的刺激与要求。

针对当时一些人借提倡自然科学之名，强调理工科教育，抑制文科教育，把青年引向脱离政治、埋头技术的企图，王亚南强调说："需知社会事业真的发展，文科人才的需要，定然会同时增大。如果我们社会经济还滞留在资本前期阶段，则我们以资本主义生产方式教育培养出来的人才，感到多余的就恐怕不仅仅是文科方面的了。"③

新中国成立后，王亚南肩负着"创建人民新大学"的使命来到厦大。他深知让马克思主义占领高校阵地，用马克思主义武装教师头脑，指导教学、科研和其他一切工作，是社会主义教育性质的重要标志，也是建设新厦大的头等大事。

在抓好时政学习的同时，学校从 1953 年起，组织全体教师系统地学习辩证唯物主义和历史唯物主义，包括毛泽东的《实践论》《矛盾论》，斯大林的《马克思主义与语言学问题》；理科教师还要求联系自然科学各个学科的实际，认真学习恩格斯的《自然辩证法》。整个学习采取自学为主，听报告和小组讨论相结合的方法，分三个阶段完成学习。

在王亚南的带动和指导下，教师们在学习中撰写了许多心得体会，分批在校刊上发表，其中有统计系主任胡体乾写的《加强理论学习，更好地应用在教学上》，化学系主任卢嘉锡写的《结合业务学习辩证唯物主义》，历史系讲师韩国磐写的《我

---

① 王亚南：《社会科学新论》，经济科学出版社 1946 年版，第 179 页。
② 王亚南：《社会科学新论》，经济科学出版社 1946 年版，第 32 页。
③ 王亚南：《社会科学新论》，经济科学出版社 1946 年版，第 59 页。

对学习辩证唯物主义和历史唯物主义的认识》等。这些文章充分反映了当年全校教师对政治理论学习的高度热情和显著成效。

这个学习一直持续到上世纪60年代，并采用马列主义夜大学的形式。理科前后举办了三期自然辩证法研究班，每期历时一年多，参加学习的教师有200多人，一些负有盛名的学者教授，如汪德耀、蔡启瑞、李法西、李文清、田昭武、张乾二、张鸣镛、吴伯僖等都是研究班的积极分子。结业时，学员们还写出了一批高水平的自然辩证法论文。

学校周末的政治时事报告会也举办得有声有色。王亚南和张玉麟、卢嘉锡以及省市领导干部的报告都十分精彩，对师生们很有吸引力。特别是王亚南，作为高等学校的领导人，他有机会参加全国许多重要会议，每次回来总会带回许多信息。师生们热情地请他作报告，他也总是有求必应。他做报告的最大特色是善于理论概括，分析透彻，逻辑性强。每逢他要做报告，许多学生往往提前开饭，提前进入会场，抢先占一个好位置。

作为人民的新大学，自然要满足国家建设和发展经济的需要。1952年，随着国民经济的恢复和"一五"计划的编制，加快培养建设人才的要求更加突出。8月22日，在本届毕业生即将离校前夕，王亚南在校刊上发表《到祖国最需要的建设岗位上去》的短文，他指出："在飞跃发展的祖国各方面的建设，都在殷切期待着我们大学毕业生，走到它的岗位上去……我们的各种建设是有计划、有步骤、有重点的，在特定的发展阶段和年度，某一些方面会提出它最迫切的干部要求。因此，为了更好地、更迅速地完成我们的建设大业，就不能百分之百地迁就我们个人的兴趣和愿望。"[①]他希望毕业生同学们把自己个人的小打算，融入到国家长远利益的关怀中，愉快地走上国家为他们制定的工作岗位，到祖国最需要的地方去，经风雨，见世面，把自己培养成社会主义建设事业的接班人。

1955年8月27日，在学校组织的本届毕业生学习班上，王亚南向同学们作了《光荣愉快地走上建设社会主义的工作岗位》的动员报告。他指出，第一个五年计划是伟大的理想，也是正在加速进行中的现实。五年计划的重点是工业，工业的重点是重工业。他告诉同学们：实现五年计划是艰巨复杂的任务，要求每个建设干部贡献最大的力量，多开动脑筋，多承担一些繁难工作；同时，实现五年计划是革命

---

① 王亚南：《到祖国最需要的建设岗位上去》，《新厦大》1952年8月22日第40期。

战斗任务,要求每个干部对祖国对党抱着无限忠诚。随着五年计划的一步步实现,随着生产力的不断提高,生产关系也要相应跟着改变。

他语重心长地对同学们说:"大家毕业后到工厂、农村、学校等地方工作,无论是哪一个工作都是五年计划的一个组成部分,希望大家坚持工作,刻苦耐劳,克服一切困难,在学习、工作和生活中,在实际斗争中锻炼自己,坚强自己,纯洁自己,做一个人民的好干部。我们是为了实现五年计划而刻苦努力去的,我们是为了实现五年计划而坚决斗争去的!"①

对王亚南来说,国家建设的需要就是学校人才培养的导向,这是毋庸置疑的。在告别 1956 年、迎接 1957 年到来之际,他写道:"我们的新教育制度应当依据我们社会的性质,贯彻全面发展的方针。没有政治觉悟的人,没有强健体魄的人,没有集体主义品德的人,不想从社会活动中锻炼培养出这些品质,不想用实际生活内容来丰富我们的时代感责任感的人,纵令有了专门知识,有了满脑子的书本概念,也是不能在我们社会发挥出多大作用的。"②

作为人民的新大学,无疑要培养"又红又专"的人才。但是,人们对这一问题的认识并不一致。1958 年 4 月,王亚南在校刊上发表署名文章——《关于红与专问题的一点体会》,对知识分子中间展开的红与专问题的辩论发表了自己的意见。

在考察了资本主义发展的不同阶段对红与专、政治与业务表现出的三种不同倾向之后,王亚南针对厦大不同科系在辩论中对"又红又专"的三种不同看法进行了分析,他说:"有的人主张边红边专,以专为主;有的人主张边红边专,以红为主;有的人主张边红边专,齐头并进。"在这三种不同看法中,辩论似乎让第一种看法占了上风,它显得"持之有故,言之成理"一些;国家在飞跃式地进行社会主义建设,需要大量的科技建设人才,而这些人才的培养,又需要集中精力,加快速度。对于以专为主的主张来说,这已经像是无法推翻的有力论据;如再加上学生时代以学习为主要任务这一点,则以专为主,似乎更加振振有词了。结局,以红为主的主张,俨然要站不住脚,就连强调齐头并进,也像有些不易自圆其说了。

王亚南觉得,大家辩来辩去,总感到难得说服准技术观点派和准业务观点派。有些人把这种现象称之为"西风压倒东风"。然而,就在这个"西风压倒东风"的事

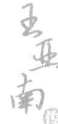

---
① 王亚南:《光荣愉快地走上建设社会主义的工作岗位——向毕业同学报告》,《新厦大》1955 年 8 月 27 日第 111 期。
② 王亚南:《总结 1956 年,迎接 1957 年》,《新厦大》1957 年 1 月 1 日第 137 期。

实中,已经存在着必须强调红,必须更多的重视政治的强有力论据。因为国家对于建设的需要愈迫切,对于科学技术的需要愈迫切,对于具有科学技术知识的建设人才的需要愈迫切,就愈要求我们这些准备去满足国家需要的知识分子,能够更快更彻底地摆脱旧思想的束缚,努力提高思想政治认识,使自己加速用马克思主义的语言来学习和思考,按照社会主义集体主义的精神来工作和生活。

在王亚南看来,今日在全国范围展开辩论的红与专问题,是在新的历史条件下如何改造培养知识分子的大问题。他强调:"我们的人生观,我们的思想生活工作作风,我们的思想方法,是随时随地在一切方面都会发生影响的。我们在大学里学习工作,我们教学无论什么专业,我们讲习演算试验这样那样的专门论题,都存在着为谁教学,如何看待教学,怎样才算是最有效地进行教学的政治思想问题。在一切场合,在一切具体问题的考虑上,在一切工作进行的过程中,都向自己提出严格的要求:看自己的言行是否符合社会主义精神,看自己是否认真学习了党的文献,站稳了工人阶级立场,是否已经在用马克思主义的语言来思维。我们应从这里去找红与专的问题的正确答案。"①

王亚南表示,每个热爱我们的国家、热爱社会主义、热爱我们党的知识分子,是应当知道用怎样的行动,来回答这个历史性的问题的。时代变了,人民的大学就是要培养社会主义的一代新人,培养又红又专的社会主义建设事业的接班人。

"李杜诗篇万口传,至今已觉不新鲜。江山代有才人出,各领风骚数百年。"在中国诗歌史上,李白、杜甫的诗歌万古流传,无人能与之相比。然而,随着时代的变迁,一代新人替换旧人,这是历史发展的必然规律。

二、甘为"老农"

"好雨知时节,当春乃发生。"

唐代诗人杜甫的《春夜喜雨》一诗,是唐肃宗上元二年(761年)春天,他住在成都浣花溪畔的草堂时写的。踏着春天的脚步,他下地耕作,上野拾柴,种菜养花,与农民交往,对"春雨贵如油"有着深刻的体会,在诗中他生动细致地描写了春雨的特点,热情讴歌了及时滋润万物的春雨,抒发了自己的兴奋和喜悦之情。全诗意境淡雅,意蕴清幽,别具风韵。

身为大学校长,王亚南经常自喻为"老农"。老农自然要懂得耕耘,懂得土地

---

① 王亚南:《关于红与专问题的一点体会》,《新厦大》1958年4月23日第207期。

和庄稼，自然也要经常深入田间地头。尽管校务繁忙，王亚南却从来不脱离学生，不脱离课堂。他不仅带头给经济系的学生上专业课，讲《资本论》，还给全校上公共政治课；不仅给经济所的研究生开课，讲《政治经济学说史》，还亲自批改作业，并和政经教研组的老师一起备课、讨论。大家感到过意不去，他却说："教书嘛，我是个老农。那时，每天走十几里地去教书呢，现在在校内，上几堂课算什么。"

有一次，王亚南给历史系的师生作关于"领主经济和地主经济"的学术讲座。在讲座中，他对作为封建制基础的领主经济和地主经济作了科学的区别与分析，揭示了地主经济与中国封建社会长期停滞的关系，使大家顿开茅塞。

王亚南认为，封建制度的基本特点虽然是自然经济，是直接生产者被束缚于土地及对土地所有者的人格隶属，是由这种制度的条件和结果所引起的墨守成规和极端低下的技术状态。但是，由于各民族的具体历史条件和自然条件不同，就会有不同程度的表现。在领主经济条件下，直接生产者被紧紧束缚于土地上，向土地所有者提供的是自然形态的劳动地租，对土地所有者的隶属关系也更深，从而也更显得生产技术的停止与落后；而在地主经济条件下，直接生产者向土地所有者提供的剩余劳动采取的是实物地租或变相的货币地租，他们对于土地的束缚相对较为松弛，对于土地所有者的隶属也相对减轻。

在王亚南看来，实物地租或变相的货币地租对劳役地租，或者说地主经济对领主经济，是一个较发展的进步状态。而且由领主经济转变为地主经济，还包含着一系列的社会变革及上层建筑的相应改变，包括技术的改进以及政治形态、文化水平和社会民族意识的相应发展。

在此认识基础上，王亚南进而提出，西欧各国社会的封建制是以领主经济为特点，而中国社会的封建制是以地主经济为特点，且停留的时间特别长，不仅形成了中央集权的官僚政治，而且把经济权也集中到中央，大型水利、灌溉设施及对外征战也概由中央政府负责。这样一种烂熟的地主经济形态正是中国长期停留在封建社会的根本原因。

报告结束了，前来听讲的历史、中文、法律系的师生却还觉得言犹未尽，还在咀嚼着那个精彩的尾声。直至许多年后，不少师生都还记得王亚南校长的那次难忘的讲座。王亚南也乘势而上，在讲座的基础上接连发表了三篇关于领主经济和地主经济的文章，即《由封建的领主经济和地主经济引论到中国社会发展史上的诸问题》（上、中、下）。1954年11月，他在《文史哲》杂志分期发表的这些文章，被

结集为《中国地主经济封建制度论纲》一书，由华东人民出版社（今上海人民出版社）出版，受到了中国经济学界的广泛赞誉。

每个学期，王亚南都会选择到一些系听课。多数是教务处按计划安排的，但也有少数是他即兴所为。为了不使教师紧张，他便从后门潜入教室，直到下课铃响，任课教师在教室门口碰上校长，才知道他来听课了。有时他索性就悄悄站在门外听课，直到下了课才走上前去，一边对任课教师表示慰问，一边对其讲课的长短处略作点评，使当事者深受感动。

有一回，卢嘉锡教授给学生上课。王亚南像一个普通学生一样，悄悄坐在教室最后一排，听卢嘉锡教授讲物质结构，讲基本粒子……卢嘉锡上完课走下讲台，笑着对他说："怎么，你这个经济专家对物质结构也有兴趣啊？"王亚南拍拍老朋友的肩膀说："你讲的物质结构里头，也充满了辩证法呢！"

潘懋元教授回忆说，当时王亚南校长兼任政治经济学教研室主任，他经常同中青年教师一起研究教材和教学法，还经常深入各系各教研室听课，讨论教学与科研问题。"五十年代初期，大学进行教学改革，他经常同校改委员会的干部在一起，研究一个系一个系的教学情况与问题，有时直到深夜。在一般情况下，他凌晨学习，上午办公，下午备课或写论文。没有开会的上午，他往往先到教室听一两节课再上办公室。经常有这样的情况，教师讲了老半天课，才发现后排坐着身材魁梧的老校长在认真听课写笔记，开始未免局促，以后也就习以为常。听课之后，他常常找教师交换意见，根据不同对象，提出改进意见，说几句鼓励的话。对于经验不足的青年教师，鼓励的话就会更多一些。"①

除了上教室听课，散步、聊天时和师生的交谈，也是他广泛接触师生、得到第一手信息的有效途径和手段。一次倾心的交谈，鼓励也好，点拨也好，有时哪怕几句真诚的话语，都会成为教师、同学一生中的珍贵回忆和精神财富。

作为校长，王亚南深知教学的组织和领导，是一个相当繁重的工作。他虽然兼任教研室主任，但因时常出差难以照管。若在学校，他必坚持出席两周一次检查教学的例会。有一次，他甚至一天之内，接连参加了经济系、生物系、教育系召开的三个不同内容的会议，在疲倦、劳累的同时，兴奋并快乐着。

那是1953年11月17日，王亚南上午参加经济系政经教研室检查教学的例会，

---

① 潘懋元：《难忘的师表》，王岱平、蒋夷牧编：《王亚南与教育》，福建教育出版社1981年版，第100页。

下午参加生物系二年级的教学检查会，晚上到教育系参加传达。他不但在每个会上倾听了大家的意见，作了指示；晚上回到家后，还拿起笔在日记上写下自己的感受，并连夜为校刊写了《一天参加三个会议所得到的教育和启示》，其中有工作体会，有自我批评，也有解决问题的思路。

在主持政经教研室教学检查例会时，他事先审阅了学生们填写的任课教师教学评价表；会上让每位教师结合学生所提意见，谈自己在教学上的优缺点，然后由参加听讲的其他教师发表"相同相异或相反的看法"，大家知无不言，言无不尽。王亚南认为："尽管相互批评得非常尖锐，但却非常生动和谐，没有谁表现出不愉快、不自然的痕迹，至少是没有人认定旁人对自己所作的批评有一点恶意。这种团结和民主的精神，是政治经济学教研室今年在审稿、讲授、培养师资的试讲试教以及经常检查计划执行诸方面，向前跨进了一大步的可靠保证。"

下午，他又带领教务处和各系负责人到生物系开会，同二年级任课教师、辅导员、班委、课代表一起，分析造成生物系教学忙乱的原因，研究解决问题的办法。首先由学生反映学习紧张的情况，再由各任课教师提出讲授方面的困难。在听取大家的反映和意见之后，王亚南指出，造成忙乱现象的主要原因是照抄照搬苏联教育经验，上课时数过多，自学时数过少，各门课程之间相互协调不够。他认为，教学内容的优越性，"是要在具备有一定的前提条件下，是被适当地放置在它所作用的必要的整体中，才能表现出来的"。所以，教师间的合作和教学单位间的相互协助是十分重要的。

晚上，王亚南不顾白天参加两个会的疲惫，又赶到教育系听取全国高等师范学校会议精神的传达，帮助该系解决一些师生中存在的专业思想问题。院系调整之后，全国各综合性大学只有厦大保留了教育系，一部分师生希望调整到师范大学里面去，另一部分师生则留恋厦大的教学环境，认为不调整出去也可以。王亚南在掌握了师生的思想动态后，细致分析了产生这些思想问题的原因，在传达全国高等师范学校会议精神的基础上，因势利导，给师生们上了一堂生动的思想教育课。"结局，大家似乎都联系到自己的思想实际，把教学的顾虑打消了，把教学的信心提高了。"

通过一天参加三种会议，使王亚南深刻体会到：第一，"不提高到思想性原则上的团结，不以批评自我批评方式进行思想斗争的教学组织，那根本就是貌合神离的拼凑，那必然要成为发挥积极性和改进教学的障碍"。第二，在教学改革上学习

苏联，如果不同中国具体条件相结合，就是违反了马列主义从实际出发的精神。生物系在教学上存在的忙乱现象，并不是我们不会学习苏联，而是没有认真切实的学习，或者说学得不到家。第三，高等学校的行政领导工作，必须随时注意大家的认识水平不同，因此"应当把说服过程看为是一个思想斗争过程；在大的方向和总的政策中，去处理切身具体的个别问题。"

从王亚南一天参加三个会的活动，人们至少可以得到三方面的启示：一是要像王亚南那样，深入群众，深入教学第一线；二是要像王亚南那样，倾听群众意见，发扬教学民主；三是要像王亚南那样，善于总结经验，勇于自我批评。①

在新中国成立之初那个乾坤初转的岁月，在上世纪 50 年代厦门大学凯歌奋进的日子里，王亚南就把全部精力都用在厦门大学的师生上，都扑在新中国的教育事业上了。

三、循循善诱

"夫子循循然善诱人，博我以文，约我以礼，欲罢不能。"（孔子《论语·子罕》）教师出身的王亚南校长不仅擅长教学，善于给学生上课，而且善于做思想工作，善于引导别人进行学习。

有一次给学校的青年教师开讲座，谈怎样治学，他恳切希望年轻教师们要建立良好的学习生活秩序。他说："'凡事预则立，不预则废'。学习也同样，如果没有妥善的安排，则容易落空，不能坚持。因此，要使学习能长期坚持，取得良好的效果，就必须有规律地安排学习和生活，努力做到'好整以暇'，这就既要严整紧张，又要从容不迫。"②

他用自己的切身体验启迪大家说："我在正常情况下，通常每天清晨四五点钟就起床，学习理论性较强的书籍，坚持有规律的工作和生活，几十年不轻易更改。而在出差、突击工作来临的情况下，我就适应新的情况另做相应的安排，保证在任何情况下，每天都能抽出一定的时间学习。在这里，关键是要不懈地跟个人生活上的自由主义作斗争，树立远大的理想与崇高的生活目的。只要能够这样，则干起任何事情，在任何时候，都能精神焕发，精力充沛，永远有中心、有组织、有计划、

---

① 潘懋元：《难忘的师表》，王岱平、蒋夷牧编：《王亚南与教育》，福建教育出版社 1981 年版，第 100-102 页。
② 王亚南：《跟青年教师谈谈怎样治学》，《新厦大》1962 年 5 月 22 日。

有规律地前进，学习也就能够取得应有的效果。"

每一个大学新生入学时，都会问自己："怎样做一个大学生？"在一次应邀给学生作报告时，王亚南语重心长地对同学们说："首先，你们要认识到做个人民大学的大学生是光荣的、幸运的、但很不容易。其次，明确为谁学习，解决学习立场问题。"如果说，过去上大学是为升官发财，扬名显亲；或是为个人前途，家庭愿望。而我们现在是为人民学习，而不只是为了满足个人与家庭的需要。我们进大学是劳动人民培养的，每一个大学生每年要花劳动人民 1500 元，可以说，是劳动人民委托我们来学习的，明确了这个问题，就能明确我们是为谁学习。

他强调，各门科学虽然特点不同，方法也不同，但也有共同的方式方法：一是要实事求是。科学本身是由浅入深的，学校的学习也是根据这个原则来进行的，我们就应按计划进行学习，应打好基础，而不要漫无边际地读，漫读是劳而无功。二是要把握重点。许多人学习方法是零碎的、枝节的，重点搞不清楚。而把重点集中联系起来，就是科学的系统知识，否则就只能学到片断的知识。三是要联系实际。现在所学的是一些概念，学过的知识如果不与实际联系起来，就只是概念化的知识。而要联系实际，就必须联系日常的学习生活。四是要养成记笔记的习惯，用工具帮助锻炼思考、记忆。同时，学习生活要尽可能有次序。

1952 年 4 月，厦大各系春季毕业的 91 位同学服从国家统一分配，即将走上新的工作岗位。王亚南在《送别本届毕业同学》一文中，亲切勉励大家说，毛泽东时代的大学毕业生是幸福的，只要我们稍微回顾一下国民党反动统治下的大学生"毕业即失业"的情况，只要我们稍微联想一下报载日本今年度大学生十万人有百分之八十五以上职业没有着落的事实，就不难理解了。国家为了培养大学生，每年要花费很大一笔劳动人民的血汗。受到国家及劳动人民的培养，便得为国家需要服务，为劳动人民的事业服务，这是我们每个同学应当明确认识并做好思想准备的。

他告诫大家，踏出学校的大门，就是对我们平时思想认识的实际考验。服从分配固然要把我们自己个人的小打算放在次要的地步，就是到了分配工作岗位上，仍须明确认识任何个人的利益，只有在为整体利益的斗争中才有确实保障。同时，我们必须明了：担任任何一件工作，负起任何一种责任，都有不少困难等待我们去克服，都有不少麻烦需要开动脑筋。只有抛开一切个人厉害计较，集中精力去认真研究学习才能克服它。为人民服务所以要全心全意，就是这个道理。他希望大家把国家和人民的利益放在第一位，并把它作为每个人的服务信条，为国家、为人民做出

1952年8月，王亚南（前左五）与厦大经济研究所首届研究生合影

自己的贡献。①

1954年5月，厦门大学十届二次学生代表大会讨论通过了《厦门大学学生守则》，并将由校长办公室公布施行。王亚南校长为此在校刊发表署名文章——《为养成自觉地遵守学习生活纪律的优良品德而奋斗！》。他说，在我们新的人民社会中，每个人都要具有新的集体主义品德，这种品德首先表现在自觉地遵守劳动纪律学习生活纪律上面；大学生在学校里自觉遵守学习生活纪律，就是为了在将来建设工作岗位上自觉遵守劳动纪律打下坚实的基础；自觉遵守纪律是同养成高度政治觉悟密切联系的，要掌握现代科学知识、养成健全的体魄，非具有这种集体主义的纪律精神不可。他希望同学们以团结友爱的精神互助勉励督促，为养成这种集体主义优良品德而奋斗，为响应毛主席"身体好、学习好、工作好"的号召而奋斗！为实现本校学生守则的要求而奋斗！②

1955年3月，学校行政会议通过了《优秀生优秀班奖励办法》，王亚南在《前进吧，亲爱的同学们！》一文中，号召大家为之奋发努力。他明确指出，一个优秀生不只是要全部考试优等和体育锻炼达标，同时还要思想进步，作风正派，遵守学生守则，积极参加社会工作并关心同学的进步，也就是说，除了成绩好，身体好，还须具备爱国主义和集体主义精神，或共产主义品德。他强调，"在我们的社会中，一个人缺乏爱国主义热情，缺乏劳动观念和组织纪律教育，缺乏集体主义精神，一

---

① 王亚南：《送别本届毕业同学》，《新厦大》1953年4月10日第58期。
② 王亚南：《为养成自觉遵守学习生活规律的优秀品德而奋斗》，《新厦大》1954年5月22日第88期。

切把个人利益放在前面,他就是学得好,身体锻炼得好,也是不配成为一个合乎规格的国家建设人才的"①。所以,学校在制定优秀生奖励办法的同时,还制定了优秀班奖励办法,要求全班同学相互勉励,互相帮助,在学习方面、工作方面、集体锻炼方面做出成绩,发挥集体主义教育精神。

王亚南勉励同学们说:"学校是我们陶冶锻炼的洪炉。我们每个青年都在发育成长过程中,我们的教育可塑性是极大的;不够优秀的,大可以振奋起来,向着优秀生的要求努力;已经是相当优秀的,应当在已经取得成绩的基础上,更前进一步。为了我们伟大的祖国,为了我们大家美满幸福前途,前进吧,亲爱的同学们!"②

王亚南不仅对在校的学生谆谆教诲、及时勉励,对毕业的同学同样关怀备至。1954年2月5日,时值新春佳节即将来临,林尚圻等十一位毕业同学写信给王亚南校长,汇报他们到中国人民大学教师研究班半年来的学习、生活情况和感受。2月27日,王亚南热情地给他们回信。全信如下:③

> 林尚圻等十一位同学:
>
> 　你们好!新春接到你们联合写来的信,那是一件富有极大教育意义的精神礼物,我非常愉快地心领了。
>
> 　人民大学一开始就是依着苏联优越的教育制度、教学方法,直接在苏联专家协助下,采用苏联教材来进行教学工作。但这一切方面的优点,是靠着在它里面从事教学工作的全体教育工作者和学生的高度为人民服务精神和集体主义精神,才保证它在几年中的飞跃发展和重大成就的。它已经是全国高等学校的方向和表率。到人大学习的教师和同学们,能够不绝把人大在教学各方面的先进做法和设施,报道回来,使我们的工作有所遵循,那是多少可以弥补联系不够的缺陷的。
>
> 　你们离开学校只几个月,学校的变化是很快很大的。从形式上讲,我们差不多在完全实行苏联教育制度、教学方法,并尽可能地采用苏联教材。在去年暑期以前,大家还不熟悉还不习惯的东西,现在已渐熟悉,已渐习惯了。虽然苏联的先进制度、方法乃至先进科学,需要一定的马列主义水平和集体主义精神,才能更好地发挥作用,但根据我们年来的经验,那些制度、方法,特别是先进科学教

---

① 王亚南:《前进吧,亲爱的同学们!》,《新厦大》1955年3月22日第104期。
② 王亚南:《前进吧,亲爱的同学们!》,《新厦大》1955年3月22日第104期。
③ 王亚南:《致林尚圻等十一位同学的信》,《新厦大》1954年2月27日第82期。

材一被采用了,那也能反过来成为我们提高马列主义水平和增进集体主义精神的督促力量。你们把人大和我们学校对照所提出的一些特点,那都是我们需要进一步努力的地方。我把你们的信公开出来,我相信,我们全校教职员工同志和同学们,一定都会像我一样,从那里面找到不少可以督促自己前进的东西。我代表大家感谢你们!我同时也得附告你们:所有由厦大到首都各教学研究机关去研究或进修的教师和同学们,差不多全是优异成绩的获得者,这一点,使我们得到极大的安慰。

亚南

二月十三日

翻开《新厦大》校刊,可以看到王亚南在一期期刊物上留下的那些激励人心、激扬文字的精彩华章。虽然短小精悍,却寓意深长;虽然直白朴实,却力透纸背。在厦大历任校长中,王亚南在校刊上发表的文章不仅是最多的,也是质量最高、最富有教育意义的。当然,这与他作为著名的马克思主义经济学家、教育家的背景有关,与新中国成立初期那火红的建设年代和蓬勃发展的人民教育事业,也有极大的关系。

1957年新年元旦来临之际,王亚南在《总结1956年 迎接1957年》一文中,回顾过去,展望未来。他指出:"要我们自己生活得有意义,要使我们自己在岁序的迁流中,不断处在进步状态中,不断提高自己,就得一年一度地面对着这些督促自己前进的要求和问题,做出检查过去和惕励未来的答案。"①

在肯定了大家在过去一年里工作所做的努力和取得的成绩之后,他着重分析了存在的问题。例如:学校制订了各种计划,但由于计划订得过于刻板或没有从实际出发,各方面并没有认真负责执行;全面检查一开始就做得不够彻底,全面规划也就难免有些流于形式;由于大家对科学大进军的意义理解得颇不全面,以致进军的积极效果还有待呈现,却出现了部分教师放松教学或片面强调培养进修和搞科研等消极现象;学校采行了一系列改进教学工作的措施,减轻学生负担,但由于准备不足,导致管理松弛、纪律松懈;在改善知识分子工作、生活条件上做出了一些努力,也因向群众交代不够产生了一些副作用。

王亚南认为,学校工作中存在的缺点和错误,责任主要由领导方面来承担,但

---

① 王亚南:《总结1956年,迎接1957年》,《新厦大》1957年1月1日第137期。

要很好地改进错误,就需要大家共同来努力。为此,他向大家提出几点要求,希望大家努力做到:第一,我们国家的高等教育制度尚处在尝试性的创制阶段,对当前教育制度、教学内容及方式方法上的不断更张或修改,应当认为是必然而应有的现象;只要大家在教学研究的实践过程中,不断提出建设性的改进意见,不断总结经验,就能加速建立起一个比较完整的教育体制来。第二,从事教学和科学研究虽然应顾到工作条件和生活条件,但仔细考虑一下我们国家的经济条件和广大人民的生活水平,就应当明了在这些方面不能要求得太多,而应以相互谅解协作的精神,合理有效地充分发挥已有条件的作用,包括如何充分发挥人的潜在力量,如何合理利用现有设备。第三,随着学校的规模愈来愈大,我们这个大家庭的成员愈来愈多,大家来自四面八方,来自不同社会阶层,对新事物旧思想具有不同的感受,所担任的是各种不尽相同但却相互关联着的工作。因此,每个人在工作中要考虑如何争取其他同志的协助,如何给予其他同志以有益的影响。在教学研究工作和日常生活中,相互关心,相互学习,相互帮助,加强团结,搞好工作。尤其是我们的行政领导和教师,应时时提醒自己并相互惕励:不要以为在科学大进军的号召下,就只要科学知识,不要注意其他,那是很不全面的。王亚南表示,在新的一年里,还有更大更多的工作等着我们,还有很多新的困难等着我们,但只要大家团结起来,相互敬爱,相互帮助,就一定能够克服一切困难而奋勉前进。

作为一校之长,在新的一年到来时,他不是只报喜不报忧,更没有文过饰非或推诿责任,而是面对实际,直面问题,并提出切实可行的解决办法。这种实事求是的作风不仅赢得了广大师生的信任,而且受到了人们的广泛赞扬。

四、良师益友

"身如师长,宛如父兄",这是著名化学家卢嘉锡对王亚南先生的评价,也是厦大许多和王亚南共事过的教师对这位校长的赞誉。

在回顾自己和王亚南相识、相知的过程时,卢嘉锡写道:"我最初见到王亚南同志,是在长汀。1946年3月,我从美国回到长汀校本部,任化学系主任。厦大在抗战时迁到长汀,那时正在准备复员。这一年的校庆(即二十五周年校庆)仍在长汀举行。校庆前夕,我见到了久慕大名的王亚南同志,那时他任厦大法学院院长兼经济系主任。解放后,他回厦大任校长。以后,我在厦大任理学院院长、副教务长、研究部正副部长、校长助理等职,共同为厦大事业奋斗了十九年。亚南同志对

我的影响、帮助、激励甚多。他离尘世已十一年了，但他的音容笑貌常在我的脑际萦回，他那为教育事业呕心沥血的崇高形象，依然历历在目……"①

时光的年轮飞转回新中国成立之初的火红年代。其时，由于盘踞台湾的国民党军经常派飞机、舰艇袭扰东南沿海，中央高教部电令厦大理、工学院内迁闽西龙岩。理学院院长卢嘉锡带领两院师生到龙岩后，经常给"亚南校长我兄"写信汇报工作。

在写于1951年9月10日的一封信中，卢嘉锡在汇报了两院的各项工作后说："弟自京返岩后，以兼副教务长职平均两日赴城一次，但年来教务处积下烂账太多，急需整理，而工学院各系精神似较理院散漫，使弟太费口舌、太费跑腿时间，目下非有人来帮忙不可，部作业实在太多了，至少麻烦点亦祈考虑及。……弟自兼顾两院教务后，常以个人能力、经验两有限制，感受莫大困难，日前曾笑语振乾兄云，天天在提高同仁同学政治认识，搞通他们的思想，但自己的部已在降低过程中，非辞去各项兼职不可。弟虽富有工作热情，但绝不能因个人能力经验之限制，使整个学校受到不可收拾之损失。尚祈准予早日辞去各项兼职，则弟仍当以'在野'之身随时协助行政诸公也。"

卢嘉锡写的信半文半白，汇报翔实具体，并坦承"弟自兼顾两院教务后，常以个人能力、经验两有限制，感受莫大困难"，表示"弟虽富有工作热情，但绝不能因个人能力经验之限制，使整个学校受到不可收拾之损失。"因此"尚祈准予早日辞去各项兼职"。在王亚南的慰勉之下，卢嘉锡收回了"辞官"之念，以顽强的毅力带领两院师生克服种种困难，顺利完成了学校交给的各项任务，直到第二年经高教部批准，才和师生一起安全迁返厦门。

返厦后不久，学校成立了研究部，王亚南兼任部长，卢嘉锡担任副部长，辅佐王亚南负责全校的科研工作；后来又接替王亚南担任了研究部的第二任部长。王亚南对这位部属的工作能力和活动能力自然心知肚明，因此时常给他压担子。卢嘉锡果然不负所望，把各项工作做得有声有色，1957年他被提拔为校长助理，成为王亚南校长的得力助手。

许多年后，已出任中国科学院院长的卢嘉锡说："自从认识亚南同志到他去世为止，历时几十年。无论是我或是与他共事过的师生员工，无不交口称赞他那感人

---

① 卢嘉锡：《尊敬的校长》，王岱平、蒋夷牧编：《王亚南与教育》，福建教育出版社1981年版，第90页。

的道德品质。他既是人们尊敬的师长，又是人们贴心的父兄。"①

著名教育学家潘懋元早在1945年就与王亚南相识，修过他开的课，后来在他的领导下工作。潘懋元说："每一个政治工作者或教育工作者都要经常做人的思想工作，思想工作的有效性往往受各种因素所制约：权威、合理、感情、利害关系以及各种条件，但决定性的是能否抓住对方的思想情结，并解开它。"②王亚南校长就常常具有这种抓住人心的力量。

时光流逝了几十年，潘懋元依然清楚地记得王亚南校长和他的一次谈话：1954年，教育系将调整出厦门大学，组织上决定他留下来继续搞教育行政工作。潘懋元觉得很痛苦，因为和教育系在一起，虽然也搞行政工作，但还可以教自己感兴趣的"教育学"和"中国教育史"等课程，研究自己所喜爱的中国近代教育史课题。而离开了教育系，就变成单纯的行政干部了。王亚南校长知道后，便把他找去，和他进行了一次让他终生难忘的谈话。

王亚南说："我理解你的思想和感情，搞行政，就不搞教学和科研，这不好。我自己不愿意这样，也不愿别人这样。问题是如何在服从工作需要的前提下，能够让你继续搞教学和科研。"潘懋元觉得，校长一下子就抓住了他的思想症结。接着，王亚南表示，"我们一起来想想办法"。这让潘懋元觉得很暖心。

可是，教学、科研、行政工作，三盘菜各炒各的，潘懋元不知如何着手？这时，王亚南便以自己如何处理和平衡这三方面工作的矛盾，给潘懋元以现身说法，并告诉他处理这些矛盾的的原则和方法，让潘懋元觉得"茅塞顿开"。随后，王亚南又启发他设计一个方案，既能在大学行政工作中积累经验，又能以高等教育为对象开"教育学"课程，还能进一步研究高等学校的教育问题，从而把行政、教学、研究三件事统一起来。在时间安排上，细心的王亚南也为他做了考虑，同意给予他一定的时间从事教学和研究工作。③

作为一校之长，王亚南深入了解每一个干部、教师的思想动态，一方面坚持个人服从组织的原则，但绝不扣当时流行的所谓"个人主义"或"成名成家"的帽子；另一方面，又设身处地地为每一个人着想，理解个人的情感，支持合理的愿望和要

---

① 卢嘉锡：《尊敬的校长》，王岱平、蒋夷牧编：《王亚南与教育》，福建教育出版社1981年版，第96页。
② 潘懋元：《难忘的师表》，王岱平、蒋夷牧编：《王亚南与教育》，福建教育出版社1981年版，第104页。
③ 潘懋元：《难忘的师表》，王岱平、蒋夷牧编：《王亚南与教育》，福建教育出版社1981年版，第106页。

求,同干部、教师一起想办法解决问题。后来成为中国"高等教育学"开拓者的潘懋元说:"在你的一生中,接触了许多人,老师、领导、同志、学生、亲友,在他们中,有的人在这一方面值得你景仰,有的人在另一方面值得你学习。而王亚南同志,我们敬爱的校长,从他的信念到他的品质,从他的学问到他的能力,对我来说,都是学习的榜样。"①

曾经三度与王亚南共事的章振乾提起王亚南,同样赞不绝口。无论在中山大学、厦门大学,还是在战时省会永安的福建社会科学研究所,王亚南处处都展现出"良师益友"的风范,为了繁荣学术事业,他从不吝惜自己的力量。章振乾回忆说,解放前夕,福建一些朋友为了宣传马列主义,创办了经济科学出版社。由于经费困难,无力支付稿费。尽管当时文教界人士在通货膨胀的威胁下,多半依靠稿费来弥补生活,但为了支持这一进步的文化出版事业,王亚南毅然将其两部著作《中国经济原论》和《社会科学新论》的书稿,无条件地捐献出来。同时,他还请自己的挚友郭大力也将其新著《生产建设论》慷慨捐献出来。②

王亚南对学生的关怀可以说是无微不至的。在青年学生面前,他既是严师,又是慈祥的长辈。曾任厦大教务长的章振乾记得,经济研究所招收的研究生入学后,为了便利大家的学习、研究,所里从学校图书馆借出了一大批专业书籍,专室陈列,供同学使用。可后来却发现不少书籍散失了,王亚南知道后,一方面严肃批评学生,要求按规定如数赔偿;另一方面又考虑到学生是初犯以及负担能力有限,便提出"你们赔半数,其余我负责"。同学们体会到校长的良苦用心,都深受感动,纷纷四出寻找,很快就将散失的书籍全部找了回来。这件事在校园里引起了不小的震动,大家都受到了深刻教育,从此人人养成爱惜图书的好习惯。

王亚南经常说,培养出好学生是教师应有的责任。他十分注意发现学生的特点,关心他们的成长壮大。1950年7月,邓子基以福州考区第一名的成绩进入厦大经济所《资本论》研究生班学习,师从王亚南教授。邓子基回忆说:"王校长十分注重对研究生的培养。他要求我们必须打好理论基础,同时又要有自己的专业方向。得知我做过税务工作,他就说:'那你就读财政学吧!'从此我与财政结缘,迄今已有62个年头,是王校长把我引向学术之路,指明了我学习、研究、发展财

---

① 潘懋元:《难忘的师表》,王岱平、蒋夷牧编:《王亚南与教育》,福建教育出版社1981年版,第99页。
② 章振乾:《感人的风范》,王岱平、蒋夷牧编:《王亚南与教育》,福建教育出版社1981年版,第116页。

王亚南（前左三）等导师与厦大经济研究所研究生合影

政学的方向。"①

王亚南对学生的要求十分严格，同时，他也十分关心学生的健康，经常到学生宿舍、食堂去了解同学们的读书和膳食情况。有一天，他听到学生反映，说日光灯会影响学生视力。经过调查了解，他立即指示总务处将学生宿舍全部换上白炽灯。总务处刚开始觉得有些为难，认为日光灯比较时尚，刚换上不久，也花了不少钱。王亚南意味深长地说："为了保护学生的眼睛，还是值得的！"在他眼里，学生的视力和健康要比时尚、比花一点冤枉钱来得重要。②

王亚南为人正直，真诚待人，善于团结同志；作风民主，能听取不同意见；处事果断，办事效率很高。无论何时何地，他都没有忘记自己的职责。每天在校园里散步，发现什么问题就及时处理；每次赴京开会，只要抽得出时间，总要约请教育界的朋友，向他们请教；或邀请在京工作的厦大校友座谈，了解他们的工作和生活情况，了解使用单位对厦大毕业生的评价，作为改进学校工作的一环。

在王亚南的倡导下，在全校师生员工的共同努力下，厦大逐步形成了一种勤勤恳恳、踏踏实实、勤奋努力、团结向上的新风气。大家心往一处想，劲往一处使，无论是教师还是学生，都觉得心情舒畅，校园气氛和谐，如沐春风之中。

转眼之间，王亚南来到厦大已经四年了，他仍单身一人住在大南8号楼（即卧

---

① 《学科之魂　异代重光》，厦门大学出版社2011年版，第30页。
② 厦门大学档案馆、厦门大学校史研究室编：《厦门大学校史》（第二卷），厦门大学出版社2006年版，第65～66页。

云山舍）。这幢有"厦大第一楼"之称的三层楼房，建筑面积近一千平方米，住着王亚南校长和张玉麟副校长等几户人家。楼前的庭院花木葱茏，显得十分幽静。

1954年端午节即将来临时，王亚南校长特别邀请16位侨生到他家里座谈。夏夜的星空一碧如洗，群星在夜幕中闪着耀眼的光芒。主持人刚说完开场白，侨生同学们便纷纷发言，倾吐自己回国后的亲身体会，畅谈生活在祖国怀抱里的光荣和幸福感受。

越南侨生潘长江说，他是1952年8月回到祖国的，因路上受阻错过了统一考试时间，但祖国优待侨生的政策使他得以进入厦大学习。他激动地说："我常常感到回到祖国，是自己一生中最有意义的大事，也是我一生中最重大的转折点。我觉得做一个新中国的青年，是非常值得自豪的。"

马来亚侨生颜玉玺回国两年，亲身体会到祖国社会主义教育制度的优越性，不仅老师按照严密的教学计划认真负责教课，循循善诱，诲人不倦；而且同学们也都积极顽强地为祖国学习，各科的学习内容也能切合实际需要，造福于广大劳动人民。他写信告诉海外的亲友说："回国后在学习上遇到的困难，在和蔼可亲的老师们的耐心教导和同学们的热情互助下，全都一一克服了！"

回国一年的印尼侨生郑翠琼深有感触地说，她在南洋时经常生病，入学后由于学校重视劳卫体育锻炼，自己在集体生活和日常锻炼中身体健壮了起来，体重增加了十公斤。桂玉燕同学在发言中表达了侨生们的共同愿望，希望学校除了在生活、学习方面给予侨生关心外，还应在政治思想上多关心、帮助大家，使侨生在政治上也能追求进步，一些符合条件的侨生能够早日入团、入党。

王亚南校长在听了大家的发言后，心情激动地说："所有归国的华侨同学都有一个共同的目标和愿望，就是要使自己的生活过得有理想、有希望、有意义一些；就是要使自己能够为祖国贡献一份力量。这就需要大家把以往已经习惯了的、以自我为中心的旧生活方式，改变为大家共同努力、相互帮助的新生活方式。这需要经历一段思想斗争过程，只要大家有决心改变过去，想过更有意义的生活，就一定能够克服困难，在思想斗争中磨炼自己，逐渐建立起新的生活方式。"他充分肯定了同学们提出的意见，表示学校一定会采取措施，从各方面加强、改善侨生工作，帮助大家不断提高思想水平。①

---

① 厦门大学档案馆、厦门大学校史研究室编：《厦门大学校史》（第二卷），厦门大学出版社2006年版，第65～66页。

平易近人的王亚南校长，在厦门大学这个大家庭里，无论和教师还是学生，都能够打成一片，和大家一起过端午、过中秋，一起过一个个欢乐的节日。和师生们，尤其是和侨生们，像一家人一样围坐在一起，亲亲热热地叙谈、交流、会餐。侨生们虽然远离侨居地和亲人，却因此感受到了比在侨居地亲人身边更多的欢乐和温馨。

五、爱才惜才

古人云："千军易得，一将难求。"善用人者能成事，能成事者善用人。作为一校之长，王亚南不仅重视人才，爱惜人才，从多方面培养人才；而且善于延揽人才，使用人才，善于用人才之所长而不求全责备。

1950年出任厦门大学校长后，他在招贤纳才方面不仅态度积极、政策开明，而且采取了多方面有力的措施。

一是发挥留用人才之所长。1950年8月，已担任生物系主任的原校长汪德耀作为福建省科技界代表，出席了全国自然科学工作者会议，亲自聆听周恩来总理关于新中国自然科学发展的重要报告，受到了极大的鼓舞。王亚南因势利导，请这位知名的生物学教授参加制定我国细胞学发展规划，集中精力从事他喜爱的细胞学教学和科研工作。后来汪德耀对动植物细胞的液胞系和高尔基体的演进规律以及海洋动物的人工授精等科研课题进行了深入探讨，取得了突破性的进展，为发展福建省的海洋养殖业做出了重要贡献。

林惠祥教授是厦门大学的第一届毕业生，1926年毕业后留校任教，后赴菲律宾大学研究院攻读硕士课程。回国后先在中央研究院工作，1931年回母校厦门大学任历史社会学系教授，后兼系主任。抗战期间在南洋任教，曾参加陈嘉庚《南侨回忆录》一书的编辑出版工作。1947年秋天重返厦门大学任历史系教授。王亚南主政厦大后，任命他担任历史系主任及南洋研究所副所长，充分发挥其在人类学、民族学及南洋研究方面的专长，以满腔的热情参加社会主义建设。1951年，他将自己多年精心搜集的人类学珍贵文物、图书捐献给厦门大学，并在王亚南校长的支持下，主持建立了我国第一个人类博物馆——厦门大学人类博物馆。1956年他和王亚南校长一起成为厦门大学文科副博士生导师。

二是赴兄弟院校求援及吸引海外学子回国。厦门大学虽是老校，但理科人员流动大，教学力量较为薄弱。王亚南每次外出总不忘请兄弟院校量力支援。有一次他

赴上海开会，得知物理学家黄席棠夫妇的情况后，就恳请上海交通大学支援，让这对教授夫妇来厦大任教。他还亲自登门拜访，热情介绍厦大的基本情况和发展设想，赞扬黄教授夫妇的学术成就，希望他们为办好新厦大共同出力。不久，黄席棠教授夫妇就愉快地来到当时还处在前线炮火中的厦门大学，为物理系的发展做出了积极的贡献。

王亚南不仅以求贤若渴的心情，数次去外地院校登门求援；而且伸出热情的臂膀，召唤海外的爱国学者。郑朝宗教授1936年毕业于清华大学学外国语文学系，1938年到内迁于长汀的厦门大学任中文系助教。后到上海，1943年秋回厦门大学任中文系讲师、副教授，1949年秋赴英国剑桥大学攻读英国文学。王亚南执长厦大后，即热情邀请他回国任教。于是他提前结束学业、回国效力，出任厦门大学中文系教授、系主任。

陈国珍教授1938年毕业于厦门大学化学系，后到福建省建设厅工作。1941年返回母校任教，1948年赴英国伦敦大学攻读化学博士。1951年获得博士学位后从英国归来，王亚南不仅深表欢迎，而且委以重任，请他出任厦大举足轻重的化学系主任。1959年陈国珍教授被提拔为校长助理，1962年调任第二机械工业部生产局总工程师兼原子能研究所研究员，为我国第一颗原子弹的成功爆炸做出了重要贡献。

三是聘请有专长的人士来校任教或讲学。原中山大学法学院院长胡体乾是著名的统计学家，也是王亚南在中山大学任教时的老同事、老朋友。抗战胜利后他回到故乡吉林，担任了吉林省政府教育厅厅长。虽然长春解放后他一度"被俘"，但他确实学有专长，思想也是倾向进步的。于是，王亚南大胆地把他请到厦大，让他担任统计系教授、系主任及代理经济学院院务，以充分发挥他的管理专长。胡体乾作为厦大统计系第一任系主任，为厦大统计学科的发展做出了很大贡献。

厦大海洋系刚成立时，缺少海洋气象学专业水平较高的教师，原台湾省气象台台长石某系海洋气象学专家，1949年后因历史问题被管制。王亚南考虑再三，决定向有关部门请示，聘请石某来学校短期讲学。有人提出异议，说："这样的人，你也敢用？"王亚南则认为："大学毕竟不是党校，只要他肯把聪明才智献给人民，我们有什么理由拒绝呢？"在他的坚持下，石先生受聘来校任教，缓解了海洋系专业师资短缺的困难。

还有一位名叫沙澎的法国人，曾任法国驻福州代理领事，后来还开了一家"德大旅馆"。王亚南得知此人在数学上确有一定造诣,便力排众议,请他来厦大数理系任教。理、工学院内迁龙岩期间,沙澎和陈景润成了近邻,陈景润虽然性格孤僻,却唯独和沙澎十分投缘,两人惺惺相惜,很快就成了数学上的"知音"。

四是对教学骨干委以重任。卢嘉锡教授1934年毕业于厦门大学化学系,1937年考取中英庚款公费赴英国伦敦大学攻读物理化学。1939年获博士学位后赴美国加州理工学院从事结构化学研究,1944年到华盛顿马里兰研究室参加美国战时军事科学研究。1945年底回国后,受聘担任厦大化学系教授、系主任。王亚南上任后,请他担任理学院院长,给他压上了更重的担子;后来又让他担任副教务长、研究部副主任、主任、校长助理等职。卢嘉锡不负众望,加倍努力工作,教学和科研都搞得十分出色。

有位老师1944年毕业于厦大经济系,后曾担任国立海疆学校讲师、福建省研究院社科所副研究员。1950年7月应王亚南之请,回到母校厦门大学任政法系讲师,他也毫无怨言。后来王亚南请他出任马列主义教研室副主任,1953年初准备将他提升为经济系副教授兼副系主任,辅佐经济系主任吴兆莘教授。

在得悉校长的提名后,这位老师感到既意外,又惶恐,连夜来到校长家,表示自己的资历比有些同志浅多了,担心做不好工作。王亚南便以陶大镛教授的经历来开导他。王亚南说:"陶大镛当时在中山大学还没有上过讲台呢?论资历,比你现在浅多了,但有学问啊,我就推荐他当讲师,和我合开'经济学原理'的课程。"王亚南拍拍他的肩膀说:"什么叫资历?你不当,当然没有;你当了,不就有了吗?"确实,资历不足以完全说明才能,王亚南历来重视真才实学,不愧是一位知人善任的教育家。

五是注重"尖子"培养。早在中山大学时,王亚南就特别注意培养有深造前途的学生,毕业后选拔出来留校当助教。1940年7月考入中山大学经济系的涂西畴(涂先求),入学时已经25岁,不仅聪明好学,理解能力也比较强,各方面都比较成熟,还是中共地下党员。在学期间王亚南就有意识地培养他,每次做学术报告都让涂西畴做记录。这些记录稿经王亚南稍加整理后就成了一篇篇学术论文。涂西畴毕业后王亚南又把他留下来任教,后来他接替王亚南担任了政治经济学课程的教师。

王亚南还曾在中山大学经济系某届毕业班中一次性留校5名,这在该校历史上是前所未有的。这些毕业生留校后,王亚南在忙碌的教学、科研中挤出时间,对他

们进行指导，包括为他们确定教学、研究方向、拟定阅读书目、确定开课期限、检查讲稿编写进度、审阅讲稿内容等等，使他们很快成长起来。

到厦大出任校长后不久，王亚南就提出要恢复和创办研究所，招收研究生以发现、培养人才，不断为学校师资队伍输送骨干力量。1950年厦大经济研究所、化学研究所就开始招收研究生，王亚南亲自带政治经济学方面的研究生，卢嘉锡负责带物理化学方面的研究生。这些研究生实行二年制，第一年学基础课和外语课，第二年学专题课和写毕业论文。尽管学习时间不长，但由于教学安排得当，教育方法灵活，这些研究生的学习效率较高，成绩也十分显著。毕业后他们大都成为各个教学科研单位的领导骨干。

厦大培养研究生的工作当时走在全国前列，虽然后来研究生培养方法有所改变，研究生班改为由教授个人指导的专业研究生制度，王亚南仍坚持带了两届《资本论》研究生，按由浅入深、循序渐进的方法进行教学，使研究生在《资本论》学习上取得了优异成绩。由于基础打得牢，自学能力也比较强，因此培养了不少业务尖子。

总之，对如何用人，王亚南有他的标准，既有原则性，又有灵活性，一切从学校的事业出发，尽可能做到人尽其才，才尽其用。

"我劝天公重抖擞，不拘一格降人才。"王亚南十分喜欢龚自珍的这两句诗，他不止一次在学校会议上说："对人才，就是要不拘一格。我们尊重人才，就是尊重科学。在才能面前人人平等。"①

作为一个懂得人的价值的教育家，王亚南深知，"骏马能历险，犁田不如牛。坚牛能载重，渡河不如舟"。因此，他尽可能挖掘每个人的潜力，发挥每个人的专长。外文系有位教师，书虽然教得不太好，但是小说翻译得很好。王亚南特地借来这位教师翻译的小说，阅读后便找外文系主任和相关教研室主任谈话，指出每个人都有自己的长处，我们要学会用其所长，使人才发挥应有的作用。

经济系有一个教员，解放前一心想投靠国民党，曾参与监视王亚南、给王亚南投寄恐吓信的勾当。"三反"时他虽然做了坦白交代，表示要坚决悔改，但不少教师出于义愤要求对他进行处理，乃至开除他。系里开会讨论时，王亚南却大度地说："他已经坦白交代了，我看就算了！再说他也有一技之长，应该让他改过自新，为我们的教育事业服务。"在场的人听了，不禁都为校长的宽宏大度而感动。后来，这位教员曾当面向王亚南致歉，王亚南鼓励他放下包袱好好干，不要辜负了大家的

---

① 王岱平、蒋夷牧：《生命的辙印》，海峡文艺出版社1986年版，第124页。

一番良苦用心。

李拓之是一个自学成才的学者，早年曾在郭沫若领导的军委政治部三厅工作。1953年，经邓拓向章振乾、傅衣凌推荐，时任中文系主任郑朝宗看了他的作品，觉得作者"学识丰富，笔下有功夫"，便呈请王亚南校长审查决定。"王校长一向重视人才，这回更破格录用，把一个未曾上过大学的人，单凭学力，痛快地定为副教授。事实证明这种痛快精神是正确的，拓之在以后四五年间所从事的中国古典文学教学方面完全称职，同时还在王校长主编的厦大学报（社会科学版）发表了一系列颇有分量的学术论文"。[1] 李拓之笔头勤快，约定的学报论文，总是如期交卷。所写论文不拘一格，手头有什么材料就做什么题目。《中国舞蹈史》在《厦门大学学报》发表后，以资料丰富、考证详密、语言简洁引起了学术界的广泛注意。

在人才的培养和使用上，王亚南把做人和做学问结合在一起，既重视才学能力，也重视人才的内在素质，并把人才内在素质的发展和正确世界观的培养统一起来。他认为，教育是随着社会经济的发展而演变的，是为经济基础服务的，为适应社会主义建设要求而培养的人才，首先需要有正确的世界观，需要树立为人民服务的思想，需要有科学的态度和坚定的立场，需要用马克思主义武装自己的头脑；其次，王亚南也非常重视意志、信心、科学方法及创造性的培养，尤其是对青年教师的教育和引导，他总是强调意志、信心、科学方法及创新的重要性。无论讲演、谈话、介绍经验或写文章，他总是不厌其烦地阐明这方面的道理，并以自己的治学经验教育青年教师和学生如何勤勉励志，持之以恒。

王亚南爱惜人才，尊重人才，不管是同辈晚辈，只要有一技之长，他总是人前人后地夸奖。对于身边的工作人员，包括秘书、司机、警卫员、办事人员，工作了一段时间，他总要征求他们的意见，为他们的发展前途着想，或另做相应安排，决不仅仅考虑自己的工作方便。有些青年教师在教学和科研中取得点滴成果，或在报纸杂志上发表了文章，或上了一堂比较成功的观摩课，他知道后总是特别高兴，或马上给予表扬，或写信肯定成绩、指出不足之处。当你的研究成果和文章比较成熟时，他不仅替你修改、订正，还帮助向出版社、杂志社推荐，使你的劳动成果尽快得到社会的承认。

王亚南对陈景润的关心和在他困顿时施予的援手，使陈景润在通往成功的道路上迈出了关键的一步。陈景润是1950年秋天以"同等学力"的资格考进厦门大学

---

[1] 郑朝宗：《李拓之选集》序，《海夫文存》，厦门大学出版社1994年版，第330页。

的，在同学眼里，他是一个读书用功、生活节俭的学生，也是一个只知埋头苦学、性格有些孤僻的同窗。一有闲暇时间，他就拿着纸和笔去图书馆演算习题，独自在数学的王国里遨游。

理工学院内迁闽西办学期间，陈景润和同学们一起住在乐怡堂（张姓宗祠）。王亚南校长到理学院检查教学工作时，听到老师、同学们对他的反映，王亚南对这位学习十分刻苦而生活有些杂乱无章的同学留下了深刻印象。1953年夏天，因国家急需人才，大三同学提前毕业，陈景润被分配到北京四中任教，却因性格木讷、不善言辞被撤下讲台。原本身体就不好的他受此打击，身体更差了。住了几次院之后，学校干脆让他停职回乡养病，实际上等于辞退了他。回到福州后，生活无着的他迫于无奈，只好靠摆小摊过日子。

王亚南校长得知陈景润的窘境后，便伸出援手，让陈景润回母校工作，把他安排在数学系资料室，让他有时间钻研他的高深学问。后来系里让他担任助教，使他能专心研究数论。王亚南得知后对数学系负责人说："陈景润非常肯钻研，这是很大的优点，对这样的青年应该特别关心。"陈景润果然不同寻常，1956年初，他写了一篇关于"他利问题"的论文，改进了华罗庚在《堆垒素数论》中的研究结果。华罗庚看到后给予充分肯定，并推荐他在全国数学论文报告会上宣读。1957年9月，在华罗庚的力荐和王亚南校长的支持下，陈景润被调到中国科学院数学研究所工作。从此，他在华罗庚的指导下从事数论研究，向摘取哥德巴赫猜想这颗"皇冠上的明珠"迈出了关键的一步。①

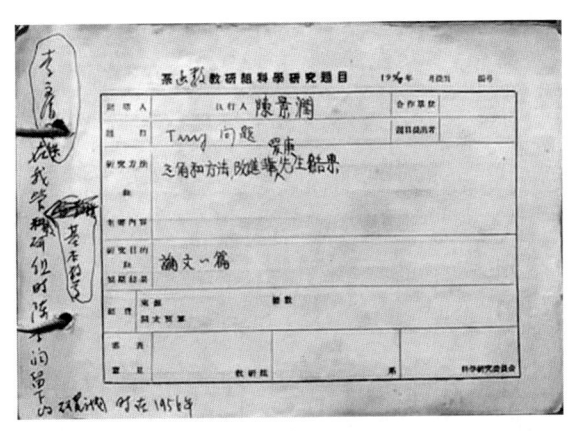

1956年陈景润在厦大时提交的科研计划表

人才属于社会，自然有权选择最有利于成长和发挥作用的环境。在王亚南看来，合理的人才流动对学术交流和个人成长都是大有裨益的。当年在中山大学，他支持陶大镛去桂林参加留英庚款考试时是这样；后来在厦门大学，他支持陈景润去北京中科院数学所工作时还是在这样。后来陶大镛学业、事业有成，对王亚南感激

① 沈世豪：《陈景润》，厦门大学出版社1997年版，第25～35页。

不尽，称这是他人生中的一个重要转折点；陈景润在"一举成名天下知"之后，同样对王亚南念念不忘，称"没有王亚南就没有他"。

"青青子衿，悠悠我心。但为君故，沉吟至今。"曹操在《短歌行》中表达了对贤才的急切渴求，感情何其深沉真挚。王亚南校长又何尝不是如此呢？

六、以身作则

"其身正，不令而行；其身不正，虽令不从。"（语出《论语·子路》）作为大学校长，王亚南不仅以身作则，经常深入教学第一线，及时发现问题，解决问题；而且带头遵守学校的各项规定，始终廉洁奉公，保持谦虚谨慎、戒骄戒躁和密切联系群众的作风。

王亚南严于律己。在正常情况下，王亚南通常每天凌晨四五点钟起床，外出散步之后，就在写字台前正襟危坐，连续数小时孜孜不倦地阅读与写作，数十年如一日。他的时间观念极其严格，能像时钟一样精确地计划和支配时间。他善于把握重点和抓住关键问题，高效率地处理行政事务，挤出时间来从事学术研究工作。他提倡"好整以暇"，在校时通常读一些理论性较强的书籍，而在出差、突击工作来临时则另作安排，保证在任何情况下，每天都能抽出一些时间学习。

在学习上，他主张"既要严肃紧张，又要从容不迫"，坚持有规律的工作和生活。而要做到这一点，"关键是要不懈地跟个人生活上的自由主义作斗争，树立远大的理想和崇高的生活目标"。他要求年轻教师和学生，学习要有目的、有计划、有韧劲，并经常引用马克思在《资本论》序言中的那句名言勉励大家："在科学上没有平坦的大道，只有不畏劳苦沿着陡峭山路攀登的人，才有希望达到光辉的顶点。"

王亚南宽以待人。他对学生的关怀是无微不至的，而对学生做得不够的地方，乃至犯了过错，他既给予恳切的批评，同时也给予及时的帮助。一位中文系的女同学，由于家里生活困难，曾将用过的邮票撕下洗净后重新使用，结果被邮局查出并告到学校。有关部门准备给予纪律处分，王亚南知道后便向系里了解这位女同学的具体情况。得知她平时学习用功，表现也好，于是特地把她请到家里面谈。

这位女同学在校长面前羞愧地低下了头，对自己因家庭确实困难、迫不得已而使用旧邮票做了检讨。王亚南一边对其进行批评教育，一边琢磨着要如何帮助这位家境困难的女生。最后他决定每月拿出15元给这位女同学作为生活补贴，直到她

大学毕业,并要求系里把钱转交给她时,不要说是校长给的。当时学生的甲等助学金每月12元,15元可是一笔不小的钱。这位女同学直到1955年毕业时才知道这15元的来历,不禁感动得流下了热泪。①

王亚南深入实际。他时常在上课时间到教室听课,不时也会在晚上到学生宿舍走走。当宿舍的房门被轻轻推开时,同学们都感到有些意外和拘谨。他亲切地对大家说:"你们坐,坐,我随便来走走看看。"他询问同学们对教学的反映,对食堂、后勤的意见,关心大家的起居饮食……校长亲切随和的谈吐,很快就和同学们拉近了距离,把大家的紧张心情一下子就消除了。

为了发扬学校诚毅质朴、艰苦朴素的校风,王亚南经常利用各种会议、报告、讲座以及校刊,苦口婆心地向大家宣传介绍厦大的传统。他说:"厦大是设立在以质朴见称的闽南地区,厦大的学习风气,厦大的质朴精神,形成了它的传统。在以往,尽管在教学内容,教学观点方法上,也同样存在许多问题,但教的人认真教,学的人认真学;大家把教与学,当作他第一个任务。这看起来像没有什么特别、像是平平常常的,但正因为大家经常有这种精神,一临到教学因故中断的时候,教的人生怕教不完,学的人生怕学不够,在任何场合,都焦急地希望教与学,这就立刻把它的传统精神显现出来了。因此,由厦大出身到社会工作的人,一般都是老老实实,规规矩矩,都是比较踏实认真。这样一种风气,我们不要忽视了它,应该把它看成是学校这种教学机关的灵魂,是它走向人民大学之路的一个极好的出发点和基础。"②

为了扭转学习上的不良倾向,他曾多次向教工和学生推荐毛泽东《改造我们的学习》这篇文章,认为它是改造思想和改造学风的马列主义教科书。对教师的评级升等工作,他始终严格把关,以确保教师的教学质量和德才标准。每当看到教师在思想上、业务上的进步,他都觉得特别欣慰。有一次,他发现一位原本比较后进的教授学习马列主义经典著作颇有心得,并写出一篇颇有水平的文章,他感到十分高兴,热情地予以表扬,使当事人深受感动。

王亚南乐于助人。在学校里,已经统计不清有多少师生曾接受过王亚南校长慷慨的资助,有多少笔公共福利事业的经费中包含着他的捐赠,也很难计算他曾把多少笔稿费献给了党和国家。曾担任校长助理的章振乾记得,王校长有好几次在出

---

① 王岱平、蒋夷牧:《生命的辙印》,海峡文艺出版社1986年版,第137页。
② 王亚南:《厦大诞生三十年》,《新厦大》1951年4月6日,第5期。

差、出国期间，都把个人的银行存折交给他保管，并嘱咐说如果教工或学生临时有困难，急需钱用，可先从这里支出。后来为了方便，王亚南干脆把个人存折交给财务科保管，对那些不便以公家名义开支的项目，如给特殊困难的学生买一套讲义，添一件棉衣，给突然住院的老师一笔营养费等等，委托他们处理。王亚南说："按财务制度，有些开支是不妥当的。我用私款，心安理得。"①

闽南学生不少是在海边长大的，有打赤脚的习惯。王亚南在路上碰到后，总要关切地询问。看到学生不安地搓着赤脚，他过几天就会派人给学生送来新买的鞋；厦大托儿所的老阿姨还记得，当年王校长听了她的"诉苦"，便亲自捐款为托儿所购置蚊帐、被褥和衣物，给托儿所的孩子们送来了温暖；那位两鬓微霜的女教师始终没有忘记，那年她爱人身患重病去大连治病，动身那天王校长竟亲自前来送行，并脱下自己身上的短大衣披在她爱人身上，说："东北天寒地冻，有件大衣比较御寒……"有的人对此不以为然，说这是"资产阶级人性论"。话传到王亚南校长那里，他淡然地说："人性论就人性论吧，人性总比私心好吧！"②

这并非一个家财万贯者的施舍。作为《资本论》的译者之一，王亚南虽然从译著重印中拿到了一些稿费，但他对自己的消费却十分节俭甚至有些"吝啬"的。他那副圆镜框的老式眼镜几乎戴了整整一生；他那支粗大的黑色"金星"钢笔，从解放初写入党申请书一直到临终前还在使用；参加第三届全国人大会议时，他那两件准备送去洗涤的"网眼"汗衫，竟被宾馆女服务员当作抹布塞进杂物柜，一时被传为笑谈。

王亚南廉洁奉公。作为一个大权在握的校长，他却始终敬畏权力，十分痛恨滥用权力。他曾说："滥用权力搞特权就是腐败的开始！"他可以力排众议，为知识分子的合理使用慷慨陈词、动用权力，却丝毫也不允许自己的亲属或朋友因他的关系而徇私得利。

他曾多次出国，当时允许代表团团长带一名家属，他却从未想到享受这个合法的待遇。1957年出国回来时，他给女儿带回的"礼物"，是西装口袋里残存的几枚异国零星硬币。上世纪60年代，在上海复旦大学读书的女儿因严重关节炎而卧床不起，友人劝他把女儿转来厦大，他没有同意。困难时期，食堂同志多次劝他让儿子一起在小食堂用餐，或把菜带回家去，王亚南坚决不肯，认为"他只是助教，应

---
① 王岱平、蒋夷牧：《生命的辙印》，海峡文艺出版社1986年版，第136页。
② 王岱平、蒋夷牧：《生命的辙印》，海峡文艺出版社1986年版，第137页。

该和别人一样!"。

有一次,他破例和家人一起去厦门近郊的集美游览,司机小陈知道后,把汽车开到他家门口,准备送一家人去。他挥挥手让司机把车开回去,说今天不用车。司机笑着说:"正好今天我也没事,就让我来送吧!"王亚南摇摇头说:"我是去游览,不能带头破坏规矩。"看着小汽车开走后,他才和家人一起走向校门口的公交车站,去轮渡转车前往集美。

他的妻子李文泉在厦大图书馆工作。因患严重的高血压,长期"半休"。1956年,王亚南要秘书通知财务科,从下个月起停发李文泉的工资。秘书十分惊讶,因为按规定,病假是可以拿工资的。王亚南看着秘书说:"她请病假快半年了,不做事情就不能白拿钱,不然怎么解释按劳分配呢?"秘书表示有些担心,王亚南挥挥手说:"你去办吧,别担心,我的工资足够养她了!"①等到发工资时,财务科还是派人把工资送来了。王亚南要来人拿回去,来人表示财务科不好处理这笔钱。于是,王亚南便亲自到财务科,让他们把李文泉的工资作为托儿所和学生的补助金,留置使用。

一年后,他干脆写了一张纸条给人事处,让人事部门以离职为由停发妻子的工资。有些校领导觉得不妥,劝他收回成命,他却不为所动。连手续也没办,就停了妻子的工资和公费医疗待遇。从世俗角度看,这似乎有些不近人情,但他却执意去做。在公私界限上,他始终是分明的,也是固执的。在他眼里,滥用特权无异于"不劳而获"。熟悉他的人都说:"王校长就是这样一个硬邦邦的人。"在原则问题上他是毫不含糊的。王亚南时常告诫自己:"清贫、洁白的生活正是我们战胜敌人的地方。"在送给女儿的那本《可爱的中国》中,他在方志敏的这句话下面,划了一条粗粗的红线。1957年4月,厦大36周年校庆来临了,王亚南在校刊上撰文抒发自己的感想。他写道:②

一年一度的校庆,又在春暖花开的时候到来了。

也如往年一样,我们临到学校成立的周年纪念节,向前看,会想到它的美好的将来;回头看,会想到它的充满了辛酸的过去。但一个学校随着岁序的推移,延续得愈久,对于它的过去经历,就愈加模糊了。特别是处在我们充满了希望的

---

① 王岱平、蒋夷牧:《生命的辙印》,海峡文艺出版社1986年版,第140页。
② 王亚南:《在三十六周年校庆中的一点感想》,《新厦大》1957年4月5日第144期。

新社会，大家都习惯于奋勇直前，谁也不愿意去引起那些不愉快的回忆。

然而，看全面一些，看远一点，我们就知道，我们美好的将来，是从过去的基础上积极改进而改变过来的，是通过一系列的险阻艰难的困苦过程奋斗过来的。没有美好的展望，固然会使我们失却前进的动力；但一味想着将来，忘记了过去，就容易使我们对于现状发生一些错觉。……

也许说在战时吃点苦头是完全应该的，但不幸的是抗战胜利了，而我们在物质上精神上还过得更苦。由长汀搬回厦门直到解放为止的那几年当中，大家试想想当时的生活情况罢。物价一天变动无数次，好容易挨到发薪水的日子，争先恐后地领薪水是一场激烈的斗争，领到了薪水得抢购生活用品，又是更激烈的斗争；买办资产阶级把成千万成万万的黄金白银运到美国去，却叫我们穷苦的学生挨饿，叫我们的大学工作者——职工们、教师们含羞忍垢地去分领美国慷慨赠送的军用剩余物资和破旧的衣物。大家是过的朝不保夕的生活。不愿做奴隶的人们在地下党领导下起来表示反抗，反动统治就搬用美国式的"自由""民主"，恐吓逮捕，并在我们学校五老峰架起新机关枪镇压。特务横行，白色恐怖不可终日。物质生活顾不了，还讲什么精神生活；生活条件根本成了问题，还讲什么工作条件。

然而，我们毕竟从那样艰难困苦的情况下，挣扎过来、奋斗过来了。时间并不算隔得太久，如果我们把当时的情景回顾一线，并把它拿来和我们当前各方面的情况比照一下，那我们在物质精神方面的要求，在工作条件上的要求，也许会有所不同罢！我们对新社会的看法，也许不完全一样罢！①

"忘记过去就意味着背叛。"忆苦才能思甜，才能更加珍惜今天的美好生活。王亚南校长用自己的辛勤努力，用自己的以身作则，用自己的全部心血，践行了"自强不息，止于至善"的校训。

---

① 王亚南：《在三十六周年校庆中的一点感想》，《新厦大》1957年4月5日第144期。

第十一章 春华秋实

> 古人学问无遗力，少壮工夫老始成。
>
> 纸上得来终觉浅，绝知此事要躬行。
>
> ——陆游《冬夜读书示子聿》

这是一首著名的劝学诗，作者在诗中既论及做学问的艰难，更赞扬了刻苦学习的精神，说明只有养成良好的学习习惯，打下扎实的理论基础，将来才能成就一番事业。同时他强调，不能只满足于书本上的知识，要深入了解社会人生必须通过亲身实践，在实践中夯实知识和进一步获得升华。

"理论是灰色的，而生命之树是常青的。"在新中国凯歌奋进的时代，王亚南以坚定的马克思主义信仰，实事求是的科学态度，博专精深的治学之道，坚持学用结合，倡导百家争鸣，不断汲取社会主义革命与建设实践的"源头活水"，不仅结出了丰硕的理论果实，而且始终保持着常青的学术生命。

一、实事求是

"实事求是"是马克思主义的基本原则，也是马克思主义活的灵魂。作为一个马克思主义经济学家和教育家，王亚南无论在主持校政、管理学校，还是在教书育人、从事理论研究和实际工作中，都始终坚持实事求是的原则，即一切从实际出发，理论与实际相结合，努力探求和把握客观事物的发展规律。

他非常重视实践对理论的作用和意义，认为凡是科学都是实践之学，不但经济学是一门实践科学，即使哲学也不是玄而又玄的东西，而是社会生活实践的结晶。它"与客观现实分离不得，是客观现实在主观上最集中的、最有概括作用的、最真实的体现"。① 在他看来，一般社会科学的理论，都不能离开它所体现的社会现实而得到理解。因为理论是从实践中产生的，实践是认识的源泉。"人们进行研究工作，不管它在主观上表示了怎样遗世独立的气概，但他的任何一点研究成果，都是

---

① 王亚南：《经济科学论丛》，中华正气出版社1943年版，第38页。

客观环境或现实社会要求的产物。"①

同时，他也非常重视理论对实践的指导作用。他说，强调理论要配合实践，那是为了反对理论研究与实践脱节而提出的，但不能以辞害意地理解为理论跟着实践跑，理解为理论对于实践没有指导作用。列宁就曾说过："没有革命理论，就不会有革命运动。"

王亚南指出："理论对于实践的重要性，实不仅因为每种革命的实践措施，要每个实际工作者有了理解，才能热忱地工作或有效地领导，而更要紧的是因为要他们有了理论的基本修养，他们才能在实践的每一个环节，每一个特定场合，提出新的见解，以充实并发挥那种基本理论。理论与实践在这种意义上的统一，才算是达成了理论配合实践，或实践依据理论的要求。"

王亚南认为，要坚持理论联系实际，就必须从现实的社会经济问题出发，用马克思主义原理来加以剖析，就必须注重对本国国情的了解和认识。在《怎样理解政治经济学的理论联系实际问题》一文中他指出，无论哪门社会科学，如果它们反映的现实对于学习研究者是陌生的，或者还是不很熟悉的，那就会增加理解上的困难和引起脱离实际的危险。

在他看来，任何一个社会，它的自然条件，从而它的历史条件，不能与其他社会恰好一致。要研究这个国家的经济，就要认清它的国情，了解它的人口、地理、历史、人文、政治、经济等各方面的情况，才能有的放矢，确定合适的发展模式和有针对性的方针、政策。

早年到日本游学时，他就十分注意考察日本的社会经济情况，对资本主义世界的经济、社会问题有了许多直观的认识，为后来撰写一系列关于日本经济、政治、军事、外交的"国际时评"做了必要的准备。后来他到欧洲，在旅居德国时同样利用各种机会接近普通工人群众，真切地了解德国的社会经济状况、历史传统和风土人情等，不仅获得了丰富的知识，而且对西方资本主义世界的经济现状有了深入的了解。

回到国内后，王亚南在充分了解中国国情的基础上，从中国作为半封建半殖民地社会的现实出发，提出了"创立一种特别具有改造中国社会经济、解除中国思想束缚的性质与内容的政治经济学"，即"中国经济学"②。他解释说："在理论上，经

---

① 王亚南：《现阶段综合大学需要开展的科学研究工作》，《新厦大》1954年4月10日。
② 王亚南：《经济科学论丛》，中华正气出版社1943年版，第173页。

济学在各国尽管只有一个,而在应用上,经济学对于任何国家,却都不是一样。我是在这个前提认识下,提出'中国经济学'这个名称的。"① 他最重要的代表作《中国经济原论》,就是在教学和理论研究中,紧密联系半封建半殖民地中国的社会经济实际,对商品、货币、资本、利润、利息、地租等现实经济问题进行严肃、认真探索的产物。

新中国成立初期,我国处于"一种过渡性质的社会",王亚南强调,"把有关资本主义和社会主义的经济范畴、原则、规律应用到当前实际中来,就要考虑到我国的实际情况和具体条件,要经过相当曲折的辨认区别过程",而不能生搬硬套。他认为,只有对过渡时期国家政权异常重要和巨大的作用,对上层建筑给予社会经济秩序的支持和维护,对过渡时期各种经济成分的发展规模和速度,对统一经济成分在不同社会制度下具有的不同社会性质和不同发展倾向有深刻的理解,才能正确说明和处理好过渡时期的各种经济问题,而这需要从许多方面,从不同的角度,从一般到特殊来反复学习钻研。正是在这种密切联系实际、"反复学习钻研"的基础上,王亚南撰写了两部反映过渡时期经济问题的著作——《中国社会经济改造问题研究》和《中国社会经济改造思想研究》。

可以说,王亚南在教学上的成功和学术上的成就,与他一以贯之地坚持理论联系实际、坚持对中国国情的深入了解是分不开的。正因此,学术界评价他的论著具有"中国的、实践的、批判的"三大特色,他欣然表示接受。

他向来主张,理论来自实践,也要回到实践中去进行验证;实际情况变了,理论也要随之进行新的探讨与研究。他常说:"我们进行研究工作,并不是要等待书本上学好了,研究好了,再把研究所得的结果,拿去应用,而是要在研究过程中,把科学上已经做了结论,已经获得了应用效果的原理和规律,不断回到实践中去,加以验证,加以对照,加以应用,加以创造性地发挥。不通过实践,不通过调查研究,我们是不能很好地弄清科学上的原理概念,也不能希望获得任何有助于生产实践和社会斗争实践的结果的。"②

在学术讨论中,包括在各种座谈、讨论乃至写文章、做报告中,王亚南经常使用"再认识"的提法,如对《红楼梦》产生的社会背景的再认识,对亚细亚生产方式的再认识,对中国人口问题的再认识等等,"再认识"几乎成了王亚南的口头禅。

---

① 王亚南:《经济科学论丛》,中华正气出版社 1943 年版,第 177 页。
② 王亚南:《现阶段综合大学需要开展的科学研究工作》,《新厦大》1954 年 4 月 10 日。

有位老师向他请教使用"再认识"的奥秘，他意味深长地说："'再认识'一词是个好东西，谁都不能瞧不起它，谁都不要怕它多。你想一想，世界上的事物是那么复杂多样，事物的进程有时那么曲折离奇和变化万千，而一个人的精力有限得很，还要受其他许多方面的牵制，因此要想把事物的所有方面都认识完毕，全部收归眼底，一口吞下一只大象，那是根本不可能的。"

王亚南强调："认识总得有个过程，就是从片面到全面，从谬误到正确，从较错到较对，从相对真理到绝对真理的过程。在这过程中，正如毛泽东同志在《实践论》中所说的，一定要经过实践、认识、再实践、再认识的循环往复，才能不断地开辟真理的前进道路，这就是我爱用'再认识'的哲学根据。"①

王亚南不仅这样说，也是这样做的。对于中国人口问题的探讨，他一度曾认为在社会主义阶段，能很快地解决劳动力过剩的问题，但日后的现实和思考使他改变了这个看法。在上海的一次讲学中，他公开表明自己关于人口问题的著作里有些见解"失之笼统"，需要"再认识"。王亚南对学术问题的不断"再认识"，与他始终坚持辩证唯物主义的认识论，无疑是分不开的。

王亚南一贯主张，要坚持实事求是就必须力戒"绝对化"。"中国封建社会为什么长期停滞不前"，这是我国史学界长期争论不休的一个问题，王亚南曾积极参加这一讨论，并在《文史哲》等杂志发表过多篇文章，以地主经济封建制为基点分析其长期停滞的原因。他说："我们在讨论中国社会停滞问题的时候，绝不应把这个问题绝对化。讲中国社会停滞，那是就它没有很快地改换一个新生产方式的相对的说法，并不能认为我们到了清代，还是维持着秦汉之世的生产技术和文化水平。实则在这一段时期内，我们在农耕技术方面，在商工业组织规模及经营方面，在文化交通社会生活各方面，都有不少的进步。只是由于前述种种条件的限制，使其在进步方面的量的积累，不够引出质的大变革罢了。"②这是他对中国封建社会"长期停滞"的独到理解。

王亚南经常引用列宁的《谈谈辩证法问题》，提醒大家看问题不要绝对化，不要攻其一点不及其余，否则所得的结论就存在片面性，其结果是很危险的，因为绝对化正是唯心论产生的认识论根源之一。实践证明，"力戒绝对化"对于正确认识

---

① 周济：《循循善诱论自学》，王岱平、蒋夷牧编：《王亚南与教育》，福建教育出版社1981年版。
② 王亚南：《中国地主经济封建制度论纲》，《王亚南文集》第四卷，福建教育出版社1988年版，第94页。

现实生活中的实践问题和理论问题,都有极其重要的意义。

坚持实事求是就必须尊重科学规律,坚持事物的科学性。1959—1960年间,全国各地高校纷纷编写社会主义政治经济学教材,王亚南同时收到了好几部书稿,他都认真地加以审阅、比较,在肯定编写人员积极性的同时,强调了编写政治经济学教材的严肃性。他说:"编写政治经济学教材,是一项严肃的科学研究工作,因为政治经济学是一门科学,它有自己的研究对象,也有自己的逻辑结构体系,这种体系系统地反映了社会主义社会经济发展的过程和规律,而不是七拼八凑的杂拌。"①

他明确指出,社会主义政治经济学是把社会主义生产关系的发展过程和规律作为主要研究对象的,当然也要涉及与上层建筑的关系,但不能喧宾夺主。因此,在编写教材时,要恰如其分地处理好经济与政治的关系,注意摆正这种关系,偏到纯经济方面固然不对,偏到以政策代替经济科学的阐述,也是错误的。

王亚南一再强调,政治经济学是我党制定政策的理论基础,经济政策离不开政治经济学的指导,所以经济科学与经济政策是密切联系的。但是,科学与政策毕竟是不同的范畴,两者不能相互代替。他批评说:"如果把某一时期党所制定执行的政策汇编,以为这就是政治经济学教材了,那就太方便了,但这种教材是名不符实的,而且一旦某一政策改变了,那这本政治经济学是不是要随之而变,重新编写呢?"②

他希望大家切记,编写政治经济学教材一定要忠于科学,要把编写教材当作一项科学研究来抓,要在广泛调查研究的基础上,对搜集到的大量材料加以科学分析,找出其发展规律性,然后按历史与逻辑相结合的方法给予理论的阐述,这样编起来的教材才有科学价值,才经得起实践的检验和时间的考验。

要使理论与实践相统一,就必须坚持"学用结合",王亚南对此有深切的体会。长期以来,他虽然把主要精力放在教学和研究上,尤其是解放前没有更多机会直接参加革命斗争实践;但他对联系实际、深入实际始终十分重视,对那些形式主义甚至弄虚作假的做法十分反感。他认为,学用结合的关键是"学以致用",因为使用是最好的学习,而学用脱节则是学习的大忌。自己学到的东西必须通过使用来检

---

① 王亚南:《关于应用〈资本论〉体系来研究政治经济学社会主义部分的问题》,《厦门大学学报》(社会科学版),1961年9月第2期。
② 王亚南:《关于应用〈资本论〉体系来研究政治经济学社会主义部分的问题》,《厦门大学学报》(社会科学版),1961年9月第2期。

验、巩固和提高。对教师、学者来说，从事翻译、教学、研究、写作都是最好的学习。理论也只有与实践相结合，才能显示出强大的生命力和影响力。

王亚南认为："在教学、写作过程中，最重要的是认真和踏实，要善于把一般原则性的知识应用去研究具体问题，找出具体的答案。不可满足于一般规律，不可以人云亦云。"① 只要这样坚持下去，即使起初效果不显著，但方向对头，总是会有成果的。换言之，要学有所思、学有所用，才能学有所成。

在向青年教师介绍科学研究经验时，王亚南谆谆教导说，作为一个科学工作者，国家的要求、社会的重视、时代的召唤，是时刻鼓舞他督促他孜孜不懈地推行研究工作的大动力。"教条主义式地在观念上乱逞思辩，从概念，通过概念，到达概念的抽象研究，根本是脱离实际的；经验主义式地在零碎枝节的现象上，做格物致知的工夫，见不到事物的普遍联系，就无从很好的理解实际的全貌。这都是反马克思主义的，也都不能对于我们国家的建设实践，有什么帮助的。"②

那么，在政治经济学的学习和研究中，怎样才能防止或纠正理论脱离实际的倾向呢？王亚南认为，最重要的就是要反复弄清各种经济范畴、原则、规律所由以产生的历史条件，即它们所反映的历史实际；同时，把各种经济范畴、原则、规律等应用到我们的实际中来。也就是说，一方面，"所研究的理论必须回到理论所由抽象出来的现实情况中去，才能有比较正确的理解，这是属于方法论的问题"。另一方面，也是更重要的，是"理论研究要结合到我们当前的政治任务，这是属于方向性的问题"③。

在他看来，要弄清楚各种经济范畴、原则、规律的历史实际，可以通过三种办法：一是借助于直接的实地调查；二是借助于社会生活的经验；三是借助于革命导师做出各种概括或结论所依据的大量材料。而要把各种经济范畴、原则、规律应用到实际中来，就要考虑到该国的实际情况和具体条件，否则，就会犯机械搬用、硬套现成公式的错误。

王亚南强调："只有在学习上通过辩证唯物主义思想方法的训练，使所学得的各种基础知识在实际经济生活中生了根，我们才有可能从当前社会的经济实际中发现出一些新的关系，或发现出具有不同内容的经济范畴和规律。当然，要使理论应

---

① 王亚南：《跟青年教师谈谈怎样治学》，《厦门大学学报》1978 年第 2～3 期合刊。
② 王亚南：《和同志们谈谈几点比较原则性的科学研究经验》，《新厦大》1956 年 3 月 18 日第 120 期。
③ 王增炳、余纲：《王亚南治学之路》，福建人民出版社 1984 年版，第 44～45 页。

用到我们实际中来的过程成为创造性的发展充实理论的过程,那并不单是观点的问题,还要求搜集大量的材料和丰富的社会斗争及实际生活的知识。"①

他还进一步指出,我们对于当前政治经济学的学习或研究,如果不是把它当作教条,而是要求真正理解这门科学所包含的各种概念、原理、规律的现实意义,从而加深对当前的经济性质的理解或解决当前经济问题,那么,理论联系实际就不只是我们学习、研究的方法,而且是我们学习、研究的原则。"我们学习得好或不好,研究得有没有成果,就看我们把弄清楚理论所反映的历史实际、尤其是把经济理论应用到我们的经济实际中来的工作,做到何种程度。这是我们学习研究政治经济学的试金石。"②

坚持实事求是的指导思想反映在王亚南的办学观上,就是要从学校的校情出发,扬长避短,因势利导,因地制宜,调动一切积极因素,把它办成一个富有特色和内涵的大学。他强调:"方向方针明确了,问题就在如何结合学校的具体环境、具体条件,依据教师、学生的不同思想情况,定出一些切实有效而又相互配合的做法。学校党委如其把更多的注意力集中到这方面来,运用学校群众或各种组织的智慧,我看一切有效的具体办法,都会紧随着党的号召而发现出来的。"③

王亚南认为,如何加强大学的政治思想教育,在不同的历史阶段虽然可以有不同的内容和做法,但归根结底,必须能够切合教师和学生的实际,做到入心入脑,并化为他们自觉的行动。根据学校政治思想教育中存在的问题,他主张从多方面着手,采行补偏救弊的途径:一方面,学校党委应当更加重视全校的政治思想教育工作;另一方面,学校党的政治思想教育工作,应当特别注意大学的特点。因为"大学里的群众或知识分子,一般是有相当文化的,是比较能通过文字了解党的方针政策的,但是,要改变大家的阶级思想意识,要使我们的教学研究工作更多地联系实际,更多地体会到工农劳动群众的疾苦和工作动态,这是相互有密切联系的一些特点,也应该是学校党委进行政治思想教育工作的出发点"④。

他指出,从学校党的工作性质出发,从学校思想教育的重要性出发,以往党在

---

① 王亚南:《政治经济学的理论联系实际问题》,《学习》1956 年 12 月,12 月号。
② 王亚南:《政治经济学的理论联系实际问题》,《学习》1956 年 12 月,12 月号。
③ 王亚南:《大学里必须加强政治思想教育——在第一届全国人民代表大会第四次会议上的发言》,《人民日报》1957 年 7 月 5 日。
④ 王亚南:《大学里必须加强政治思想教育——在第一届全国人民代表大会第四次会议上的发言》,《人民日报》1957 年 7 月 5 日。

学校的领导工作，确是没有把全校教职员工甚且没有把党团员的政治教育工作放在适当的地位，对学校一般事务管得太多，抓得太紧，就一定要失去领导核心，降低领导质量。在过渡期间，学校任务成堆，工作打滚，为了完成任务，推进工作，这情况也实在难于避免。但长此下去是不行的。如有些人所指责的政治教育工作一般化、形式化、教条化，是会造成并且已经造成了不少损害的。①

作为新中国成立以来厦门大学的首任校长，王亚南的品格和作风给厦大以重大的影响。他意志坚定，实事求是，原则性强，既竭诚拥护党的方针政策，毫不动摇地执行上级的决定；同时，对一些不切合实际的行为，包括对政治运动中出现的过火行为，绝不盲目赞同。

"行远必自迩，登高必自卑。"正如王亚南所说："我们以实事求是的精神对待科学研究工作，在它本身就是一种马克思列宁主义的实践。"②

二、"博专精深"

"博专精深"是王亚南几十年读书、学习、研究的经验之谈，也是他一以贯之、屡战屡胜的治学之道。他深知，巍峨的高楼大厦不可能建立在沙滩之上，只有广阔的基础才能建造起宏伟的科学大厦。

所谓"博"是指广博、渊博，即广泛涉猎各门学科知识，知识面广，基础打得宽。这如同植物生长的土壤，各种成分多少都要有一些。"对于与本学科有关的知识，更要力求学得广泛和深入。"同时，"必须随时不断扩大自己的眼界，才能不断地提高"。③

所谓"专"是指专长、专攻，即"术业有专攻"，精通某一方面的知识，或某一方面有特长。王亚南主张，在博的基础上一定要专，因为"漫读劳而无功"，没有归宿不行。诸葛亮博古通今，天文地理无所不知就是博，而他的专长是谋略，善于出谋划策，是一个足智多谋的军师。诸葛亮如果不识天气，便无法借东风，无法实现自己的谋略、抱负。

所谓"精"，是指精细、精确，即精益求精。不博就难以专，而不专则难以精，难以熟能生巧，难以推陈出新。古人云："凡授书不在徒多，但贵精熟。"王亚南

---

① 王亚南：《大学里必须加强政治思想教育——在第一届全国人民代表大会第四次会议上的发言》，《人民日报》1957年7月5日。
② 王亚南：《现阶段综合性大学需要开展的科学研究工作》，《新厦大》1954年4月10日第85期。
③ 王亚南：《跟青年教师谈谈怎样治学》，《厦门大学学报》1978年第2～3期合刊。

提倡编写教材的"少而精"原则,其"着眼点显然不在'少'字上,而在'精'字上。精才能少,只要精,就不妨少"①。也就是说,对各种丰富的思想材料,要懂得去粗取精、去伪存真、由此及彼、由表及里地进行加工提炼。所谓"百里挑一"就是精。

所谓"深",是指深入、透彻,即不能浅尝辄止,而要"鞭辟入里"、融会贯通。王亚南认为,做学问要做到能用一个道理去统率所学的知识,用这个道理能够解释该领域的各种问题,做到举一反三、运用自如,这才是上乘。这是比"精"更高一筹的境界,它显然需要具有很高的理论思维能力才能达到。

博与专原本就是相反相成的矛盾统一体。北朝学者颜之推在《颜氏家训》中指出:"求学之道,博专兼顾",这说明读书、学习要把博览与专精相结合,意在强调"学不可以不博,学不可以不精"。学习贵在领会精要,如果"弃其本而取其末,则终无长进",如鲁迅先生所说:"不先泛览群书,则会无所适从或失之偏好,广然后深,博然后专。"

王亚南对此有着切身的体会。在大学时代,他念的主系是教育系,辅系是中文系,后来改为英文系。当时他的兴趣十分广泛,博览群书,古今中外,哲学、政治、经济、教育、历史、法律、文艺等各种书籍都看,似乎没有一个中心,用他自己的话说,就是"海阔天空"。大学毕业后,有一段时间他还去写小说。后来回忆这段经历时他说:"这些学习似乎是走弯路,浪费了时间,事实上对于以后经济学的学习与研究,提供了很多有利的条件,有很大帮助。"②

当然,如果只是博览群书,是难以以成为真正学者的。王亚南从自己的经历中,深知专的重要性。他说:"一直乱读没有归宿也不行。基础知识必须通过专门学科的学习与运用,加以巩固和提高,必须通过专门学科来表现,否则,漫读则劳而无功,基础打得再好也只是基础而已。"③

所谓"归宿",包括两层含义:一是指自己最后从事的专业或研究的方向;二是指用各方面的知识来为专业研究服务。在博览中,王亚南就十分注意阅览的重点和目的性,对与本学科有关的各种知识,学得更加广泛和深入;而在研究中,他则善于调动各方面知识来为研究专题服务。如在写作《中国官僚政治研究》一书时,

---

① 王亚南:《怎样在政治经济学史教材的编写中贯彻"少而精"的原则》,《厦门大学学报》1978年第1期。
② 王亚南:《跟青年教师谈谈怎样治学》,《厦门大学学报》1978年第2～3期合刊。
③ 王亚南:《跟青年教师谈谈怎样治学》,《厦门大学学报》1978年第2～3期合刊。

他就广泛运用自己从小诵读及后来涉猎的许多经典、古籍,包括儒家思想、官制、门阀制度、两税制、科举制的材料等,对中国官僚政治及其存在的社会经济基础,进行了经济的、历史的剖析,使研究成果尽可能系统、全面而深刻。

当然,有了"归宿",并不等于一劳永逸完成了博与专的统一。在治学的道路上,广博与专精是一个不断发展的、矛盾统一的运动过程。正如王亚南所说:"打好基础,再学专门学科,这是一般学习的程序,但不等于专了就不必回过头去学习一般的知识,必须随时不断扩大自己的眼界,才能不断地提高. 专了还要通过博来达到精。"①

后来,在和青年教师谈怎样治学时,王亚南根据自己几十年来学习、研究、工作的体会,强调要奠定基本理论知识的基础,着重注意处理好博与专的问题。他说:"我今年六十二岁。自觉地学习是半世纪以来的事情,初上学的十年完全是强迫的学习,全是死记硬背的。但在今天看起来,这些还是很有用,现在用的东西很多是第一个十年学到的东西,这就说明打基础很重要。因为任何一门专门学科都是以一般知识作基础的,没有广阔、坚实的基础,就很难学得专,学得深。"②

他认为,对学社会科学的人来说,掌握中文与历史的基础知识特别重要,而中文是基础的基础。否则不但了解知识有困难,表达意思更困难。要获得广博专精的知识,绝非朝夕之功,因此必须注意知识的积累,积少成多。王亚南总结了自己积累知识的五个基本途径:

一是诵读,即背诵与朗读,属于精读的方法。他说:"我现在还保持诵读的习惯。诵读的好处是能帮助熟记,帮助领会与理解。常言说'反复诵读,其义自明'是有一定道理的。"当然,王亚南并不反对略读,而是主张把"十目一行"的精读和"一目十行"的泛览结合起来。他指出:"由于时间限制,不能普遍诵读,所以必须选择主要的经典著作,加以熟读,就自己所能看得出的关键地方,反复搞熟。"③

二是摘抄。因为"经过动手摘抄的东西,往往印象深,记忆牢,用时引用很方便,自己对之也很爱惜"。王亚南说,摘抄的方式很多,如记日记、做索引卡、摘要卡都可以,但"不要为摘抄而摘抄,否则不但费时,而且成为负担"④。

---

① 王增炳、余纲:《王亚南治学之路》,福建人民出版社 1984 年版,第 16~17 页。
② 王增炳、余纲:《王亚南治学之路》,福建人民出版社 1984 年版,第 16~17 页。
③ 王亚南:《跟青年教师谈谈怎样治学》,《厦门大学学报》1978 年第 2~3 期合刊。
④ 王亚南:《跟青年教师谈谈怎样治学》,《厦门大学学报》1978 年第 2~3 期合刊。

三是翻译。王亚南强调:"翻译能够帮助熟悉文献,领会精义,找出作者思路,辨明每一条材料的来源与真伪,所以对积累知识有很大帮助。"①

四是教学。王亚南认为,无论哪一级,只要是认真的教学,都能给自己很大的帮助。有人说:"己愈予人己愈有,己愈教人己愈多",这是有道理的。他说,在某种意义上,"不断提高教学质量就是科学研究的过程。最要紧的是不要'炒冷饭',原封不动地照搬"②。

五是写作。王亚南指出,在学习研究的过程中,上述几个方法可以说是写作的准备,而写作则是学习、研究的集中整理阶段。他说:"通过写作而巩固起来的知识,往往更加集中、深刻、有系统和有条理。当然,写作要有明确的目的,要有计划,要一气呵成,最好不要边读边写。"③

王亚南不仅要求"博专精深",而且要求一以贯之,即持之以恒。针对有些青年朋友学习热情很高,但不能持久,或急于求成,企图"一蹴而就";或一曝十寒,"三天打鱼,两天晒网",王亚南语重心长地告诫说:"知识的获得,绝非朝夕之功。"要有锲而不舍的精神,坚持不懈,一辈子坚持下去。"搞学术,绝不能三心二意,在任何情况下,也不要把学术工作停下来。"

他是这样说的,也是这样做的。自从1928年他与郭大力在西子湖畔一起立志从事经济学研究,到1938年《资本论》三大卷中译本出齐,他们花了整整十年时间。此后,为研究、传播和应用《资本论》,他们几乎耗尽了自己毕生的精力。

作为一个经济学者,王亚南也喜欢文学作品。但他在阅读文艺作品时,关注的是其中所反映的社会背景,所提供的有关经济方面的感性知识,而不是从文艺的角度去研究。在他看来,"学问之间都有一个普遍联系的问题。经济是把社会、时代理论化,但社会生活、经济背景,却是小说反映得最具体"④。他指出,马克思对巴尔扎克作品中有关资产阶级唯利是图活动的描写,就曾给予很高的评价;列宁也曾把托尔斯泰的作品看成是反映俄国社会生活的一面镜子。因此,"读读这些人的作品对于丰富我们的社会经验有好处"。

作为《资本论》的翻译者,王亚南对马克思在这部经济学巨著中引用过的许多希腊神话,或莎士比亚作品中男女主人公的对话自然耳熟能详。他认为:"对我们

① 王亚南:《跟青年教师谈谈怎样治学》,《厦门大学学报》1978年第2~3期合刊。
② 王亚南:《跟青年教师谈谈怎样治学》,《厦门大学学报》1978年第2~3期合刊。
③ 王亚南:《跟青年教师谈谈怎样治学》,《厦门大学学报》1978年第2~3期合刊。
④ 王亚南:《〈资本论〉的学与用》,《中国经济问题》1961年6~7月第3、4期(连载)。

来说，如果对追杀恶魔的西波亚思，或对被人骂为水獭的瞿克莱夫人均一无所知，连臭名昭著的夏洛克也不知其何许人也，要想完全啃动《资本论》，那是相当困难的。"①

在科学研究方面，王亚南始终严格要求，精益求精。1946年，有位读者钻研了郭大力、王亚南的全译本后，发现第三卷关于级差地租部分有些表格的数字有问题，经过反复计算后，他把这些问题集中起来，写出《〈资本论〉勘误》一文投寄给《经济周报》。该报主编吴大琨恰好是王亚南的朋友，便把文章转给他。王亚南仔细校读之后，发现这位读者的计算是正确的。于是，在给吴大琨的回信中，他热情肯定并感谢了读者。

信中说："我们在翻译的时候，不曾发现这样的错误，并且也不曾精密检点校正者的错误，自觉非常抱歉。这种表格上的计算错误，本来不会影响原作者关于对差地租（级差地租——编者注）的正确说明，但我们能把它指明出来，那亦是非常必要的。《资本论》中译本出版以后，前后曾发现了不少认真的读者，我们因此感到异常的兴奋。盼望将原稿发表，并附上数语，以志心感之忱。"②在王亚南的建议下，这封信和读者来信一起在《经济周报》发表，成为《资本论》翻译史上的一段佳话。

科学研究必须深入事物的本质，力求发现、阐明它的客观规律性，而不能停留在表面现象的描绘上。王亚南从不满足于对经济问题发表一般性的议论和提出某些具体主张，而是十分强调进行深刻的理论概括，以揭示事物的本质及其"必然的归趋"。严谨的治学态度和高度的理论性、科学性，构成了他经济学说的一个特色。

在发表的文章、论著中，他很喜欢使用"鞭辟入里"这个成语③，意思是要学得切实，后多用来形容言辞或文章的道理很深刻、透彻，入木三分。王亚南经常用它来说明能深入而透彻地揭示事物本质和规律的观点。有一次，他批改经济研究所一位研究生的作业，觉得写得还不错，但不够深刻，科学性不足，于是在批语中写道："精练准确，欲要鞭辟入里，还须更上一层楼。"从而给这位研究生指出了进一步努力的方向。④

对那些不深入研究的肤浅、空泛论调，他则喜欢用"皮相"一词来形容。所谓

---

① 王亚南：《〈资本论〉的学与用》，《中国经济问题》1961年6～7月第3、4期（连载）。
② 王亚南：《资本论勘误》，《经济周报》1946年5月第2卷第20期。
③ 该成语原作"鞭辟近里"，语出《论语·卫灵公》程颢注："学只要鞭辟近里"。
④ 王增炳、余纲：《王亚南治学之路》，福建人民出版社1984年版，第24页。

"皮相"即停留在表面现象上,而没有深入了解事物的本质和规律。他称这种学者为"皮相学者"或"皮相经济论者",十分鄙薄这类学者。他曾十分生动地描述过这类学者和他们沾沾自喜的高谈阔论。他认为,那些"皮相学者"所依据和传播的,只是一些"少得可怜,同时却一点也经不起科学考验的常识"。甚至一些在国内有一定知名度的学者,其研究也只停留在常识阶段,尚未能摆脱常识化、表象化、技术化的倾向。

王亚南曾一再强调:"学问,方法论很要紧。"他认为一个人在学术上能否取得成就,能否做到博专精深,和学习、研究的方法有很大关系。他在写文章或演讲时,往往运用辩证的方法,分析问题提出的原因,然后根据问题的性质、范围、背景等,有针对性地进行论述或层层加以论证,一步步予以解决。①

例如,他在1948年发表的《中国土地改革问题研究》一文中,论述了三个问题:一是旧问题、新理解。二是中国土地为何成为问题?三是中国土地改革为何成为问题?从这三个问题就可以看出,王亚南是把土地改革问题放在一定的历史背景下,从旧到新,从远到近,从大到小,层层深入加以论述,然后逐步逼近问题的核心,最后水到渠成地加以解决。全文具有严密的组织结构和强大的逻辑力量,这正是他惯用的论述方法。②

在1950年出版的《中国社会经济改造思想研究》一书中,王亚南把过去数十年来资产者、小资产者关于中国社会经济改造问题的代表性意见,逐一进行批判性的考察。他采用的是"剥笋式"方法,即把那些自然论者、技术论者、马尔萨斯主义者等皮相的、片面的看法,按照一定顺序,系统地、层层推进地加以分析批判,一步步接近中国社会经济改造的关键问题,即中国农村的土地改造问题。这是社会生产关系的核心问题,也是"一切改革中最基础的问题"。这一研究顺序,体现了严密的内在逻辑联系,也是王亚南运用辩证方法来剖析客观事物、处理所论述问题的必然结果。③

三、勇于探索

在科学研究中,王亚南历来主张要勇于探索,勇于创新,要有"打破砂锅问到

---

① 王增炳、余纲:《王亚南治学之路》,福建人民出版社1984年版,第28~29页。
② 王增炳、余纲:《王亚南治学之路》,福建人民出版社1984年版,第29页。
③ 王增炳、余纲:《王亚南治学之路》,福建人民出版社1984年版,第33页。

底"的精神；而对一知半解、人云亦云、浅尝辄止、敷衍了事的坏学风，对不经过独立思考的"依样画葫芦"十分反感。

他反复强调，科学研究既要尊重常识，又不能满足于常识。只有突破常识，才能不断提高认识水平，才能创造新知识和发展科学。在他看来，常识并不等于科学，科学是必须和止于反映表象的常识区别开的；常识认为是对的，科学并不一定认为是对；把经济学当作科学来理解，它在许多场合是与常识相对立的；一个常识太丰富的人，往往会妨碍他对于科学的认识。他举例说，在英国古典学派经济学中，我们就发现亚当·斯密的经济理论，常被他动员得太多的常识所困扰。直到今日，我们还不难在中国经济论坛上，看到许多知名的学者把研究停留在常识阶段。①

在风雨如磐的旧中国，王亚南就以勇于探索、勇于宣传马克思主义而著称。在中山大学的讲台上，他讲授"高等经济学"课程时，每一章都运用马克思主义的原理，并结合中国社会的实际，来说明同一经济范畴在不同社会形态中的表现及其现实意义，使同学们能够深入了解社会存在的问题及症结所在，从而推动社会的变革。

当时在中山大学任教的陶大镛对此记忆尤深，他在回忆王亚南时说："对教学，对科研，他孜孜不倦，始终坚持真理，勇于探索和创新。即使在国民党特务的捣乱和恫吓下，他仍在讲坛上传授马克思主义政治经济学。这种追求真理、锲而不舍的精神，赢得了广大青年学生和同辈师友的敬重。"②

在抗战胜利后的国统区，眼见官僚资本的横行猖獗和官僚政治的为虎作伥，王亚南愤然而起，在上海《时与文》杂志连续发表17篇关于中国官僚政治研究的专论，对秦汉以来直至民国的官僚政治形态做了深刻系统的分析，矛头直指还在继续发生反时代破坏作用的新官僚政治。后来他把这些专论辑为《中国官僚政治研究》一书，由时代文化出版社出版。虽然王亚南谦称这是自己"关于中国经济史研究的副产物"，但在社会上却引起了极大的反响，一时洛阳纸贵。后来这部著作被称为是我国官僚政治研究的"开山之作"，王亚南勇于探索的精神在这部作品中展现无遗。

新中国成立后，王亚南继续保持和发扬这种深入实际、勇于探索的精神，积

---

① 参见《中国社会改造问题研究》，第19页。（第74页）
② 陶大镛：《音容宛在 事业长存》，王岱平、蒋夷牧：《王亚南与教育》，福建教育出版社1981年版，第109页。

极开展社会调查，讲究科学研究方法，提倡独立思考，敢于坚持真理，修正错误，以自己的实际行动践行了马克思经常引用的文艺复兴时期的伟大诗人但丁的名言："在科学的入口处，正像在地狱的入口处一样，必须根绝一切犹豫，这里任何怯懦都无济于事。"

王亚南认为，要勇于探索，就必须深入实际，积极开展社会调查。他经常鼓励学生要走出校门，到社会中去，调查现实经济问题，掌握第一手材料。在中山大学任教时，他就力主成立经济调查处，把十名助教组织起来，分别担负农业、工业、财政金融以及生产和消费合作社等经济问题的调查工作。在国民党统治区物价飞涨、民不聊生的日子里，他专门组织助教们进行农村物价调查，用活生生的事实揭露社会的黑暗。后来到福建社会科学研究所，他在经费十分紧张的情况下，组织所里的研究人员开展闽西土地调查，获得了许多第一手资料。

解放后，他作为厦门大学校长和经济系教授，更是经常组织学生下乡、下厂调查。对经济系的教学和科研工作，他十分强调要注重调查研究，尤其是长期的、系统的、深入的调查研究，并明确要求经济系的教师必须选一些工厂和公社作为据点，长期地下去蹲点，至少每年得下去几次，把情况彻底摸清；要对实际问题的历史和现状做周密的研究，长期积累，形成观点，得出结论。他反对那种带着现成结论下去，找几个例子来说明自己的论点，不从实际出发甚至歪曲实际情况的"调查"。①

1958年，厦大经济系师生分别参加了厦门市及其邻近地区的经济调查、普查和基层经济工作，又到福州城门公社等地进行了专项调查，写出了大量的调查报告。他对这些调查成果给予了充分肯定，同时也指出其中有些千篇一律的报告是带着框框下去找些材料填成的，不是从实际出发因而不能发现实际问题更谈不上解决问题，批评这种调查方法是主观主义的。还有个别偷改实际数字、弄虚作假的做法，被他发现后更是受到了严厉批评。②

王亚南认为，勇于探索还必须讲究科学方法，眼观六路，耳听八方，善于比较分析，善于另辟蹊径，敢于言人之未言，或言人之未敢言，从而才能在理论上有所创新，有所发展。

例如，中国封建社会的长期停滞问题，理论界争论已久。王亚南从领主经济和

---

① 王增炳、余纲：《王亚南治学之路》，福建人民出版社1984年版，第46页。
② 王增炳、余纲：《王亚南治学之路》，福建人民出版社1984年版，第46～47页。

地主经济的比较分析入手，他认为，中国封建社会可以分为领主经济和地主经济两个阶段，中国封建社会之所以历时比西欧长得多，是因为中国的地主经济阶段比西欧长得多，这就是中国封建社会发展迟缓问题的实质。西欧进入地主经济阶段和在农村中产生资本主义是同时的；而中国进入地主经济封建社会，是由于要突破农村公社（井田制）对生产力发展的束缚，因而以秦国的商鞅变法和秦统一天下为契机，在经济上废井田、开阡陌，使土地和农民得以买卖，变领主经济为地主经济；在政治上废封建、置郡县，变贵族政治为官僚政治。王亚南强调，正是地主经济这一经济基础、官僚政治及科举制度这一上层建筑、儒家学说这一思想体系以及被科举制度打乱的阶级关系，"四位一体"形成的共同合力，使中国地主经济封建制度得以延续，使资本主义的产生愈加困难。

作为中国马克思主义经济史学的开拓者之一，王亚南从20世纪30年代起，就从中国经济史入手，探索旧中国的社会经济问题，取得了丰硕的理论成果。他大胆创新，独树一帜，完整系统地提出著名的"地主经济论"，以此解释中国社会经济史上长期争论的"停滞发展"问题，被称为是"对30年代以来讨论的小结"。这在中国经济史学界是一项重大的科学研究成果，不仅在理论界引起了很大的反响，而且为国际史学界所瞩目。

王亚南认为，勇于探索就必须独立思考，深入钻研，广泛听取各种不同意见，从而才能在不同观点、不同学派的论争中脱颖而出，开辟出理论创新之路。他向来认为，所谓教育，最重要的是在于教会人们思考，大学自然不能例外。在他看来，真正的大学教育，并不是要大家到学校里来，张着口，让老师像"填鸭"般的灌进一些在他认为"营养"的东西，而是要大家在就学期间，利用学校里人的、物的环境，利用一切可能的机会，自己去独立思考，自己去寻觅食物，自己去消化。

他十分赞成"尽信书不如无书"的说法，认为书上的话并不一定都对，关键是要善于开动脑筋，独立思考，对的才接受，不对的就要扬弃。要遵循思维发展的客观规律，反复思考，并且要用批判的态度来思考。在读书时，他喜欢在书上打圈、划线、做记号、写评语，对书中的立场、观点、材料表示赞同、批评或怀疑。他始终强调，要做书本的主人，而不做书本的奴隶，要利用书本来启迪智慧，而不是让自己盲目服从，被书本"牵着鼻子走"。

《厦门大学学报》（财经版）出版后，王亚南在"编辑后记"中写道：在这一期里面文章的执笔者，有教授、有讲师、助教，其中还有两篇（如《学习实践论与政治经济学的一点体会》《苏联预算制度的研究》)是由经济研究所的研究生写的。大家差不多都是在不同程度上,由旧经济的泥潭中翻滚过来的,但虽如此,大家却是一致地很有决心,面对着中国新经济的现实,面对着中国建设的需要,以马列主义和毛泽东思想,来加速改造我们的学习、研究和教学的方法、内容。

他指出,如其说这一些文稿体现出了一个共同的特点,那就是全面向着新方向摸索前进的特点,那就是断然抛弃资产阶级的唯心观点和形而上学方法的特点。不论就经济理论方面讲,抑是就经济技术学科方面讲,我们均在以极高的热忱,应用革命导师们的经典理论基础并吸收国内外已有的先进经验,来改变我们的思想方法,来改造我们的教学内容。①

王亚南表示:"我们不是说自己在摸索前进中,已经获得了何等成果,从而把这成果向新经济学贡献出来,才发刊这个学报的;而是说,我们在摸索前进中,需要得到我们学术界,尤其是新经济界各方的教正和指导,才把它刊行的。我们是这样热切地期待着各方的鞭策和教正。"②

在治学过程中,王亚南始终胸怀远大目标,具有坚持干到底的坚定不移的决心和坚忍不拔的顽强意志。应该说,这也是他治学中最可宝贵和最值得学习的基本经验之一。早在 1950 年初,他就在《学习》杂志创刊号发表关于学习列宁《论国家》的文章,号召大家要认真学习、深刻领会列宁提出的"再三再四加以反复研究"的态度和方法。

他一再嘱咐:"学问、方法论很要紧,一个人学术上有所见解,跟他自学的方法很有关系。"③在教学上,王亚南十分强调思考的重要性和方法论的重要性。他不止一次在课堂上告诫那些埋头记录的同学:"内容少记一点不要紧,要紧的是系统。特别是转折的地方,一定要听懂再记!"因为转折的地方往往是运用正确的方法论推导出来的必然的结论,也正是最需要思索、理解的地方。

他十分欣赏现代物理学家海森堡的名言:"提出正确的问题,往往等于解决了问题的大半。"他认为教师对学生不是"填"得多就好,而是要介绍书籍,重视体系,指导方向。他经常引用德国戏剧家布莱希特的一句话:"最主要的是教会人们思考。"

---

① 王亚南:《〈厦门大学学报〉编辑后记》。
② 王亚南:《〈厦门大学学报〉编辑后记》。
③ 参见王增炳、余纲:《王亚南治学之路》,福建人民出版社 1984 年版,第 24 页。

王亚南强调，我们对学到的东西要经常揣摩，真正理解其含义（包括使用的方法，注意的事项），然后按照理论的要求在实践过程中应用，再根据实际生活中遇到的问题，不断学习新的知识来加以解决，通过这样相互促进学习，才能逐步提高自己的理论知识水平与实践应用能力。在他看来，一个人理论水平的高低，既要看他掌握了多少理论知识，更要看他能不能做到理论联系实际，切实解决建设与发展中的各种具体问题。

为了更好地解决社会主义经济建设中提出的许多急待研究的问题的要求，王亚南希望经济学界同仁们，必须加一把劲，做进一步的努力。他指出，马克思主义经典作家关于经济方面的文献是我们研究的生命，但却不是我们研究的目的，而是要把它作为我们认识并处理当前经济问题的手段。我们要对它有深入而全面的了解，要认真地学，就是为了更好地用。因此，在学习过程中，能够善于体会那些经典作家怎样运用他们的理论方法，解决他们所面对的问题，那可能会大有助于我们学习的效果。那也可能是理论联系实际的一个相当重要的方面，我们的年轻的理论工作同志，多注意一下这个问题，也许是可以少走一些弯路的。

王亚南总结了近年来经济界在调查工作方面的成绩和不足。他说，全国各地的经济研究单位和实际工作单位，都分别进行了许多调查工作，特别是农村经济调查工作。但就我所了解到的，我们的调查工作主要还是限于突击性、临时性方面，并还是由各地各单位去进行，如果能在临时性的、各别的开展调查工作的同时，就各个大区指定某些研究机关或教学单位，选定据点，适当统一调查内容规格经常进行，那样得到的相当一致规格的有连续性的材料，就不但更便于整理研究，也可以较全面地了解所调查实况的一般发展动态。如果有若干着重刊登重要调查统计资料和经济调查材料分析的刊物，也许更有利于增进这方面的工作的效果。

王亚南认为："勇于探索，就必须敢于坚持真理，修正错误。"正因为王亚南在学习理论过程中，比较注意联系理论所由以抽象出来的历史实际，对基本理论有深入的了解和牢固的掌握，因此在联系当前实际的问题上，比较能够独立思考，而不人云亦云；能够独立提出自己的见解和研究成果。

例如，1959年他参加全国经济理论讨论会，在讨论价值规律在我国社会主义经济中的作用问题时，各地提出来的有关人民公社的调查、企业生产资料和消费资料的调查，大都认为价值规律不能起调节生产的作用。王亚南则坚持自己的一贯主张，认为价值规律在一定限度内仍起着调节流通乃至调节生产（包括生产资料的生产）的作用；我们必须学会利用价值规律来进行经济核算，提高劳动生产率。

经过这次讨论，他进一步体会到理论联系实际、深入进行调查和深入钻研基本理论的重要性。他说："我自己对于政治经济学第一课的商品价值规律，几乎接触了三十年，一向照着书本上所说的去思考，去讲授，以为是没有什么问题的。看到了国内外论坛有关这个问题的讨论，我已感到颇不简单了。最近实际参加讨论者行列里面来，就更觉得需要认真钻研一番。"①

王亚南对自己在理论探索中出现的错误，始终坚持"零容忍"的态度，认为要勇于修正。例如，王亚南在开始考察亚细亚生产方式之初，曾把它理解为原始共产主义社会。在1935年编著的《中国社会经济史纲》中，他持的就是这一观点。1953年，《文史哲》杂志开展关于"亚细亚生产方式"的学术讨论，引起了他的思考，使他从中得到启发。不久，他又买到一批柏林新版的马克思恩格斯文献，进行认真的对照研究之后，他发现自己误解了作者的原意，亚细亚生产方式应该是指奴隶制阶段。于是，在1954年出版的《中国地主经济封建制度论纲》一书中，他把以往对于亚细亚生产方式的错误看法重新加以检讨了。②

尽管王亚南对这个问题的看法还是一家之言，但他研究学术问题的这种谦虚态度和服从真理、修正错误的科学精神，是值得人们称道的。

四、百家争鸣

"一花独放不是春，百花齐放春满园。"王亚南重视科学研究，同样重视科学成长的环境和学术发展的氛围。他说："任何光辉而正确的学说，只是在诸多相反学说的论难、质疑，甚至攻击中，才能使它从每一视野，每一角度，都阐发出真理的光芒来。"③

早在民主革命时期，王亚南就倡导"学术自由"，反对国民党的文化专制主义。他经常称道春秋战国时代"百家争鸣"所造成的学术鼎盛局面，认为这"不是朝代没落的体现物，而是社会解放的体现物"。在他看来，东周"作为一个国家政治形态来看，是极式微的"，但从社会经济发展的观点来看，"却正在孕育着中国社会史上最有生气的一幕转变，即由领主经济过渡到地主经济的转变"④。

---

① 王亚南：《在全国经济讨论会中的学习心得》，《中国经济问题》1959年第5期。
② 周济：《循循善诱论自学》，王岱平、蒋夷牧编：《王亚南与教育》，福建教育出版社1981年版。
③ 王亚南：《致中山大学经济系同学的一封公开信》，《每日论坛》1946年11月。
④ 王亚南：《社会科学新论》，经济科学出版社1946年版，第26～27页。

抗战时期，国民党当局害怕进步思想的传播会启迪人们的政治觉悟，使接受新思想的人们起来反对他们的反动统治，因此千方百计利用手中的政治权力，禁锢人们的思想，钳制社会的言论。王亚南则针锋相对地倡导学术自由，并大声疾呼：黑格尔说过："理性与自由是社会进步的动力"，"我服膺此言，并愿在科学的研究上以斯言勖勉同人"。①

在中山大学任教时，王亚南在讲台上积极传播马克思主义经济学说，而对资产阶级经济学说，也主张应一分为二地加以分析，而不能一概抹杀：要区分其是资本主义处于上升时期的思想学说，还是资本主义走向没落时期的思想学说；前者具有一定的进步意义，后者的阶级成见和辩护色彩则更加浓厚些。但即使对这样的学说，他主张也应允许其存在。他有一句名言："从反对者获取自由，予反对者以自由。"显然，只有对真理有坚定信念的人，才能有这样的气魄和民主作风。②

王亚南主张的"学术自由"和他的民主思想是密切相关的。他认为像中国这样经济落后的国家要时刻注意发展生产力，而发展生产力的方法在于建立民主经济。"要使地尽其力，物尽其用，最先就要看人是否能尽其才；而这个关键又在于经济是否施行民主作风。"③经济要民主，政治上自然也需要实行民主，需要学术自由，需要开放言论。

学术自由是王亚南反对国民党文化专制主义的锐利武器，本质上代表了广大人民群众反帝反封建、反对国民党专制独裁的愿望，实际上为人民大众、为马克思主义争得了一块思想阵地，传播了进步的思想学说，培养了进步知识分子，鼓舞了人民大众。

新中国成立后，随着经济基础的变更，意识形态领域也发生了根本性的变化。马克思主义成了我们国家的指导思想，如何按照马克思主义的立场、观点、方法，按照党的方针、政策，采取行之有效的措施，促进科学的繁荣，成为思想界、教育界、科学界一个亟待解决的问题。

1956年1月，党中央召开关于知识分子问题的会议，周恩来总理代表党中央在会议上郑重宣布：我国知识分子的绝大部分已经成为国家工作人员，已经为社会主义服务，已经是工人阶级的一部分。会议发出"向科学进军"的号召，提出"百

---

① 王亚南：《社会科学新论》，经济科学出版社1946年版，第264页。
② 王亚南：《致中山大学经济系同学的一封公开信》，《每日论坛》1946年11月。
③ 王亚南：《社会科学新论》，经济科学出版社1946年版，第264页。

花齐放，百家争鸣"的方针，规定了发展科学文化教育事业的一系列方针政策。

1956年，王亚南在一次座谈会上说："我们提倡百家争鸣，是为了发现真理，真理乃客观现实的反映，这就决定我们是唯物主义的，百家争鸣不但不与马列主义相抵触，而且是实现马列主义的途径。""百家争鸣不是求异不求同，争鸣的目的还在于共鸣，虚心接受意见，服从真理。"从中可以看出，王亚南主张在马列主义指导下，开展百家争鸣，繁荣学术文化。①

在强调以马列主义为指导的同时，王亚南主张要有"开明的研究态度"。他认为，"哪怕是极其庸俗而很少科学价值的学说，也要以存疑的态度，宁信其某种个别论点，有可参考的价值，就是指出其错误，也必须经过审慎钻研，确能抓住要点，否则就是'非参验而必之'，'不可必而据之'，那就根本谈不上研究"②。

1956年8月29日，王亚南在《人民日报》发表署名文章——《试论我国的指导思想和百家争鸣方针的统一》，参与论坛上对"百家争鸣"方针的讨论。他说："真理往往是混杂在非真理成分中，合理核心往往被包裹在不合理的表层里面，批判吸收的工作，几乎类似沙里淘金，干脆把沙否定了，金子也无法找出来。对于资产阶级的各种学派的学说，固应如此看待，就是对于那些哪怕是采取了马克思主义立场观点的见解，同样不能要求百分之百都是真理，同样要经过反复讨论的批判吸收过程或沙里淘金过程。"③

他认为，争鸣的目的是发现真理，是鼓励大家共同努力来发现真理。大家的立场不尽一致，观点不尽相同，特别是已有的知识基础颇不一样，对于同一自然现象、社会现象和其他问题，可能要发生极其相异甚至相反的讲法。就自然现象、社会现象普遍联系的本质说，特别是就它们不断变化发展的情况说："真理决不是任何一个全智全能的伟大人物一次可以发现无遗的，它需要集思广益，需要参考各方面的意见，需要从异求同，把不同的论点逐渐引向较全面较正确的认识，而由是得出有利于我们社会文化建设的科学结论。"

王亚南希望，一个有志于以科学真理来为人民事业服务的人，尽管对于自己的意见勇于争鸣，一旦发现他人的意见胜过自己，一定要虚心接受。在他看来，只有在马克思主义原则的指导下，百家争鸣的目的才能很好达成；也只有采取百家争鸣

---

① 潘懋元等：《王亚南的教育思想》，王岱平、蒋夷牧编：《王亚南与教育》，福建教育出版社1981年版，第55页。
② 王亚南：《怎样从资产阶级经济学的学习中获得教益》，《新建设》1957年1月，1月号。
③ 王亚南：《试论我国的指导思想和百家争鸣方针的统一》，《人民日报》1956年8月29日。

的方式，马克思列宁主义才能得到更好发扬。他强调："马克思列宁主义是为一切真理敞开着大门的。"①

10月16日，王亚南又在《福建日报》发表《再论我们国家的指导思想和百家争鸣方针的统一》，进一步阐述对"百家争鸣"方针的理解。他说："我尽管在任何场合，都维护马克思列宁主义的真理，并把这个真理拿来作为权衡评价我们一切社会行为和思想生活的准则；但马克思列宁主义不是教条；我们在活生生的现实关系中运用它，随在都须把时间、地点及有关的具体条件放在考虑考察中。"②

王亚南指出："马克思列宁主义是要随着人类不断改造自然改造社会的要求和努力而不断得到充实与发展的。因此，在这个限度内，就是依据辩证唯物主义的观点，就是稳站在社会主义的立场，因为所处时代不同或认识的深度或广度不同，也不是不可以有不同看法。那就是说，在出发点或原则上尽管一致，对个别论点或个别问题的看法，是可以极不相同的。比如对于社会主义的必然性，马克思恩格斯是做了非常精到的科学认证的，但如何实现社会主义，列宁却根据他所遵循的不同社会历史条件，提出了独创的见解。"

他认为，在当今历史条件下，"对于社会主义实行的步骤，所采取的各种措施，更可能有各种不同的看法，但这一切，正好都需要展开讨论，发现真理，使正确的理论得到更多人的支持，使不正确的理论得到更多人的帮助。在实际上，凡属未作科学结论的问题，断断争辩的两方面乃至多方面，其主张，其论据，其说明，都可能存在着不同程度的不符合事实的或唯心主义成分，就复杂的而又普遍联系着的社会现象、自然现象讲，它们的原理、范畴、因果关联或规律，谁敢断定自己的论断或说明，能百分之百地符合事实呢，所以允许无论什么问题发生争论，就已经允许了唯心主义有和唯物主义同样论辩的自由"。

针对理论界有些人认为"马克思主义既然在我们国家当作一切社会经济文化生活的指导思想，再要作为争鸣的对象，岂不是会因为思想混乱而引起不良影响"的观点，王亚南认为这是不实际的顾虑。他说，要使马克思主义的基本原则一直成为我们国家的指导思想，指导我们日新月异的活生生的实践，它就要经常在实践中受到检验，并由此得到充实与发展。不然的话，它将要和日新月异的社会现实不相适应，更谈不到发挥指导的作用。

---

① 王亚南：《试论我国的指导思想和百家争鸣方针的统一》，《人民日报》1956年8月29日。
② 王亚南：《再论我们国家的指导思想和百家争鸣方针的统一》，《福建日报》1956年10月16日。

王亚南强调说:"马克思列宁主义自始就是在战斗中成长起来的;离开了思想斗争,离开了批判与反批判,离开了自由争论与讨论它将变得没有生命,就将变成不再向前发展的老教条。"因此他得出结论:"提倡百家争鸣,正好是阐扬马克思列宁主义真理而使这个真理能更好为我们社会主义建设服务,或更好更灵活地用来指导我们的建设实践。也就是说,百家争鸣方针是和我们国家的指导思想统一的。"①

1957年1月,厦门大学研究部为了展开"百家争鸣",请王亚南校长作一次关于"怎样从资产阶级经济学的学习中获得教益"的报告。王亚南根据"百家争鸣"的方针,介绍了自己的一些经验体会。他认为:"是就是,非就非,马克思主义者一点也没有怠忽对于资产阶级经济学的无情的批判,但也从未掩饰他们从那种批判中获得了教益。"

他举例说:"作为古典经济学的杰出代表者亚当·斯密,他讲了不少庸俗而又肤浅的意见,但却阐明了更多的真理。马尔萨斯的学说尽管没有一点科学气息,开了近代庸俗经济学的先声,但错误往往会引出真理,他的自然主义的绝对人口过剩法则,他把贫困看作是对于富有的必然而又必要的补充的论证,都能发人深省……凯恩斯的学说,是新庸俗经济学的典型,他用古典经济学的格调,故作科学研究姿态,极其机诈狡猾地援引支持其论点的事实,但尽管如此,仍旧把资本主义末日的无可奈何的致命矛盾的实况表露出来了。"②

王亚南认为,在学术争鸣方面,争鸣的最后要求是:别是非,求真理,使我们的理论或论点,能够较确切地反映历史和当前的现实。他说:"客观事实是非常复杂的,列宁曾教导我们,资本主义经济的错综复杂现象,用七十三部《资本论》也不能包括无遗地反映出来,我们所要做的或所能做的,只是把握它的基本情况和动态。我们一般人即使初步掌握了马克思主义的正确观点方法,也不见得就能保证自己的理论或论点十分正确;如果我们还不敢说,自己的观点方法完全清除了非马克思主义的成分,那就更是如此。"③

因此,他主张,在争鸣中,应充分发扬批评特别是自我批评的精神,有定见而不要有成见,有勇气对自己不正确的见解,和对争论对方的不正确见解,同样展开斗争,那才是把真理放在第一位的正确态度,那样就可以使我们讨论的理论或论

---
① 王亚南:《再论我们国家的指导思想和百家争鸣方针的统一》,《福建日报》1956年10月16日。
② 王亚南:《怎样从资产阶级经济学的学习中获得教益》,《新建设》1957年1月,1月号。
③ 王亚南:《怎样从资产阶级经济学的学习中获得教益》,《新建设》1957年1月,1月号。

点，更符合实际。

王亚南呼吁，我们应有"为一切真理敞开大门"的开明态度，"不论是来自何人何派，也不论其是否完全正确，都将受到欢迎，都将被批判吸收到他们的思想体系中。也就是说，为一切真理敞开大门这种态度，已非常明显地表现在马克思主义的著作中，特别是表现在《资本论》中"①。

1957年2月，为了鼓励学术争鸣，学校决定创办《学术论坛》，使不同观点的论文都能得到发表，一些有新观点但还不太成熟的文章也能在《学术论坛》上有一席之地，从而使学术讨论的自由空间更加活跃。

王亚南在为《学术论坛》出版撰写的《发刊词》中说，就贯彻"百家争鸣"的方针而论，像学报这样的刊物，当然也要体现出百家争鸣的精神，即应当容许各方面不同的意见。事实上我们以往在这方面也有所表现，但按照今日党中央提出的百家争鸣的要求，还是做得非常不够。原因很多，但有一点就是以学报的体裁和形式而论，要完全担当起自由争论的任务，确实不免有些形格势禁的地方。②

在谈到《学术论坛》出版的目的时，王亚南指出："自由争论的最后目的，诚然在于发现科学的真理。但比较全面而系统的一家之言，不是在一开始争论的时候，就可以一下子发现或创建出来。如果我们一开始就这么要求，那就不但不能展开自由争论，甚且会在一定程度上妨碍自由争论。目前在社会科学方面有许多问题需要展开争论，我相信，我们大家都会把《学术论坛》作为他们畅所欲言的园地。"王亚南强调，我们的自由争论应当采取互相尊重、互相学习的态度。理论上的井水不犯河水、一团和气，当然会妨碍彼此的进步，但论争起来，又会发生互不尊重或意气用事的毛病。这两种态度，都是和科学的研究精神相抵触的。如其说我们论争的目的，是在于发现实理，则我们论争的过程，就是互相学习互相教育的过程。

他提醒大家："谁在论争当中，采取虚心求教和倾听对方意见的态度，不论他的主张是对了，还是错了，他已经从论争中获得了教益。反之，他错了固不必说，就是对了，也不见得就能从那种论争中有所提高。一个科学工作者，是不能有成见的，成见和科学真理是格格不入的。但这不等于说，他不应当有定见。真理的发现是逐渐的，是由不完全进于完全的。如其说，对于一种见解或主张，已经有确实可靠的论据证示其不能成立，还要坚持，就是成见；则对于同一种见解或主张，还没

---

① 王亚南：《怎样从资产阶级经济学的学习中获得教益》，《新建设》1957年1月，1月号。
② 王亚南：《〈学术论坛〉发刊词》，《学术论坛》1957年2月第1期。

有确实可靠的论据证示其不能成立，而仍旧坚持，就只能算是定见。"①

王亚南以自己的切身体会告诉大家，"学术上自由争论的风气是可以养成的。个人化除成见、虚心求益的精神也是可以在论争过程中养成的"。其时，实际主持《学术论坛》编辑工作的是韩国磐副教授，年轻的政治经济学教师吴宣恭经王亚南推荐，担任这份文科刊物的编委会秘书，负责繁杂的编辑、出版、外联工作。这使他有机会接触大量的学术论著和老中青作者，不仅开阔了眼界，得到了锻炼，而且从学术争论中提高了理论辨识水平。

1959年7月初，厦门大学南洋研究所对刚举行的第二次科学讨论会进行了认真总结。王亚南校长向全所同志作了《认真改进科学研究工作》的报告，对研究所今后应如何根据讨论会中发现的问题来改进工作提出了很好的意见。他说，这次讨论会开得很好，校外的来宾及校内的同志，都以我们事业的参加者的热情与厚意，对论文、研究方案、规划，坦率地很少保留地提出意见。在这些意见当中，提到我们的优点成绩，也指出我们的论文和整个研究工作中的缺点。这些都是值得重视的。

王亚南批评说，我们有些同志，由于论文的自我评价和客观评价有距离，一听到批评，就由高兴到一定程度的扫兴，由感到不太难到有些觉得不太容易，由自高到有些自卑。个别同志还因为提意见的人太直率了一些，觉得劳动被全部否定了，有抵触情绪，我们的领导工作同志也由此感到领导一个研究工作机关不容易。②

接着，王亚南从学术争鸣的角度阐述了自己对讨论会的看法。他说，讨论会首先是一个去伪存真、沙里淘金的过程。因此，对待讨论会和自己的研究工作，应有一个正确的态度。他指出："就我们这些人来说，一本著作，一篇论文，一个论点，一个调查报告，不能希望全部对，全都没有问题；同样，也不是一无是处。讨论会就是要叫大家争鸣，各抒己见，把正确的和错误的分别指出来，把各种不同意见相互对证起来，联系起来，从中发现正确的有分量的见解。这叫做凿磨（刮垢磨光），叫作钻研，叫作切磋，也就是去伪存真、沙里淘金的意思。有些真知灼见在讨论会中可能不被大家所理解、所承认，但讨论会毕竟比较有可靠的客观标准，因为讨论会上人多，都是同行，而且没有夹带着日常中不健康的个人成见。"③

① 王亚南：《〈学术论坛〉发刊词》，《学术论坛》1957年2月第1期。
② 王亚南：《认真改进科学研究工作》，《新厦大》1959年7月10日第287期。
③ 王亚南：《认真改进科学研究工作》，《新厦大》1959年7月10日第287期。

王亚南认为，讨论会又是一个批评自我批评的过程，同时也是最有效的学习研究过程和思想改造过程。为什么同样学习，同样搞研究工作，有的人进步得快，摸瞎路少，除了个人天禀、智慧和正确工作思想方法外，还有一个重要因素，就是能接受批评。他强调："虚心接受批评，勇于自我批评，是一个科学工作者对人民事业负责的表现。发表一篇论文，不是为了满足发表欲，而是为了读者，为了社会。为了避免或减少错误，就要尽力而为，倾听各方面的意见。把自己个人看得比集体重要，把自己的名望看得比事业重要，就不能接受别人意见，也不会公正批评别人。我们应该以批评与自我批评的精神来对待自己的工作和所里的工作。"①

在一次社会主义经济问题讨论会上，王亚南欣喜地看到，学术讨论逐渐活跃起来了。他说："过去一年，从各地在经济科学方面提出讨论和已经发表的论文、论著看，数量诚不算多，而且主要是集中在社会主义政治经济学和经济史方面，但其中有一个值得注意的现象，就是对于每一个问题，各方面都提出了自己的看法，对于社会主义经济学体系、对象、再生产、基本经济规律、财经特质、调查统计方法；对于商品经济、市场贸易、级差地租；对于中国封建社会土地所有制、原始积累……等等，都展开了热烈的讨论。这对于贯彻'百花齐放、百家争鸣'方针，活跃学术空气，在今后将会发生深远的影响。"②

切磋论难一种交流学术思想、培养积极思维能力的方式，既是王亚南大力提倡的，也是他身体力行的。在青年时代结识郭大力之后，两人在马克思主义经济学学说的翻译、研究和宣传中，不仅保持着密切的合作，而且经常在一起切磋论难，有时甚至为了一个名词应该如何翻译得更精确而争得面红耳赤，但这并不影响他们后来成为学术上的终生密友。

在中山大学时，王亚南就经常鼓励学生互相结合，互相切磋，互相竞赛，并把它称为"共学"。他告诉同学们，"自学应随时不要忽视共学的重要性，独自一个人学习，易使人流于孤僻，流于孤陋"。"相遇切磋，相遇共论难，十个八个也好，三五个也好，甚至一个也好"。③这与古人说的"独学无友，孤陋而寡闻"是同样的道理。

王亚南认为，应当为人才的成长创造一些必备的条件，其中最重要的就是活跃

---

① 王亚南：《认真改进科学研究工作》，《新厦大》1959 年 7 月 10 日第 287 期。
② 王亚南：《在全国经济讨论会中的学习心得》，《中国经济问题》1959 年第 5 期。
③ 王亚南：《致中山大学经济系同学的一封公开信》，《每日论坛》1946 年 11 月。

学术气氛，提倡自由探讨，交流学术思想。为此他十分重视创办学术刊物，为学术争鸣提供阵地。在中山大学，他创办了《经济科学》季刊；在福建社会科学研究所，他创办了《社会科学》杂志；新中国成立后，他出任厦大校长不久，就率先在全国高校复办了《厦门大学学报》，后来又创办了《中国经济问题》。这不仅有利于文化科学的繁荣发展，也有利于人才的培养。

五、累累硕果

一年好景君须记，最是橙黄橘绿时。

自从担任厦大校长后，王亚南就成了名副其实的"双肩挑"：一边是繁忙的行政管理工作，一边有繁重的教学科研任务。令人惊奇的是，他竟然能够把这两者很好地结合起来。火红的建设年代，火热的革命斗争，"人民新大学"的教育实践，为他提供了广阔的舞台，使他做出了许多骄人的业绩；同时，也为他的研究提供了许多新鲜的素材，使他获得了丰硕的学术成果。

作为一校之长，培养人才自然是他的第一要务。为此他殚精竭虑，笔耕不辍，仅在《新厦大》校刊上就发表了数十篇文章、随笔，从初到厦大时《愿大家为端正学风，加强学习而努力》，到履职三年后向师生们汇报《厦大三年来的成就及今后的展望》；从新年元旦时谈《摆在我们面前的任务》，到学生毕业时《送别本届毕业同学》，一篇篇热情洋溢的文章，一次次辞旧迎新的祝福，折射出这位人民教育家对学校、对学生的满腔深情。

每逢新学期开学或毕业生离校等重要时刻，王亚南都会根据学校安排或应师生邀请，给师生们做报告，从暑期学习动员会上谈《政治学习的目的与方法》，到教学工作座谈会上《从本学期教学上存在的一些问题说到精简课程》；从福州归来介绍《省人民代表会议和1952年福建的新展望》，到传达全国教育工会《面向教学，面向业务》的指示精神，一次次激情洋溢的报告，一番番鼓舞人心的话语，体现出这位学者型校长的拳拳之心。

厦大作为福建乃至我国东南最高学府，负有教化一方之重任，王亚南对此责无旁贷。为了尽好自己的教化之责，他先后在《厦门日报》《福建日报》乃至《人民日报》《光明日报》等各种报纸杂志上，发表了许多参政议政、鼓舞民众的文章，从国庆日《谈保卫世界和平》，到春节时呼吁《展开劳军拥政爱民运动》；从抗美援朝时谈《教育工作者应当做些什么？》，到《坚决彻底地开展三反斗争》，王亚南始终

不忘为新中国的进步摇旗呐喊、为各种公益社会活动鸣锣开道。

厦门大学建校以来,他是在校刊上发表文章最多、向学生做报告最多的一位校长。他充分发挥自己作为文科校长、作为经济学家、作为学部委员的优势,充分利用自己身兼多种社会职务、经常赴京开会的有利条件,向师生们宣讲党的教育政策,宣讲党在各个时期的中心任务,宣讲新民主主义和社会主义的优越性。为此他处心积虑,苦口婆心。

为了推动学校的教学和科研,开展学术交流,培养科学人才,王亚南主张大学学报非办本可。在他的亲自策划下,已停刊多年的《厦门大学学报》(季刊)于1952年7月复刊,成为解放后全国第一家复刊的大学学报。

《厦门大学学报》以崭新面目与读者见面后,各方面反应很好。如王亚南的《资本论》研究,对于我国社会主义经济建设和政治经济学的学科建设,都有重要的现实意义和理论意义;葛家澍的《试论会计核算这门科学的对象和方法》发表后,就有十几家刊物转载和摘介;韩国磐的《唐朝的科举制度和朋党之争》,得到了中国科学院历史所所长侯外庐的好评,他写信给王亚南,要求与作者通信联系,并聘请作者在历史研究所兼职;傅衣凌的《明代江南地主经济新发展的初步研究》《明代江南富户经济的分析》等系列论文,在史学界也产生了很大的影响,开辟了江南经济史研究的新领域;黄典诚的《闽南方言和汉民族语言的比较》《建瓯方言初探》等论文在国内外也有很好的评价,台湾清华大学教授张光宇甚至把黄典诚誉为"闽南方言研究的先驱"。实践证明,复办《厦门大学学报》对推动全校的科学研究,提高教学质量,加强学科建设,培养师资队伍,扩大厦大对外学术影响和提高学术地位,都产生了积极的作用,其影响至为深远。

王亚南始终认为,高等院校不是单纯传播文化知识的场所,还负有科学研究和文化创新的任务。因此,他一手创办的经济研究所每两周就举行一次专题学术讲座,由各学科、专业的教授们轮流担任主讲,介绍及探讨经济学科的研究方法及方向。王亚南主讲了《马克思主义的政治经济学与资产阶级的政治经济学》;统计系主任胡体乾、历史系教授傅衣凌、教务长章振乾分别主讲了《统计方法与统计资料》《论中国经济史研究的现阶段及其新方向》《中国近代农村租佃关系的演变及其归趋》等专题;总务长吴兆莘、会计系主任肖贞昌、财金系主任朱宝训、贸易系主任归鉴明也分别介绍了自己的研究成果。

全国院系调整时才从数理系独立出来的数学系,在系主任方德植教授的带领下,传承苏步青创办科学讨论班的优良传统,按照学科发展方向和教师研究条件,开办了几何函数论、微分方程轮和实变函数论等科学讨论班,由每个教师轮流主讲,报告自己的研究成果,介绍国内外学术动态。科学讨论班每周集会一次,连续几年从不间断,新老教师"人人开讲,各显神通"。在《厦门大学学报》(自然科学版)中,数学系教师发表的论文经常占据"半壁江山",有一期《学报》发表的14篇论文中,数学系竟占了10篇,令人刮目相看。被王亚南校长安排回校、在数学系资料室工作的陈景润,就是在这种浓厚的学术氛围中造就出来的。与他同时取得突出成绩的,还有数学系1956届的毕业生林群、赖万才等人。《光明日报》为此发表长篇报道,对厦大数学系的科研工作给予了高度肯定。

王亚南积极创办学术刊物的另一个重要目的,就是为学校培养新生力量。他指出:"如其说讲坛是敦促我们把思想材料变成系统语言的场所,而比较能刺激诱发大家自由讨论的一般学术性的刊物,就是鼓励我们青年把系统语言变为科学文字的场所。和老年科学家或教师比较,年青的人应当是少受到一些既成的范畴或太习惯了的传统思想体系的限制,也就是说,他们应当是不断有新的意见发表的,特别在我们这样日新月异的社会中,特别是在社会科学的领域内。"①

1956年4月,厦门大学举行了规模宏大的35周年校庆活动,尤以全校第一次科学讨论会最为引人注目。从4月5日到7日,先后召开了1次全会和25次分组会,宣读了72篇科学论文,取得了很好的效果,并在省内兄弟院校中产生了良好的示范效应。

作为一位马克思主义经济学家,王亚南自然没有忘记自己的使命,在研究马克思主义政治经济学、普及《资本论》以及探索中国社会主义经济问题方面,他做了大量的工作。

1952年秋,为了加强对全校科学研究工作的指导,厦大设立了研究部,王亚南兼任主任。在研究部指导下,各系相继开展了广泛的科学研究活动。如历史系十分重视经济史方面的研究,并把它作为史学专业的一大特色和优势。该系特地邀请王亚南校长做关于《封建制度基础的领主经济与地主经济》的专题报告,对历史系师生开展中国经济史研究起到了很大的启发作用。

1953年5月,王亚南在《文史哲》杂志上连续发表三篇关于《由封建的领主经济和地主引论到中国社会发展史上的诸问题》的学术论文,仿佛重磅炸弹一样,在

① 王亚南:《〈学术论坛〉发刊词》,《学术论坛》1957年2月第1期。

中国社会经济史研究领域引起了轰然的反响。1954年11月,王亚南将这些文章结集成《中国地主经济封建制度论纲》一书,由华东人民出版社(今上海人民出版社)出版。该书从领主经济和地主经济的比较分析入手,对中国社会发展史上一些长期论争的问题,如中央集权官僚政治、天道观念的政治思想、中国封建社会的长期停滞以及亚细亚生产方式等,进行了广泛而深入的探讨,科学地说明了中国社会发展过程中经济、政治、文化的内在有机联系,指明了中国封建地主经济形态的特点和运动规律。王亚南也因此被称为中国经济史学的开拓者之一。

1956年,国内理论界围绕着马寅初提出的人口理论进行了多方面探讨,王亚南于同年12月在科学出版社出版了《马克思主义的人口理论与中国人口问题》一书。该书首先论述了人口问题的现象与本质,继之对马尔萨斯主义的人口理论进行了批判;在系统阐述马克思主义人口理论的基础上,他历述我国历史上的人口问题及其产生的原因,指明了解放后中国人口问题的性质及其解决途径。1959—1960年,王亚南还针对马寅初的哲学、经济学观点,发表《论马寅初的新哲学和新经济学》及《再论马寅初的新哲学和新经济学》两篇评论,与马寅初展开了争鸣。

在政治经济学研究方面,王亚南不仅在《经济研究》《新中华》等杂志发表《广义政治经济学发凡》等学术文章,还在福建人民出版社出版了《政治经济学论文选集》(1957年11月),这是他在新中国成立后出版的第一本论文集。该文集收录了《政治经济学的新任务》《新经济学界的研究方向》等十篇论文,指明了学习政治经济学的目的与方法,对怎样从立场、观点、方法来辨别马克思主义政治经济学与资产阶级经济学的不同本质、怎样从资产阶级经济学的学习中获得教益、怎样理解政治经济学的理论联系实际问题、怎样就范畴与规律来区别社会主义经济形态和资本主义经济形态的不同实质、怎样把政治经济学的原理与规律运用到我国过渡时期的经济实际中等问题进行了认真的探讨,为读者提供了学习的向导。

1959年10月,王亚南又在上海人民出版社出版了《论当前两种社会制度下的两种不同经济现象和市场问题》一书。该书运用马克思主义政治经济学的基本原理,从本质上深入分析了资本主义社会和社会主义社会两种不同社会制度,以及由不同的基本经济规律作用而产生的两种截然不同的供求现象。全书篇幅虽然不长,但通俗易懂而且十分贴近现实。

在《资本论》研究方面,王亚南先后发表了《马克思与〈资本论〉》《学习〈资本论〉的一些体会》《资本论的产生、其性质、其结构及其研究方法》等学术文章,对马克思创作《资本论》的时代与社会背景、《资本论》的性质、结构、研究方法以及自己学习《资本论》的体会进行了深入的研究和系统的介绍，对推动《资本论》的学习和普及产生了很好的作用。

除了经济学理论，王亚南还结合学术界的研究动向和自己对社会经济史的研究，对《红楼梦》等文学艺术问题进行了探讨，先后发表《文学艺术与经济基础》《红楼梦现实主义的社会基础问题》等文章，还在学生会举办的讲座上应邀作了专题演讲。他告诉同学们，文学是通过社会中最有典型意义、最具代表性的人物、事例，把最本质的社会生活现实反映出来。"《红楼梦》就是这样一部伟大的、古典的、现实主义的文学作品。作者以高度的艺术手腕，通过封建官僚、贵族的寄生的、腐朽的生活状态，把我们封建社会的本质，做了极周到、深刻和透辟的描写和揭露。"①

王亚南校长与青年学生座谈学习和研究《资本论》

王亚南认为，真正现实主义的文艺作品是有很大积极意义的，它使我们能通过作品所反映的社会生活，丰富我们的社会知识和历史知识，丰富我们的感情。他说："有的人以为小说中的人物事例不一定是真的，但其实那比真正的个别人物事例还要真得多，因为那都有代表性，都有典型的特点，把那样的人物事例组织起来，以高度的艺术手腕突出地活生生地表现出来，那会具有极大的感染力和说服力，使我们爱憎分明，敌我界线清楚，也就是说，以现实主义手法写出来的作品，可以培养我们的革命情操，增进我们的感性知识，叫我们对于自己生活周围的社会活动更感兴趣，更有热情，因此，不论你学自然科学还是社会科学，在可能条件下学习些文艺作品，是有很大的好处的。"②

有一次，一位哲学系的教师请教王亚南："你是搞经济的，为什么这么喜欢看小说？"王亚南回答说："学问之间都有一个普遍联系的问题，借用你们搞哲学的

---

① 王亚南：《关于红楼梦研究问题——在学生会举办的讲座演讲》，《新厦大》1955 年 2 月 16 日第 102 期。

② 王亚南：《关于红楼梦研究问题——在学生会举办的讲座演讲》，《新厦大》1955 年 2 月 16 日第 102 期。

一句行话，叫相互渗透。经济是把社会、时代理论化，但社会的生活、经济背景，小说反映得最具体。"他饶有兴趣地谈起杰克·伦敦的家庭，谈起巴尔扎克戴过多少领带。

随着中外学术交流的增多，王亚南那部1946年出版的、研究中国半封建半殖民地经济形态问题的《中国经济原论》，引起了国内外学者的极大关注。继1950年、1951年两次重印之后，1955年日本青木书店出版了日文版，并改名为《半殖民地经济论》。1957年王亚南在对这部著作进行较大幅度的补充修改之后，更名为《中国半封建半殖民地经济形态研究》，由人民出版社出版。1958年，莫斯科社会经济文献出版社又出版了该书的俄文版。

1950年代是新中国在战争废墟上恢复发展、经济重生的时期，也是王亚南在厦门大学校长任上教书育人、教学科研硕果累累的时期。作为"双肩挑"的学者、教授，他能写出这么多精彩的文章，取得这么丰硕的理论成果，与他平时严谨的生活作风、工作作风以及日积月累的辛勤努力无疑是分不开的。

王亚南平时生活严谨，作息有序，从不浪费半点时间。他经常思考问题，把经过深思熟虑的新论点记录在信封背后或笔记本上，论点多了，就积累成一篇论文提纲，略事加工就成为一篇完整的论文。他经常告诫年轻教师们，不能光学不想，也不能光想不写。写作要有计划，有通盘考虑，积少成多，多写多练，才可能越写越好，在学术研究上做出新成绩，也才可能无愧于这个伟大的时代。

第十二章 山雨频来

> 浩荡离愁白日斜，吟鞭东指即天涯。
> 落红不是无情物，化作春泥更护花。
>
> ——龚自珍《己亥杂诗》（其五）

清道光十年（1830年）春末，48岁的龚自珍因"才高时忌"辞去礼部主事之职，告别客居二十年的京城动身南归。离京前他写下这首小诗，抒发了自己的报国之志和不得不离京的复杂感情，展示了诗人不畏挫折、不甘沉沦的坚强性格和献身精神。全诗移情于物，形象贴切，构思巧妙，寓意深刻。

1957年是新中国历史上的一个重要转折点。从和风细雨的整风到风狂雨骤的反右，成为许多中国知识分子刻骨铭心的集体记忆。紧随其后的"大跃进"、"反右倾"斗争和三年困难时期，使国家走上了一条更加艰难曲折的发展道路。

在复杂的政治环境中，王亚南始终关心着国家的命运，关心着学校的发展和学生的成长。无论在厦门主持校政，还是在上海编写教材，他从未忘记自己作为园丁的职责，即使化作春泥，也甘愿培育美丽的春花成长。

一、一叶知秋

1957年元旦，王亚南校长在《新厦大》发表《总结1956年 迎接1957年》的新年献词。他高兴地说："我们国家这一年在政治、经济、文化各方面的成就，和解放以来的其他各年度一样，是非常巨大的；领导我们前进的中国共产党的八代大会的召开，更使全国人民在这一年度的政治文化乃至经济生活的内容，特别显得丰富而有光彩。"他满怀信心地说："进入1957年度，还有更大更多的工作等着我们，还有很多新的困难等着我们。但我们是在党的教育下受到了锻炼的科学队伍，我们只要团结起来，互敬互爱，相互帮助，我们是能够克服一切困难而奋勉前进的。"①

1957年3月，中共中央召开全国宣传工作会议，毛泽东在会上作了长篇讲话，宣布"百花齐放，百家争鸣"是党提出的一个基础性的和长期性的方针，并希

---

① 王亚南：《总结1956年，迎接1957年》，《新厦大》1957年1月1日。

望党外知识分子能够帮助党进行整风。他强调说,"就是放手让大家讲意见,使人们敢于说话,敢于批评,敢于争论"①,因为这是有利于我们国家巩固和文化发展的方针。

4月27日,中共中央向全党发出《关于整风运动的指示》,提出"为了适应我国由革命时期转入建设时期的新形势,为了克服近几年来党内滋长的脱离群众和脱离实际的官僚主义、宗派主义和主观主义,有必要在全党进行一次普遍深入的整风运动"。随后,整风运动在全国展开,许多知识分子和民主党派人士就党的工作提出了各种宝贵的意见。

从5月6日至5月中旬,中共中央统战部先后召开了38场各民主党派、无党派人士与工商界人士的座谈会,共有180多人次发言,党外人士对党的工作、党的作风提出了各种批评、意见和建议,其中大部分意见是中肯的,有的批评可以说是"切中时弊"。

5月初,厦大也专门停课3天,集中开会进行整风,校党委要求大家在讨论中解放思想,消除顾虑,分清是非,解决问题。各小组讨论会提出了3000多条意见,包括对学校领导和总务处、教务处、人事处、校长办公室、党团组织、工会、研究部以及上级部门的意见。②

5月11日,福建省委书记江一真来到厦门大学,参加了长达十个小时的老教授座谈会。一些老教授对学校的工作和部分干部的作风问题提出了批评和建议,包括领导体制、领导作风、党团工作、行政工作以及知识分子政策等。有的教授说,党领导科学,要善于依靠广大科学工作者,要放手,不要外行领导内行,干涉过多或漠不关心;还有的批评党与非党人士之间存在冷漠关系,希望这种"春风不度玉门关"的现象能够尽早消除。③

谁也没想到,整风运动刚开展一个多月便风云突变,一场大规模的群众性反右派斗争在全国猛烈开展了起来。6月27日,根据上级指示,厦门大学召开全校师生员工大会,号召大家积极投入反击右派分子的斗争。此后,一些在整风过程中提出过较尖锐的批评意见的师生,被作为批判和斗争的对象。

---

① 毛泽东:《在全国宣传工作会议上的讲话》,中共中央党史研究室编:《中国共产党历史大事记(1919—1987)》,中共党史出版社2010年版。
② 厦门大学档案馆、厦门大学校史研究室编:《厦门大学校史》(第二卷),厦门大学出版社2006年版,第99页。
③ 胡平:《禅机1957:苦难的祭坛》,广东旅游出版社1998年版,第201~202页。

对这场来势迅猛的政治运动，王亚南一开始本能地觉得，这是新中国成立以来对知识分子进行思想改造的延续。于是，在8月11日的《解放日报》上，他发表《在整风和反右派斗争中略谈我们知识分子的思想改造》的署名文章。在文章中，他谈到去年下半年发生的匈牙利事件，谈到中国拥有的五百万知识分子队伍，指出"他们中的不少人，具有个人民主主义的政治观点和自由主义倾向"，确实有"继续改造思想的迫切性和必要性"。①

在中国科学院哲学社会科学部召开的经济理论座谈会上，王亚南和其他学部委员一样，在会上做了表态性发言。北京大学经济系陈振汉等6位教授草拟的《我们对于当前经济科学工作的一些意见》，被作为"右派纲领"受到了"口诛笔伐"。

1957年9月，王亚南在《新建设》杂志发表《在反击资产阶级右派斗争中学习〈资本论〉的重要意义》一文，针对社会科学论坛和大学讲坛上出现的把马克思主义、把《资本论》视为"过时教条"的观点进行了反驳，并从正面阐述了学习《资本论》的重要意义。

王亚南认为，我们学习《资本论》，虽然也必须熟悉书中有关资本主义社会经济的史实，但更重要的，却是要借以学会"如何掌握辩证唯物主义的世界观，如何理解根据那种世界观所阐明的人类社会变革的基本原理，以及学会如何应用它发现那样的观点，阐述那些原理所采用的科学方法"②。其最后目的，是要用来帮助我们认识如何促进社会主义革命和社会主义建设事业。

在王亚南看来，不肯面对真理，是出于阶级偏见；而对于真理的无知，又使阶级偏见发展。阶级的难关，要比文化知识上的难关高得多，不易克服得多。他指出："阶级关系和阶级感情的向背，在火热的斗争中，就要受到真正的考验。因此我们在这场斗争中，来领会《资本论》所提示我们的原则精神，从总的体系到各别的概念范畴，都会加深我们的认识，加深我们的阶级感情，进而搞好我们的社会主义革命和社会主义建设事业。"③

由于反右斗争的严重扩大化，厦大有180多名教职员工及学生被错划为"右派分子"。④在被错划为"右派"的干部和教师中，有不少是王亚南熟悉的同事，如章

---

① 王亚南：《在整风和反右派斗争中略谈我们知识分子的思想改造》，《解放日报》1957年8月11日。
② 王亚南：《在反右派斗争中学习〈资本论〉的意义》，《新建设》1957年9月号（总108期）。
③ 王亚南：《在反右派斗争中学习〈资本论〉的意义》，《新建设》1957年9月号（总108期）。
④ 厦门大学档案馆、厦门大学校史研究室编：《厦门大学校史》（第二卷），厦门大学出版社2006年版，第101页。

振乾、郑朝宗、陈碧笙、徐元度、黄席棠、陈允敦、陈明鉴等教授，李拓之、郑道传、郑南金等副教授。

尤其是时任厦门大学校长助理、教务长的章振乾，曾三度与王亚南共事。在得知这位得力助手被作为学校"头号右派"打入"另册"后，身为校长的王亚南一时"默然无语"；在看到有关揭发章振乾的材料和加给他的各种"罪名"后，王亚南在私下场合表示"不是那么回事"；在章振乾被定为"极右分子"、由三级教授降为六级教授及撤销省人大代表资格后，王亚南知道他的名声已被毁掉、不可能继续在厦大工作，便力主将他调走，使他能换一个新的环境；后来，在章振乾调往福州、降职担任福建省博物馆副馆长后，王亚南仍不顾"必须与右派分子划清界限"的"戒律"，利用到福州出差的机会去看望了他。

1957年的厄运，使章振乾的学者生涯和教育家道路受到了严重挫折，曾被王亚南破格聘任为中文系副教授的李拓之同样也是如此。时任中文系主任郑朝宗教授在回忆李拓之时写道："初来厦大，他很想从此专心一志在学术上大展宏图，每次我去看他，总见他在满屋子摊开的书卷里像蜜蜂采花酿蜜似的忙着搜集材料，他的一支笔又颇勤快，约定的学报论文总是如期交卷，绝不拖延。照那样的劲头干下去，我想不消多少日子他会干出个名堂来的。只可惜那还不是一个注重学术的时期，没完没了的政治运动搅得人心烦意乱，稍有抵触情绪，一阵罡风就会把人扫到泥潭里去，一切宏图全都化为乌有，拓之的遭遇正是如此。"①

郑朝宗记得，在那场运动中，自己同样"以愚妄自干咎戾，成为'不可接触的人'"，直到1960年底才"获赦归队"。②

在回忆王亚南校长时，郑朝宗客观地说："王先生是马克思主义者，同时也是人道主义者，这两者原是统一的，在他身上结合得尤其完美。他很早就以思想进步著称，但据我所知，无论在解放前或解放后，他从没对后进的人露娇矜之态，更不会摆出一副'进步脸'拒人于千里之外。他诲人不倦，有什么问题请教他，总是热情地详加解答。他当然坚持他所深信的真理，但对别人的不同见解也不一概抹杀。在这方面，他很讲情理，决不蛮横武断。解放后，他竭诚拥护党所制定的方针政策，毫不动摇地执行上级的一切决定，但对运动中出现的过火行动，并不盲目赞

---

① 郑朝宗：《李拓之选集序》，《海夫文存》，厦门大学出版社1994年版，第332页。
② 郑朝宗：《悼德基》，《海夫文存》，厦门大学出版社1994年版，第315页。

同。"①

"山僧不解数甲子，一叶落知天下秋。"1957年反右斗争的扩大化，造成了不幸的社会和政治后果，并使得党内的"左"倾错误和骄傲情绪与日俱增，明显膨胀发展了起来。

二、"跃进"浪潮

1958年，一场以"大跃进"和人民公社化为标志的革命建设浪潮席卷了中国大地。这是新中国建设史上的一个火红年代，也是一个充满激情同时潜藏着危机的年代。

1月1日，《人民日报》发表题为《乘风破浪》的"元旦社论"，提出"在15年左右的时间内赶上和超过英国"的口号；2月2日，《人民日报》进一步提出要打破一切右倾保守思想，使国民经济"全面大跃进"，不仅工业建设和工业生产要"大跃进"，农业生产要"大跃进"，文教卫生事业也要"大跃进"。

对党提出的"总路线、大跃进和人民公社"三面红旗，王亚南自然是"衷心拥护"的；对"大跃进"给国民经济带来的变化，一开始他也是持乐观态度的。确实，作为从"一穷二白"的旧中国走过来的广大人民群众，作为曾饱经战乱、饱受国统区"通货膨胀"之苦的广大知识分子，谁不希望国家能加快建设、国民经济能有突飞猛进的发展呢？作为一个新中国的大学校长，他同样希望高等教育能有大发展，学校能有一番崭新的面貌。

1958年2月，在苏联列宁格勒大学学习的林坚冰、徐志固、何大仁等8位厦大毕业生给王亚南校长来信，介绍他们在列宁格勒大学学习的情况，以"勤俭办校"等为题提出了自己的看法，表示回国以后每个人要补上这一实践课程，"使自己真正有可能变成一个又红又专的知识分子，不辜负工农阶级对我们的培养。像苏联专家一样成为工人阶级知识分子"②。信中着重介绍了苏联的研究生培养制度，对其严格细致的选拔方式、自己动手的培养方式以及灵活自由的学习方式称赞不已。信中说，"研究生除了导师出的论文题目之外，大部分都是自己自由支配时间，独立克服困难，通过各种锻炼机会，培养出来的人才当然是够格的，合乎社会主义建

---

① 郑朝宗：《与人为善，自强不息——记王亚南校长》，《海夫文存》，厦门大学出版社1994年版，第322～323页。
② 《列宁格勒校友的来信》，《新厦大》（快报6号），1958年3月13日。

设的要求"①。

3月7日，王亚南给赴苏联学习的林坚冰、徐志固、何大仁等八位毕业生复信，在信中他兴奋地说："国内在近几个月来展开的全民大跃进运动，使每个热爱祖国、热爱社会主义事业的人，都在党的伟大号召下，激动兴奋起来，分别站在各自的工作和学习的岗位上，争取贡献出自己最大力量。这个社会主义的全民大跃进运动是在三大改革、全民整风和反资产阶级右派斗争胜利的基础上进行的：无论在农业上、工业上、文教科学事业上都由放手发动群众，反浪费反保守，掀起了多、快、好、省方法建设社会主义的高潮。"②

王亚南坦承，由于我们的文教科学界在解放后的各项社会改革运动中并不曾彻底打垮资产阶级的形式主义和教条主义的传统，对于培养又红又专的工人阶级知识分子始终是一个障碍，其结果，一定会使文教科学事业，无论在质上在量上，都不能配合上工农业的飞跃发展。也就是因为这个缘故，党提出了新的勤工俭学的教育方针，使教学与生产相结合，使理论与实际结合，使知识分子与工农群众结合，打破常规，剔除正统，使全国各级学校特别是大学院校和科学研究机关，经历一次带有根本性的改革。现在，这种改革已在全国各高等学校分途普遍展开。而我们学校已经把这个改革运动推到一个非常令人感奋的高潮。

王亚南在信中表示："我很难用笔墨把我们全校教师、同学及职工乃至眷属同志们争先进比干劲的热烈情况表达出来。但至少可以简单指出一个轮廓，那就是，我们全校的大学同学现在仅及二千四百人，下年可能达到四千人，其中包括有几个工科的科系、一个地质训练班、一个师范专科学校；学校范围及其附近将出现我们教师同学参加生产劳动的若干工厂和农场，各种化验室及养殖场。"③王亚南满怀信心地说："在全国大跃进浪潮中，有革命传统和勤俭作风的厦大人，一定会鼓起干劲，力争上游，不落在全国其他高等院校后面的。"

3月13日，厦大校刊《新厦大》（快报6号）分别以《学习苏联人民的勤劳精神，办好高等学校——列宁格勒校友来鸿》和《母校以大跃进的行动回答你们》为题，发表了林坚冰等八位毕业生给王亚南校长的来信及王校长给他们的复信。"春

---

① 《列宁格勒校友的来信》，《新厦大》（快报6号），1958年3月13日。
② 王亚南：《母校以大跃进的行动回答你们——给在苏联学习的校友复信》，《新厦大》（快报6号），1958年3月13日。
③ 王亚南：《母校以大跃进的行动回答你们——给在苏联学习的校友复信》，《新厦大》（快报6号），1958年3月13日。

风有便，伫候好音。顺祝进步！"王亚南校长的复信也像缕缕春风吹进了在苏联学习的厦大毕业生的心里，吹进了全校广大师生员工的心里。

这一年校庆，厦大打破常规，没有开正式的庆祝会，也没有放假。大家鼓起干劲，搞好教学整改，搞好勤工俭学，搞好除四害的爱国卫生运动，搞好各项新任务的准备工作，搞好全校及个人的跃进规划，大家以这些实际行动来庆祝校庆。

1958年7月，在"大跃进"的高潮中，根据中央《关于高等学校和中等技术学校下放问题的意见》，厦门大学被下放给福建省管理。根据7月20日中央教育部来电，福建省委、省人委下达了《关于厦大下放管理问题的通知》，要求厦大在7月底前交接完毕。此前，1957年10月，福建省委已将原轻工部轻工研究院院长吴立奇①调到厦门大学任党委副书记，并在党委书记陆维特病休期间代理党委书记职务。

为适应职权下放和加强各系的领导工作，厦大实行二级领导，对原有组织机构进行了调整，由校长直接领导各处、系；各处、系作为校长的办事机构。学校据此对教务科研、总务、人事等各处室、各系及教研组的主要职责分工，都做了明确的规定。

随着"大跃进"的蓬勃开展，人们已经不满足于"15年赶上英国"的目标，开始提出"赶超美国"的口号。于是，一系列不切实际的指标、措施出台了。

在农业方面，各地竞相加码，不断提高粮食生产指标，要求三五年乃至一两年就达到12年农业发展纲要规定的目标。在工业方面，钢产量指标也一再被提高，从1957年的535万吨提高一倍，要求达到1070万吨，并提出"以钢为纲，带动一切"的方针。此后，全国各地都把炼钢作为压倒一切的中心任务，掀起了大炼钢铁的群众运动。其声势之大前所未有，号称"一马当先，万马奔腾"。

为了响应党中央关于"全民动手，大炼钢铁"的号召，厦大也提出要"人人参加，直接间接地为钢铁生产贡献自己的力量。……住校外各地的师生员工必须根据当地条件大搞炉群，冶炼生铁。校部主要炼钢，要求至迟在10月份要达到日产钢10吨"②。1958年秋冬，学校先后抽调近3000名师生参加全省各地的大炼钢铁运动，和当地群众一起上山砍树、烧炭、挖煤、找矿，建起了一大批小土高炉。而

---

① 吴立奇（1919—2000），安徽歙县人，1935年入党，长期从事农村革命根据地党的领导工作，曾任中共歙县特支书记。新中国成立后任中共华东局组织部办公室主任。
② 厦门大学档案馆、厦门大学校史研究室编：《厦门大学校史》（第二卷），厦门大学出版社2006年版，第102～103页。

在校内，为了完成"大炼钢铁"的任务，甚至连群贤楼上的雕花铁栏杆也拆了去炼钢。①

在此期间，学校还创办了两个耕地面积共1700余亩的农场，试办了100多个小工厂，组织了许多服务型的生产小组、农业大队、工业大队、动植物资源调查大队，分别到农村、矿山、基建工地、工厂和沿海养殖场去参加社会实践，支援工农建设。

王亚南校长十分关心下基层学生的社会实践活动，多次到农村、工厂看望在那里劳动的师生。有一次，外文系的师生到厦门郊区灌口镇参加生产劳动。这天上午，烈日当空，王亚南校长在外文系总支书记李燕棠陪同下到生产队的试验田看望大家。为了搞高产密植，试验田挖得很深，烂泥甚至超过了膝盖。王校长到来时，几位正在田里作业的学生双手全是黑泥，只好频频点头，用绽开的笑脸迎接校长的到来。

这个班的侨生较多，大部分来自东南亚各地。此时一个个男同学都穿着汗衫、短裤或背心，挑着黑泥和粪土快步走在田埂上。王校长看着同学们饱满的精神状态，感到十分高兴，他大声说："同学们辛苦了！""王校长好！"同学们激动地回答。看着几位脸上背上沾着污泥、嘴里还哼着小调的同学，王校长拉大嗓门问道："你们谁是侨生？请举起手来。"顿时，许多侨生不约而同地举起了手，接着是一阵热烈的掌声。

"你们干得很好！"看到这么多侨生奋战在试验田，不怕苦、不怕累，王亚南颇感欣慰，热情地鼓励、表扬了大家。两个月后，他在报纸上著文讨论贯彻党的教育方针，还特地提到厦大外文系侨生在劳动锻炼中茁壮成长的事例。②

新中国成立后，福建因为地处海防前线，国家极少对福建投资，因此重工业十分落后，甚至被称为"手无寸钢"。1958年，根据中央关于"各省都要建立自己的化肥厂和钢铁厂"的指示，福建省委、省政府决定在地处闽西北山区的三明建设重工业基地。

当年6月5日，三明钢铁厂正式破土动工。建厂首先得平整土地，梯田、沟壑和山坡成了建厂的第一个"拦路虎"。"没有机械设备，就得靠人力！"由军人、学生、民工组成的3万多人的建设大军，靠着最原始的镐头、簸箕和独轮车，向梯田、沟壑和山坡发起了"进攻"。

---

① 刘光：《我的大学生活素描》，陈福郎主编：《凤凰树下》，厦门大学出版社2006年版，第127页。
② 杨红敬：《磨炼催人奋进》，陈福郎主编：《凤凰树下》，厦门大学出版社2006年版，第92～93页。

这时,中央正好提出"教育为无产阶级政治服务,教育与生产劳动相结合"的方针。学校也闻风而动,积极宣传贯彻,并决定中文系师生到三明半工半读,支援三明工业建设,走与工农相结合的道路,在实践中学习切实有用的知识。

8月初,厦大中文系师生200多人在系总支书记田心和系主任林莺的带领下奔赴三明,参与三钢一号高炉地基的土地平整。在那个物资匮乏的年代,工地的工作、生活条件非常艰苦,师生们搭起竹棚,推着独轮车,出大力流大汗,向一个又一个山头进军。与此同时,师生们还着手搜集民歌,进行方言调查、文艺创作和文艺演出活动,课堂教学则基本上被取消了。①

建设者们用独轮车运土方

1959年初,正值数九严冬,闽西北山区天寒地冻。王亚南校长风尘仆仆地从厦门赶到三明看望中文系师生,大家的心里顿时都觉得暖洋洋的。王亚南是在赴京开会前特地抽出时间赶来三明的:一来向大家表示慰问,二来实地看看大家的生活、学习情况。他还特地让后勤部门准备了一头杀好的肉猪,带到三明犒劳大家。

在三明期间,他谢绝地方领导提出的各种优裕接待,坚持住到中文系师生搭盖的大竹棚里,与大家同吃同住。当天下午收工后,同学们围着王校长问长问短,他微笑着不断点头,对大家在艰苦环境里做出的成绩给予了充分肯定,并一再表示"学校领导和全体师生都关心着你们"。②

晚上200多位师生集体大会餐,场面既壮观又热闹!餐后,王校长看到几位同学正在编审系里的学生刊物《红浪》,感到十分高兴,并说了不少鼓励他们的话。负责编审的同学"逮"住机会,请王校长为刊物题词。王亚南从胸前口袋里掏出钢笔,略作思索便写下一首打油诗——《红浪》,表达了他对同学们的关心和支持。

---

① 王伟明:《三十年后续前愿——探寻厦大中文系师生三明办学履迹纪略》;郭启宗:《先遣队奔赴三明》,陈福郎主编:《凤凰树下》,厦门大学出版社2006年版,第108~113页。

② 王伟明:《三十年后续前愿——探寻厦大中文系师生三明办学履迹纪略》。

红浪红浪，它象征着工地到处红旗的飘扬／红浪红浪，它象征着钢水铁水的奔流／千千万万社会主义建设者赤诚的心／在随着红旗飘动，在随着铁水奔放。①

这首诗后来被同学们登在第二期《红浪》中。第二天上午，王亚南校长向全体师生讲话，他鼓励大家再接再厉，接受工人阶级的教育，并要求大家要因陋就简抓教学。他说，开门办学不但要学政治思想学技能，还要学好本专业，不仅从书本上学，还要从实践中学。他希望大家把中文系的专业知识教学抓紧抓好，该读的书一本不能丢，该写的论文一篇不能少。

王亚南到三明看望大家的时间虽然短暂，却给中文系师生们留下了极为难忘的印象。在三明战斗了8个多月后，中文系的200多位师生终于完成三钢工地初期的土方工程，于1959年4月上旬返回厦门。

三、"违心之言"

1958年，随着教育战线的"大跃进"，学校掀起了轰轰烈烈的教育革命高潮，号召全校师生通过勤工俭学，实现生产劳动与教学、科研的"三结合"。与此同时，"双反双比"、"横扫五气"（指官气、阔气、暮气、娇气、骄气）等各种名目的活动接踵而来。对这些政治色彩浓厚的活动以及频繁的生产劳动给学校的教学、科研带来的种种有形、无形的影响和冲击，王亚南看在眼里，急在心里。

正如他后来在《自述》中所说："社会主义教育要为无产阶级政治服务，在理论上是比较容易想通的；但我当时却非常担心与生产劳动相结合所费的时间太多，是不是会妨碍原来教学计划上规定的业务课程的学习。"②

作为一个党员校长，他既要按上级的指示办，又要为学生负责。在两难之中，他只能"且行且看"、边学边做。结果，在随后开展的"拔白旗、插红旗"运动中，他被批为"右倾保守"，不得不做出检讨。

1958年6月11日，在全校师生员工大会上，王亚南校长进行了自我检查。在回顾了自己在厦门大学的工作历程后，他着重检讨了三个方面的问题：一是在各项政治运动中跟不上客观形势的发展；二是有理论脱离实际的倾向，包括在文财科和

---

① 王伟明：《三十年后续前愿——探寻厦大中文系师生三明办学履迹纪略》。
② 王亚南：《自述》，存档。

理科方面；三是在贯彻党的干部政策上存在错误导向。①

他检讨自己，"对运动，对有关的措施，表现了思前顾后、犹豫不定的态度，表现了右倾保守的思想"。具体表现为：在党政关系上，有专家治校的思想；在用人问题上，强调才干，强调能力，走专家路线，没有把政治放在首位；在教育思想上，认为下乡太多、劳动太多，影响了业务和教学质量；理论研究方面，强调理论的系统性、完整性，忽视了联系实际等等。总之，在各项运动中，跟不上形势的发展。②

会议组织者宣布，为了全力、彻底地解决意识形态的问题，将在全校范围内展开一个横扫白旗、插遍红旗的自我革命运动，并号召大家充分运用大字报，大鸣大放，对形形色色的资产阶级意识来个声势浩大的扫荡战；要大争大辩，通过辩论提高认识，统一思想；在普遍扫荡的基础上，结合进行典型批判，一定要把红旗插遍全校并且高高挂起。③

1958年10月，在厦大经济研究所举行的第一次科学讨论会上，王亚南作了《关于〈政治经济学在教学上的理论联系实际问题〉一文的自我批判》的报告，检讨自己在教学和研究工作中，存在着"理论脱离实际的教条主义的毛病"，没有把学术研究作为阶级斗争的工具；"没有明确提到要为当前的工人阶级的政治服务；没有强调要结合调查实习和各种有关的社会活动，更谈不上要参加生产劳动；没有指出要联系到学习者自己的思想实际进行教育，把注意力集中到理论本身反映的实际，存在着为理论而理论的倾向"④。他深挖造成这些毛病的根源，"基本上是由于政治没有挂起帅来，没有把自己的研究和革命实践紧密结合起来"，"没有十分明确地抓住当前的中心政治斗争任务，有厚今薄古的倾向"。⑤

这场"拔白旗、插红旗"运动虽然来势凶猛，但由于上级强调要采取"团结—批评—团结"的方针，做到"轰轰烈烈、痛痛快快、诚诚恳恳、欢欢喜喜"，因此，在王亚南做出检查并表示要清除资产阶级思想意识后，上级认为他"经过党的教育和群众帮助，对自己的错误缺点，有一定的认识，尚能自觉检查，对权威思想有一

---

① 王亚南：《检查资产阶级意识形态问题》，《新厦大》1958年6月12日第221期。
② 王亚南：《检查资产阶级意识形态问题》，《新厦大》1958年6月12日第221期。
③ 《在全校人员大会上的报告》，《新厦大》1958年6月12日第221期。
④ 王亚南：《关于政治经济学在教学上的理论联系实际一文的自我批判》，厦大经济系：《经济调查研究集刊》（第1集），1958年10月。
⑤ 王亚南：《关于政治经济学在教学上的理论联系实际一文的自我批判》，厦大经济系：《经济调查研究集刊》（第1集），1958年10月。

定克服"。于是，没有再"上纲上线"和"穷追猛打"，使他较快就得到了解脱。

后来王亚南在《自述》中写道："拔白旗运动是紧跟在教育革命运动之后，作为在意识形态领域内，扫除教育革命运动的障碍而展开的。当时似乎以为教育革命运动在意识形态领域内的最大障碍，是资产阶级知识分子，是专家、权威一类人物。因此，群众贴了我们许多大字报……"①

实际上，在这场"拔白旗插红旗"运动中，除了王亚南校长和卢嘉锡教授，学校的一些知名学者、教授也受到了冲击，甚至一些学生也被作为"拔白旗"的对象受到了批判。直到毕业前夕"甄别"时，那些受到错误批判的学生才得到"纠正"。

正如后人所说，已经没有必要，也很难精确判断王亚南校长在这场"拔白旗"运动中的检讨，"是本人在政治压力下的违心之言，抑或是经过自我'斗争'、提高认识后的由衷之谈了。有一点却是肯定的，那就是正确和谬误开始模糊了，甚至颠倒了，自由被钳制了，常识被批判了"②。

1958年的教育大革命，由于要求过高过急，社会活动与参加劳动的时间过多，从而出现了严重冲击教学、违背教育规律的现象，导致教学质量下降，留下了深刻教训。同时，由于采取简单粗暴的做法，对一些专家、教授进行批判、改造，伤害了许多知识分子的感情，挫伤了他们的积极性和自尊心。③

忠诚于党和人民教育事业的王亚南校长，在这场运动中也受到了伤害。在当时错综复杂的国际国内斗争形势下，在那个汹涌而来的"教育革命"年代里，王亚南的创造性思维和聪明才智，像许多有识之士一样受到了挫伤和压制。家长制、一言堂、个人迷信，禁锢了多少颗智慧的大脑；极左思潮给科学和民主带来了一次次灾难性的冲击。④

在经历了1958年"大跃进"的狂热之后，尤其是在大炼钢铁和大办食堂后不久，国民经济中的许多问题日益暴露出来。到1959年初，工农业生产比例失调，副食品和其他生活日用品供应紧张，农业生产遭到严重破坏。这些情况引起了中央的注意，并采取了一些纠正措施，以克服"大跃进"中蛮干冒进造成的失误。

1959年1月12日至3月1日，中央在北京召开教育工作会议，讨论贯彻执

---

① 王亚南：《自述》，存档。
② 王岱平、蒋夷牧：《生命的辙印》，海峡文艺出版社1986年版，第135页。
③ 厦门大学档案馆、厦门大学校史研究室编：《厦门大学校史》（第二卷），厦门大学出版社2006年版，第104页。
④ 王岱平、蒋夷牧：《生命的辙印》，海峡文艺出版社1986年版，第134页。

行党的教育方针的主要经验和存在的问题。会议提出,要贯彻以教学为主的原则,要在党的领导和教学相长原则的指导下,发挥教师在教学中的主导作用,建立正常的师生关系,纠正在学校党员领导干部和部分师生中存在的宁"左"勿右的思想倾向。

1959年4月2日,厦门大学成立了由35人组成的新的校务委员会。经中共福建省委批准,王亚南任校务委员会主任委员,张玉麟任副主任委员。5月20日,王亚南主持召开校务委员会全体委员会议,检查1958年以来的工作情况。①

王亚南就1958年以来学校的教学、科研、生产劳动和行政工作情况,向委员们做了汇报。他说,经过对1958年工作中经验教训的认真总结,到1959年学校教学工作出现了很多新气象,老师认真备课,学生用功读书。同时,他着重指出了存在的问题:主要是师资水平不能适应教育事业发展的要求;对教学与科研如何合理安排还缺乏经验,有抓了教学、放松科研的现象;在安排同学参加生产劳动方面也缺乏经验,有的系出现放任自流的现象等等,希望大家认真研究,妥善加以解决。他在会上提出的《校务委员会暂行章程(草案)》《教研组暂行章程(草案)》《成绩考核暂行章程(草案)》,获得了一致通过。②

林修德同志代表中共福建省委参加了会议,在肯定成绩的同时,也对存在的缺点、错误进行了分析。他认为主要是在贯彻党的教育方针方面还很不完善;对教育、科研与生产劳动如何结合、专业课与基础课如何安排,尚缺乏成熟的经验;在对知识分子的改造工作中,也存在简单化和急躁情绪。他指出,产生这些缺点和错误的原因,是由于领导头脑发热、缺乏经验造成的。希望学校领导通过长期、艰苦的摸索过程,掌握教育工作的规律,探索一条中国式的办学道路。③

1958年,为适应福建省经济建设的需要,经中央批准,福建省委决定在省会福州建立一所综合性的理工科大学,命名为福州大学。根据中央及省委的指示,厦大积极担负起支持福大建校的任务,千方百计从各系、各单位挖掘潜力,在建系、招生、师资、设备等方面给予大力支援。

当时厦大提出的口号是:"为了办好福大,要人有人,要物有物;把困难留给

---

① 厦门大学档案馆、厦门大学校史研究室编:《厦门大学校史》(第二卷),厦门大学出版社2006年版,第110页。
② 厦门大学档案馆、厦门大学校史研究室编:《厦门大学校史》(第二卷),厦门大学出版社2006年版,第110页。
③ 厦门大学档案馆、厦门大学校史研究室编:《厦门大学校史》(第二卷),厦门大学出版社2006年版,第110~111页。

自己，把方便让给别人。"为了帮助福大解决师资问题，王亚南校长忍痛将厦大数理化一半的骨干教师，包括他曾煞费苦心从交大、浙大请来的老教师分给福大。福大首批校舍竣工后，厦大机械、电机、矿冶及数理化各系的两百位教职员和1100名学生分两批迁往福大。时任厦大党委副书记吴立奇调任福州大学党委书记，厦大副校长卢嘉锡也转任福州大学副校长。此外，厦大还拨出数万册图书和上万套教学科研仪器设备支持福大。在厦大的大力筹办和支持下，福州大学胜利完成了建校的任务。

在福州大学建校的同时，为了适应福建经济、科技事业发展的需要，成立了中国科学院福建分院，由王亚南兼任院长，卢嘉锡兼任副院长。在中国科学院福建分院成立大会上，王亚南指出，科学分院成立之后，将成为本省最高的研究机关和科学研究的核心组织，将成为各研究组织的指导推动力量，将根据当前的有利形势和各种有利条件，在中央及省委指导下，迅速充实和健全组织机构，扩大科学技术队伍，带动和组织全省的科学研究工作，通力合作，尽快将我省科学研究事业推向一个新阶段。

1960年伊始，国民经济出现了严重困难。厦大与全国各高校一样，粮食与副食品供应不足，师生浮肿病不断发生，师生健康状况下降。学校为此采取了一些积极有效的措施，狠抓师生的生活安排与劳逸结合问题，同时对浮肿病进行突击治疗。王亚南校长在全校师生大会上做关于国际国内形势报告，对国家当前面临的严峻形势进行了分析，要求大家做好充分的思想准备，努力去迎接困难、战胜困难。他那番语重心长的讲话，激励着广大师生，千方百计去寻找各种积极的办法，总算度过了三年困难时期。

"欲寄彩笺兼尺素，山长水阔知何处？"王亚南问自己，也问这片洒满无数烈士鲜血的土地。虽然道路坎坷，探索艰难，他还是无怨无悔地把自己的满腔热情，奉献给这片英雄的土地。

四、默默耕耘

1959—1961年，是被称为"瓜菜代"的三年困难时期。在艰难的日子里，王亚南依然像辛勤的园丁一样，默默耕耘在社会主义教育和科学研究的园地里。

1960年1月，他在《学术月刊》发表《谈谈百家争鸣中若干前提认识问题》一文。他说，"百花齐放，百家争鸣"是我们的党在文教科学工作上既定的一贯方针，但这个方针在实际上的贯彻和运用,却会因具体历史条件不同,而采用不同的形式,表现为不同的内容。他指出:"马克思主义的世界观,唯物历史观,社会主义的道路,工人阶级专政和党的领导……这些方面的大原则,是不容怀疑的,但这些大原则的贯彻和运用,却要求我们进行充分的研究讨论,此其一;马克思主义理论的一个非常明显的特点,就是联系实际,联系特定历史时期的阶级政治任务,因而,就不可能把所有的社会经济问题,都同样详细周密地进行研究,也就是说,还有许多历史上问题,有待于我们根据马克思列宁主义和毛泽东思想所提的原则来处理,此其二;社会经济在不断向前发展,在新的历史条件下,不断出现了新的现实问题,这就更需要我们根据马克思列宁主义和毛泽东思想的原则,结合我们自己时代的阶级政治任务,展开科学的分析讨论。"①

他认为,如果我们不去接触马克思主义,不用它来指导我们的独立思想活动,我们就有"闭智塞聪"的危险,就会变成目光短浅、思想固陋、脱离实际,在社会生活中特别在社会大变革大发展中迷失方向的人。他希望大家在争鸣过程中,要重视共同语言和共同概念问题,如有的经济学家"在一般经济理论上满口反对凯恩斯主义,但他立论的出发点和语言,却是凯恩斯的,是凯恩斯的祖师奥地利学派的;在人口论上满口反对马尔萨斯主义,但他立论的出发点和语言,又是马尔萨斯的。这将如何进行讨论呢?"②。他说,对价值规律的讨论也是如此,不少同志争论得面红耳赤热,竟是针对着不同含义的东西;大家一直讨论着商品生产条件下的价值和价值规律,有的同志讲的却是商品生产不存在条件下的价值和价值规律。王亚南"由是想到,我们任意解释范畴、概念,会在科学研究上,发生一定的不利影响"③。

不久,王亚南又在《中国经济问题》发表《大力开展经济科学研究工作,加速社会主义建设》的理论文章。他指出:"去年上半年在全国范围内以各种形式展开了经济理论的讨论,主要讨论了商品生产、价值规律和计件工资等问题,那种讨论贯彻了党的百家争鸣方针,大家知无不言,言无不尽地抒发己见,讨论的情绪是热烈的,讨论的成果是很大的,但却也表现了某些片面性。"④对那种"过分夸大价值规律作用"的观点他提出了批评,同时他强调,在当前情况下,"完全忽视价值规律

---

① 王亚南:《谈谈百家争鸣中若干前提认识问题》,1960年1月号(总37期)。
② 王亚南:《谈谈百家争鸣中若干前提认识问题》,1960年1月号(总37期)。
③ 王亚南:《谈谈百家争鸣中若干前提认识问题》,1960年1月号(总37期)。
④ 王亚南:《大力开展经济科学研究工作》,《中国经济问题》1960年第4期。

的作用和按劳分配的原则，是不现实的"。

他认为，整个说来，经济理论落后于形势的局面，在过去一年中显然还没有扭转过来。但也必须看到，经济学界反对旧传统、打破旧权威，改变原来理论落后于形势的局面的新因素、新条件，特别是新生力量在不断形成和成长。他希望广大经济理论工作者，能够踊跃投入到经济理论批判运动中，来加速我们的社会主义建设。

1960年冬，中共中央决定对国民经济进行大规模调整，以解决"大跃进"时期造成的国民经济比例严重失调的问题。1961年1月，中共中央召开八届九中全会，正式通过了对国民经济实行"调整、巩固、充实、提高"的八字方针。毛泽东在会上讲话说，搞社会主义不能那么急，不要务虚名而招实祸。

王亚南对此深有体会。这一年，他已接近60岁的退休年龄，他就自己的整个工作做了一次全面考虑。鉴于学校党组织已非常完备，又有得力的副校长可以承担起领导责任，他觉得自己应该摆脱繁杂的行政事务，集中精力研究并编写一部《从马克思到毛泽东的经济学说》的文稿。党组织为了更好地发挥王亚南的专长，经过研究，决定适当减轻他的行政工作负担，让他有更多的时间从事学术上的钻研。正如王亚南所说："当组织上同意并鼓励我做这样一种努力的时候，我就离开学校到上海去了。"①

就在王亚南集中精力研究、编写《从马克思到毛泽东的经济学说》一书时，1961年4月，中共中央宣传部召开了高等学校文科教材工作会议，时任中宣部常务副部长周扬在会上作了重要讲话。为了提高高等学校教育质量，中宣部决定组织全国著名的专家学者编写重点学科的基本教材。王亚南到北京参加了中宣部召开的这次文科教材工作会议，并承担了主编一部政治经济学史教材的任务。周扬在讲话中特别提到："郭老、范老、翦老、艾思奇同志、王亚南同志……要加一把劲啊！"王亚南深感自己肩上责任重大。

就在王亚南摩拳擦掌、准备集中精力编写政治经济学史教材时，1961年8月2日，著名爱国华侨领袖陈嘉庚先生因病在首都北京逝世，享年88岁。陈嘉庚先生是厦门大学的创办人，时任全国政协副主席、全国侨联主席，厦门大学广大师生员工沉浸在一片深切的哀悼声中。

8月15日，首都各界2000多人举行公祭仪式，周恩来总理主祭，全国侨委

---

① 王亚南：《自述》，存档。

主任廖承志致悼词。毛泽东、刘少奇等党和国家领导人送了花圈。8月20日，陈嘉庚的灵柩运抵厦门市集美镇鳌园墓地，叶飞、林一心、林修德等省市负责人专程前往迎灵。当天举行安葬仪式，由林一心同志主持，李文陵同志致悼词。

王亚南怀着沉痛的心情，撰写了《悼念陈嘉庚先生》和《陈嘉庚先生与厦门大学》两篇纪念文章，对陈嘉庚先生的爱国思想和倾资创办厦门大学的光辉业绩给予了高度的评价，他赞扬陈嘉庚先生是"一个热爱祖国的人，一个识大体、有远见、爱憎分明、言行一致的人，一个勤俭持身、律己甚严的人"。①

他说，新中国成立后，陈老先生定居故乡集美，看到了他所深恶痛绝的帝国主义势力和买办官僚资产阶级全被打倒了，人民政权确立了，他多年期待的民族独立、民主改革的愿望实现了。他以无比兴奋的心情积极参加人民政府工作，积极团结海外华侨。"从他的高度爱国主义精神出发，他衷心拥护人民政府对内对外的各项政策。他对我们的社会主义建设，对于我们淳朴优良的社会风气，对于人民政府各级干部的廉洁勤勉精神，时常津津乐道，赞不绝口。"②

王亚南回忆说，为了扩建厦门大学校舍，嘉庚先生经常到厦门大学来，我也不时到他居住的集美学村，接触的机会多了，使我更了解他的为人和性格，更多认识他对新社会的热爱之情。当有人担心在逼近敌人前哨阵地修建高楼大厦是否相宜时，他的回答是："敌人一边炸，我们一边建；今天被炸毁了，明天再建造起来。"我从他的这种严肃谈话中，看到他的决心和气魄，同时也不难想到，他对他生活周围的环境的改变，该是多么兴奋啊！

王亚南感慨地说，在短短数年内，长达七百余里的鹰厦铁路建成通车，使离集美仅五里路的杏林小农渔村，迅速变成了几万人的工业城镇。全国日新月异的变化，更使这位老人激动不已。王亚南深情回忆说，有一次他问陈嘉庚先生："你是否感到这些伟大的工程做得太快了呢？"陈老先生爆发出从来少见的笑声："人民政府很快实现了我几十年的愿望！"③

王亚南特别提到："陈嘉庚先生辛勤筹划创办厦门大学，并独资维持16年，为厦门大学今日的发展打下了基础。解放以后仍不违初衷，又给学校以极大的支持和关怀。他这种真诚办学，以发展祖国教育事业、培养人才为己任，而且持之以恒的

---

① 王亚南：《悼念陈嘉庚先生》，北京全国侨联：《陈嘉庚先生纪念册》（1961年）。
② 王亚南：《悼念陈嘉庚先生》，北京全国侨联：《陈嘉庚先生纪念册》（1961年）
③ 王亚南：《陈嘉庚先生与厦门大学》，北京全国侨联：《陈嘉庚先生纪念册》（1961年）。

精神是我们永志不忘的。"王亚南强调说:"厦门大学教育事业的一切成就,都是与陈嘉庚先生的无私奉献分不开的。现在陈嘉庚先生已经逝世,但是他的办学精神却永远印在我们心里。我们深信:在党和国家领导下,厦门大学的教学质量必将进一步的提高,厦门大学的特色必将更为鲜明,陈嘉庚先生对厦门大学的期望必将更好地实现并得到更大的发展。"①

这一年,随着国家对国民经济实行"调整、巩固、充实、提高"的方针,在文化教育领域也进行了一系列调整。1961年9月,中央宣传部和教育部共同起草了《教育部直属高校暂行工作条例(草案)》(简称《高教六十条》),并由中共中央批准试行。

《高教六十条》是教育部调查组深入几所重点大学,在调查研究、总结经验的基础上制定出来的。它针对几年来教育革命探索中出现的问题,强调高校工作必须以教育为主,努力提高教学质量,正确执行党的知识分子政策和"百花齐放,百家争鸣"的方针,充分发挥校长、校务委员会和各级行政组织的作用,改进党的领导和领导作风,加强思想政治工作。

《高教六十条》提出的这些教育方针、教育政策和措施,正是王亚南前几年在厦门大学所极力提倡和孜孜以求的。然而他的正确主张在当时却被视为"右倾保守",短短几年时间,历史转了一个圈,又转回了原地。令人痛心的是,"向科学进军"的宝贵时间被浪费了,一大批优秀知识分子的感情也被伤害了。

《高教六十条》的一个中心问题,就是调整党和知识分子的关系。因为1957年以来,在反右、"拔白旗"、批"白专道路"和破"资产阶级学术权威"运动中,对知识分子进行了不少过火的、错误的批判。如果不实事求是地纠正这些错误,就难以充分调动广大知识分子的积极性、主动性和创造性,"向科学进军"和科学技术现代化就可能落空。

1961年下半年,在贯彻《高教六十条》精神的过程中,厦门大学对1957年以来在历次政治运动中被批判的教师情况进行了清理,发现对其中多数人的批判存在着明显的缺点和错误。此后,通过学习会、座谈会、工作会和个别谈话,由校、系两级党组织负责同志对一些问题做了解释和说明,对被批判的教师进行了认真的甄别,对批判错了的同志给予赔礼道歉。同时,学校对各类教师进行了分析研究和合理安排,特别注意发挥老教师的专长,使广大教师能够各尽所能,安

---

① 王亚南:《陈嘉庚先生与厦门大学》,北京全国侨联:《陈嘉庚先生纪念册》(1961年)。

心工作。

在这次甄别中,福建省委对当年在"反右倾"和"拔白旗插红旗"运动中对王亚南进行的错误批判进行了检查,省委宣传部领导还专门上门向他表示道歉,王亚南大度地说:"没什么,我也是共产党员,是自己人,不会放在心上的。"

经福建省委批准,1961年12月15日至17日,中共厦门大学第三次代表大会隆重召开。会议对1958年开展教育革命以来存在的问题进行了分析,取得了比较一致的认识:在贯彻执行党的教育方针、政策时,必须结合学校的具体情况和特点,正确处理好内外关系及政治与业务的关系,真正做到以教学为主,不断提高教育质量;要认真贯彻执行党的知识分子政策和"双百"方针,对知识分子应有一个全面的认识,掌握他们的特点,合理地安排使用;党的领导必须坚持实事求是、一切从实际出发的思想作风,发扬民主作风,划清政策界限,充分调动一切积极因素等等。①

会议认为,1958年教育革命中批判"白专道路"是有偏差的,把白与专看成是一回事,似乎专了就会变白,使人不敢用功读书,不敢刻苦钻研,不敢在业务上有"冒尖"精神。《高教六十条》对红与专的具体要求已阐述得十分明确,应认真加以领会和贯彻执行。王亚南同志在这次党代会上被选为学校党委委员。

王亚南(二排左八)与计划统计专业1961级学生毕业合影

---

① 厦门大学档案馆、厦门大学校史研究室编:《厦门大学校史》(第二卷),厦门大学出版社2006年版,第110~111页。

1962年1月至2月，为了系统地总结"大跃进"以来的经验教训，统一全党的认识，中共中央在北京召开了扩大的中央工作会议（又称"七千人大会"）。毛泽东在讲话中对近几年来党的工作中发生的缺点错误承担了责任，带头做了自我批评。"七千人大会"后，中央决定下决心对国民经济进行大刀阔斧的调整。经过各方面的共同努力，到1963年夏季，国民经济形势已开始全面好转，这是在艰难地纠正了"大跃进"的错误后取得的，可谓来之不易。

1962年1月7日，王亚南在《文汇报》发表了《回顾与展望》一文，对一年来我国经济学界开展经济研究的情况进行了总结。他指出，综合全国各地在经济科学方面的学习、研究、讨论和出版情况，我们可以看到它以往一年取得的显著成绩或极有希望的动态：一是认真学习的风气开始形成了。在一般经济机关、经济实际部门，都在认真钻研经济理论。特别在高等学校，学习经济专业的学生及青年教师，已经认识到经济学是一门需要大量脑力劳动和调查实践才能对付的科学，不能以"善良的"前进愿望代替刻苦钻研。二是学术讨论逐渐活跃起来了。虽然从各地在经济科学方面提出的讨论和已发表的论文、论著看，数量诚不算多，但对于每一个问题，各方面都提出了自己的看法，都展开了热烈的讨论。这对于贯彻"百花齐放，百家争鸣"方针，活跃学术空气，产生了深远的影响。三是有关教学研究方面的基本建设工作，在积极而稳步地进行着。这包括各种经济教材编写，各种国外古典的庸俗的经济论著的翻印，各种经济史、经济思想史料以及各种调查材料的整理。①

王亚南认为，所有这些方面的工作，特别是体现在这些工作中的踏实研究精神和学术争鸣精神的发挥，是我们经济理论工作者、实际工作者这一年来在党的方针指导下共同努力的成果。同时也是我们在今后一年沿着这个方向继续努力的有利条件和基础。

此时，由周扬亲自领导的全国高校文科教材编写工作正如火如荼地进行着。王亚南由于承担了经济学史教材的编写工作，便留在上海，并着手组建教材编写班子。通过华东局宣传部，他从复旦大学、杭州大学和厦门大学经济系物色了三位中青年教师作为他的助手，来协助他进行教材编写工作。这三位中青年教师分别是杭

---

① 王亚南：《回顾与展望》，《文汇报》1962年1月7日。

州大学的蒋自强①、复旦大学的方崇桂②和厦门大学的王洛林③。

王亚南要求这3位青年教师先从研习经济学史开始,并给他们布置了任务:先花一年时间认真研读《资本论》和几部经济思想史专著。通常由他先讲,然后大家分头去看,再集中提出问题,最后由他来解答问题。每个月下来,大家都感觉收获不小。

王亚南提出,在教材编写中要坚持史论相结合的原则,以充分的资料为基础,改变中外所有经济学史中将中外分离、古今割裂的不足,将古今中外所有对人类产生过重要影响的经济学说、经济思想和经济思潮进行汇编、评述,再在此基础上撰写、编著一部适合高校学生使用、约50万字左右的政治经济学史教材。因此,整个编纂体系"已经不仅仅是一部单纯的经济学说史或政治经济学史教材,而是一部包含古今中外的经济思想通史"。

王亚南带领他们一起认真学习,反复讨论。即使对自己的学术成果,他也从党性的高度,严格地进行审查。几位年轻助手原以为不过是跟专家学习学习而已,不料第一次开始讨论提纲时,王亚南就首先把自己以前编写的《政治经济学史大纲》作为靶子,进行了一次无情的自我批判。他认为,以前由资产阶级经济学者编写的经济学史,基本上是资产阶级学者的"家谱体系",不分主从,把马克思主义放在"不足齿"的地位。而自己编写的这部《政治经济学史大纲》,不论从体系看,从内容看,也存在种种不足。他诚恳地对大家说,"我并不想轻易放过我自己,你们也不要轻易放过我!"。④

几位年轻助手无不为导师这种自我批判、光明磊落的精神所感动。王亚南语重心长地说:"这就是'再认识'。它是个好东西,越多越好。世上事物复杂多样,事物进程又那么曲折,一个人能一次认识事物的全部本质吗?不可能的。不断的再认识,就是从相对真理靠近绝对真理的过程。"⑤

此后,经过一年多的努力,几经修改,才确定了教材的体系和内容,拟定了一

---

① 蒋自强,1927年生,江苏溧阳人,1953年毕业浙江大学教育系,后留校任教。1954年进入中国人民大学政治经济学研究生班学习。1956年毕业后,在杭州大学从事经济学和经济学说史的教学工作。
② 方崇桂,1931年8月生,浙江黄岩人。1955年毕业于复旦大学经济系。1959年中国人民大学政治经济学研究生毕业。
③ 王洛林,1938年6月生,湖北黄冈人,系王亚南之子。1960年毕业于北京大学经济系,在甘肃师范大学任教一年后,调到厦门大学经济系工作。
④ 王岱平、蒋夷牧:《生命的辙印》,海峡文艺出版社1986年版,第132页。
⑤ 王岱平、蒋夷牧:《生命的辙印》,海峡文艺出版社1986年版,第132页。

个以马克思主义政治经济学为主题、包括五个篇目的政治经济学史大纲。这和过去同类的著作,包括王亚南自己的《政治经济学史大纲》比起来,已经有了重大的突破和明显的提高。全书的体系、结构、范围和方法,以及编纂该书所必须遵循的原则、步骤和所要达到的要求、特色已初步形成。

就在这时,全国高校深入学习贯彻毛主席关于"少而精"和"启发式"教学的指示,王亚南和3位助手通过学习,在认识提高的基础上,经过反复研究,决定对原有体系进行调整,重新确定提纲,变五篇为三篇,使之更符合政治经济学史发展的实际和"少而精"的原则,突出了马克思主义经济学在经济思想史上的地位,加强了革命性和科学性的统一。对此,王亚南感到很高兴,他认为,有了新的认识和提高,这是更大的收获,可以把工作做得更好。一个共产党员,只有勇于自我批评,自我否定,勇于纠正过去的缺点和错误,才能不断前进。

编写提纲拟定后,3位助手开始资料的准备工作。王亚南这时已是花甲之年,并患有高血压症,但他仍然每天埋头工作,不顾严寒酷暑,每天都苦干十几个小时。这项浩大的工程得到了教育部的肯定,编写工作有条不紊地展开。1964年下半年全国开展"四清""社教"运动,王亚南让三位助手各回原单位参加运动,他自己也于1965年3月从上海回到厦门,教材编写工作只好暂时停了下来。后来他决定对编写计划和编写方式适当做一些调整,以便能在厦大校内将编写工作继续进行下去。但当时的环境和氛围已不容他专心致志地静下心来编书,因此工作进展不大。到1966年初,资料的收集、汇编工作总算基本告一段落。

鉴于马克思和恩格斯创立的无产阶级政治经济学,是在批判地继承资产阶级古典政治经济学的基础上建立的。为了加深对资产阶级古典政治经济学的了解,进一步推动对马克思主义政治经济学的学习与研究,在资料收集、汇编的基础上,王亚南主持编选了《政治经济学史资料选辑》,1965年12月由商务印书馆出版。

该书选辑了资产阶级古典政治经济学主要代表人物的主要著作(文章或部分章节),包括威廉·配第的"赋税论""政治算术""货币略论",布阿吉尔贝尔的"法国详情""谷物论",魁奈的"经济表",杜尔阁"关于财富的形成和分配的考察",亚当·斯密的"国民财富的性质和原因的研究",大卫·李嘉图的"政治经济学及赋税原理",西斯蒙弟的"政治经济学新原理"等。每节文前还扼要介绍了这些古典政治经济学代表人物的生平、思想和在政治经济学史上的地位。

可惜的是,就在编写组完成资料搜集、准备转入编著教材阶段时,"文化大革命"爆发了。这部教材的主编和学术带头人王亚南被作为"反动学术权威"受到严厉的批判,几位助手再次被迫撤离、回原单位参加运动,教材的编著工作也被迫停顿了下来。这成了王亚南一生的"憾事",也是中国经济思想史学界的一大损失。

五、精益求精

翻译《资本论》是王亚南一生中最为辉煌的学术成果之一。作为一个共产党员,他感到这不仅仅是他和郭大力两个人的事,而是马克思主义传播史上的大事,是党和无产阶级事业的一部分。随着时间的推移,由于时代的隔阂和文字习惯的演变,当年的译文在十几二十年后看来,已有不少地方显得拗口了。

新中国成立后,当年出版《资本论》的读书生活出版社已变成生活·读书·新知三联书店;1951年三联书店又被并入人民出版社。作为我国第一家综合性的大型哲学社会科学出版社,人民出版社肩负着马克思主义经典著作出版的重任。鉴于全国上下学习马克思主义热潮的兴起,人民出版社决定请译者对1938年版的《资本论》进行重新修订,以满足广大干部群众学习《资本论》的迫切需要。

其时,王亚南刚出任厦门大学校长不久,校务十分繁重。于是,重新修订的重任就落在了郭大力的身上。好在《资本论》一、二、三卷原本就是以郭大力为主翻译的,加之他原先对《资本论》译文就进行过部分修订,因此倒也轻车熟路。王亚南则对自己翻译的部分着重进行了修订。经过两个人一年多的努力,终于完成了《资本论》一、二、三卷的修订工作,使《资本论》的译文更加通俗、准确,整体翻译水平比初版有了明显的提高。

1953年3月、6月、12月,经郭大力、王亚南修订后《资本论》一、二、三卷先后由人民出版社出版,此后多次重印,成为马克思主义传播史上的一件大事,在火热的社会主义革命和建设中发挥了积极的作用。

尽管如此,由于《资本论》本身的博大精深,由于这部经济学巨著涉及的面太广、翻译的难度太高,因此,1953年修订版发行后,王亚南还是陆续收到了一些好学的干部和群众的来信,反映译文仍较艰涩,增加了阅读、学习的困难。他为此深感不安,严肃的责任感使他意识到,在条件成熟时仍有对《资本论》进行重新修订的必要。

王亚南认为,自从1938年郭大力和他完成这部著作的翻译以来,整个学术界和翻译界的水平都有了很大的提高,自己在翻译上也有了不少进步。1953年他们

对全书虽然进行过一次修订，但仍存在着一些不足和遗憾。如果有机会从头到尾审查一下译文，做一次全面的修订，使表达更加准确，文字更加通畅，一定能够更好地满足广大干部、群众日益增加的学习马克思主义经典著作的要求。

1960 年代初，在中央宣传部、中央编译局和人民出版社等单位的支持下，郭大力和王亚南接受了重新校订《资本论》的任务。但由于当时郭大力正在患病，便以王亚南为主对 1953 年版的《资本论》一、二、三卷进行了一次全面的修订。

修订工作一开始，王亚南就叫来学术秘书，郑重其事地和他谈了这次修订的意义，恳切地对他说："译文有缺点，有些句子长，不够通俗，群众提到了，一定要改！你就按你的水平看，凡是不好懂的地方，都用红笔划出来。"他见秘书似乎有些为难，便直率地说："你我都是共产党员，不要怕露你的丑，也不要怕露我的丑，改好它就可以让更多人能看懂。"

此后，历时几年，王亚南根据德文原本，又参照英文、日文译本，逐字逐句地修订《资本论》三大卷的中译本。像当年和郭大力翻译时一样，他对每一个有疑问或歧义的地方都毫不含糊，认真加以推敲，一直改到满意时为止。

有一次，他收到一位解放军同志的来信，说对书中一张关于再生产的图表感到难以理解，经一再琢磨，觉得翻译可能有误。王亚南对来信十分重视，当即对这张图表进行了检查，并与德文原版一一对照，一时没有查出翻译有什么错。但他仍有些不放心，第二天又对图表进行了一番推敲，果然发现了其中的错误。

这究竟是怎么回事呢？他思索了半天，难道是德文原本就印错了吗？随后，他让秘书到图书馆去，把刊有影印马克思手稿的书都找来。然后两人一本一本地查找，终于在一部书中找到了这张图表的影印件，仔细与原本一对照，果然是德文原本排印错了。王亚南如释重负："好险啊，二十多年了，差点给《资本论》留下一个错误！"他激动不已，马上给这位解放军同志写了一封感谢信，表扬他认真好学的精神，感谢他为修订《资本论》做了一件好事。[①]

在抓紧对《资本论》全三卷译文进行修订时，王亚南在宣传、介绍《资本论》方面也做了大量的工作。他在厦大经济系成立了《〈资本论〉通俗讲座》编写组，由他和时任厦大经济系主任袁振岳担任主编，政经教研室的蒋绍进、罗郁聪等几位骨干教师参加编写，以通俗解读的形式，逐章逐节介绍、阐释《资本论》的内容。

---

① 王岱平、蒋夷牧：《生命的辙印》，海峡文艺出版社 1986 年版，第 131 页。

每篇均由王亚南亲自审定后在《中国经济问题》（月刊）定期刊出，以满足广大干部、群众学习、研究《资本论》的需要。

《资本论》通俗讲座自 1961 年起开设，深受广大干部、群众的欢迎、喜爱和重视。随着讲座内容的陆续整理发表，厦大的《资本论》研究也迅速成为全国关注的热点。1963 年 12 月，《〈资本论〉通俗讲座》（第一分册）由上海人民出版社结集出版。王亚南在《写在〈资本论〉讲座前面》一文中指出：

> 对于任何一部有价值的著作，要想在学习过程中，不遇到一些困难是不可能的。问题是像《资本论》这样一部"体大思精"的书，如果能让读者在开始学习它以前，或者在学习过程中，得到某种有助于减轻他们困惑、增进他们理解的入门书，那也是非常必要的。
>
> 像《资本论》这样一部关系人类历史命运，关系马克思主义哲学社会科学理论的建设与发展的伟大著作，在每一个历史发展阶段，在每一个采取了不同阶段斗争形式的国家民族，学习起来，都会依照它的时代或阶级的要求，提出不同任务。哪怕同是这一部书，它里面蕴藏着丰富而深刻的内容，只有通过各个不同时代和阶级斗争的不同要求，才能逐渐启发引导我们去发掘它，体会它，发扬它。"温故而知新"，在这里是有更深刻得多的含义的。
>
> 尤其重要的是，我们从事任何一项科学思想工作，都是要把时代向我们提出的要求和任务贯注在它里面的。……我们不是单纯为《资本论》而学习《资本论》，而是希望通过《资本论》的学习，直接间接有助于我们当前的理论与建设的任务；批判分析当代垄断资本及其思想意识，彻底揭露各种修正主义、改良主义和全面研究我们社会主义经济制度……我们在对《资本论》作解述说明的过程中，就会在无形中贯注我们的时代精神，使它有生气，有生命，有着我们见不到摸不着但却非常真实存在的新鲜气息与活力。①

王亚南说，正因此，我们从我校经济系政治经济学教研组中抽出五六位同志，作为边学边写的主体，加上几位《资本论》研究生，共同学习研究。"我们把学习研究的结果，在《〈资本论〉通俗讲座》的总题目下，陆续发表出来，主要是希望由此得到各方面的帮助和指示。不管是关于哪方面的意见，我们都非常欢迎；如果

---

① 王亚南：《写在〈资本论〉通俗讲座前面》，《中国经济问题》1961 年 11 月第 8 期。

有必要，我们将在《中国经济问题》这个刊物上，腾出一定的篇幅，作为我们大家公开讨论的园地。我们希望这个讲座，将成为大家共同学习的讲坛，我们的《资本论》通俗本，将成为大家共同努力的成果。"①

为了推动《资本论》的宣传、普及和研究工作，王亚南在这一时期还发表了大量关于《资本论》研究的文章：从《资本论》研究的目的与方法到《资本论》总结构和各卷的系统理解，从《资本论》产生的时代背景和阶级历史任务到恩格斯、列宁、毛泽东对《资本论》的阐扬与发展……

从1959年到1965年，短短五六年间，王亚南就发表了30多篇关于《资本论》研究的专论，其数量之多，密度之大，水平之高，在国内《资本论》研究领域可以说是首屈一指的。这些系列文章从《资本论》产生的时代背景、历史任务、研究对象、研究方法、结构体系及历史功绩等方面进行了深入分析，并结合学习、研究《资本论》的体会，对当代资产阶级学者对《资本论》的各种指责进行了反批判，对于当时经济理论界争论的许多重要问题提出了自己的见解。

这期间，王亚南还应邀到北京、南昌等地进行短期讲学或开办学术讲座，讲解马克思的《资本论》及当代社会主义经济的热点问题。例如，1962年10月，他应江西省委党校的邀请到南昌讲学，对《资本论》产生的时代背景与阶级历史任务、研究的对象与方法、结构与体系、第一卷、第二卷、第三卷的要点，以及学习与运用《资本论》的途径，分别做了全面系统而又简明扼要的介绍。与王亚南《资本论》研究的学术专论比，讲学的内容自然更加口语化，也更加深入浅出、通俗易懂，受到了学员们的欢迎和好评。

此外，王亚南还亲自招收《资本论》的研究生，指导他们读书、研究和写作，对培养他们付出了许多心血；他还组织人员翻译日本学者集体编写的《〈资本论〉词典》一书，分期在杂志

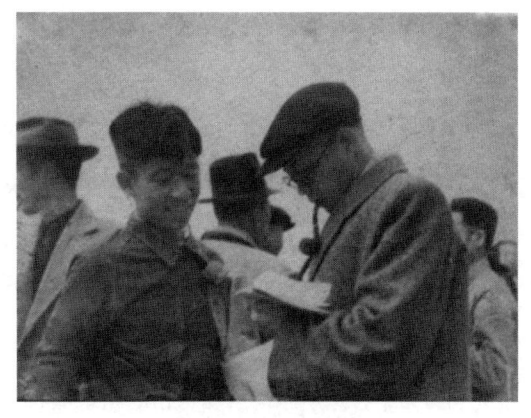

王亚南给学生签名

---

① 王亚南：《写在〈资本论〉通俗讲座前面》，《中国经济问题》1961年11月第8期。

上刊出，以帮助读者弄清《资本论》中的各种概念、范畴和典故。

由于王亚南在《资本论》研究领域的突出贡献，以及他所带领的《资本论》研究团队的集体努力和出色表现，厦门大学迅速成为全国《资本论》学习、研究、宣传和教学的重要基地，引起了人们的重视和关注，不时有外地学者和单位不远千里前来参观、学习和取经，从而大大提高了厦门大学在马克思主义研究领域的知名度。

王亚南一心扑在教育事业上，超负荷的运转使他的身体失去了均衡，血压一次次升高。学校党委几次要他去外地休息，他都以各种理由婉言谢绝了。后来有一次因血压实在太高，他不得不进了无锡太湖疗养院。可没住几天，他便大喊"吃不消"，说"住院比生病还难受"。他给朋友写信说："我不打扑克不下棋，也没有一套病史可以津津乐道，在那里，是会住出毛病来的。"后来他擅自从疗养院跑回了上海，这也是他一生中唯一的一次疗养。

在集中全力修订《资本论》、研究《资本论》的紧张日子里，王亚南也时时关心着远在东南海滨的厦门大学，关心着学校的老师、学生们，为学校取得的每一点成绩和进步感到由衷的高兴和欣慰。

1961年3月5日，时任中宣部常务副部长周扬到厦门大学视察，经过认真考核，认为厦门大学已经达到全国重点大学的条件。经学校申请，中宣部推荐，中央审批，厦大被正式列为全国重点高等学校。

1963年9月12日，教育部正式下文，确定将厦门大学列为全国重点高等学校，学校的隶属关系也随之改为教育部直属。这是国家对厦门大学几十年办学成就的充分肯定，从教育体制上确立了厦门大学在全国教育事业中的重要地位，为学校的发展提供了广阔的空间，同时也对厦门大学此后的办学提出了更高的要求。

厦门大学成为全国重点大学后，为了实现决策的民主化与科学化，发动全校师生员工关心学校的发展，学校重新成立了以王亚南校长为首的、由35人组成的新的校务委员会，以讨论和决定学校行政工作中的重大问题。

在中央和地方政府及海内外华侨的大力支持下，在王亚南校长和全校师生员工的共同努力下，这所东南首屈一指的国家重点综合性大学，正迈开雄健的步伐，以崭新的姿态出现在中国教育界，出现在世界面前。

第十三章 动荡年代

>人生无处不作客，莫谓有家归不得。
>
>小楼遥看海天月，不嫌窄。
>
>古稀之年早不惑。
>
>　　　　　　　——王亚南《渔家傲·古稀之年早不惑》

三年困难时期过后，国民经济得到了一定的恢复和发展，老百姓也大大地喘了一口气。然而，"左"的指导思想并没有得到全面纠正，"阶级斗争一抓就灵"的调子反而越唱越高，终于酿成了史无前例的"文化大革命"，史称"十年浩劫"。

在那个动荡的年代里，王亚南和许多正直的知识分子一样，不仅经受了痛苦和困惑，承受了心灵的煎熬，而且经历了人生中最艰难的时刻。他不能不感叹"人生无处不作客，莫谓有家归不得"，不能不深深地为国家的前途和命运而担忧。

"长夜漫漫睡不得"，这是他留给世人的"忠告"，也是他在那风狂雨骤的岁月里"默默抗争"的历史见证。

一、乍暖还寒

"风起于青蘋之末。"

1963年2月，中央召开工作会议，毛泽东提出"阶级斗争，一抓就灵"的论断，中央决定在全国城乡普遍开展社会主义教育运动，简称"社教"。农村的社教，以清理账目、清理仓库、清理财务、清理工分为主要内容，因此又被称为"四清"。

"社教"运动被视为反修防修的一个重大战略部署，为了推动农村社教运动的开展，中央先后制定了《关于目前农村工作中若干问题的决定（草案）》（即"前十条"）和《关于农村社会主义教育运动中一些具体政策的规定》（即"后十条"）。运动由试点逐步向更大范围展开。1964年五六月间，中央工作会议在北京召开。会议强调要放手发动群众，对"四不清"的干部要追查，把运动搞深搞透。此后，全国抽调了一百多万干部组成工作队，投入"四清"运动。

根据中央和省委的指示、部署，厦大也先后组织了近3000名师生到闽南农村

参加"社教"运动,以"接受实际斗争的锻炼,促进思想革命化"。当年冬天,根据省里的部署,又组织了600多名师生,参加农村点上的"社教"运动,前后10个月。除参加农业生产劳动外,还参与清理账目、清理财务、审查农村基层干部、组织阶级队伍、建立领导核心等工作。

社教初期,在上海忙于编写政治经济学史教材的王亚南,也结合自己的工作,通过学术报告和发表文章,对资产阶级庸俗经济学进行了深刻的批判。1961年4月,他应浙江省经济学会的邀请,做了三次学术报告,演讲题目分别是"资产阶级庸俗经济学是各种庸俗社会主义经济理论的来源和基础""马克思主义与修正主义""学习资本论,反对现代修正主义"。在报告中,王亚南对资产阶级庸俗经济学,特别是作为晚近资产阶级庸俗经济学集大成者的凯恩斯经济学进行了重点揭露和批判。

王亚南校长

在比较、分析了当代资产阶级庸俗经济学与各种庸俗社会主义经济理论之间的密切联系与共同特征后,王亚南指出,他们都用马尔萨斯的人口论和李嘉图的工资铁则说来解释贫困,用马尔萨斯的消费不足论来解释危机。他们只有把社会弊害说成是自然不可避免的趋势,才好在奥地利派主观价值学说的指导下,即在排除劳动价值学说的前提下,像伯恩斯坦那样高唱巴师夏的经济调和说,高唱有组织的资本主义说与和平过渡说。"而考茨基的超帝国主义论,希法亭的超阶级国家说,遵循所谓凯恩斯主义所强调的公私经济混合论、社会主义和资本主义因素混合论等等荒谬主张,又都无非是建立在上述经济调和说一类荒谬论点上。"[①] 各种庸俗社会主义经济理论总是以资产阶级庸俗经济学作为其理论根据、来源和基础。庸俗社会主义和庸俗经济学不仅表现为一脉相承的传统世系,在历史演变过程中相互支持、吸收和融合;而且在现实斗争中也保持着一定的距离和特点。

1964年1月,在《凯恩斯经济学说批判》一文中,王亚南明确指出,凯恩斯是资本主义自由经济学说的反对者,也是国家垄断资本的辩护者。凯恩斯的整个学说,就是利用国家机构来为垄断资本服务。因此,他要千方百计地把那些不利于维

[①] 《王亚南同志谈资产阶级庸俗经济学是各种庸俗社会主义的经济理论的来源和基础等问题》,《浙江学刊》1964年4月第2期。

护当代国家垄断资本统治的经济思想，如把自由放任清理出去；对那些有利于维护当代国家垄断资本统治的经济思想，如国家干预吸收进来。其所谓"打破传统，建立新说"，只不过是打破了传统的自由放任，建立国家垄断资本的统治，这是由他的阶级立场所决定的。①

1964年秋天，王亚南从上海回到厦门，参加学校"社教"运动文件的学习。此时他已63岁，在全校师生大会上，他积极表示要争取到农村去参加"四清"运动，下去的目的在于深入基层，深入实际，开展调查研究，以更好地为社会主义革命和建设服务。随后，他便亲自带队到福州的一些工厂、农村进行实地考察。几十年后，人们从他留下的一本泛黄的笔记本上，仍可以清晰地看到他当年下厂、下乡参观、考察的行程记载：

　　10月6日，考察鼓山人民公社；
　　10月7日，参观福州玻璃厂、丝绸厂；
　　10月8日，参观福州搪瓷厂、第二塑料厂；
　　10月9日，参观福州农业机械厂；
　　10月10日，参观福州柴油机厂
　　10月12日，参观福州造纸厂、福州火柴厂；
　　10月13日，参观福州灯泡厂、福州化学纤维厂；
　　10月15日，考察城门人民公社、福州第二化工厂；
　　10月16日，考察快安人民公社快安大队。

短短十几天，王亚南一行就参观考察了福州十几个工厂或公社、大队，行程可谓密集。每到一处，王亚南都详细听取工厂或公社、大队负责人的情况介绍，了解该单位的基本情况和历史沿革、取得的成绩和存在的问题，以及"社教"运动开展的情况。尤其是在农村公社和生产大队，他问得更多、更细，毕竟农业是国民经济的基础，这些年农业、农村的情况究竟怎么样，他颇为揪心。

从王亚南在参观考察中留下的两份现场笔录，可以看出这位出自农村、心系农民的经济学家的良苦用心：

---

① 王亚南：《凯恩斯经济学说批判》，《新建设》1964年1月，1月号。

1964年10月15日上午，参观福州城门公社。①

党委王书记介绍情况：全社21个大队，348个生产队；10483户，53501人；劳动力7481人，辅助劳动力3148人；每个生产队平均100～130人。全社田地16843亩（其中稻田12899亩，洲地1467亩，园地818亩，柑橘地1007亩，果地4563亩，茉莉花地97亩）；社员自留地4176亩，占总面积20%多。公社企业：良种繁殖场、农械场、畜牧场、造船厂、文具厂、围垦场、农林场。固定职工253人，临时工约一百人。

解放前这里是缺粮区，解放初还缺100万～700万斤，现在一年向国家卖粮食一百多万斤。解放初平均亩产才700多斤，高级社后大发展，1960-1961年每亩800多斤，1962年下半年更好些；解放前种两季，现在三季，1963年早稻、晚稻都种，三季合起来有1500多斤；1964年早稻亩产761.5斤，比去年增加；晚稻估计700多斤，两季产量加起来有接近1500斤，比去年可增加10%。

增产的原因：1.改良品种。1961年从广东引入矮脚高特号早稻，晚稻也推广新品种；2.耕作制度上的改变，多搞连作，改变以前间作；3.增加肥料；4.抓防治病虫害，用六六粉杀虫，加强田间管理。此外，抓农业技术推广，抓科学研究工作，也有一定的积极作用。

虽然在现场考察的时间短，但王亚南却问得很详细，从人口到土地，从粮食作物到经济作物，从畜牧业到副业以及社员的分配，他都了解得一清二楚，使他对城郊型公社的基本情况有了一定的认识。第二天，他又马不停蹄地赶往快安公社快安大队，了解大队一级农村的生产经营情况和社会生活面貌。

1964年10月16日下午，参观快安人民公社快安大队。②

大队负责人介绍情况：共有628户，2936人；劳动力386人，半劳力535人；土地1275亩（水田1075亩，山地314亩，洲地216亩）；自留地152亩；每人平均5～6分地。有生产小队23个，畜牧场一个（大队办）。生产上以粮食为主，种一些蔬菜；除了农业生产，还搞副业生产，如打石头，家庭副业养猪。

去年水稻亩产660多斤，今年达706斤，还有800斤的。除了种两季水稻外，还种菜、山茶（田里主要用河泥做肥料），种山茶（每亩平均产量250斤）、油菜的

---

① 王亚南：《福州城门公社调查笔记》，存档。
② 王亚南：《福州快安公社快安大队调查笔记》，存档。

比例不断增加。

单粮食种植上不比城门低，平均起来算，亩产量就比城门低。推广良种上不如城门快。队之间收入不平衡，主要也是经营管理上的问题，还有发挥潜力不同，有的队抽出一批人搞副业，剩下的人均能把农业搞好，有的队就抽不出人力搞副业（其实23个队之间的劳力、土地差不多）。

计划生育问题大会小会都在宣传，今年比去年好。以前妇女放上避孕环有反应，会生病，今年少了。这个大队去年生了106个小孩，今年才生50多个。婚姻问题，买卖婚姻风很盛，赌博是偷偷进行的。

在快安大队，王亚南同样了解得很详细，从人口、田地到主业、副业，从去年收入到今年收入，从粮食种植到生产技术，乃至计划生育和婚姻问题、赌博问题，他都做了详细了解和记录。快安大队在福建农村算是比较大的一个生产大队，因此也较具有典型意义。

大队作为联系公社、生产队的桥梁和纽带，是农村最基层的行政单位，大队经营管理得好不好，对农业和农村的发展影响很大。几年前王亚南曾在《福建日报》发表过一篇文章——《关于以农业为国民经济基础的理论的初步考察》，他希望今后如有条件，能在农业方面做一些更加深入的探讨。

从福州考察工厂、农村回到厦门后，王亚南继续他在经济学领域的理论探讨。11月，他在《中国经济问题》发表《当前政治经济学战线上的所谓生产价格派与价值派间的理论斗争》一文，对论坛上众说纷纭、论争激烈的两派观点进行了评析，表明了自己的立场与观点。

不过，理论界的争论是一回事，现实的政治运动依然按照它自己的逻辑和惯性在向前推进。为了总结"四清"运动的经验，进一步解决"四清"运动中的问题，1964年底至1965年初，中央政治局召开扩大会议，在毛泽东的主持下，制定了《农村社会主义教育运动中目前提出的一些问题》（即"二十三条"）。会议把"四清"确定为"清政治、清经济、清组织、清思想"，并规定城乡社会主义教育运动一律简称"四清"。会议首次明确提出，运动的重点是"整党内那些走资本主义道路的当权派"，运动的性质是"解决社会主义和资本主义的矛盾"。

1965年秋季新学期开学后，根据上级部署，厦大又组织了1500多位师生、干部到闽西农村参加"四清"运动，前后10个月，直到1966年6月才返校。与

此同时,学校还根据省委领导关于"要把厦门的工厂当成厦门大学的实验厂,把工厂和学校结合起来"的指示,对学校的教学、科研和生产劳动进行了重新调整和安排,组织教师、学生到工农业生产第一线去,走教育与生产劳动相结合的道路。

王亚南和吴兆莘、萧贞昌三位教授也根据组织安排来到闽西农村参加"四清",虽然他们没有和师生一起全程参加,但通过下基层和接触农村社会实际,从中也得到了不少锻炼。与此同时,王亚南继续抓紧在政治经济学方面的研究和对资产阶级思想的批判。

1965年11月,他在《中国经济问题》发表《决不能从〈资本论〉里面去找利润是社会主义生产目的的理论根据》一文,对经济理论界出现的对利润指标欲言又止、却拐弯抹角地从《资本论》里去找利润是社会主义生产目的的理论根据的观点提出了批评。他认为,这非但不是对《资本论》的尊重,而且是对它的误解和曲解。

就在王亚南发表这篇文章的时候,11月10日,上海《文汇报》发表了姚文元的署名文章《评新编历史剧〈海瑞罢官〉》。文章把剧中写的"退田""平冤狱"等情节,同1962年出现的所谓"单干风""翻案风"联系起来,指责它是资产阶级反对社会主义革命的一种表现。这篇文章成为发动"文化大革命"的一个信号。

"乍暖还寒时候,最难将息。三杯两盏淡酒,怎敌他、晚来风急?"一场新的政治风暴即将来临了,它将给这个国家、给这块土地上的人民、给广大的知识分子带来些什么呢?

二、风狂雨骤

1966年5月,一场史无前例的"无产阶级文化大革命"爆发了!

5月16日,正在北京召开的中共中央政治局扩大会议通过了由陈伯达等人起草、经毛泽东多次修改的《中国共产党中央委员会通知》(即"五一六通知"),对"无产阶级文化大革命"的性质、对象、运动的步骤、政策等各个方面做了明确规定,成为进行这场运动的纲领。会议同时决定设立中央文革小组,由陈伯达任组长,康生任顾问,江青、张春桥任副组长。

"五一六通知"标志着"文化大革命"的正式开始。

为了进一步排除运动的阻力,制定全面开展"文化大革命"的方针,毛泽东于8月1日亲自主持召开了中共八届十一中全会,并写了《炮打司令部——我的一张大字报》，印发全会。8月8日，全会通过了《关于无产阶级文化大革命的决定》（简称《十六条》），明确提出："我们的目的是斗垮走资本主义道路的当权派，批判资产阶级反动学术'权威'，批判资产阶级和一切剥削阶级的意识形态。"随后，毛泽东等中央领导人先后八次在天安门城楼上接见来自全国各地的红卫兵，总数达1100万人，促使红卫兵运动在全国迅速兴起。各地红卫兵冲向文化教育界、党政机关，冲向社会，去扫除他们认定的一切"封资修"。

红卫兵运动很快席卷了全国各高等院校。6月2日，厦大经济系、中文系、外文系学生贴出大字报，批判学校党委在运动中所犯的错误，并点了校党委负责人的名。当天晚上，校党委书记就被部分学生揪到系里去批斗。厦大"文革"的浪潮迅猛，仅6月份全校就张贴了3万多张大字报，不少知名学者被作为"资产阶级学术权威"和"牛鬼蛇神"遭到批斗，200多位教职工由于政治历史、社会关系、家庭成分以及走资派等原因被编入劳动队监督劳动。

当年在校党委宣传部工作的一位干部回忆说："文化大革命爆发的1966年，我还在上杭才溪下王村搞社教，既没有个人鉴定，又没有单位总结，就被撵回学校。校车把我们拖进了校园，已知运动矛头直指厦大走资派——陆（维特）、未（力工）、张（玉麟）、邹（永贤）。"① 他看到校内校外尽是红卫兵，还有铺天盖地的大字报。

在这场急风暴雨式的政治运动中，王亚南校长自然也无法幸免。由于"文革"前几年他就受中宣部委托，集中精力在上海编写经济学说史教材，较少过问学校的行政事务，与"文革"初期学校"派工作组"以及所谓"镇压学生运动"也没有任何瓜葛。因此，"文革"初期学生们起来造反时，虽然也贴了他一些大字报，但并没有把他作为主要斗争对象。

尽管如此，王亚南仍然以虔诚的态度来对待这场"文化大革命"。运动一开始，他就仔细地阅读那些批判他的大字报，真心实意地解剖自己的学术思想，冷静地检查自己在厦大期间的工作；每次开会时多做自我批评，对学生们那些过激的不实之词，也以"运动中过火现象总是难免的"来聊以自慰。

可是不久，运动的势头似乎越来越猛。随着抄家、批斗、游街等接连不断，学校的教学、科研也被迫中断了。全校和全国一样，处于无政府的混乱状态中，造反

---

① 卢善庆：《触摸流年》，香港国际华文出版社2003年版，第75页。

派则肆无忌惮地四处实行"群众专政"。

波谲云诡的形势确实令人难以捉摸。从北京传来的一张小字报上，造反派组织发布了一份所谓全国经济学界"反动学术权威"的名单，王亚南赫然在名单之中。他写信安慰家人："不要怕，我知道这是有人搞的鬼，当年学术讨论时有一场笔墨官司，如今挟私报复，这绝不是中央的声音。"① 虽然王亚南对恢复正常的社会秩序仍然抱有希望，但历史往往并不按人们的善良愿望和正常轨迹去发展，它像一列失控的列车，沿着陡坡横冲直撞下去。

在全面夺权过程中，各造反派组织实行了"大联合"，并采取"三结合"（革命群众、军代表、革命领导干部）的方式；紧接着部队介入地方实行"三支两军"（支左、支工、支农、军管、军训）。当时也有造反派组织想要拉拢王亚南加入，王亚南则公开表示不参加任何一派组织，不希望大家斗来斗去，破坏团结。

"文革"期间，学校图书馆的书被封存了，王亚南家里的书也被抄走了，但只要没被关在"牛棚"，他每天依旧坚持看书。有段时间，他从头到尾看了恩格斯的《自然辩证法》、列宁的《唯物主义经验批判》。他对儿子说，过去我缺乏自然科学知识，现在总算看懂了。后来实在无书可看，王亚南就自学法文，他把中文的《毛主席语录》和法文的《毛主席语录》对照着看，慢慢地也能看懂了。他自责地对儿子说，恩格斯会十几种外语，到74岁还自学罗马尼亚文，我学一门外语就这么费劲，说明我的天分比他差多了。

在艰难的日子里，王亚南校长虽然已被"靠边站"，但他仍坚守在工作岗位上。一位当时被派到校长办公室的学生因此有机会与王校长近距离地相处了一段时间。他回忆说："当时在办公室坚持'一抓三促'（指抓革命、促生产、促工作、促战备）的首推王校长，他天天到办公室上班。王校长在办公室处理完很少有的公务之后，就聚精会神看他的学术书，然后坐在沙发上抽烟。他习惯性地将一根烟断成两段，再插上烟斗慢慢地抽，抽完第一节，再插上第二节继续抽，边抽烟边沉思，很少说话。因为搞派性，师生关系、同事关系都相当紧张。"②

有一次这位学生得了重感冒，发高烧，全身像散了架似的，住进了厦大医院。待他病愈再度跨进校长办公室时，却发现自己的办公桌上、椅子上都被贴了小字

---

① 王岱平、蒋夷牧：《生命的辙印》，海峡文艺出版社1986年版，第143页。
② 张初考：《缅怀王亚南校长》，陈福郎主编：《凤凰树下》，厦门大学出版社2006年版，第226～227页。

群贤办公楼

报,不分青红皂白地指责他没上班、耽误了工作(当时有些印章锁在他的抽屉内),他无言以对,也不敢反驳。这位学生回忆说:"幸好王校长替我圆场,他语重心长地对贴小字报的人说,人家是个学生,学生不懂的事应当指导他,教会他;你应该先做调查研究,为何他这几天未来办公室。不应该在办公室贴小字报,这样不但于事无补,反而激化矛盾。这番话说得我心服口服,自此别人也未再说什么了。"①

1967年,全国掀起了武斗狂潮,厦大的造反派也被卷入了武斗事件。正如那位学生所说:"后来'文革'演变成武斗,我未再踏足校长办公室,也未再见到王校长了。"因为不久,王校长不仅被赶出了校长办公室,甚至被赶出他住了十多年的"卧云山舍"。

王亚南迷茫了,他不知道国家的未来在哪里? 学校的未来在哪里? 他抬头仰望星空,想起那首选自音乐舞蹈史诗《东方红》的革命歌曲——《红军战士想念毛主席》:"抬头望见北斗星,心中想念毛泽东。迷路时想你有方向,黑夜里想你照路程……"此时,王亚南多么希望"抬头望见的北斗星""心中想念的毛泽东"能为自己指明前进的方向、照耀自己前进的路程啊!

哼着这首熟悉的革命歌曲,回想当年红军被迫撤出中央苏区、踏上漫漫长征路的悲壮情景,王亚南似乎领悟到了一些祸福相依的哲理,增强了一些抵御"风雪严寒"的力量。

不久,一张大字报贴出来了,说王亚南翻译研究《资本论》,是为了"借《资本论》来抵制压低光焰无际的毛泽东思想"。②王亚南站在这张颇有分量的大字报前,

---

① 张初考:《缅怀王亚南校长》,陈福郎主编:《凤凰树下》,厦门大学出版社2006年版,第227页。
② 王岱平、蒋夷牧:《生命的辙印》,海峡文艺出版社1986年版,第144页。

认真地读着。他不禁瞠目结舌，这是一种什么样的推理和逻辑啊！他简直不敢相信，可白纸黑字，千真万确。他感到一阵昏眩，拖着沉重的步伐走回了家。

这天晚上，王亚南失眠了。他坐在连灯都没有开的黑暗的小房间里，一口一口地抽着烟，沉浸在烟雾中。他由痛苦到愤怒，最后拿起笔，试图写一张反击这些谬论的大字报，并用了一个直截了当的标题——"我翻译、研究《资本论》的罪行"。儿子看到后，不禁也惊呆了。他理解父亲的感情，也理解他的委屈和愤怒，但在泥沙俱下、鱼龙混杂的形势下，他这样的"反击"只能带来更大的灾难。于是，他赶紧将这几张稿纸塞进炉灶，让它化为灰烬。

这是一个正义被淹没、是非被颠倒的年代。1967 年 6 月 26 日，厦门大学 4 个造反派组织联合发出所谓"告全国人民书"，宣称"厦大无产阶级革命派冲破重重阻力，终于把资产阶级反动学术权威王亚南揪出来了"。

王亚南看着这份《告全国人民书》中历数他的种种"罪状"，总算明白了什么叫"欲加之罪，何患无辞"。对"造反派"给他罗织的种种罪名，他觉得既可笑又可恨，可笑的是他们的年轻无知，可恨的是"文字狱"的为祸之烈！

王亚南说："《资本论》是自从人类有科学文献以来，实在还没有一部这样关系着人类历史命运的书"，结果被认为是"猖狂反对毛泽东思想的真面目暴露无遗"；

王亚南说："资本家的指挥监督具有生产性"，结果被说成是"极力吹捧资本家'剥削有功'"；

王亚南说："资产阶级经济学老祖宗的作品，至今仍然放射出人类智慧的光辉异彩"，结果被指责为"厚颜无耻地吹捧资产阶级腐朽的东西到无以复加的地步"；

王亚南说："必须让价值规律调节社会主义生产和流通"，结果被指责为"瓦解社会主义经济基础"；

王亚南引用马克思在《资本论》中说过的但丁名言"走自己的路，让人们去说吧"，结果被认为是自高自大、"狂妄到了极点"。①

悲愤中，王亚南想起了《史记·秦始皇本纪》中的那句成语——"指鹿为马"，明明指着鹿，却说是马，这不是故意颠倒黑白、混淆是非吗？人是一棵有思想的芦苇，王亚南的一切都被剥夺了，除了他的思想。于是，他开始冷眼旁观周遭各色人物的表演，深刻反思历史舞台上发生的一幕幕喜剧、悲剧和闹剧。

---

① 《告全国人民书》，存档。

1967年冬天的一个深夜,星月西垂,长夜难寐。王亚南在阳台上凭栏远眺前方波谲云诡的大海,听着如泣如诉的潮声,烟斗明灭的火光映射着他一双迷惘的眼睛。他在痛苦的思索中,吟出了《渔家傲·古稀之年早不惑》:

> 人生无处不作客,莫谓有家归不得。
> 小楼遥看海天月,不嫌窄。古稀之年早不惑。
>
> 栖栖羁旅南复北,笔墨生涯枉自责。
> 真理错误一纸隔,何所获。长夜漫漫睡不得。

冬天来了,一位好心而勇敢的学生乘着雨夜悄悄前来探望老校长,问他有什么困难,有什么要帮忙的。王亚南感激地看着这位年轻人,叹口气说:"我现在关心的已经不是自己,而是中国,中国的命运……"

三、星垂云低

悲剧将人生有价值的东西毁灭给人看。

1968年10月,军宣队、工宣队先后进驻厦大。虽然他们在各派中进行宣传工作,力图恢复学校正常的工作和生活秩序;但是,他们领导全校进行的"斗批改"运动,是以革命大批判开路,以斗争"走资派"和"反动学术权威"来促进运动深入开展的,因此,就必然带来"残酷斗争,无情打击",给广大知识分子的心灵乃至肉体造成了严重创伤。

11月中旬,工宣队、军宣队进驻厦大不久,就在建南大会堂组织了一场有几千人参加的、声势浩大的"批判反革命修正主义罪行"大会。几位校党委主要领导被押上主席台当作活靶子批判,连广大师生敬重的王亚南校长也不能幸免。

王亚南当时年过花甲,身体不好,却被几个红卫兵押上主席台,和其他几位校领导一起接受革命群众的"批判"。风暴无情,而师生有爱。在第一个发言者"批判"结束后,台下便响起了一阵口号声:"王亚南滚出去!"

人们心领神会,知道要让老校长尽早离开这"是非之地",就必须"反弹琵琶""假戏真做",让他"滚出去"或许就是保护他的"唯一办法"。在师生们的呼喊声中,王亚南很快就被带他上台的红卫兵押走了。

以这次大会为开端,军宣队和工宣队接连组织了8场批判大会,斗争"走资派"和所谓国民党的"残渣余孽"。在全校批斗大会的带动下,校内各单位也纷纷对自己所管教的"专政对象"(即被审查的干部、教师)进行批斗,一时间人人自危。

此时的厦门,到处一片混乱。造反派四处出击,唯恐"天下不乱"。曾听王亚南讲解过《资本论》的驻军李政委得知他的情况后,悄悄告诉他:"我一直在注意你的动向,如果有紧急情况,我会想办法把你'保护'起来。"王亚南听了深为感动。

患难时刻见真情,他为老朋友对他的关心感到欣慰,也为动乱中人们尚未泯灭的"良知"感到庆幸。校园里的批判会上,每当他低头低久了,就有好心人故意喊:"批判对象把头抬起来说!"他对门住的那位经常被打的胡副书记,常常在晚上溜进门来,关心他,安慰他,与他天南海北地谈天说地。有一天,上海的家里接到一个陌生人的电话,对方不肯说出姓名,只是说:"请你们放心,王校长是打不倒的,有什么情况,我们会告诉你们的。"

远在北京的老朋友陶大镛,在"文化大革命"中也惨遭迫害。权倾一时的康生在北师大群众大会上,亲自点名批判陶大镛,使他遭到残酷的批斗。在那种环境下,陶大镛不仅肢体受折磨,精神上的痛苦也非一般人所能忍受。可是,当有人要他"揭发"王亚南时,他毫不犹豫地拒绝了。陶大镛回忆说:"十年浩劫期间,福建方面通过所谓的'外调',要我写材料'揭发'亚南先生到重庆'会见'蒋介石的情况,我当时毫不迟疑地予以驳回了。因为当时的情况是,国民党统治区的通货膨胀恶性发展,物价扶摇直上,广大劳动人民生活在水深火热之中。正是在这种形势下,蒋介石才伪装'开明',向社会贤达'征询''限制物价'政策。王亚南先生怀抱拯救祖国、热爱人民的赤子之心,揭穿通货膨胀的真相,伸张正义。这种坚持原则,嫉恶如仇的崇高精神,难道错了吗?"[①]

公道自在人心。王亚南相信这一点,并把它当作支撑自己好好活下去的理由。1969年2月,厦大革委会终于成立了。不久,党的"九大"也召开了。但此时,王亚南仍处于被审查状态,尚未得到"解放"。

"九大"之后,驻校军宣队举办校部机关干部学习班。"大家带上铺盖卷,在校

---

① 陶大镛:《音容宛在 事业长存》,王岱平、蒋夷牧:《王亚南与教育》,福建教育出版社1981年版,第108~109页。

图书馆集中睡通铺,都成了革命对象。"王亚南由于身体"很不好",无法参加学习班,只好每天在家写"检查材料"。

1969年7月16日,王亚南给学习班里的"副组长"写了一封信,要求交还原来写的检查材料,以便完成学术研究方面的深入检查。信中说:"我近来的身体还是很不好,不克参加解放干部学习班,甚为焦急。我每天写一份检查,我的检查分三部分:政治历史方面,教育行政方面,学术研究方面。已检查到第二方面了,但动手检查第三方面,就苦于有关的材料,以往分别被各群众组织一扫而光地拿去了,不易着笔,我已向革委会请求把我以前交给群众组织的'我的初步检查'交还给我参考一下。听说你是我们这一组的副组长,我麻烦你替我设法请求一下。不情之请,请原谅。"①

没想到,当王亚南拖着病体、准备完成那没完没了的"检查材料"时,更加凶残的病魔已悄然侵蚀了他的身体。由于在"文革"中遭受冲击,王亚南的身体似乎每况愈下,1968年下半年,他感到关节疼痛,左手发麻。1969年初,他觉得心脏发痛,不久,他的两脚行走困难,甚至不能行走。1969年8月中旬,经厦门医院会诊,疑是脊椎长瘤。8月27日,由医师陪护前往上海做进一步检查。经检查,确诊为脊椎恶性肿瘤。

癌细胞在缺乏医治的条件下迅速蔓延恶化。后经多方设法,他被转送到上海华东医院治疗。入院不久,王亚南就半身瘫痪了。但他仍对前来探望的厦大革委会的一位负责人说:"我下半身不能动了,但是脑子还可以动,两只手也可以写,我还可以做一些力所能及的工作。"他始终无法忘怀的还是他的工作,他曾说:"人多活几年、少活几年无所谓,我就是很多想做的事情还没做完。"

当时,王亚南筹划已久的《从马克思到毛泽东的经济学说》一书,已收集了许多材料,拟好了写作提纲;《毛泽东经济思想的哲学基础》一书的写作,也做了许多前期准备,阅读了许多材料,拟好了写作提纲,并据此对毛泽东著作做了详细摘录。然而,由于遭受迫害,他的心情压抑,病情加速恶化,因此已来不及完成这两部书的写作计划了。

1969年初冬,王亚南在生命垂危之际,握着床边老朋友、老邻居、翻译家罗稷南的手说:"我并不怕死,我只是想在死之前,能看看这出戏的结局和几个丑角

① 王亚南:《致×××同志的信》,存档。

的下场。"①

11月3日,王亚南昏迷过去,靠输氧维持生命。在王亚南病危之际,周总理得知情况后曾对福建方面指示:要尽一切力量抢救;如抢救无效,去世后应在上海、厦门两地分别开追悼会,并登报。遗憾的是,昏迷中的王亚南已听不到周总理的亲切声音和最新指示了。几十年来,即使在十分艰难的情况下,周总理都一直在关心着他,直到他生命的最后一刻。

1969年11月13日凌晨4时40分,王亚南在经受数年精神与病痛的折磨后,在上海华东医院病逝,终年68岁。他生前是第一至第三届全国人大代表,中国科学院哲学社会科学学部委员、常委,并曾兼任福建省政协副主席。在他身后,留下40余部著作、译作和300多篇学术论文。

王亚南

王亚南离开了这个世界。由于"四人帮"的干扰,周总理的指示没有得到很好地贯彻,王亚南的追悼会没能举行,而只草草地举行了一个"遗体告别仪式",也没有登报,以致人们许久还不知道王亚南去世了。王亚南离开时的面容是安详的,然而他的双目却未能紧闭,也许他还想再等一等,最后看看正在上演着的"文革"这部大戏的结局吧!

"望天低云裂尽星垂,更漏数相催。"王亚南走了!在那个风狂雨骤、是非颠倒的年代里,他带着被打成"反动学术权威"的愤懑,带着对祖国前途、命运的担忧,带着对那个依山傍海的美丽校园的眷恋,离开了这个世界,离开了热爱他的厦门大学的广大师生。

"执手相看泪眼,竟无语凝噎。念去去、千里烟波,暮霭沉沉楚天阔。"大地无语,长歌当哭;千里烟波,暮色苍茫……

---

① 王岱平、蒋夷牧:《生命的辙印》,海峡文艺出版社1986年版,第144页。

第十四章 春回大地

> 二十年来是与非,一生系得几安危。
>
> 莫道浮云终蔽日,严冬过尽绽春蕾。
>
> ——陈毅《赠同志》

1976年10月,祸国殃民的"四人帮"被彻底粉碎了!中国人民迎来了"第二次解放"。人们欢欣鼓舞,含着激动的泪水,唱起了怀念毛主席、周总理和朱总司令的《绣金匾》,唱起了庆贺粉碎"四人帮"胜利的《祝酒歌》。

1978年,春回大地,万象更新。在粉碎"四人帮"两年后,中国人民迎来了拨乱反正、改革开放的历史性转变。这年3月,全国科学大会在北京隆重召开,扬眉吐气的科学家们和全国人民一起欢呼"科学的春天到来了!"。5月,《光明日报》发表特约评论员文章《实践是检验真理的唯一标准》,掀开了真理标准问题大讨论的序幕;11月,举国关注的"天安门事件"得到平反,全国人民拍手称快;12月,党的十一届三中全会胜利召开,开启了中国改革开放的伟大进程。

党的十一届三中全会闭幕之际,虽然时令正值严冬,但人们却分明感受到了浓浓的春意。在这春天般的暖流中,在十年浩劫中惨遭迫害的我国现代著名经济学家、教育家王亚南也获得了平反。他勇于追求真理、矢志传播马列、献身科学教育的精神,激励着千千万万的厦大学子和中国经济学人,在波澜壮阔的改革开放征程中奋勇前行。

一、春江水暖

"竹外桃花三两枝,春江水暖鸭先知。"

春天来了。竹林外三两枝桃花盛开,红绿掩映,大自然的春意格外惹人喜爱。然而,粉碎"四人帮"后祖国大地迎来的明媚春天,更让人们充满了喜悦、兴奋和期待。

1978年1月,《人民文学》发表了著名作家徐迟的长篇报告文学《哥德巴赫猜想》。这篇激动人心的报告文学,热情讴歌了数学家陈景润在攀登科学高峰中的顽

强意志和苦战精神，展示了陈景润对解决哥德巴赫猜想这一世界著名难题的卓越贡献。

作家徐迟在这部作品中，不仅讴歌了陈景润这匹"千里马"，而且赞颂了在陈景润困顿之际将他调回厦大并支持他钻研数学的"伯乐"——厦门大学校长王亚南。徐迟写道：①

> 厦门大学校长来到了北京，在教育部开会。那中学的一位领导遇见了他，谈起来，很不满意，提了一大堆的意见：你们怎么培养了这样的高材生？
>
> 王亚南，厦门大学的校长，就是《资本论》的翻译者。听到意见以后，非常吃惊。他一直认为陈景润是他们学校里最好的学生。他不同意他所听到的意见。他认为这是分配学生工作时，分配不得当。他同意让陈景润回到厦门大学。听说他可以回厦门大学数学系了，说也奇怪，陈景润的病也就好转了。而王亚南却安排他在厦大图书馆当管理员，又不让管理图书，只让他专心致意地研究数学。王亚南不愧为政治经济学的批判家，他懂得价值论，懂得人的价值。陈景润也没有辜负老校长的培养，他果然精深地钻研了华罗庚的《堆垒素数论》和大厚本的《数论导引》。陈景润把他们吃透了。

徐迟在作品中生动地描绘了王亚南校长这位懂得人的价值的经济学家、教育家爱才、惜才的典型形象。人们纷纷猜测说："如果没有王亚南，也许就没有陈景润。"实际上，作为大学校长，王亚南始终生活在师生们中间，始终给予大家深切的关怀，陈景润只是他关爱过的众多学生之一。可以说，如果没有对人的普遍关心和对学生的真诚爱护，没有摒弃对人才求全责备的方法和态度，即使有十个八个陈景润也会被埋没的。

2月17日，《人民日报》《光明日报》破天荒地用三个整版全文刊发了这部近2万字的报告文学作品。在那个媒体资讯和报刊资源都十分稀缺的年代，这部作品犹如一股强大的冲击波，迅速波及全中国，人们争相传阅，一时洛阳纸贵。

《哥德巴赫猜想》敏锐地捕捉了时代精神，让人们重新认识科学技术和知识分子的价值，展现了中国现代化的美好前景。陈景润和哥德巴赫猜想也因此成为报效祖国、攀登科学高峰的代名词。只是当时人们并不知道，被作家徐迟倾情赞颂的厦

---

① 徐迟：《哥德巴赫猜想》，《人民文学》1978年第1期。

门大学校长王亚南,在"文化大革命"中被打成"资产阶级反动学术权威",一直还没有得到平反。

1978年3月18日,全国科学大会在北京隆重开幕,包括陈景润、徐迟在内的5586名代表走进了人民大会堂,陈景润还坐上了大会主席台。在大会开幕式报告中,邓小平旗帜鲜明地提出了"科学技术是生产力""知识分子是工人阶级的一部分"的科学论断,从根本上澄清了人们思想上的混乱,砸碎了长期以来套在广大知识分子身上的精神枷锁。

11月10日,中央工作会议在北京召开。会议提出了一系列必须解决的历史遗留问题以及把党的工作重心转移到经济建设上来的主张。11月14日,经中共中央政治局常委批准,中共北京市委宣布为"天安门事件"平反。12月13日,邓小平在中央工作会议上发表《解放思想,实事求是,团结一致向前看》的讲话,指出:"一个党,一个国家,一个民族,如果一切从本本出发,思想僵化,迷信盛行,那就不能前进,它的生机就停止了,就要亡党亡国。"①紧接着中央工作会议之后,党的十一届三中全会于12月18日至22日在北京举行。会议从根本上扭转了长期以来占主导地位的"左"倾路线,做出了从1979年起把党的工作重点转移到现代化建设上来的决策;全会重新确定了党的思想路线、政治路线和组织路线,拉开了中国改革开放的序幕。

就在党的十一届三中全会召开期间,1978年12月20日,厦门大学在建南大会堂隆重举行了王亚南校长的骨灰护送仪式,在校师生员工以及王亚南的亲属、故旧参加了护送仪式。当王亚南的女儿王岱平手捧着父亲的遗像走进建南大会堂时,全场肃立,大家在庄严肃穆的气氛中为老校长沉默致哀。护送仪式结束后,由曾鸣校长、未力工副校长等陪同王亚南亲属,护送王

王亚南同志骨灰护送仪式

---

① 邓小平:《解放思想,实事求是,团结一致向前看》,中共中央文献编辑委员会编:《邓小平文选》(第二卷),人民出版社1983年版。

亚南的骨灰前往省会福州。

12月23日,党的十一届三中全会胜利闭幕的第二天,中共福建省委在福州枕峰山革命公墓隆重举行了王亚南同志骨灰安放仪式。党和国家领导人陈云、方毅、彭冲等送了花圈,中共福建省委书记伍洪祥在悼词中说:"王亚南同志是中国共产党优秀党员,是一位不辞劳苦、勇于攀登、学识渊博的著名经济学家,忠诚党的教育事业的教育家。"①

王亚南家人与省、校领导在王亚南同志骨灰安放仪式上合影

"天地有正气,杂然赋流形。下则为河岳,上则为日星。"王亚南是二十世纪中国具有广泛影响和很高知名度的马克思主义经济学家、教育家、翻译家,也是厦门大学历史上任职时间最长的校长。他一生热烈追求真理、热爱党、热爱祖国、热爱人民,对党的事业忠心耿耿。在数十年的教育实践中,尤其是在担任厦门大学校长近二十年间,他呕心沥血、夙夜在公,亲切关怀、努力培养了一批又一批的新生力量。在鹭江之滨的厦门大学里,人们满怀深情地传诵着他的事迹。

辛勤译著传马列,业绩长垂海内;
不倦教诲育桃李,深情常在鹭滨。

这是厦门大学师生员工在王亚南同志骨灰安放仪式上为这位老校长敬献的一副

---

① 《人民日报》1979年2月20日。

挽联,它概括了王亚南同志一生的主要业绩,也说出了广大师生员工的心里话。

1978年11月,时值王亚南同志逝世九周年,厦门大学经济系教授罗季荣撰写了《重读〈中国经济原论〉——深切怀念亚南师逝世九周年》的纪念文章。罗季荣是新中国成立后王亚南招收的首届研究生,他怀着对恩师的深切缅怀之情写道:"敬爱的亚南师离开我们已经九年了。在'王亚南同志骨灰安放仪式'的前夕,我从书架上取出《中国经济原论》,从头到尾读过一遍。这次重读,主要是想从它的字里行间,勾起往事的回忆,寄托哀思,找寻老师的启示,继续向敬爱的亚南师学习。"①

王亚南获得平反昭雪后,他生前曾担任编委的著名经济学期刊《经济研究》发表了他的遗作——《怎样在政治经济学史教材的编写中贯彻"少而精"的原则》。王亚南指出:"政治经济学史是阶级斗争历史在经济理论上的反映;换言之,就因为它是从发展的观点讲政治经济学,看概括在政治经济学中的每一种经济学说,每一种经济论点,曾经结合不同社会阶级的斗争实况,有过怎样不同的看法,曾经引起过怎样一些争论,而最后才通过批判继承的道路肯定下来的。"②

因此,他认为,学习政治经济学史不但可以帮助我们,对我们所要反对、所要建设的经济理论,从辩证发展的观点去求得较正确的理解;而且可以帮助我们,在理论斗争与建设中,如何尽量避免重复前人已经犯过的错误,如何更好地利用前人已经做出的成果。在详细阐述了"为什么要重编政治经济学史这门科学的教材"之后,王亚南着重介绍了最近一次编写提纲"是怎样根据'少而精'的原则来修改的"。最后,他对"在编写教材上彻底贯彻'少而精'的原则就要引起有关学科的思想体系的革命"这一主张,进行了科学的分析论证。③

"出师未捷身先死,长使英雄泪满襟。"王亚南生前花费很大力气为之编写的政治经济学史教材,由于十年动乱而未能完成,令人十分叹惜。这篇遗作的发表,既是对他的深切缅怀,也是对后来者的激励。

---

① 罗季荣:《重读〈中国经济原论〉——深切怀念亚南师逝世九周年》,《厦门大学学报》(哲社版)1979年第1期。
② 王亚南:《怎样在政治经济史教材的编写中贯彻"少而精"的原则》,《厦门大学学报》(社会科学版)1979年第1期。
③ 王亚南:《怎样在政治经济史教材的编写中贯彻"少而精"的原则》,《厦门大学学报》(社会科学版)1979年第1期。

二、含笑九泉

正邪自古同冰炭，毁誉于今判伪真。

1977年，刚刚粉碎"四人帮"不久，王亚南的老同事、老朋友、著名民俗学家钟敬文教授就写下了《金缕曲　悼王亚南同志》一词：

> 意外闻凶耗。恍眼前高躯脱顶，顿呈君貌。决意曾翻资本论，扛鼎雄风矫矫。浑不计饮冰茹蓼。八月怒潮冲击猛，到头来党论存公道。真不负，寸心皎。
>
> 桩桩往事萦怀抱。记当年泷滨讲舍，心光相照。国贼昏残如日寇，进步民权全扫。环我辈耽耽虎豹。旋去危邦同避地，向朝阳、更鼓沧溟棹。思逝者，羞自暴。

作者在词中回忆了抗战时期与王亚南同在坪石中山大学任教，1949年又一起同船由香港奔赴解放区的难忘经历，表达了对王亚南的深切缅怀和思念。

1979年2月13日，新华社向海内外发出"王亚南的骨灰安放仪式最近在福州举行"的电讯，《人民日报》《光明日报》等各大报刊纷纷转载。电讯全文如下：[①]

新华社福州2月13日电　我国著名经济学家、原厦门大学校长王亚南的骨灰安放仪式，最近在福州举行。

王亚南是中国共产党优秀党员，是一位不辞劳苦、勇于攀登、学识渊博的经济学家，是一位忠诚党的教育事业的教育家。湖北黄冈人，1928年开始与郭大力同志一起，从事马克思《资本论》的翻译工作，1933年参加反对蒋介石的福建事变。抗日战争时期，积极参加抗日救亡运动，1948年，全力支持反饥饿、反迫害、反内战的学生运动。中华人民共和国成立后，王亚南同志任厦门大学校长；先后担任第一、二、三届全国人民代表大会代表，政协福建省委员会副主席；历任中国科学院哲学社会科学学部委员、常委，《新建设》和《经济研究》编委，福建哲学社会科学联合会主任委员，1957年5月加入中国共产党。由于林彪、"四人帮"的残酷迫害，王亚南同志于1969年11月在上海病逝，终年68岁。

与此同时，王亚南之子王洛林在《厦门大学》校刊上发表《怀念我的父亲王亚

---

① 新华社：《王亚南骨灰安放仪式最近在福州举行》，1979年2月13日电。

南》的纪念文章。王洛林说:"我的父亲王亚南校长离开我们已经九年了。这些年来,我经常想念父亲,经常回忆起他生前的音容笑貌、思想言行。""在怀念父亲的时候,我时常会想到他艰苦顽强的学习态度和对科学事业的献身精神;在怀念父亲的时候,我也时常会想到他对青年的关心和爱护,对同志、朋友的真诚坦率;在怀念父亲的时候,我也很自然地回想起他对子女的教育、对子女的严格要求。"①

王洛林欣慰地说:"父亲虽然没有能够活着看到林彪、'四人帮'所演出的这场丑剧的终结,但林彪、'四人帮'的可耻下场成了对于父亲的最好祭奠。现在,当我和同志们一起伫立灵前悼念父亲的时候,我默默地对父亲说:爸爸,把你手中的武器交给我们吧!这一场战斗已经胜利,林彪、'四人帮'已经被粉碎,你可以安息了。今后我们一定要紧握你们父辈传下来的武器,跟着党中央和华主席去进行新的长征!"②

王亚南的女儿王岱平也分别在《福建日报》和《厦门大学学报》(哲社版)发表了两篇纪念文章——《勤奋俭朴 永远前进——回忆我的爸爸王亚南二三事》和《生活·人格·精神——琐忆我的爸爸王亚南》。她怀着崇敬和悲愤的心情说:"爸爸的一生献给了为宣传马列主义真理而奋斗的事业,他坚信马列主义必定胜利,即使在乌云滚滚,林彪集团、'四人帮'把他打成了'反动学术权威',说他'翻译《资本论》是为了抵制毛泽东思想',污水、秽语阵阵泼来的时候,他也从未动摇过对真理的追求。"

她悲痛地写道:"岁月呵,一晃就是九年过去了,九年里多少次梦魂相见,在梦中是一片欣喜,我听到爸爸的声音,我看到爸爸的身影,待醒时却是枕边的一汪泪水……作为子女,爸爸的死,对于我们是个莫大的损失,然而他的崇高的人格,为我们树立了一个不灭的榜样;然而,大海依然在,依然是波涛滚滚不息,看见了大海,我就想起了爸爸……"③

王亚南获得平反后,他的同事、朋友、学生、故旧先后发表了许多纪念文章,缅怀他为传播马克思主义奋斗一生的光辉业绩,研究、评价他的学术著作及其理论意义和现实意义。如复旦大学经济系教授漆琪生在《中国经济管理问题》发表了

---

① 王洛林:《我的父亲王亚南》,《厦门大学》(校刊)1979年1月6日。
② 王洛林:《我的父亲王亚南》,《厦门大学》(校刊)1979年1月6日。
③ 王岱平:《勤奋俭朴 永远前进——回忆我的爸爸王亚南二三事》,《福建日报》(1979年1月22日);《生活·人格·精神——琐忆我的爸爸王亚南》,《厦门大学学报》(哲社版)1979年第1期。

《王亚南同志对〈资本论〉在中国的传播的贡献》[1]；厦门大学副校长潘懋元在《厦门大学学报》发表了《王亚南教授是如何以研究的态度来进行教学的》；余纲、王增炳在《人民教育》发表了《不倦耕耘传马列——记王亚南同志的治学精神和态度》；胡培兆在《文汇报》发表了《一部系统研究〈资本论〉的书》等等。

更让人高兴的是，当年那些被错划为"右派"或在"文革"中遭到迫害的王亚南的老朋友、老同事，在他平反后不久，也先后获得了平反或改正，焕发出新的青春和活力。如北师大教授陶大镛，在反右中被错划为"右派"，"文革"中更是被扫地出门，1979年他的错案终于得到平反；原厦大校长助理兼教务长章振乾教授，反右后被"发配"到省博物馆担任副馆长，由于背负"罪名"而备受冷眼，在"文革"中更是吃了不少苦头，恢复名誉后担任了福建省政协常委和民盟（福建）省委负责人，成为活跃在统一战线上的知名民主人士。从批"胡风"开始就成为历次政治运动的"运动员"的韩国磐教授，焕发出新的学术青春，新学术成果不断推出。他欣然赋诗："朱颜皓首人争奋，揽月攻关志益坚。纵使衰残驽钝者，也随骐骥共争先。"

当年王亚南破格提拔的厦大中文系副教授李拓之，在反右斗争中"因言获罪"，在被迫离开学校整整20年之后重返厦大，他不胜感慨地赋诗言志："扭转乾坤气象新，宏图更始喜逢辰。昨非今是休回首，补短添长尽献身。守垒艺人能拔萃，攻关学子欲超伦。王良一顾空原野，老骥犹期奋绝尘。"全诗充分表现出中国知识分子百折不挠的顽强精神和"老骥伏枥，壮心不已"的人生态度。许多和李拓之一样在反右或"文革"中遭迫害或被遣散的教师也纷纷开始归队，成为学校教学科研的骨干，如郑朝宗、陈孔立等。在蒙受22年惨痛的人生代价后，社会把"公正"还给了他们。

王亚南的老搭档郭大力，和许多正直善良的知识分子一样，在"文化大革命"中也遭到不公正的待遇，被戴上"资产阶级反动学术权威"的帽子，屡遭批斗。在身患重病又遭受诬陷的情况下，他仍然以惊人的毅力，克服常人难以想象的困难，坚持一字一句地重译马克思的《剩余价值学说史》，即使在下放河南五七干校期间，也从没有间断过。1976年4月9日，在完成这部经典著作的修订稿后，他突发心脏病，来不及送往医院就与世长辞了。粉碎"四人帮"后，中共中央党校实事求是地为他恢复了名誉。

---

[1] 发表于《中国经济管理问题》1979年第5期。

王亚南获得平反之后，其"高足"孙越生缅怀先师，翻检王亚南当年所著《中国官僚政治研究》一书旧稿，"颇感三十年前阐发之真谛，宛如对此十年之时弊而发"，于是撰写了《重读王亚南著〈中国官僚政治研究〉》，系统介绍了王亚南的这部著作及其理论成就。他感慨地说："先师王亚南先生因受林彪、四人帮残酷迫害，于一九六九年十一月十三日逝世，这是我国学术界的一大损失。先生毕生从事教育与研究事业，四十年辛勤如一日，言传身教，高风亮节，不愧为真正的共产党人。先生一生出版著译四十一部，文章三百余篇；在介绍马克思主义政治经济学与古典经济学方面，与亡师郭大力先生合作，厥功殊伟。"①

孙越生对王亚南遗著的推崇，不仅有感于这部著作出版30年后系统研究中国官僚政治的文章依旧寥若晨星，更是因饱见官僚主义的政治幽灵在新的历史中不断出现，而痛感客观冷静地研究这一事物在当代中国仍具有重大意义。文章发表后受到学术界的普遍关注，不少读者写信给孙越生询问该书情况或希望借阅该书，并引发了重新出版《中国官僚政治研究》一书的呼声。于是，孙越生接受厦门大学经济系和王亚南遗孀的委托，对这部著作进行了校订。

1981年6月，王亚南这部官僚政治研究的扛鼎之作由中国社会科学出版社再版。孙越生在《再版序言》中写道："在历史上，统治中国最久的政治制度是封建官僚政治。中国人见得最多的坏政治作风是官僚主义作风，人们也十分痛恨官僚主义。但是，几千年来，在中国社会科学的浩如烟海的著作里，专门系统地批判官僚政治的书籍，却是寥若晨星！这意味着什么？这意味着对于在中国土地上无所不在地飘荡了几千年之久的这个幽灵——官僚政治幽灵的彻底清算，在今天以前是做得很不够的。现在向读者推荐的这部书，可以说是我国第一部用马克思主义科学方法系统地剖析传统官僚政治的好书，是批判官僚政治的锐利的理论武器。"②该书出版后多次重印，成为关注中国现代化进程的人文学者必读的经典之一。学界同仁额手相庆，"王亚南虽生前寂寞，

1981年，《中国官僚政治研究》由中国社会科学出版社再版

---

① 孙越生：《重读王亚南著〈中国官僚政治研究〉》，《社会科学战线》1979年第4期。
② 孙越生：《〈中国官僚政治研究〉再版序言》，中国社会科学出版社1981年版。

但大著终赖弟子之力发扬光大,泉下若知,当会为此欣慰了"。

1981年4月6日,厦门大学迎来了60周年校庆,这是粉碎"四人帮"之后厦大第一次隆重举办的校庆活动。著名数学家、复旦大学教授苏步青以"学府东南第一流,欣逢花甲又重周"的诗句称誉厦大。应邀回到母校参加校庆活动的著名数学家陈景润,始终没有忘记王亚南校长的"知遇之恩"。在紧张的校庆活动间隙,他特地前往海上花园鼓浪屿,看望师母李文泉。①

4月8日清晨,陈景润一大早就乘早班渡轮过厦鼓海峡,来到王师母家。"师母,您好!"一进门,他就向迎下阶梯的王师母伸出了双手。看到门边墙上挂着的王校长遗像,他顿时无语凝噎。半晌才翕动着嘴唇,喃喃地说:"没有王校长,就没有我的今天……"这发自肺腑的声音,打动了在场所有人的心弦。

几经催请,陈景润才谦恭地坐了下来,并沉浸在久远的回忆中。他说:"我不会忘记,那时在厦大,经常在校园里见到王校长,他的穿着那么朴素;他还和陈嘉庚老先生一起在工地视察校舍建设,但是王校长的最大贡献还是培养人才,人才比房子更重要啊。"

1981年陈景润(右)参加厦大校庆活动时与李文泉(左)亲切握手

谈到解放后王校长给学生做报告时的音容笑貌,他轻轻放下茶杯说:"那年,要不是王校长叫我回厦大,我还不知道会怎么样呢?到了厦大数学系资料室,我的情况就不一样了,因为我有了足够的时间和资料。"王师母望着他说:"要是他能看到你今天,那该多好!"

---

① 王岱平、蒋夷牧:《生命的辙印》,海峡文艺出版社1986年版,第152～154页。

陈景润点着头,眼睛有些湿润,"是的,如果我们的王校长还活着"。他说不下去了。他抱憾地对王师母说:"可惜王校长去世了好久,我才知道。那时我自己也进了专政队。"

时间滴滴答答地过得很快,早就超过了来访的一个小时。临别前,陈景润从提包里拿出一套画片,在画片的背面写下两行字:"我们日夜思念王校长 学生陈景润"。写完,他用双手恭敬地递给王师母说:"师母,这是我的一片心意,给您留个纪念。我忘不了王校长。"王师母也回送给他一张王校长的照片,他久久端详着,连说:"太好了,谢谢师母,谢谢!"

这拳拳赤子之心,就像滔滔东海一样深沉、宽广。谁说陈景润的头脑里只有数学呢?他对已故恩师和校长的怀念和感激,不就是千千万万厦大学子浓浓师生情的真实写照吗?

三、实至名归

即今四化图强日,举国齐心同一舟。

随着改革开放和社会主义现代化建设的开展,人们学习经济理论的需求更加迫切。王亚南和郭大力合作翻译的众多西方经济学经典名著,如亚当·斯密的《国富论》、李嘉图的《经济学及赋税之原理》等译著,日益受到社会各界的重视。尤其是在全国掀起学习马克思主义经济理论热潮的形势下,《资本论》成为广大干部、群众学习马克思主义的主要经典之一。人们对《资本论》的两位主要翻译者,对他们翻译《资本论》的杰出贡献,对被誉为"懂得人的价值的经济学家"王亚南,也产生了更加浓厚的兴趣。

由此,对王亚南生平事迹及其经济思想、教育思想、治学方法、学术著作的宣传、介绍、评论、研究的作品也逐渐增多,先后出版了多部王亚南的文集、论文集和描写王亚南的报告文学作品,不仅体裁丰富多样,而且备受社会各方关注。

1980年11月,由王亚南之子王洛林根据王亚南在江西南昌讲学的记录稿整理的《关于学习〈资本论〉的几个问题》一书,由福建人民出版社出版。该书分为7个部分:第一部分讲解《资本论》出版的时代背景,英、法、德三国当时的具体历史情况,以及《资本论》如何顺应工人阶级斗争的需要而诞生;第二部分讲解《资本论》研究的对象与方法及其相互关系;第三部分讲解马克思主义政治经济学的建立以及《资本论》的体系与结构;第四、五、六部分讲解《资本论》第一、二、三

卷的要点；第七部分讲解学习与应用《资本论》的途径。作者还就当时经济理论研究和实际经济工作中存在的问题，提出了自己看法。

1981年4月，由王亚南之女王岱平、女婿蒋夷牧汇编的《王亚南与教育》一书由福建教育出版社出版。该书收录了王岱平、蒋夷牧撰写的长篇报告文学《野马和老农——记我国著名经济学家和教育家王亚南》；潘懋元、甘民重、陈克俭、周济、余纲、王增炳等同志撰写的关于王亚南教育思想和治学精神的文章；卢嘉锡、潘懋元、陶大镛、章振乾、袁振岳、张来仪、孙越生、宋祝平等同志撰写的回忆王亚南生平事迹的文章；同时还摘选了王亚南关于教育问题的精彩言论。

1981年9月，由厦门大学经济研究所选编的《王亚南经济思想史论文集》由上海人民出版社出版。编者指出，王亚南毕生从事马克思主义经济学说的研究与传播，著述繁富，其中关于经济学说史方面的论著占有重要的地位。王亚南的文章有他的风格；解放前对付国民党文化特务，有他的斗争方法。就选编的这些内容看，其中有不少甚有价值的见解，今天仍能给我们以启发，值得我们重视与研究参考。编者特别说明，"王亚南同志在林彪、'四人帮'的残酷迫害下，饮恨病逝，已十有一年了。为了纪念他，我们编选了这本文集出版"①。

1984年4月，由王增炳、余纲编写的《王亚南的治学之路》一书由福建人民出版社出版。作者在《序章·战士与老农》中指出，我们在这里向大家介绍我国著名经济学家和教育家、解放后第一任厦门大学校长王亚南的治学道路。"他不仅在传播马克思主义经济学，在关心、培育社会主义建设人才方面，做出了重大贡献，而且在科学的园地上辛勤耕耘几十年，为我们留下了丰富的、宝贵的治学经验。目前，广大青年正在努力学习，渴望成为四化建设的有用人才。认真总结王亚南的治学经验，介绍他的治学道路，对于促进青年的学习成长，为社会主义现代化建设造就更多的优秀人才，将会有所裨益。因此，我们抱着纪念与学习的心情，编写了这本小册子，以期有助于求学者。"②

在《尾章·可贵的启示》中，作者强调："王亚南的治学经验是十分丰富的。我们在有限的篇幅里，只能对它做一个粗略、概括的介绍。虽然这些经验在一定程度上体现了学习的规律，因而是有普遍意义的，也是可供借鉴的；但它作为个人的治学经验，不免带有时代的色彩与个人经历的特殊性，因而需要学习者从自己的实

---

① 厦门大学经济研究所编：《王亚南经济思想史论文集》"编者的话"，上海人民出版社1981年版。
② 王增炳、余纲：《王亚南的治学之路》，"序章·战士与老农"，福建人民出版社1984年版。

际情况出发，灵活地加以运用，避免生搬硬套。"①

1986年5月，由蒋夷牧、王岱平撰写的长篇报告文学《生命的辙印》作为福建"文学创作丛书"之一，由海峡文艺出版社出版。作者以翔实的史料、生动的笔触描写了王亚南走过的68年人生历程，展现了他与中国革命相伴随的跌宕起伏的人生经历，介绍了他为实现理想而孜孜不倦地学习、奋斗的感人事迹。正如作者在"尾声"中所说："一个在身后被人们普遍怀念的人，是幸福的。火红的木棉花盛开了，烂漫的凤凰花盛开了，多情的相思花盛开了，他们记着'老农'的恩情。"②

1986年10月，在王亚南诞辰85周年之际，厦门大学举行了王亚南塑像揭幕仪式，并举办了王亚南经济与教育思想学术报告会。中共福建省委宣传部部长何少川在会上发表讲话，对王亚南光辉的一生给予了充分肯定；时任厦门大学党委书记、厦大经济系教授吴宣恭在会上做了《一位杰出经济学家和教育家的光辉历程》的学术报告；王亚南的三位弟子邓子基、罗郁聪、罗季荣联名在《厦门大学》校刊发表了《缅怀恩师 坚持改革——纪念王亚南教授诞辰八十五周年》的纪念文章③。

为了繁荣学术研究，发展社会科学，服务社会主义四化建设，1987年至1989年，福建教育出版社出版了《王亚南文集》第一卷至第五卷。这也是迄今为止王亚南著作、文章最为集中的展现。《王亚南文集》编辑委员会由厦门大学经济学院众多老教授组成，成员包括张来仪、罗郁聪、蒋绍进、刘熙钧、黄志贤、罗季荣、陈克俭、甘民重、陈逸光等同志。

该《文集》选收、整理了王亚南从1930年代起发表的主要著作（不包括译作）和少数未发表的手稿，分五卷出版。各卷内容分别为：第一卷"政治经济学与政治经济学史"；第二卷"《资本论》研究"；第三卷"中国半封建半殖民地经济形态和新民主主义形态研究"；第四卷"中国封建地主经济形态和官僚政治研究"；第五卷"文化和教育"。

在写于《文集》前面的《王亚南生平事略》中，编者概述了王亚南在经济学领域的四大杰出贡献：一是首次全译《资本论》；二是成为中国马克思主义经济史学的开拓者之一；三是对中国半封建半殖民地经济形态的理论研究，成为王亚南一生

---

① 王增炳、余纲：《王亚南的治学之路》"尾章"，福建人民出版社1984年版。
② 王岱平、蒋夷牧：《生命的辙印》，海峡文艺出版社1986年版，第152页。
③ 吴宣恭：《一位杰出经济学家与教育家的光辉历程》，《厦门大学学报》（哲社版）1987年第1期。邓子基、罗郁聪、罗季荣：《缅怀恩师 坚持改革——纪念王亚南教授诞辰八十五周年》，《厦门大学》（校报）第182期，1986年10月9日。

最为杰出的贡献；四是在经济学方法论上，极力倡导"应站在中国人的立场上来研究经济学"。① 编者认为："《文集》是王亚南同志留给后来者的一份珍贵的精神财产，对它的继承和发扬，将有利于促进我国学术文化的繁荣和教育事业的发展，并将为建设有中国特色的社会主义做出贡献。"

《王亚南文集》出版后，胡培兆、潘懋元、罗郁聪、蒋绍进、宋涛、陈征等先后在《人民日报》、《光明日报》、《经济研究》、《厦门大学学报》（哲社版）等报刊上发表了众多书评和读后感，对王亚南留给中国经济学界的这份珍贵遗产给予了高度评价。

1991年10月21日，福建省社会科学界联合会与厦门大学联合召开王亚南诞辰90周年纪念大会。中共福建省委书记陈光毅在致王亚南纪念大会的贺电中指出："他的学术建树和师表风范，令人景仰，堪称楷模。王亚南同志是湖北黄冈人，他有四分之一世纪以上的时间是在福建度过的。这是厦门大学的光荣，也是福建人民的光荣。"②

王亚南同志是福建省社会科学界联合会的创始人，为福建省社会科学事业的发展做出了许多贡献。民盟中央副主席、全国人大常委会委员陶大镛在纪念大会上做了《坚持马克思主义与中国实际相结合——纪念王亚南诞辰九十周年》的书面发言，并在《人民日报》发表了《纪念王亚南诞辰九十周年》的纪念文章；中国人民大学教授宋涛也在《光明日报》发表《王亚南经济思想的研究——纪念王亚南诞辰九十周年》的纪念文章③。

王亚南的女婿、时任福建省作协副主席的蒋夷牧也在《福建日报》发表《他的魂属于中国——写在王亚南诞辰九十周年之际》的纪念文章④。他从文学的角度探讨了王亚南这位闻名中外的马克思主义经济学家的人生历程，他认为，王亚南的人生是从小说开始、以诗歌结束的。

> 他迈向人生的第一步是小说。在这部名为《求索》的长篇小说中，他塑造了动荡年代的一个苦闷、彷徨、求索的青年知识分子形象。他最初选择文学，是为

---

① 《王亚南文集》（第一卷）"前言"，福建教育出版社1987年版。
② 陈光毅：《贺电》，厦门大学档案馆存档。
③ 陶大镛：《王亚南诞辰九十周年》，《人民日报》1991年12月27日；宋涛：《王亚南经济思想的研究——纪念王亚南诞辰九十周年》，《光明日报》1991年10月25日。
④ 蒋夷牧：《他的魂属于中国——写在王亚南诞辰九十周年之际》，《福建日报》1991年11月22日。

了这方土地的觉醒。此后他考入武昌中华大学教育系,向往教育救国,也是为了这方土地。然而,在读到《共产党宣言》和《新青年》后,他动摇了。大革命爆发两年后,又投笔从戎参加了北伐军。这再一次的选择,同样为了这方土地。但他没有料到一腔热血在几个月后就被反革命的风暴浇灭了。

他流落到杭州,在西湖的一个寺庙里邂逅正在攻读经济学的郭大力。两个青年的心灵碰撞了,融合了。王亚南终于放下小说稿而选择了经济学;选择了马克思主义,选择了翻译《资本论》这一宏伟而具体的目标。为了中国,为了这方苦难的土地,这就是他选择的唯一动机。

整整50年后,当他在史无前例的大批判风暴中,听到"研究《资本论》是为了抵制毛泽东思想"这一罪名时,他困惑了,愤怒了。于是,在一个寂寞的长夜,也就在他离开人世的前一个年头,他拿起笔最后写下的也是文学,不过那是一首词:"人生无处不作客,莫谓有家归不得,小楼遥看海天月,不嫌窄,古稀之年早不惑。栖栖羁旅南复北,笔墨生涯枉自责,真理错误一纸隔,何所获,长夜漫漫睡不得。"巧合的是,词中呈现的依然是一个在时代的风暴中苦闷、彷徨、求索的形象。

生于动荡,死于动荡。以小说开始,以诗歌结束。王亚南跌宕多姿的人生则像一部戏剧。但无论是面对什么样的人生境遇,他的生命和灵魂永远属于中国。①

1998年,为促进我国社会主义经济建设和精神文明建设,中国社会科学院经济研究所和广东经济出版社共同发起了推荐"对新中国经济建设有较大影响的10本经济学著作"的活动。经过各方共同努力,最后由读者和专家共同评选出"影响新中国经济建设的10本经济学著作"②,其中就有王亚南的代表作《中国经济原论》(又名《中国半封建半殖民地经济研究》),并且是10本著作中唯一一部在解放前出版的。③

2001年10月30日,厦门大学、福建省社会科学界联合会和全国综合性大学《资本论》研究会联袂举办纪念王亚南诞辰一百周年暨中国经济学的创建学术研讨

---

① 蒋夷牧:《他的魂属于中国——写在王亚南诞辰九十周年之际》,《福建日报》1991年11月22日。
② 除王亚南的《中国经济原论》外,其他9本经济学著作分别为:孙冶方的《社会主义经济论稿》;马寅初的《新人口论》;薛暮桥的《中国社会主义经济问题研究》;于光远的《中国社会主义初级阶段的经济》;卓炯的《论社会主义商品经济》;蒋一苇的《论社会主义的企业模式》;刘国光的《中国经济体制改革的模式研究》;厉以宁的《非均衡的中国经济》;吴敬琏、刘吉瑞的《论竞争性市场体制》。
③ 《影响新中国经济建设的10本经济学著作》总序,广东经济出版社1998年版。

会。著名经济学家于光远、中国社会科学院常务副院长王洛林、中共厦门市委书记洪永世等出席了纪念集会。于光远在学术研讨会上概括王亚南的两大成就:"一是翻译《资本论》和以此为武器研究中国;二是为厦门大学的事业做出了巨大的贡献。"①

于光远(左二)、王洛林(左三)在纪念王亚南诞辰100周年学术研讨会上

2010年,商务印书馆组织整理百年来国内学界的原创著作,以"中华现代学术名著丛书"的形式推出,王亚南的《中国官僚政治研究》一书被列入该丛书首批精选、精编、精校的40种图书之一,于2010年12月辑印出版。②

该书卷末附录了知名经济学家胡培兆撰写的导读文章——《铲除官僚政治的理论利器》。在文中,他从中国官僚政治的产生、中国官僚政治顽固不化的经济基础、中国官僚政治是如何阻碍社会进步的以及冷静科学地看待中国官僚政治等四个方面,对全书的内容做了提纲挈领式的解读,对读者具有很大的启发和帮助。

《中国官僚政治研究》一书在初版30多年后,伴随着中国经济体制改革的推进,在海内外多次再版和重印,获得读者广泛的青睐,不仅说明了这部著作的经久生命力,而且从一个侧面说明它正不断影响着一代又一代的学人,确实是一份值得珍视和继承的学术遗产。

---

① 《中国经济学创建学术研讨会在厦门大学召开》,新华网2001年10月30日电。
② 王亚南的另一部代表作《中国经济原论》被选入商务印书馆"中国现代学术名著丛书"第五辑。

四、精神长存

精神的力量是无穷的。

王亚南去世已经整整半个世纪了,但人们还是经常提起他、回忆他、赞颂他。这就是一种人格的力量、精神的力量。

王亚南一生勇于追求真理,矢志传播马列,献身科学教育。在他身上,体现着中华民族的优秀传统美德,融汇着中西文化的精华,闪耀着现代科学精神的光芒。正如马克思在《资本论》中所说:"在科学上没有平坦的大道,只有不畏劳苦沿着陡峭山路攀登的人,才有希望达到光辉的顶点。"王亚南用自己艰苦卓绝的一生,实践了马克思的这句名言,为我们树立了光辉的榜样,并铸就了厦门大学的科学精神之魂。其科学精神主要表现在以下几个方面:

王亚南塑像

(1)攻坚克难,奋勇攀登科学高峰

《资本论》是马克思倾注毕生心血的一部经济学巨著,在马克思主义理论体系中,它一直居于最中心的位置。正是在《资本论》中,马克思的唯物史观和剩余价值理论得到了最系统、最成熟的说明。可以说,《资本论》代表着马克思主义理论的一座"高峰"。不仅被誉为世界"工人阶级的圣经",而且在国际上具有广泛而深刻的影响。

1928年,王亚南与郭大力在杭州西子湖畔邂逅相遇,两人一见如故,畅谈改造社会的共同理想,盟誓共同翻译五部世界经济学名著,其中最为重要也最引人注目的,自然是马克思的《资本论》。

从1936年起,两人全力以赴,投入到翻译《资本论》的浩大工程。他们密切配合,既有分工,又有合作,专心致志,埋头苦干。翻译《资本论》的宏伟目标激励着他们日复一日地在崎岖的科学道路上攀登着。在枯燥而艰苦的翻译过程中,两人始终携手相伴,"始终过着充满紧张的共同精神生活"。

在那个兵荒马乱的动荡年代,要完成翻译《资本论》这项巨大的工程,无疑需要非凡的勇气。他们为此忍受过贫困和疾病的折磨,承受过整卷译稿在炮火中焚毁的损失。但是，他们始终没有动摇，而是以百折不挠的精神，奋勇前行，终于完成了《资本论》全三卷的翻译工作。

此后几十年，王亚南和郭大力仍然不懈努力，花费大量时间和精力，对《资本论》译本进行了两次全面而系统的修订，相当于将大部分译稿重新翻译过一遍，使初版中的疏忽、错误基本得到改正，名词、词汇和语句翻译得更加准确、通顺，使译文更好地表达原著的意思。

直至今天，《资本论》依然是矗立在马克思主义发展史上的一座高峰、一座里程碑。王亚南与郭大力合作翻译《资本论》，为马克思主义在中国的传播做出了杰出的贡献，他们不仅攀登了马克思主义理论的高峰，而且在这座光辉的里程碑上刻下了自己闪光的名字！

（2）不屈不挠，坚定传播科学真理

"立大事者，不惟有超世之才，亦必有坚韧不拔之志。"[①] 翻译《资本论》已经使王亚南名扬中外了，但他并不以此为满足，而是利用各种机会，在讲台上、在论坛上广泛传播马克思主义真理，并把它与中国革命和建设的具体实际相结合，倡导"以中国人的资格来研究政治经济学"，成为马克思主义经济理论中国化的先驱者。

在中山大学任教期间，在地下党的影响下，王亚南不仅团结了许多进步教授，而且善于结合中国实际，向广大青年宣讲马克思主义。他最著名的经济学代表作——《中国经济原论》，就是在给中大高年级学生上"高级经济学"课程的讲稿基础上撰写的。

这部著作运用马克思主义的立场、观点与方法，对半封建半殖民地的中国经济形态进行了系统的研究，揭示了帝国主义支配下的中国半封建半殖民地经济内部的众多矛盾和它必然走向灭亡的发展规律。在中国经济学史上具有开创性的意义，被学界誉为"中国式的《资本论》"。

厦大从长汀复原厦门后，王亚南出任厦大法学院院长，他不仅利用各种机会，巧妙地宣传马克思主义；而且聘请了郭大力、石兆棠、王守礼等一批进步教授，带动大家一起宣传马克思主义。虽然屡遭打压，甚至被列入"黑名单"，但他毫无畏惧，即使在国民党特务的恫吓下，仍然坚持在经济学史课程中讲授马克思经济学说，通过各种方式传播马克思主义。

新中国成立后，王亚南更加自觉、系统地宣传和研究马克思主义。无论是在清

---

① 苏轼：《晁错论》。

华大学的大课讲堂上,还是在厦大的政治时事学习中,无论是给经济所的研究生上课,还是给中文系、历史系的学生开讲座,他都结合现实生活,深入浅出、通俗易懂地给大家讲解马克思主义经济理论。在学习、研究《资本论》方面,他更是"当仁不让"。从1960年到1965年,短短五六年间,他先后撰写了30多篇关于《资本论》研究的专题文章;他主编的《〈资本论〉通俗讲座》,也开了国内通俗解说《资本论》之先河,大大提高了广大干部、群众学习《资本论》的兴趣和效率,成为深受读者喜爱的一本通俗读物。

(3)辛勤耕耘,精心培育科学人才

在几十年的教育生涯中,王亚南无论走到哪里,都始终如一地爱才惜才,不拘一格地使用人才。这也是他经常为人们所称道,乃至离世之后仍经常为人们怀念的原因之一。

作为大学校长,他深知"办教育,树人才,这是高等学校办学的目标",因此,要尽快培养出大批科学上的"登山队"、接班人。他为此殚精竭虑,费尽心机,通过各种方式发现人才,留住人才,努力为人才的成长创造条件,使每个有"一技之长"的人才有用武之地,做到"人尽其才,才尽其用"。

在"传道授业解惑"的同时,他十分注重对青年教师的培养,经常给他们做关于学习经验的报告,深入课堂听青年教师上课,具体指导他们制定进修计划,着重提高他们的思想水平和业务能力;同时,十分注意调动学生的学习主动性,鼓励学生拓宽思路,培养独立思考能力,改变以往刻板的学习、生活方式,做到张弛有度,劳逸结合。

人们没有忘记,王亚南在中山大学任教时对陶大镛的关怀。后来陶大镛回忆说:"这是我一生中的转折点,饮水思源,如果没有亚南先生的提携,恐怕在科学大道上我还不能如此顺利地踏步前进。"①

人们同样没有忘记,王亚南在厦大校长任上对卢嘉锡的"提携"和对陈景润的"栽培"。卢嘉锡在回忆文章中写道:"自从认识亚南同志到他去世为止,历时几十年。无论是我或是与他共事过的师生员工,无不交口称赞他那感人的道德品质。他既是人们尊敬的师长,又是人们贴心的父兄。"②

---

① 陶大镛:《音容宛在 事业长存》,王岱平、蒋夷牧:《王亚南与教育》,福建教育出版社1981年版,第108页。
② 卢嘉锡:《尊敬的校长》,王岱平、蒋夷牧:《王亚南与教育》,福建教育出版社1981年版,第96页。

"只有懂得人的价值的人,才会去关心人;也只有关心人的人,才懂得人的价值。"王亚南就是这样一个懂得关心人、懂得人的价值的经济学家。正是对人的普遍关心,对学生的爱护,对人才的重视而不求全责备,才使王亚南为一个毕业生开了"绿灯",否则十个八个陈景润也会被埋没的。

(4)提倡争鸣,大力发展科学理论

王亚南不仅重视科学研究,而且重视科学成长的环境和学术发展的氛围。他说:"任何光辉而正确的学说,只是在诸多相反学说的论难、质疑甚至攻击中,才能使它从每一视野,每一角落,都阐发出真理的光芒来。"①

早在新民主主义革命时期,王亚南就倡导学术自由,反对国民党的文化专制主义。他经常称道春秋战国时代"百家争鸣"所造成的学术鼎盛局面,认为这"不是朝代没落的体现物,而是社会解放的体现物",它孕育着中国社会史上最有生气的一幕转变。

新中国成立后,他同样主张要尊重学术研究的自由,要有"开明的研究态度"。1956年党中央提出"百花齐放,百家争鸣"的方针后,王亚南先后发表多篇文章,对"双百"方针进行阐释。他说:"我们提倡百家争鸣,是为了发现真理,真理乃客观现实的反映,这就决定我们是唯物主义的,百家争鸣不但不与马列主义相抵触,而且是实现马列主义的途径。"②

他经常告诫人们:"马克思列宁主义不是教条,我们在活生生的现实关系中运用它,随在都须把时间、地点及有关的具体条件放在考虑考察中。"③

"马克思列宁主义是为一切真理敞开着大门的",这是王亚南反复强调的开放式研究的观点,也是他对科学理论发展、对马克思主义的坚定信念。由于他率先垂范,积极倡导"百家争鸣"和学术自由,使学校逐渐形成自由讨论的学术氛围,这对培养师生正确的科学态度和严谨的治学精神产生了极大的影响。

(5)胸怀坦荡,毕生坚守科学良知

《论语》曰:"知者不惑,仁者不忧,勇者不惧。"王亚南一生为人正直,胸怀坦荡,坚持原则,不畏权势。在他撰写的文章或著作中,经常出现写于"某地野马轩"的落款。野马轩是王亚南"书房"的代称,以"野马"自喻,表现了他作为一

---

① 王亚南:《致中山大学经济系同学的一封公开信》,《每日论坛》1946年11月。
② 王亚南:《试论我国的指导思想和百家争鸣方针的统一》,《人民日报》1956年8月29日。
③ 王亚南:《试论我国的指导思想和百家争鸣方针的统一》,《人民日报》1956年8月29日。

个正直的学者、一个有气节的知识分子的性格特征。

抗战胜利后，官僚资本愈发猖狂，王亚南明知这是一个棘手的课题，但出于知识分子的责任感，出于科学的良知，他义无反顾地选择这一课题进行了深入研究。

在深刻剖析中国官僚政治的特征、研究古今官僚政治兴亡规律的基础上，他在上海《时与文》杂志接连发表了17篇关于中国官僚政治研究的专论，随后结集为《中国官僚政治研究》一书，由时代文化出版社出版，在学界引起了强烈的反。直到几十年后，这部著作仍然受到人们的推崇，被称为是研究中国官僚政治的"开山之作"。

新时代到来后，王亚南不再称自己为"野马"，而是自喻为"老农"，在社会主义教育园地里辛勤耕耘，兢兢业业，任劳任怨。对科学研究，他依然坚持自己一贯严肃认真、一丝不苟的科学态度，坚守知识分子的科学良知。

在治学中，他一贯反对"好大喜功""夸夸其谈"的轻浮态度，反对"哗众取宠""赶时髦""凑热闹"的华而不实作风，反对不负责任的大话、空话、假话，主张求真务实，不轻信、不迷信，也不盲从、不莽撞，脚踏实地，严谨求实。

在科学理论研究中，他勇于坚持真理，修正错误。他曾把马克思所说的"亚细亚生产方式"看成是原始共产社会的生产方式，后来他发现自己的推论是对作者原意的误解。于是就这个问题进行了"自我检讨"，并深入分析了造成误解的原因。

王亚南这种实事求是、勇于坚持真理、修正错误的科学态度，不仅为广大师生所称颂，也为国内外学者所钦佩。他疾恶如仇，爱憎分明，在他身上充分体现了鲁迅先生"横眉冷对千夫指，俯首甘为孺子牛"的优秀品质。

王亚南是新中国成立后厦门大学的首任校长，也是任职时间最长的校长。新中国成立后入学的厦大学子，可以说都是王亚南的学生、都曾从王亚南的学术贡献中吸取有益的精神养分，厦门大学作为"南方经济学重镇"的地位，更是王亚南等一代代厦大经济学人通过长期不懈努力奠定的！

五老峰高，鹭江水长。王亚南虽然离开人世已经半个世纪了，但他的音容笑貌，他的伟大人格，将永远留在人们的心中！矗立在厦大校园里的王亚南铜像，是党和人民给予这位杰出经济学家永恒的"纪念"。王亚南将永远以他科学家的睿智和教育家的热情，以他"站在中国人的立场研究经济学"的坚定态度，思考和眺望中国这方充满希望的土地。

斯人已逝，风范长存。王亚南的科学精神将激励着一代又一代厦大人，激励着千千万万的中国经济学人，沿着王亚南开辟的学术道路，不畏艰险，勇攀高峰！

王亚南生平大事记

1901年（光绪二十七年）
10月14日（农历九月初三）出生于湖北黄冈县团风镇王家坊。原名际炬，字维宽；入学堂后用名亚銮，字植槐；大学毕业后定名亚南，字直淮，号渔邨。

1906年（光绪三十二年）
入私塾读书，接受传统文化教育，熟读《论语》《左传》《国语》《史记》等经典。

1912年（民国元年）
农历九月二十日，父亲王明榔（字葆銮）去世，家道更加中落。

1913年
在大哥际焰支持下，入黄冈高等小学堂（今黄冈实验小学）读书。

1916年
入武昌湖北省立第一中学（今武汉第十四中学）读书。在学期间因家乡水灾，兼做家庭教师。

1921年
毕业于武昌湖北省立第一中学（八期旧学制、第十一班）。

1922年
入武昌私立中华大学（今华中师范大学）读书，主修教育系，并先后辅修中文系、英文系。大学一年级兼作家教，二年级后兼任楚才中学英文教师。

1926 年

毕业于武昌私立中华大学教育系,到武昌成城中学任教,并到董必武主持的武汉中小学教师党义训练班听课。

1927 年

因成城中学关闭,经同乡王仲友(中共党员)介绍,赴长沙参加北伐军,任国民革命军第三十五军教导团政治教员。大革命失败后,回到武汉。

1928 年

初春,与夏康农赴上海;后流寓杭州大佛寺,与郭大力(上海大夏大学哲学系毕业)邂逅相遇,两人盟誓翻译《资本论》等五部世界经济学名著;不久东渡日本深造,靠翻译、撰稿为生。

1929 年

寓居东京,学习日语、德语和经济学理论,从事写作并着手翻译古典经济学名著。

1930 年

7月,第一部译著《人类婚姻史》(芬兰爱德华·韦斯特马克著)由上海神州国光社出版。

1931 年

1月,与郭大力合译的《经济学及赋税之原理》(英国李嘉图著)由上海神州国光社出版;6月,第二部独立翻译的《地租思想史》(日本高畠素之著)由神州国光社出版;10月,与郭大力合译的《国富论》(上册)(英国亚当·斯密著)由上海神州国光社出版。

与旅居日本的王礼锡、梅龚彬、胡秋原等筹划出版《读书》杂志。"九一八"事变后启程回国,为《读书》杂志撰稿,并开辟"世界经济学名著讲座"。

1932 年

3月,和王礼锡、梅龚彬、胡秋原等在上海发起成立"中国著作者抗日会",并担任执行委员。

7月,与郭大力合译的《国富论》(下册)(亚当·斯密著)由上海神州国光社出版。

经暨南大学教授李石岑(郭大力的老师)介绍,与李文泉(湖南醴陵人)结婚。

1933 年

7月,译著《经济学绪论》(英国克赖士著)由上海民智书局出版;《经济学史》(上卷)由上海民智书局出版。

9月,到暨南大学任教,教授"中国经济史"等课程。

10月，《现代外交与国际关系》由中华书局出版。

11月，"福建事变"爆发。从上海赴闽，任"中华共和国人民革命政府"文化委员、政府机关报《人民日报》社社长。

1934年

1月，"福建事变"失败，被当局通缉，出走香港。后转赴德国柏林游学，期间曾到英国伦敦、法国巴黎游历。

1935年

3月，译著《欧洲经济史》（德国奈特著）由上海世界书局出版。

夏秋之际离开德国，乘坐国际列车经华沙、莫斯科、西伯利亚、中国东北及朝鲜到日本，与在东京明治大学读书的夫人李文泉团聚，以写作、翻译为生。

年底回国，在上海和郭大力相聚，决定重新开始翻译《资本论》。

1936年

1月，《经济政策》《德国之过去、现在与未来》由上海中华书局出版。

4月，《现代世界经济概论》由中华书局出版；和郭大力一起与读书生活出版社负责人商讨《资本论》出版事宜，此后和郭大力全力以赴投入《资本论》的翻译工作。

5月，《中国经济读本》由上海一般书店出版。

7月，《中国社会经济史纲》由上海生活书店出版。

1937年

"七七"事变前夕，与郭大力合译的《资本论》第一卷完成；着手《资本论》第二、三卷的翻译工作。

12月，《战时经济问题与经济政策》由上海光明书局出版。

1938年

8—9月，与郭大力合译的《资本论》第一、二、三卷先后由上海读书生活出版社出版。至此，马克思的《资本论》有了第一个中文全译本。

是年，任国民政府军事委员会政治部设计委员会委员，在时任政治部副部长兼设计委员会主任周恩来领导下工作。

6月得子，取名洛林（原名显乐，字乐林）。武汉沦陷后，携家带口经湖南（衡阳）、广西（桂林）、贵州前往重庆。

1939 年

年初抵达重庆。8月,与王抟今(即王礼锡)合译的《世界经济机构总体系》(上、下册)(英国柯尔著)由上海中华书局出版。

1940 年

9月,应中山大学代校长许崇清之聘,赴内迁广东坪石的国立中山大学任经济系教授,后兼任系主任。

1941 年

暑期赴重庆,受到最高当局召见,咨询关于战时物价等问题。

10月,《政治经济学在中国》一文在《新建设》杂志发表,提出"我们应以中国人的资格来研究政治经济学"。

1942 年

创办《经济科学》杂志,并发表《经济科学论》作为代发刊词。

陶大镛因战乱流落广东坪石,王亚南力排众议,聘请他担任中山大学经济系讲师,并和他合开"经济学原理"课程。

母亲范氏在湖北黄冈老家去世,终年68岁。

1943 年

春末,英国著名学者李约瑟博士访问广东坪石国立中山大学,与王亚南教授两度长谈,论及中国战时经济及官僚政治问题,成为日后王亚南撰写《中国官僚政治研究》的起因。

10月,《经济科学论丛》由赣州中华正气出版社出版。

是年得女,取名岱平(小名黛丝)。

1944 年

2月,《中国经济论丛》由五十年代出版社(重庆)出版。

夏,日寇威逼粤北,王亚南拖家带口来到赣州,在南康县三江镇斜角村郭大力老家避难。

秋,赴福建战时省会永安,任福建省研究院社会科学研究所所长。

1945 年

春,创办《社会科学》杂志;兼任内迁闽西长汀的厦门大学和内迁闽北建阳的暨南大学经济系客座教授,并为两校学生开《中国经济改造问题》的讲座。

6月，《社会科学论纲》由东南出版社（永安）出版。

7月，因"羊枣事件"愤而离开福建省研究院社会科学研究所。

9月，任国立厦门大学经济系教授，后担任经济系主任、法学院院长。

1946年

1月，《中国经济原论》由经济科学出版社（福州）出版。

6月，随国立厦门大学师生从长汀复员厦门。聘请石兆棠、王守礼等进步教授到厦大任教。

暑期赴粤，为复原广州的中山大学经济系学生补课；11月在《每日论坛》发表《致中山大学经济学系同学一封公开信》。

12月，《社会科学论纲》改名为《社会科学新论》由经济科学出版社（福州）出版。

1947年

2月，聘请《资本论》主要翻译者之一郭大力为厦门大学经济系教授；

10月，《中国经济原论》由上海生活书店出版。

1948年

10月，《中国官僚政治研究》由上海时代文化出版社出版。

12月，应台湾大学校长庄长恭邀请，赴台湾讲学半个多月。

1949年

1月，在中共地下党组织安排下，由厦门赴香港；在达德学院教授经济学，并为《大公报》《文汇报》等报刊撰稿。

5月初，和家人及李达、郭大力等100多位进步人士，由香港乘"岳州号"货轮北上已获得解放的天津、北平。根据组织安排，到清华大学任政治经济学教授。

7月，《中国社会经济改造问题研究》和《政治经济学史大纲》由中华书局出版。

1950年

5月，被中央人民政府政务院任命为厦门大学校长，7月到校履职。

9月，创办厦门大学经济研究所，兼任所长，并招收了首批研究生。

11月，《中国社会经济改造思想研究》由中华书局出版。

1951年

1月，厦大理、工两院内迁龙岩办学；赴龙岩实地考察，对理学院院长卢嘉锡的工作十分满意，随后任命他为学校副教务长。卢嘉锡由此进入学校领导班子，后担任研究部部长、校长助理、副校长等职。

12月，当选为福建省人民代表，出席福建省首届各界人民代表会议，并当选为福建省首届各界人民代表会议协商委员会副主席；会后在《厦门日报》发表《省人民代表会议与1952年福建的新展望》。

1952年

7月，主持成立厦门大学研究部，兼任部长。

大力推动《厦门大学学报》复刊，成为新中国成立后第一家复刊的大学学报。

1953年

7月，厦门大学院系调整委员会成立，任主任委员。

1954年

8月，出席福建省人民代表大会第一届第一次会议，当选为第一届全国人大代表。随后赴北京出席第一届全国人民代表大会第一次会议，并和代表们一起参加国庆观礼活动。

11月，《中国地主经济封建制度论纲》由华东人民出版社（今上海人民出版社）出版。

是年，得知陈景润停职回乡养病，生活困难，遂伸出援手，将他调回厦大数学系资料室工作，使他专心研究高深的数学。

1955年

1月，出席福建省政治协商会议第一届代表大会，并代表福建省各界人民代表会议协商委员会做《三年来工作报告》，在会上被选为第一届福建省政协副主席。

《中国经济原论》由日本青木书店出版日译本，改名为《半殖民地经济论》。

6月，出席中国科学院学部成立大会，当选为哲学社会科学部学部委员、常委。

7月，参加第一届全国人大二次会议并发言。

1956年

4月，在建校35周年之际，指导举办厦门大学第一次科学讨论会。

12月，《马克思主义的人口理论与中国人口问题》由科学出版社出版。

1957年

1月，率中国大学代表团访问印度，参加加尔各答大学百年校庆，并访问了德里大学等部分高校。

《中国经济原论》更名为《中国半封建半殖民地经济形态研究》，由人民出版社出版。

2月，创办《学术论坛》，并撰写了"发刊词"。

5月23日，正式加入中国共产党。

9—12月，作为中国教育专家赴缅甸短期工作，协助缅甸进行教育改革。

11月，《政治经济学论文选集》由福建人民出版社出版。

1958年

3月，中国科学院福建分院成立，兼任福建分院院长。

9月，厦门大学民兵师成立，兼任民兵师师长。

10月，创办《经济调查研究集刊》（试刊），并撰写了"发刊词"——《我们研究经济的方向与实践》。

《中国半封建半殖民地经济形态研究》由苏联莫斯科社会经济文献出版社出版俄译本。

1959年

1月，经中共中央宣传部批准，《经济调查研究集刊》更名为《中国经济问题》，正式发刊。

4月，当选为第二届全国人大代表。

10月，《论当前两种社会制度下的两种不同经济现象和市场问题》由上海人民出版社出版。

1960年

6月，参加"全国文教群英会"。

1961年

8月12日，爱国华侨领袖陈嘉庚不幸在京逝世，先后撰写了《悼念陈嘉庚先生》和《陈嘉庚先生与厦门大学》两篇纪念文章，刊于全国侨联编写的《陈嘉庚先生纪念册》。

11月，在《中国经济问题》开设《〈资本论〉通俗讲座》，受到广大读者和社会各界的欢迎。

1962年

受中宣部和教育部委托，主持《经济学说史》教材的编写工作。

9月，兼任福建省哲学社会科学学会联合会筹备委员会主任。

10月，应江西省委党校邀请，到南昌开设《资本论》专题讲座（1981年该讲稿经王洛林整理，以《关于学习〈资本论〉的几个问题》由福建人民出版社出版）。

1963年

12月，与袁镇岳共同主编的《〈资本论〉通俗讲座》（第一分册）由上海人民出版社出版。

1964 年

毛泽东主席、周恩来总理接见出席中国科学院哲学社会科学部学部会议的学部常委，王亚南等参加会见。

12 月，当选为第三届全国人大代表。

1965 年

3 月，从上海回到厦门，参加"社教"运动。

12 月，《资产阶级古典政治经济学选辑》（王亚南主编）由商务印书馆出版。

1966 年

1 月，在《厦门大学学报》（社会科学版）第 1 期发表《关于资本论第三卷最后一篇各种所得和它们的来源的概括说明》，这是他公开发表的最后一篇学术论文。

5 月，"文化大革命"爆发，学校也出现混乱局面。在混乱中坚持自学马列著作。

1967 年

1 月，各级党委被"夺权"，王亚南校长也被"靠边站"。随后被打成"反动学术权威"，遭到批斗。

冬，撰写《渔家傲·古稀之年早不惑》一词，提醒人们"长夜漫漫睡不得"。

1968 年

无法做学问，抓紧时间学外语。下半年起，关节疼痛，左手发麻。

10 月，"军宣队""工宣队"进驻厦大；11 月，遭到批斗。

1969 年

参加"学习班"，做"检查"。

春，感觉身体不适、心脏发痛；夏，病情恶化。11 月 13 日，因患脊椎癌在上海华东医院逝世，终年 68 岁。他一生著译 41 部，发表论文 300 多篇，是一位著作等身的著名学者。

1978 年

12 月 23 日，中共福建省委在福州枕峰山革命公墓为王亚南举行了隆重的骨灰安放仪式。福建省委书记伍洪祥在悼词中称："王亚南同志是中国共产党优秀党员，是一位不辞劳苦、勇于攀登、学识渊博的著名经济学家，忠诚党的教育事业的教育家。"

后记

又是一年春来到。

立春刚过,厦大校园里的梅花已经悄然绽放,清香袭人。而自己在历经两年实地采访、资料搜集和写作、修改后完成的《王亚南传》也即将付梓。

回想两年来走过的创作历程,不禁充满了许多感慨。两年前的春天,当我刚接到撰写《王亚南传》的任务时,心里的那种激动、兴奋和忐忑是不言而喻的。激动的是这部传记是厦大百年校庆为4位老校长撰写的传记之一,并被列入厦大"百年精神文化"系列丛书,能为母校百年校庆做一点事,自然让我感到激动;兴奋的是这部传记的传主——王亚南,是我国杰出的经济学家、教育家,又是我的"祖师",作为晚辈学子,能为这样一位学术巨匠、为自己的"祖师爷"写书立传,无疑是莫大的荣幸,自然也让我感到兴奋;而忐忑的是王亚南生前没有写过自传或回忆录,国内外也未出版过王亚南的传记,因此资料搜集和写作难度是可想而知的,这不免让我感到忐忑、不安乃至有些惶恐。

好在《王亚南传》的写作提纲提交之后,得到了厦大出版社诸位资深出版人和学校领导、老师的认可和鼓励,让我增加了写好这部传记的信心。而30多年前在厦大经济系读研究生时,为纪念王亚南85周年诞辰而参与整理过的王亚南学术生平,王亚南一百周年诞辰时发表过的纪念文章，厦大90周年校庆时写过的林文庆、林语堂、林惠祥等校史人物，也让我对写好这部传记增添了一些"底气"。然而，当我真正开始着手采访、搜集资料和写作时，才发现其难度之大，远远超出自己的想象。

一是实地采访之艰辛。从2019年初夏开始，我就沿着王亚南一生的足迹一路采访，从他的家乡湖北黄冈团风县王家坊村，到他就读小学、中学、大学的黄冈高等小学堂（今黄冈实验小学）、湖北省立第一中学（今武汉第十四中学）、私立中华大学（今华中师范大学）；从他和郭大力在杭州西子湖畔邂逅相遇的大佛寺（遗址），到抗战时期国立中山大学内迁广东韶关坪石的老街和村庄；从福建战时省会永安到内迁闽西长汀的厦大旧址；从他在厦大担任校长时的旧居到福州枕峰山、文林山革命公墓……由于年代久远，物是人非，许多遗迹已不可寻，许多当事者已经故去。好在一路风尘仆仆，对王亚南走过的故地、老家的乡亲、母校的老师以及他的家人有了许多近距离的接触、直接的交谈和亲身的感受，并撰写了8篇采访手记，从"凤凰山下觅师踪"到"走进王亚南故乡"，从"烽火连天忆坪石"到"战时省会弦歌起"……一路的采访，一路的体验，也是一路走进这位享誉中外的名家大师的灵魂之旅。

二是搜集资料之艰难。虽然在采访之前，就做了许多功课，搜集了不少关于王亚南的资料，包括其家人、同事、学生、故旧的纪念文章、书评、传记、回忆录以及各种报刊上关于王亚南的介绍，对王亚南的形象、概貌有了基本的了解，但也发现其中有一些史实、细节的真实性、准确性值得推敲。只有经过实地考察，经过反复比对，经过原始资料、原始档案的对证，才有可能使真相浮出水面。例如，对王亚南中学母校的考证，传主的履历表以及所有相关介绍中写的都是"武昌第一中学"，可如今武昌并没有"第一中学"，历史上也只有武汉十四中在解放初用过这一名称，与王亚南读书的年代相距

甚远。经过实地考察和反复比对，才在该校保存完整的百年《毕业生名录》中，在其前身湖北省立第一中学1921年下季毕业的第十一班学生中，找到了"王亚銮（植槐）"的名字（而"植槐"正是王亚南的字），由此初步确认王亚南的中学母校是位于武昌的"湖北省立第一中学"；后来又在中山大学浩如烟海的档案中，找到了中华大学校长陈时1944年为王亚南出具的大学"学历证明"，上面写有"学生王亚銮（现名王亚南）"，从而使王亚南的中学母校和曾用名王亚銮得到对证。资料搜集、确证之不易，由此可见一斑。令人欣慰的是，武汉十四中在找回知名校友"王亚南"后，迅速决定将在建的一座教学楼命名为"亚南楼"，成为后续的佳话。

三是写作修改之艰苦。由于王亚南的相关资料中，包括《族谱》《年谱》乃至一些原始资料等，有些史实记载不清，有些说法不一，也有"人云亦云""以讹传讹"之处。因此，在写作过程中，还得不断查寻、比对、论证，这无疑增加了许多工作量。加之自己一边写作，一边还需参与《王亚南全集》的校勘和整理工作，也占去了不少时间。当然，这项工作也为自己全面了解王亚南的学术论著提供了许多便利，使自己对王亚南的学术生涯、学术成果有一个全面的了解。2020年春天，正当写作进入最紧张的阶段，新冠肺炎疫情肆虐，一时"风声鹤唳"，给查询资料、写作交流等带来了不少困难。疫情期间，索性"宅家"专心写作，先后三易其稿，并听取了多方面意见，终于在国庆期间完成了这部传记的写作。虽然写得很艰苦，但自己始终乐在其中。写作过程也是自己追寻王亚南的人生轨迹、不断学习提高的过程，是使自己的情操得到陶冶、精神得到升华的过程。

回想两年来走过的创作历程，自己内心也充满了许多感激之情。感谢学校领导和校内外专家在多次会议上的点拨、指教；感谢王洛林老师在北京中国社科院大厦长达三小时的介绍和此后的多次"耳提面命"；感谢吴宣恭老师、李绪蔼老师、周妙群老师接受的专题采访和提出的宝贵意见；感谢庄宗明老师和《王亚南全集》编辑部各位同仁提供的资料和给予的帮助;感谢蒋东明老师和厦大"百年精神文化系列出版物"编纂组的指导帮助;感谢王亚南纪念馆筹备组、《遥望海天月》剧组各位老师的切磋交流和探讨;感谢王亚南故乡王家坊村、郭大力故乡斜角村、中山大学法学院内迁地武阳司村,王亚南小学、中学、大学的母校——黄冈实验小学、武汉第十四中学、华中师范大学有关领导和老师接受的采访,感谢中山大学档案馆、厦门大学档案馆和福建省档案馆提供的宝贵资料;感谢厦门大学出版社总编辑兼本书责任编辑宋文艳的认真审读和提出的宝贵意见;感谢一路陪同采访和提供各种帮助的诸多同学、好友,没有大家的鼎力相助和各方面的大力支持,就没有这部《王亚南传》的问世!

"文章千古事,得失寸心知。"由于自己学术水平和写作能力有限,作为第一部面世的《王亚南传》,无疑存在着种种不足和缺陷,期待得到学界同仁和广大读者的批评、指正;同时也希望它能起到"抛砖引玉"的作用,能有助于推动"王亚南研究"的深入开展和相关衍生艺术品的问世!

窗外,除夕的爆竹声已经噼里啪啦地响起。在厦门大学建校一百周年即将到来之际,谨以此书献给我的母校,献给广大师生深情爱戴的老校长王亚南!

林　坚

2021年2月除夕之夜